성과 성치료

통합적인 기독교적 접근

| Mark A. Yarhouse · Erica S. N. Tan 공저 | **김혜정 · 심은정** 공역 |

Sexuality and Sex Therapy

A Comprehensive Christian Appraisal

학지사

Sexuality and Sex Therapy: A Comprehensive Christian Appraisal

by Mark A. Yarhouse and Erica S. N. Tan

역자 서문

성(sexuality)은 하나님께서 디자인하시어 사람들에게 주신 가장 아름답고 복된 선물 중 하나이다. 먼저, 성은 인류의 생존을 유지시켜 왔다. 또한 빈부귀천을 막론하고 누구에게나 고단할 수밖에 없는 인생 여정에서 사람들은 사랑하는 사람과 영, 육, 혼의 연합을 통해 쾌락과 기쁨을 나누며 위로를 받고 삶에 대한 의욕을 새롭게 할 수 있다. 그리고 무엇보다 우리는 성을 통해 우리를 신부라 하시고 신랑되신 예수님을 보내 주신 하나님 아버지와 예수 그리스도와의 친밀감을 경험적으로 배울 수 있다. 하지만 최근에 우리 사회를 떠들썩하게 했던 n번방 사건을 비롯하여 심심치 않게 사회 일면을 장식하고 있는 성추행, 성폭행, 성매매 등 성과 관련된 수많은 사회적인 문제는 성이라는 귀한 선물이 얼마나 왜곡되고 망가질 수 있는지 그리고 성을 잘못 사용하는 것이 얼마나 심각하게 다른 사람의 삶을 해칠 수 있는지를 보여주고 있다. 특히 그것들이 아직 자신의 성에 대한 주체성을 갖지 못한 나이 어린 사람들을 대상으로 할 때 더욱 그러하다. 한편, 한 개인의 쾌락 추구와 다양한 선택이 수용되는 사회 분위기 속에서 개인의 성을 통하여 쾌락을 얻고자 하는 방법들이 다양화되고 있다. 이와 같이 성에 대한 다양한 사회적 메시지와 쟁점 속에서 우리는 성적 존재의 진정한 의미가 무엇이고, 진정으로 건강한 성이 무엇인지에 대해 목말라 있다. 진정으로 성은 하나님이 주신 선물이기에 성에 대한 올바른 이해와 성을 지혜롭고 건강하게 누리는 방법에 대한 질문은 하나님께만 답이 있는 것은 아닐까?

이 책은 우선 성에 대한 이해를 광범위하게 논한다. 기독교인 임상심리학자인 마크 야하우스(Mark A. Yarhouse)와 에리카 탄(Erica S. N. Tan)이 성과 성치료에 대한 수많은 연구를 검토하고 기독교적인 관점에서 주제에 대한 논의를 확장하면서 성에 대한 신학적 · 사회문화적 · 생물학적 · 임상적 이해를 자세하게 소개하였다. 또한 이 책은 기독교인이자 상담사로서 일하는 사람들이 성과 관련된 쟁점들을 현장에서 다루면서 경험하는 갈등을 조명하고, 이에 대한 통합적 상담 모델을 제시한다.

기독교인이자 임상가로서 우리는 성문제로 고민하는 수많은 내담자를 상담실에서 만나면서 어떻게 기독교적 가치관을 고수하면서도 내담자에게 효과적이며 전문적인 도움을 줄 수 있을지에 대해 자주 고민하게 된다. 어떤 사람들은 내담자의 필요를 우선시하여 정서적 고통을 줄여 주는 것이 기독교적인 상담이라고 하고, 어떤 사람들은 교회에서 가르치는 전통적인 성에 대한 교육과 일치되게 내담자가 행동할 수 있도록 돕는 것이 기독교적인 상담이라고 한다. 동성애적인 행동을 하면서 신앙을 떠나야 한다고 생각하는 내담자, 생물학적으로 여성으로 태어났지만 남성으로 살고 싶어 하는 내담자, 혼전 성관계로 인해 죄를 지었다고 느끼는 내담자 등에게 우리는 어떤 도움을 줄 수 있을까? 우리는 기독교적 가치관과 상담적 전문성을 잘 통합하여 내담자를 효과적으로 도울 수 있기를 원한다. 이는 단순히 전문적 상담 기술의 문제만도 아니며, 그렇다고 기독교적 가치관만으로 해결될 문제도 아니다. 이러한 고민을 해 본 경험이 있는 사람이라면 누구라도 이 책을 통해 도움을 받을 수 있을 것이다.

이 책은 성적 존재로서의 우리 자신에 대해 돌아보고, 건강한 성의 의미를 정립하며, 성문제로 고민하는 내담자를 보다 잘 이해하여 임상 및 연구 현장에서 기독교적 가치관을 가지고 성과 성치료를 논하고자 하는 사람 모두에게 귀한 자원이 될 것이다. 또한 이 책은 임상가들 외에도 정신건강 분야(예를 들어, 심리학, 상담심리학, 사회복지학, 가족상담 및 가족치료학)의 학생, 목회상담사, 지역교회 목사님, 청소년 사역자 등 폭넓은 독자에게 도움을 주는 자원이 되리라고 본다. 역자들은 이 책이 성과 성치료라는 민감하면서도 중요한 주제를 기독교적 관점과 임상적 관점에서 광범위하고 통합적이며 전문적으로 잘 다루었다고 느꼈고, 이것을 한국 독자들에게 소개할 수 있다는 사실을 매우 감사하게 생각한다. 서문에서 제6장까지는 김혜정이, 제7장에서 제14장까지는 심은정이 번역하였고, 서로 번역한 부분에 대해 피드백을 주고받으면서 다듬는 과정을 거쳤다. 이 책을 번역하면서 많은 것을 배울 수 있었고, 서로를 격려할 수 있었던 것에 대해서 감사한다. 출판을 맡아 주신 학지사 김진환 사장님과 교정 과정에서 여러모로 도움을 주신 박선민 선생님께도 감사의 말씀을 전한다.

2021. 6.
김혜정, 심은정

저자 서문

상담 및 심리치료 분야 다수의 전문가는 상담 · 심리치료 · 사역 현장에서 기독교인들이 성문제를 다룰 때 활용할 수 있는 자료가 필요하다고 생각해 왔다. 우리는 넓은 의미로 기독교와 성을 통합하는 것에 대한 양질의 문헌들을 보아 왔고, 성치료를 하는 기독교인들이 실제 활용할 만한 자료들도 점점 더 나오고 있는 것을 본다. 하지만 이 중요한 영역에서 학생들에게 입문서가 될 만한 기독교와 성을 통합하는 교재는 별로 보지 못하였다. 그래서 정말 도전이 될 만한 일이지만 그 일을 감당해 보고자 하는 소원을 갖게 되었다. 당신은 이 책을 읽으면서 우리가 근본적으로 새로운 모델의 성치료나 이 분야의 통합에 대한 최종적인 의견을 제시하려는 것이 아니라 지금까지 이론가들이 잘 밝혀 온 것들이 무엇이고, 사람의 성과 성적 표현에 대한 기독교적 관점에 기초하여 그들의 통찰을 어떻게 이해하고 인정할 수 있는가에 대해 주목하여 소개하고자 함을 보게 될 것이다.

우리는 그것을 몇 단계에 걸쳐서 하려고 하는데, 우선은 기독교의 전통과 성경에 기초하여 성에 대한 신학적 관점을 살펴보고자 한다. 성경을 성치료나 성기능에 대한 안내서로 사용하고 싶은 유혹도 받을 수 있지만, 우리는 성경이 도덕적 의사결정에 필요한 원칙을 제공하는 동시에 여러 영역에서 도덕적 명료성을 제공하는 것으로 알고 있다. 우리는 성경 구절이 성치료 자료집은 아니라는 것을 배웠고, 오히려 성경 속에서 우리의 성, 성적 친밀감과 성치료에 대한 이해를 돕는 폭넓은 원리를 발견할 수 있었다. 다음 단계로는 성정체성과 성별 정체성, 성중독, 변태성욕 등과 같은 임상적 양상뿐만 아니라 성기능 분야에서 가장 알려져 있는 전문서비스 모델들을 살펴볼 것이다. 그러고 나서 우리는 오늘날 사람들에게 영향을 미치는 주요 영역에 대한 실제적인 치료 작업을 살펴보기를 원한다.

우리는 이 책이 정신건강 분야(예를 들어, 심리학, 상담심리학, 사회복지학, 가족상담 및 가족치료학)의 학생, 임상가, 목회상담사, 지역교회 목사님, 청소년 사역자 등 폭넓은 독자에게 도움을 주는 자료가 되기를 기대한다.

이 책은 4부로 나뉘어 있는데, 제1부(제1장부터 제4장까지)에서는 신학적 관점, 사회문화적 관점, 생물학적 관점 그리고 임상적 관점에서 성에 대해 논한다. 제1장에서는 성과 성행위에 대해 기독교적 관점에서의 신학적 관점을 논의하고, 제2장에서는 성이 오늘날 우리 문화 속에서 어떻게 이해되고 있는가에 대한 사회문화적인 논의를 한다. 제3장에서는 생물학적 관점에서 해부학과 성기능에 대해 소개하였으며, 제4장에서는 독자들이 제2부와 제3부에서 접하게 될 적용적인 차원과 관련된 장으로서 임상적인 관점을 다룬다.

제2부(제5장부터 제9장까지)에서는 종종 전통적인 성치료(예를 들어, 성교통증장애, 발기장애)에서 거론되는 다양한 성적 장애를 하나씩 다룬다. 먼저, 그 장애의 유병률, 유병인, 치료와 예방에 관하여 설명한 후에 그 영역의 연구와 치료 경향에 대한 기독교적 성찰로 마무리하고자 한다.

제3부(제10장부터 제13장까지)에서는 이 분야에서 자주 거론되는 주제들로 논의를 확장하여 기독교인들로 하여금 관련 자료들을 살펴보도록 한다. 우리는 독자들에게 변태성욕, 성중독, 성정체성, 성별 정체성에 대해 소개한 후에 각 영역에 대한 문헌들을 고찰하고, 이 시점에 우리가 알고 있는 것에 대해 기독교적 관점으로 조망하고자 한다.

제4부(제14장)에서는 우리가 가지고 있는 통합적인 기독교 성치료/상담/사역에 대한 비전을 보여 주고자 하였다. 특별히 이 분야에서의 훈련과 역량에 대한 최신 발달에 대해 논의하였는데, 앞으로의 사회문화적 변화는 우리의 치료뿐 아니라 이 책에서 다루고 있는 주제들을 사역과 서비스에서 어떻게 받아들이고 생각해야 하는가에 영향을 줄 것으로 보인다.

마크 야하우스(Mark A. Yarhouse),
에리카 탄(Erica S. N. Tan)

차례

제2부
성적 장애

제3부
추가적인 임상적 양상

제1부

기초적인 고려사항

제1장
신학적 성

공중을 나는 물고기에 관한 흥미로운 점은 그들이 시속 35마일 이상의 속도를 내며, 수면을 깨고 공중으로 올라가기 위해 가슴지느러미를 사용할 줄 안다는 것이다. 그들은 공중으로 4피트 정도 날아올라 가서 수면 위를 600피트 이상 활공해 나갈 수 있다. 때로 그들은 표면을 스치며 멀리 1,300피트까지 여러 번 그렇게 활공할 수 있다(http://animals.nationalgeogrpahic.com/animals/fish/flying-fish/?source=A-to-Z). 수면 아래에 있는 많은 물고기도 수면 위의 빛에 끌리기는 하지만 대부분 그 정도 수준으로 수면 위 세계에 노출될 기회를 갖지는 못한다. 물고기들은 우리가 공기로 숨을 쉬듯이 수면 아래서 물로 숨을 쉬며 살고 있다. 그들을 행복하게 만드는 의식의 부족은 때로 사람에 대한 설명으로 사용되기도 하는데, 우리는 물고기들이 자신이 살고 있는 물을 의식하지 않는 것처럼(아마도 날아다니는 물고기를 제외하고) 종종 우리의 신념이나 가정이나 가치, 즉 우리의 넓은 세계관을 의식하지 않고 살아간다.

우리는 좁게는 성(sexuality)과 성치료(sex therapy)에 대해서, 넓게는 심리학과 상담 영역에서 기독교인들을 훈련시킬 때 이와 유사한 일들이 발생하는 것을 보았다. 즉, 기독교적 환경에서 무엇을 가르칠 때 학생들은 종종 기독교에 너무 가까이 있고 친숙해서 기독교적인 것을 아주 당연하게 여기는 반면에 다른 세계관이나 관점에 대해서는 훨씬 덜 익숙하다. 실제로 다른 세계관이나 종교에 익숙하지 않음으로써 갖게 되는 장점은 호기심을 가지고 깊은 지식과 이해를 추구할 수 있다는 것이다. 우리가 기독교적 관점에서 익숙한 주제에 대해 다른 세계관에서는 무엇이라고 하는지 공부하지 않는 것은 위험한 일이다.

우리는 다른 세계관이나 관점이 사람의 성과 성적 표현에 대해 어떻게 말하고 있는지를 살펴보고자 한다. 기독교는 사람의 성에 대해 주요한 사항들을 언급하고 있지만, 우리가 그것들에 너무 익숙한 것이 오히려 그것들의 진정한 의미를 잘 모르게 만들며 반대 주장을 하는 다른 세계관들을 자세히 모르는 것도 그들의 성에 대한 관점을 알지 못하게 한다.

또한 우리는 얼마나 자주 다른 세계관들의 미묘한 주장이 기독교인들의 주요 주제에 대한 사고 속에 스며들어 있는지 보고 놀라게 된다. 앞으로 살펴보겠지만, 자연주의의 주장들은 기독교인들이 사람의 성이나 성적 표현과 초월적 현실을 관련짓는 것은 고사하고, 초월적인 영적 세계에 대해 생각하는 것 자체를 방해한다. 정신보건 분야는 과학적 방법에 의존하고 있기 때문에 자연주의가 깊게 스며들어 있다. 우리는 과학적 방법을 이해하고 중시하지만, 그것이 성에 대한 연구를 포함하여 사람에 대한 학문적 토론에서 절대적인 것은 아니므로 기독교 세계관과 충돌할 때 비판적으로 평가해야 한다는 도전을 받는다. 그것은 현대 정신보건에 지울 수 없는 흔적을 남긴 인본주의 세계관에 대해서도 마찬가지다. 인본주의의 주장은 기독교의 인간관(신학적 인류학)과 달라서 우리의 비판적인 참여나 통합적인 토론을 통해 이해되어야 한다. 마지막으로 다원주의가 현대 논의의 중점에 들어왔는데, 특별히 한 사람이 가진 주장의 옳고 그름보다 그것에 대한 진정성을 더 중요시하는 시대 속에서 성장하고 있는 다음 세대 기독교 지도자들에게 도전이 될 것이다. 진정성을 갖는 것은 권할 만하지만 강한 느낌을 주는 것보다는 성윤리나 도덕적인 면에서 무엇이 옳고 그른가를 신중하게 생각할 필요가 있다.

기독교와 경쟁적인 세계관을 통해 이 주제를 탐구한 가장 좋은 자료 중 하나는 데니스 홀링거(Dennis Hollinger)가 쓴 『성의 의미(The meaning of sex)』라는 책이다. 그는 이 책에서 성에 대한 다양한 관점을 다루었는데, 그중 이 책 제1장의 목적을 위해 오늘날 우리 문화에 가장 영향을 미치는 세 가지 관점인 자연주의, 인본주의, 다원주의를 검토하고자 한다.

경쟁적인 세계관

우선 현대 심리학과 일반적으로 더 많은 과학 분야와 관련되는 세계관인 자연주의부터 시작하려고 한다. 그러고 나서 인본주의와 다원주의를 다루고자 하는데, 이 두 이론은 사람의 가능성과 다양성에 대한 현대 문화의 강조를 반영하는 경쟁적인 세계관이다.

자연주의

자연주의의 기본 전제는 자연 속에서 관찰할 수 있고, 자연에 존재하는 것 외에는 실제가 없다는 것이다. 즉, 초자연이나 초월적인 실제는 없다는 것이다. 자연주의자들은 우리가 확신을 가지고 믿을 수 있고, 실제로 존재한다고 주장할 수 있는 과학적인 방법과 과학적인 설명을 해 주는 현대 과학을 선호한다.

자연주의에는 몇 가지 유형이 있는데, 몇몇 연구자(Goetz & Taliaferro, 2008)는 엄격한 자연주의와 개괄적인 자연주의로 구분하였다. **엄격한 자연주의**는 자연에 존재하는 것 외에 실제는 없다고 하며 사람의 의식조차도 부정한다. **개괄적인 자연주의**는 의식은 인정하지만 그에 대해 좀 더 설명이 필요하다. 두 자연주의는 마음, 영혼과 사람의 경험에 대한 어떤 종류의 진정한 목적성도 거절한다.

성에 관하여 섹스는 우리의 사회문화적 맥락 속에서 중요하게 여기는 자연스러운 본능으로 이해한다. 그들에게 성은 그 자체로서 특별하거나 본질적인 의미를 갖고 있기보다는 자연스러운 생물학적 동력이다. 예를 들어, 자연주의자의 관점에서 성적으로 자신을 자극하거나 자위를 하는 것은 '단지 신체적인 긴장 완화'일 뿐이며, 그러한 행위의 인지적 · 감정적 · 관계적 · 영적인 결과는 중요하지 않다. 따라서 그들에게 자위, 혼전 성관계, 성애물 사용 등에 대해 질문을 하면 그러한 질문 자체가 기본적으로 그 행동에 주어진 사회문화적 맥락에서 나온 의미를 지닌 것으로 여긴다.

자연주의에서 나온 도덕과 윤리는 행동의 결과를 살피는 경향이 있다. 그래서 어떤 성행위의 '옳다' 혹은 '틀리다'에 대한 분별은 그것의 도덕성 여부를 따지기보다는 그 행위의 결과가 무엇인가에 기초한다. 예를 들어, 다수의 성 파트너를 갖는 것은 성관계를 통해 얻게 되는 질병의 위험성이 증가하기 때문에 해로운 것이다. 정절을 지키려고 헌신하는 사회문화적 맥락 속에서 정절을 지키지 않는 것은 그 사회에 해가 된다. 즉, 정절이 가치 있고 불륜이 잘못된 것은 정절 자체에 대해 어떤 특별한 중요성을 두기보다는 그 결과를 참고한다는 것이다.

홀링거는 자연주의의 주장을 비판하였다. 기독교인들에게 자연은 하나님으로부터 온 것이지만, 그것이 하나님보다 위에 있지 않으며 기본적인 기준도 아니다. 자연에 있는 것이 전부는 아니다. 우리가 자연으로부터 배울 수는 있지만 그 또한 타락한 것으로서 원죄의 영향을 받아 왜곡된 것이다. 따라서 자연은 도덕적으로 신뢰할 만한 기초가 아니며, 자연 자체도 탄식하며 구속을 고대하고 있는 것이다(롬 8:22). 실제로 홀링거에 의하면 자연주의가 주는 도전 중 하나는 단순히 정상적인 것이 자연에 존재한다고 하면서도 비정상적인 것이 무엇인지를 알아차리지 못한다는 것이다. 물론 다양한 행동이 자연에 존재한다. 기독교인들의 주장은 자연 속에 있는 행동들이 그 행동에 대한 도덕적 기준이나 그 행동에 참여하게 하는 기준은 아니라는 것이다.

인본주의

인본주의의 근본적인 주장은 사람이 가장 중요한 존재라는 것이다. 그래서 인본주의는 사람의 복지에 관심이 있고, 자연스럽게 그것이 이야기의 중심이 되는 경향이 있으며, 모든 목적과 도덕의 원천이 된다(Hollinger, 2009). 인본주의자들은 세계관적인 면에서 종종 자연주의자들이다. 달리 말하면, 그들 역시 자연에 있는 것이 전부라고 하지만 인생을 무의미하다고 보기보다는 인생에는 순전한 의미와 목적이 있다고 보며, 그 목적을 사람의 복지와 이익 그리고 사람됨의 의미를 중심으로 구성한다.

존재의 정점으로 사람을 보는 이해의 결과는 인간성 자체가 무엇이 옳고 그른가를 결정한다는 것이다. 사람은 도덕에 대한 지침을 위해 자신의 외부를 살펴보지 않는다. 그들은 윤리적이고 도덕적인 딜레마나 사람이 인생을 어떻게 살아야 하는가에 대한 답을 얻기 위해 신이나 신성한 것을 찾지 않는다.

사람의 경험을 높이 사는 인본주의 관점의 결과는 성윤리에 대한 이해에도 나타난다. 성윤리는 사람의 잠재력에 기초한다. 그것은 사람의 자아실현(또는 우리가 때로 '성적 자아실현'이라고 하는)과 번성에 기반을 두고 있다(Hollinger, 2009). 그러한 관점은 하나님에 의한 어떠한 윤리적·도덕적 요구도 거절하며, 사람만을 그 자신의 윤리적 책임에 대한 안내자로 본다. 성에 대한 인본주의 관점의 한 예는 만약 행복의 추구가 궁극적인 목표라면, 한 사람의 '행복'의 근원이 혼외정사와 같은 방법으로 행복해져도 문제가 안 된다는 것이다.

인본주의에 대한 기독교적 비판은 하나님이 인간 이야기의 저자라는 것이다. 참으로 하나님은 사람 안에 계신 중심인물이며 예수 그리스도가 하시는 사역의 중심인물이다. 인본주의 세계관이 사람의 본성을 근본적으로 선하다고 인정하는 반면에 기독교인들은 그 세계관이 인간의 타락과 죄의 결과를 부인하므로 불안전하고 왜곡되었다고 본다. 성적으로 망가진 것을 포함하여 우리의 망가짐은 우리의 타락한 본성을 나타내는 것인 동시에 구속의 기회를 제시하고 있다.

인본주의와 자연주의 둘 다에서 우리는 유기체의 경험 속에서 도덕적 권위를 찾으려는 경향을 본다. 그것은 "유기체적 일치"(APA, 2009, p. 18)로 알려져 있는데, 유기체가 가지고 있는 자신의 욕구와 동력이 채워졌을 때 "온전한 느낌"(p. 18)을 얻으며, 그것을 도덕적으로 선한 행동이라고 보는 것이다. 유기체적 일치에 대한 기독교의 대안은 "목적을 향한 일치"라는 것이다(p. 18). 그것은 한 사람이 자신이 가진 가치와 초월적인 목적과 이상을 따라 사는 것을 말한다. 달리 말해, 기독교인은 자신의 충동들이 삶을 살아가는 데 신뢰할 만한 도덕적 지침이 되는지를 결정하기 위해 자신의 충동 밖을 살핀다. 목적적 일치성은 초월성의 목적에 대해 질문한다. 기준이 유기체 밖에(멀리 떨어져) 있는 것인가? 그러한 기준들이 한 사람의 인생에 도덕적인 나침판을 제공하는가? 기독교인들은 역사적으로 이러한 입장을 단호하게 고수한다.

다원주의

우리가 세 번째로 주의를 기울이는 경쟁적인 세계관은 다원주의다. 다원주의는 세상에 도덕적 · 윤리적 주장과 신념과 가치관이 다양하다고 주장하는 세계관이다. 어느 하나가 다른 것보다 더 나은 것은 없으며, 어느 하나가 다른 것보다 더 진리를 드러내는 것도 아니라는 입장이다. 다원주의는 마치 뷔페식당에서 저녁을 먹는 것과 같아서 식당에 다양한 음식이 있고 사람들은 개인의 선호도와 맛에 따라 특정 음식에 끌리는데, 그것은 어떤 의미로든 그 음식이 다른 음식보다 '더 낫기' 때문은 아니다. 이러한 경험을 윤리적 주장과 도덕적 가치에 적용하면, 다원주의자들은 모든 신념이나 윤리가 타당할 수 있으므로 어떤 특정한 믿음과 가치와 도덕적 기준이 다른 것들보다 더 옳다고 할 수는 없다고 주장한다.

다원주의는 특히 생각이나 경험의 다양성에 대해 큰 관심을 가지고 있는 현대 서양 문화에서 인기가 높은데, 그곳에서는 의도와 성실함이 절대적 진리나 가치보다 더 높게 평가된다. 예를 들면, 최근에 한 여자가 자신은 '나체로 목욕'하는 곳에 낯선 사람들과 절대로 들어가지 않을 것이지만 누가 그걸 하고자 한다면 그것은 '그사람의 일'이며, 그들은 '자신이 원하면 무엇이든지' 할 수 있다고 이야기하는 것을 들었다. 그녀의 옳고 그름의 판단은 자신만을 위한 것이며, 그녀의 선호도를 넘어서 가치를 이야기하지 않는다. '개인 각자' 또는 '개개인'은 다원주의자들이 가진 모토다.

기독교 세계관에 대해 다원주의자들이 불편하게 느끼는 것은 기독교인들은 기독교적 진리를 배타적으로 주장한다는 것이다. 기독교는 하나님과 진리와 윤리가 단지 다양한 것 중에 있는 하나의 좋은 아이디어가 아니라고 주장하면서 다원주의와 첨예하게 양립하는 위치에 있다. 오히려 기독교적 이해로는 하나님께서 사람에 대한 목적과 뜻, 즉 어떻게 사람이 다른 사람들과 하나님과 관계를 맺어야만 하는가를 나타냈다고 한다.

이러한 논의를 성에 적용해 보면, 기독교에서는 하나님께서 나타내신 뜻이 사람의 성과 성적 표현에 대한 원리라고 주장하고 있다. 그러한 성서적인 원리는 단순한 의견이 아니라 우리가 충분히 진가를 알 수 없는 영원한 세계의 한 면인 초월적 실체이자 하나님의 뜻과 성품을 반영하는 것이다.

우리는 또한 오늘날 다원주의를 가치 있다고 주장하는 문화를 알고 있는데, 실제로 그것은 단지 참된 다원주의의 외양만 가지고 있다. 카슨(Carson, 2012)은 "더 넓은 세상에서의 진정한 다원주의는 강한 이슬람의 목소리, 회의적인 목소리, 불교의 목소리, 불신자의 목소리뿐만 아니라 성서에 충실한 신실한 기독교인의 목소리가 있을 때 더 촉진된다"(p. 35)고 하였다.

이전에는 우리가 다양한 진리의 주장(카손이 오래된 인내라고 기술한)과 공존했다면, 이제 우리는 진리를 주장하는 그 누구라도 업신여기는 문화적 환경에서 살고 있다. 이에 대해 카손은 다음과 같이 지적하였다.

> 미디어는 교황 요한 바울 2세(John Paul II)나 베네딕트 16세(Benedict XVI)를 세계의 빈곤이나 종교 의식의 영역에 한해서는 긍정적으로 보여 줄 것이다. 그러나 만약에 그들이 혼전 성관계나 혼외 성관계, 낙태, 동성애와 같은 사회적 쟁

> 점에 대한 그들의 믿음이 어떤 영향을 주는지 드러내면 그들은 편견이 심하고, 시대에 뒤떨어지고, 약간 이상하고, 위험하기까지 하고, 확실히 편협한 사람이 될 것이다(p. 35).

이와 같은 주요 문화적 변화는 성과 성행위, 특별히 동성애, 성정체성, 성별 정체성, 혼전 성관계, 혼외 성관계, 낙태 등과 같이 인간에 대해 상이한 규범적이고 도덕적인 주장이 있는 영역에 대한 논의에 영향을 미친다.

어떠한 경우이든지 우리는 학생들이 현재 우리의 문화적 환경에서 기독교와 공존하고 있는 다양한 세계관에 대해 생각해 보기를 장려한다. 이슬람, 유대교, 불교 등과 같은 다양한 종교의 세계관을 이해하는 것이 중요하며, 어떻게 자연주의, 인본주의 다원주의에서 발견되는 경쟁적인 세계관이 우리의 문화적 담론, 특히 성과 성행위라는 영역의 담론을 만들어 가는지 아는 것도 중요하다.

우리는 많은 기독교인 학생이 자신의 신앙에 대한 기본적인 헌신과 다른 세계관들과 대조하면서 갈등해 온 것을 알게 되었다. 그들은 기독교에는 익숙하지만 사람의 경험이나 도덕, 윤리, 성에 대한 설명에는 익숙하지 않다. 우리는 또한 기독교가 성에 대해 한목소리로 교육하거나 오늘날 옳다고 인정할 만한 방법으로 교육하지 않았음을 알아야 한다. 이제 그 주제로 넘어가자.

기독교

기독교는 세계적인 종교이자 세계관으로서 자연주의, 인본주의, 다원주의와 같은 경쟁적인 세계관들과 대립되어 있다. 그러나 기독교나 기독교의 전통 가치는 성과 성윤리에 대해 호의적이지 않았던 역사를 가지고 있다. 많은 예가 있지만 그중 하나가 중세의 성에 대한 관점으로서 금욕주의를 지나치게 중요시하여 단순성을 강조하고 쾌락을 주는 대상이나 행동으로부터의 금욕을 강조했다. 홀링거(2009)가 지적했듯이, 기독교 역사는 기독교인이 관계를 맺고 결혼이나 성행위를 하는 삶을 낮게 보고 금욕주의를 더 올바르게 사는 방식(자선, 순종, 가난의 성격을 띤 수준 높은 방법의 삶)으로 높게 평가했다.

이와 같이 대비되는 기독교인의 삶의 두 방식(금욕주의의 높은 수준과 결혼이라는 낮은 수준)은 "역사적으로 히브리인이 육체적인 삶과 성에 대해 지지"한 것과 첨예하게 대비되는 개념을 키웠고, 유그티노 순교자(Justin Martyr), 오리겐(Origen), 테르툴리아누스(Tertullian)와 서양의 초기 교회 지도자들(Jones, 1999, p. 1107)에 의해 주장되었다. 많은 기독교인도 토마스 아퀴나스가 가졌던 견해처럼 결혼 안에서의 성을 오염시켰다(Hollinger, 2009). 그러한 견해는 분명히 사람의 성에 대한 건강하고 긍정적인 견해에 그림자를 드리웠으며, 오늘날 기독교인들이 성과 성행위에 대해 이해하는 방법과는 매우 대조적이다.

역사적인 관점에서 이와 같은 중세 기독교의 성에 대한 관점은 사람의 몸과 육체적 존재로서 피조물인 우리를 낮게 보는 견해를 가지고 있다. 그러한 견해에서는 기본적으로 사람의 죄는 사람이 자기중심적인 것 보다는 육체적 존재인 것과 관련 있다고 보고 그것에 대한 최선의 대응은 금욕(절제적인 삶에 엄격하게 순종)이라고 제시하였다(Hollinger, 2019). 그러한 시야는 성이 마치 생식만을 목적으로 하고 있는 것처럼 성행위에 대한 시야를 좁혀 버렸다. 그 구체적인 결과로 이후 꽤 시간이 지나 20세기에 피임 분야의 의학적 진보가 이루어지면서 성행위는 생식과 기계적으로 분리되었다. 이와 같은 진보는 사람들이(기독교인들을 포함하여) 미혼의 성, 기혼의 성, 동거, 성소수자 공동체와 관련된 더 넓은 성적 혁명과 그 결과로 생긴 성의 자유화라는 측면에서 성과 성행위에 접근하는 방법에 영향을 미쳤다(Herdt, 1996 참조).

오늘날 의심할 바 없이 중세 기독교 금욕주의자들의 성과 성행위에 대한 견해가 몇몇 기독교인에게 잔재되어 있음을 볼 수 있다. 그러나 감사하게도 중세의 금욕주의를 사람의 성에 대한 극단적인 반응으로 보는 역사적 관점이 있고, 현대 대부분의 기독교인들은 좀 더 균형을 갖기 위해 금욕주의를 거절하고 있다.

최근에 사람의 성에 대한 기독교적 이해에 가장 큰 기여를 한 것은 교황 요한 바울 2세(John Paul II, 1997)의 『몸의 신학(Theology of the Body)』이다. 실제로 이 복잡한 논문의 신학적인 성찰을(이것은 1979년과 1984년 사이에 주어진 129강의 시리즈 중 하나다.) 교회가 온전히 이해하기 위해서는 몇 년이 걸릴 것이라는 논평들이 많았다. 요한 바울 2세는 사람들이 적절하게 사랑하는 자유를 갖도록 하기 위해 성을 중심으로 그의 글의 기초를 놓았다. 그의 글은 반으로 나뉘어 있는데, 각각 세 주기를 포함한다. 세 가지 주기에서 우선 사람인 우리가 누구인지 점검하고, 창조와 관련된(죄를 짓기 전에 구현된 성), 타락한(구현된 우리의 성이 타락으로 인해 어떻게 오염되었는지), 그리고 영화되는 우리의 운명을(부활의 맥락에서 구현된 성은 무엇인지) 살펴본다(West, 2004).

어떤 면에서 그 가르침은 우리가 여기서 성서 드라마의 4막, 즉 창조, 타락, 구속과 영화를 성의 신학에 대한 이해와 연결 지어 논의하려고 하는 것과 같다.

요한 바울 2세(1997)는 창조가 세 가지 경험(고독, 연합, 벌거벗음)을 우리에게 가르치는 순진무구한 상태라고 지적하였다. 고독은 아담(Adam)이 '사랑은 그의 시작이고, 소명이고, 운명'이라고 깨달은 처음 상태에서 발견된다(West, 2004, p. 22). 창조 이야기에 나타난 아담과 이브의 언약은 다른 피조물과 다르게 영적 실체로, 신학적 실체로, 육체적 실체로의 연합을 보여 준다(West, 2004). 창조 이야기에서 제일 마지막에 나오는 원천적 경험은 아담과 이브(Eve)가 벌거벗었으나 부끄러워하지 아니하며 서로에게 자유롭게 사랑의 선물을 주는 것이다.

이어서 요한 바울 2세(1997)는 사람은 타락한 존재이고 구속의 과정에 있는데, 타락은 우리의 성에 심오한 방법으로 영향을 미쳤다고 하였다. 그는 우리의 타락한 상태를 논하면서 욕정과 간음에 대해 살펴보았다. 욕정(또는 마음으로 지은 간음)은 다른 사람의 존엄성(그리고 우리 자신의 존엄성)에 반하여 욕정을 채우는 것이다(West, 2004). 아직 영생을 누리기 전 새로워진 삶을 충분히 경험하지 못한 구속적인 상태에서 우리는 "우리의 성적 욕구의 구속, 즉 우리의 마음이 점차 변화되어 가는 경험을 하기 시작" 할 수 있다(p. 34). 사람은 하나님의 좋은 선물인 성에 대해 의심하고 부인하는 경향이 있으며, 우리가(여전히 불완전하지만) 자유롭게 성의 선물을 누리면서 성령 안에서 사는 것은 오직 하나님의 은혜로만 가능하다.

요한 바울 2세(1997)는 계속해서 몸의 부활, 독신, 동정, 결혼의 신성함, 피임 등을 다루는 신학에 대해 고찰했다. 실제로 그의 글은 신학적 인류학과 연관하여 사람의 성에 대해 완전히 원형적으로 성찰한 것으로서 그의 글이 주는 온전한 영향은 아직 다 이해되지 않고 있다는 비평에 우리는 동의한다.

오늘날 복음주의 기독교인들은 성경 말씀이 믿음과 삶의 문제에 대한 권위의 근원이라고 본다. 성경은 기독교 역사, 이성과 개인의 경험과 같은 다른 어떤 권위의 출처보다 더 무게가 있다. 그래서 요한 바울 2세(1997)의 『몸의 신학』은 믿음과 믿음의 실천을 위한 성연구에 관심이 있고 사려 깊은 기독교인들에게 엄청난 신학적인 인류학적 성찰을 주지만, 성경 구절이야말로 구원, 구속 계획, 예수의 사역에 대한 하나님의 계시의 원천이 된다. 이제 우리는 성에 대한 성경적인 관점의 논의를 시작하려고 한다.

성경 말씀

기독교인은 성경이 신자들의 신뢰할 만한 안내자로서 "성경의 모든 가르침은 전적으로 신뢰할 만하다"(Erickson, 2001, p. 68)라고 한다. 성경은 어떻게 살아야 하는지, 행위와 관계, 특별히 삶 속에서 하나님의 공급하심에 대해 감사하고 하나님께 영광을 돌리는 방법에 대해 폭넓은 원리를 제공한다.

> 모든 성경은 하나님의 감동으로 된 것으로 교훈과 책망과 바르게 함과 의로 교육하기에 유익하니, 이는 하나님의 사람으로 온전케 하려 함이라(딤후 3:16-17).

우리는 성경 말씀이 우리를 올바른 삶으로 인도하는 무한한 가치의 자원인 것을 인정하지만 성기능에 관한 안내서로 읽지는 않는다. 우리는 성경에서 변태성욕이나 성별 정체성의 문제를 치료하는 성치료 프로토콜을 직접 꺼낼 수는 없다.

그래서 마치 아가서에 완전한 프로토콜이나 매뉴얼을 작성하는 데 필요한 내용이 있는 것처럼, 성경을 성기능에 대한 안내서로 취급하는 사람들과 성경과 현대의 성과 성 상담에 대한 논의는 전혀 무관한 것처럼 성경을 무시하는 사람들과의 사이에 긴장이 있다.

우리는 성경 말씀이 어떤 경우에는 도덕성에 관한 질문에 명확한 가르침을 제시한다고 본다. 다른 경우에는 우리의 도덕적인 추론에 도움이 되는 주제에 대한 간접적인 참고자료로 본다[성경 구절의 직간접적인 참고에 대한 논의는 로즈노와 윌슨(Rosenau & Wilson, 2006)을 참조하라. 도덕적 고려에 관한 하나님의 마음에 대한 논의 바로 다음에 있다]. 성경은 삶의 문제에 대한 폭넓은 원리를 제공하는데, 그러한 원리는 성과 성행위와도 관련이 있다.

성경에 대해 생각할 수 있는 또 하나의 방법은(원리라는 형식으로) 거기서 끌어낼 수 있는 일반적인 원리들이 있다는 것이다. 마바 다운(Marva Dawn)은 그녀의 책 『성적 특징(Sexual character)』에서 성적인 존재로서 어떻게 살아가야 할까에 대해 지침을 구하는 것의 중요성에 대해 이야기하고 있다.

> 개인 컴퓨터를 사용하는 시대가 오기 전에 나는 책을 쓰기 위해 종종 좋은 타

> 자기를 사용했는데 특별히 수정기와 리본이 많은 도움이 되었다. 수정기와 리본이 서로의 역할을 방해하지 않도록 조심스럽게 특정 톱니를 중심으로 자리를 잡고…… 안내 책자를 펼치면 아주 놀라운 일이 항상 일어났다. 안내 책자는 어떻게 리본의 위치를 잡아야 할지를 그림으로 보여 주고 글로 쓰인 안내문은 글자를 찍어 내는 과정을 성실하게 안내해 준다. 와! 나는 성공적으로 타이핑할 수 있고, 타이핑한 것을 수정할 수도 있다!
>
> 이 안내 책자는 왜 항상 나의 문제를 해결해 줄까? 왜냐하면 이 타자기를 만든 회사가 그 안내 책자를 만들었기 때문이다. 이 기계의 디자인을 아는 사람들은 내가 이 기계를 가장 효과적으로 쓰고 고칠 수 있는 방법을 알려 줄 수 있는 사람들이다(Dawn, 1993, p. 21).

오늘날 많은 기독교인은 성경이 성과 성행위에 대해 의미 있는 정보와 지침을 제시하는 것으로 알고 있다. 하지만 그들은 사람의 성과 성적 표현의 복잡함이 타자기 리본을 바꾸는 것과 유사하다고 할 수 있을지는 고민할 것이다. 어쨌든 한 특정 회사에서 생산한 타자기의 각 모델은 전부 같지만 사람은 같지 않다. 우리는 성에 대한 논의를 시작하는 즉시 사람의 성이나 성경험에 관한 다양성과 복합성을 인정해야 한다는 것을 배움으로써 분석 작업을 진행할 때 중요한 균형을 이루고자한다. 우리는 성경이 사람의 성과 성행위에 대한 교과서는 아니지만 성과 성적 표현에 대해 하나님께서 계시하신 뜻에 대한 중요한 정보를 주고 있다고 본다. 성경에는 우리가 잘 이해하고 삶과 교회 생활에 적용할 만한 폭넓은 주제가 있다.

성과 성행위에 대해서도 단계적 지침을 주는 매뉴얼보다는 못하지만 지역을 대략으로 알 수 있게 해 주는 지도와 같은 역할을 한다. 이와 같이 성경은 기독교인들에게 땅과 지형에 대한 주요한 정보를 준다. 그러한 정보는 우리의 생사과 결정을 안내할 수 있다고 믿는 성경적인 원리들 속에서 찾을 수 있다.

일반적인 주제와 원리

창조의 선함

여기서 우리는 사람의 성과 성적 표현에 관한 성경 말씀의 몇 가지 일반적인 주제와 원리를 살펴보고자 한다.[1] 처음부터 구약의 대의나 넓은 주제는 하나님에 대한 우리의 완전한 의존과 분리뿐만 아니라 성을 포함하여 우리가 몸에 가지고 있는 것이 선하다고 소개하고 있다. 우리는 창조 이야기와 몸을 가진 존재이면서도 성에 대한 죄와 수치감으로부터 자유로웠던 아담과 이브의 경험에 대해 아주 조금만 알고 있다. 그들은 몸과 영혼을 가진 존재로 나타나 있고 태어나면서부터 주어진 몸에 대해 긍정적인 시야를 가지고 있는데, 이에 대해서는 나중에 다시 다룰 것이다.

창조 이야기 또한 창조주와 관련하여 피조물에 대해 알려 준다. 이후에 하나님께서 "우리의 형상을 따라 우리의 모양대로 사람을 만들자"(창 1:26)라고 말씀하셨다. 창조 과정에서 하나님이 사람을 만들기 전에 지으신 모든 것에 대하여 "좋았다"(창 1:4, 12, 18, 21, 25)라고 한 것은 주목할 만하다. 하지만 하나님이 사람을 창조하신 이후에는 그가 만든 모든 것을 보면서 "심히 좋았다"(창 1:31)라고 하셨다. 사람은 (하나님에 의해) 창조 질서의 주요한 부분이지만 여전히 창조의 한 부분으로 남아 있다. 이와 같이 사람은 깨달음의 여부와 상관없이 자신의 존재를 전적으로 하나님께 의존한다(Erickson, 2001). 다른 말로 하면 사람은 창조 질서의 한 부분이며 스스로를 그렇게 보든 안 보든 하나님께 의존하는 존재다.

사람이 된다는 것은 하나님에 의해 창조되고 그 존재를 하나님께 의존한다는 것이다. 또한 사람이 된다는 것은 하나님으로부터 분리되어 구별된다는 의미다(Jones & Butman, 1991). 실제로 우리가 하나님으로부터 분리되었다는 것은 우리 안에 하나님 안에서 완전해지고자 하는 갈망이 있다는 것인데, 그것은 우리의 성과도 관련이 있으며 이후에 다시 다룰 것이다.

기독교인은 역사적으로 창조 시 하나님이 가진 의도가 한 남자와 한 여자의 일부일처제적 연합을 통하여 가정을 이루는 것이라고 이해하고 있는데(창 2:21-14), 거기에서도 우리는 두 성이 상호보완적임을 알 수 있다. 이런 관점에서 사람의 독특함, 즉 결혼을 통해 두 사람이 하나가 되지만 개인적인 정체성을 잃지 않고 지속적으로 유지되고 있다.

---

1) 이 부분의 일부는 스탠톤 존스(Stanton L. Jones)와 마크 야하우스(Mark A. Yarhouse)의 공저서인 『Homosexuality: The use of scientific research in the church's moral debate(동성애: 교회의 도덕적 논쟁에서 과학적 연구의 활용)』(2000)과 스탠톤 존스와 브래나 존스(Brenna Jones)의 공저서인 『How and when to tell your kids about sex: A lifelong approach to shaping your child's sexual character(당신의 자녀에게 언제 어떻게 성에 대해 이야기할까: 당신의 자녀의 성징을 계발하기 위한 일생에 걸친 접근』(2007)을 개작한 것이다.

타락의 실체

또한 구약성경은 우리에게 타락과 원죄가 어떻게 성과 성적 표현을 포함한 사람의 모든 존재를 망가뜨렸는지 알려 주고 있다. 타락의 결과는 지대한 영향을 미쳤지만 우리는 하나님께서 이스라엘과 어떤 관계를 맺기로 선택하셨는지를 통해 성의 목적과 그것의 상호보완성에 대해 살짝 엿볼 수 있다. 실제로 하나님은 자신이 신실한 남편인 반면에 이스라엘은 매춘하는 고집스러운 아내와 같다고 함으로써 자기 백성과의 매우 친밀한 관계를 나타내셨다.

타락은 성에 어떠한 영향을 미치는가? 여기에 몇 가지 잠재적인 영향이 있다. 먼저, 남자와 여자의 관계에 다툼이 들어갔다(창 3:16). 다툼의 정도를 이해하기는 어렵지만 결혼의 상호보완성이나 남녀 평등에 관한 많은 분쟁이 있는 것을 보아 왔으며, 수많은 기독교 학자는 남녀관계의 의미를 푸는 데 시간과 에너지를 많이 들였다(Jones, 1999). 심리치료사 및 상담사로서 우리의 역할은 그러한 관점 중에 어느 것이 정확하게 남녀관계에 대한 기독교적 이해를 반영하고 있는가를 정하는 것이 아니라 전에는 없었던 다툼이 타락 이후에 남녀 사이에 생겼고, 특히 결혼관계에서 갈등, 반감, 경쟁, 분쟁, 언쟁이나 분열의 형태가 나타나고 있다는 것에 주목하고자 한다.

남녀 사이의 분쟁과 다툼에 덧붙여 이제는 단기간에 성적 친밀감을 갖는 관계를 포함하여 일시적인 자기만족(잠 5:1-6)을 추구하는 대인관계가 가능해졌다. 그것은 많은 형태로 나타나지만, 현대 문화에서 '원나잇 문화'라고 부르는 예에서 나타나듯이 성이 단순히 유동체를 나누거나 스트레스 관리나 느껴지는 필요를 채우는 방법으로 축소되었다. 우리는 또한 온라인을 통해 쉽게 접근하고 '아무 조건 없이' 성적인 자기만족을 약속해 주는 음란물 산업에서 그것을 볼 수 있다. 이와 같은 자기만족에 대한 염려에서, 특별히 음란물 산업에 대해 우리가 다른 사람들과 관계를 맺거나 의미를 갖지 않은 채 다른 사람들을 부분으로 나누고 대상화하며 그들의 부분이나 활동을 우리 자신의 흥미만을 위해서 보고 사용할 수 있다는 것에 주의해야 한다.

기독교는 이러한 우려와 일관되게 다른 사람들을 대상화하고 그들의 가치를 낮게 보는 것을 반대한다. 아담이 이브를 아내로 "알았다"(창 4:1)는 것은 히브리어로 성관계를 가졌다는 것이며, 지각하고 지식을 얻게 되었다는 말(ginõskõ)과 같은 단어로서 친밀감과 교제의 의미를 포함한다. 기독교인은 자신의 행위나 욕구가 다른 사람을 존귀하게 여기고 즐거워하는 대신 그를 대상화하지 않도록 주의해야 한다. 바로 이것이 누군가에 대해 환상을 갖는 것이 그의 인간성을 없애는 위험스러운 일이라고 하는 이유다.

그렇다면 기독교인의 관점에서 한 사람의 가치를 **기능**보다는 **본질적인 면**에서 볼 필요가 있다.

> 한 가지 질문은 우리가 어떤 사람을 볼 때, 그가 가지고 있는 하나님과의 관계와 그 관계를 통해 얻게 된 새로운 존엄성을 가진 자로 보지 못하면서 그 사람을 온전히 볼 수 있는가 하는 것이다. 만약 내가 이러한 관점을 소홀히 하면 그가 내게 하는 역할만큼만 부분적으로 존중하게 될 것이다. 또한 비록 그가 나에게 해를 주는 역할보다 훨씬 더 많이 존중하는 것이라고 할지라도 그것은 하나님께서 그를 존귀하게 여기는 것에는 미치지 못하는 것이다(Thielicke, 1975, p. 26).

달리 말해서 그들의 본질이 아니라 그들이 가지고 있는 기능적 가치로(그들이 나에게 주는 유익으로) 사람을 평가할 때 그들은 대체될 수도 있고 그들의 가치는 평가절하되기도 한다(Thielicke, 1975). 성과 성치료에 대해 공부하는 학생들은 우리 문화가 다양한 방법으로 이렇게(본질보다 기능에 가치를 두는) 하고 있는 것을 알아차릴 필요가 있다. 갈수록 성에 대해 더 많은 관심이 생기는 우리의 문화(제2장 참조)는 상대방을(실제로나 상상을 통해) 쉽게 성적 극치감을 경험하게 해 주는 도구로 전락시킨다. 이로 인해 많은 잠재적인 결과들이 있지만 유념해야 할 한 가지 결과는 한 개인과 사회에 일어날 쾌락을 쉽게 얻는 것이 자기 절제의 훈련을 하지 못하게 한다는 것이다.

또한 인간의 타락이 반항을 삶의 동기로 삼기 시작하게 만든 반항적인 행위였다는 것에 주목해야 한다. 반항은 다양한 방법으로 표현되는데, 종종 하나님을 포함한 권위에 도전하는 것으로 표현된다. 우리는 성과 성행위에 대해 마치 하나님께서 성과 성행위를 통해 나타낸 뜻을 본질적으로 거절하는 것처럼 반항할 때가 있다.

또한 우리는 현재 수치심이 성의 한 부분이 된 것은 타락의 결과가 아닌지 질문할 수 있다. 진정한 수치심은 아담과 이브가 하나님 앞에서 자신의 몸을 가리고 숨는 것(창 3:8)으로 하나님께 반응한 이야기를 통해 소개되고 있다. 따라서 타락의 결과로 생긴 수치심이 사람의 성의 일부가 되었거나, 최소한 잠재적인 수치심이 우리의 성을 통해 경험된다고 할 수 있다.

우리는 지금까지 성경 말씀이 창조의 선함과 성을 포함하여 우리의 몸이 본질적으로 선하다고 확증하고 있음을 보았다. 우리는 또한 성에 나타난 타락의 실제와 그로 인해 있을 수 있는 영향을 보았다. 이제 어떻게 구속이 사람의 역사 속으로, 창조 이야기 속으로, 타락 속으로 들어왔는지 그리고 그것이 사람의 성에 대해 어떤 의미를 주는지 살펴보고자 한다.

구속의 요인

그럼 이제 성경에서 묘사하고 있는 구속으로 넘어가자. 구약성경에서는 예수 그리스도의 인성과 사역에서 발견될 미래의 구속을 우리에게 보여 주고 있다. 메시아를 기다리는 것처럼, 성과 성행위가 가지고 있는 의미에 대해 명확한 안내는 없다(사 9:6-7; 11:10). 우리는 신약성경에서 성의 구속에 대해 살짝 엿볼 수 있는데 아마도 우리 마음에 쉽게 와닿는 것은 간음하다가 잡힌 여인을 데리고 온 사람들과 예수님의 만남일 것이다(요 7:53-8:11). 그들은 당시의 많은 지도자가 그랬던 것처럼 예수님께서 공개적으로 어려운 결정을 내리도록 예수님을 속이기 위해 접근하였다. 그들은 간음하다 잡힌 여인에게 돌을 던짐으로써 법을 이루어야 한다고 예수님께 도전했다. 알다시피, 예수님은 그 미끼에 걸려들지 않았고 그들이 자신의 개인적인 죄와 죄에 대해 가지고 있는 공적인 입장 사이의 차이를 깨닫게 함으로써 오히려 그들을 송사하셨다. 여인에게 했던 그의 말은 은혜와 자비였으며, 예수님께서 완성하기 위해 오신 바로 그 법에 성실하게 순종하며 살도록 안내하는 것이었다.

이처럼 사람의 마음에 있는 것에 대해 이야기하는 경향은 이후 예수님이 사람 속에 있는 더럽고 음란한 생각이 본질적으로 다른 사람과 성관계를 갖는 것과 같다고 하신 또 다른 가르침에서 나온다(마 5:28). 이것은 하나님 앞에서 자신들의 행동이 정당하다고 생각했던 종교지도자들이 가진 문제의 핵심을 찌른 것이다. 예수님의 대답은 예수님의 가르침을 이해한 자들에게 그 구조를 평등하게 했다.

우리가 가지고 있는 많은 성과 성행위에 대한 성서적인 지침은 자신이 돌보던 많은 교회에게 썼던 바울(Paul)의 편지에 들어 있다. 그중에서 우리는 언제나 있었지만 현대 복음주의에서는 잃어버린 독신에 대한 긍정적인 의견도 보게 된다(고전 7:1-7). 로마 가톨릭 교회에서는 독신을 좋게 여기지만 복음주의 교회에서는 사람들이 만약 커플이 아니면 아직 뭔가 부족한 사람인 것처럼 대한다. 이러한 예는 교회에서 독신에 대한 메시지에 비해 기혼자에 대한 메시지가 많은 것과 중년기나 그 이후에 혼자 사는 것에 대한 건강하고 균형 있는 관점보다는 기혼 커플과 아이들을 위한 교회 프로그램이 더 많은 것에서 찾아볼 수 있다.

바울은 결혼 안에서의 성이 유혹으로부터 지켜 주는 보호요인이기 때문에 중요하다고 기록했다(고전 7:8-9). 그는 혼외 성관계가 동성 간의 성관계처럼 죄라는 가르침을 당시의 유대인들에게 익숙해질 때까지 반복했다.

관련된 원리

사람이라는 것은 관계적이라는 뜻이다

역사적으로 기독교는 창조 때부터 하나님께서 사람들을 관계 안에, 가족 안에 두셨음을 주장하고 있다(창 1-2장). 한 사람이 태어난 가족관계의 성격은 창조에 나타나고, 이후에 신약성경에서 예수님과 바울과 다른 사람들이 확인해 주었듯이 남편과 아내의 평생에 걸친 헌신으로 나타난다. 그것은 또한 하나님께서 생식기적 성을 두셨다는 맥락에서 기독교 안에서 중요하게 받아들였다. 우리가 생식기적 성을 이야기하는 것은 충만한 성적 친밀감을 말하는 것이다. 기독교는 일반적으로 성을 긍정적으로 받아들이고, 특별히 생식기를 통한 성적 표현을 바람직한 것으로 묘사하며, 우리 모두는 다른 사람들과 관계하는 방식 속에서 성을 경험하며 표현한다고 한다. 기독교는 역사적으로 평생에 걸친 이성 간의 성관계는 하나님께서 성기를 통해 충만한 성적 친밀감을 나누도록 나타내신 뜻이라고 가르쳐 왔다.

사람이라는 것은 성적이라는 뜻이다

기독교인은 성이 인간됨의 의미의 통합적인 부분이며 하나님께서 주신 선물이라고 이해한다. 생식기적 성행위는 생식을 위한 수단이며 생명 창조의 신성한 행위일 뿐만 아니라 역사를 통해 모든 문화에서 가족의 삶의 기초가 된다. 하지만 앞서 제안한 것처럼 성은 생식기적 성행위보다 더 많은 의미를 가지고 있다. 『기독교인들의 성(Sex for Christians)』에서 루이스 스메데스(Lewis Smedes)가 관찰한 것처럼 기독교인의 성에 대한 이해는 성이 우리가 무엇을 행하는가보다는 우리가 누구인가를 반영한다는 것이다. 우리의 성은 우리가 상대방을 통해 완성되고자 하는 갈망(에로스)

을 가지면서 우리가 하나님을 필요로 하는 존재임을 알려 준다. 성경에서 결혼관계는 하나님과 고대 이스라엘의 관계와 그리스도와 교회, 즉 그리스도의 신부와의 관계를 나타낸다고 한다. 흥미롭게도 구약성경의 많은 부분은 이스라엘의 우상 숭배를 하나님과의 관계에서 간음하는 것으로 비유하고 있다. 하나님께서는 사람들에게 익숙한 부부간의 친밀감을 비유로 우상 숭배가 얼마나 문제가 되는지를 드러냈다(렘 3:8; 엡 5:15-32 참조).

생명의 연합과 초월된 현실의 반영으로서의 성

기독교인은 결혼 안에서의 섹스가 육체적인 활동이지만 초월적 목적과 연결되어 '삶을 연합하는 행동'이라고 본다(Smedes, 1994). 스메데스가 관찰한 것처럼 성은 새로운 생명을 가져올 수 있는데, 이는 한 부부가 생산을 할 수 있는 자연스러운 방법이다. 물론 부부의 결정에 따른 것이든지 불임으로 인한 것이든지(그리스도인은 타락의 표현으로 보지만) 모든 결혼관계에서 새로운 생명을 얻는 것은 아니다. 그럼에도 불구하고 성교는 새로운 생명을 만들어 내며, 이성 간의 결혼이라는 특정한 관계 안에서 생명이 형성된다.

우리는 성경에서 그리스도와 교회 사이의 친밀감을 알려 주기 위해 결혼관계를 제시한 것에서 이것을 볼 수 있다. 크리스틴 콜론(Christine Colón)과 보니 필드(Bonnie Field)는 결혼이 우리에게 그리스도와 교회의 관계를 알려 주는 것이지 결혼 자체를 우상화하고 독신을 모욕하는 것은 아니라고 하였다(Colón & Field, 2009). 사실 독신은 예수 그리스도의 제자라는 충성스러운 정체성이 우선되는 기독교의 중요한 가치를 보여 주며, 하나님의 가족이 혈통이 아니라 구원과 연관되어 있다는 변화를 보여 준다. 이와 같은 초월에 대한 연관성은 현대 문화에서 우리가 흔히 볼 수 있는 것과 대조될 수 있다. 대학교 캠퍼스 안에서 자주 일어나는 '원나잇 문화'를 예로 들어 보자(Freitas, 2008, 2013). 기독교는 '원나잇' 하는 행위에 대해 한두 사람이 다른 주장을 하는 경우도 있겠지만 단순한 체액의 교환으로 보지 않는다. 그러한 행위 자체가 행위를 한 자들의 의도와는 전혀 다르게 초월적인 의미를 가지고 있다. 남녀 간의 삶의 결합이라는 맥락 밖에서 이루어지는 섹스는 성의 본질적인 의미와 목적을 위반하는 영적 차원을 가지고 있다.

무엇이 중요한 질문인가

기독교 세계관을 가지고 성과 성행위를 심도 있게 분석한 스메데스(1994)는 성을 공부하는 목적이 무엇인지 질문하였다. 우리는 그의 답에 항상 공감해 왔다. "인생에서 차지하는 성의 위치와 성격을 파악하고 가능한 한 성과 관련된 기독교인의 윤리를 명확하게 하기 위해서"다(p. 24).

기독교인이 첫 번째로 고려해야 할 사항 중 하나는 섹스는 생식기적 성이나 기타 다른 성행위와 성행동을 초월한다는 것이다. 스메데스가 말한 대로 성은 우리 자신이지 우리가 하는 어떤 행동이 아니다. 그는 인간의 성에 대한 논의가 행동에 대한 논의로 자연스럽게 압축됨에도 불구하고 행위에 대한 강조를 없앴다. 오히려 그는 성을 인간됨의 의미의 주요한 한 부분으로 보고자 했다.

성이 인간됨의 의미의 주요한 일면임을 파악하기 위하여 성의 유형, **성별의 성, 성애적 성**(erotic sexuality) 그리고 **생식기적 성**(genital sexuality) 사이의 차이를 구별하는 것이 도움이 될 것이다(Jones, 1999).

성별의 성

성별의 성은 3수준의 성 중에서 제일 폭이 넓은 것으로서 사람으로서 남자나 여자가 되는 것이다. 성별 정체성과 그와 관련된 어려움에 대해서는 제13장에서 아주 자세하게 다루겠지만, 기독교인은 역사적으로 두 개의 신체적인 성별 구분이 있고 성별의 성은 그러한 구분에 대한 반영이며 창조 이야기에 나오는 구분과 보완을 나타낸다(창 2:21-24). 이것을 언급하면서 어떤 의미로든지 간성 상태나 성별 불일치에 대한 경험을 경시하겠다는 것이 아니다. 일부는 그와 같이 희귀한 상태나 경험이 창조 이야기에 반영된 것으로 보이는 두 개의 구분되고 보완적인 성이 있음을 증명하는 것이라고 말할 것이다.

존스(Jones, 1999)에 의하면, 다음과 같은 질문들을 기독교인들에게 던질 수 있다. 왜 하나님은 두 성을 지으셨을까? 그 목적이 무엇일까? 남자와 여자의 차이에 대한 사회문화적인 맥락을 빼고 두 집단 사이에 있는 의미 있는 차별점은 무엇일까? 우리의 성별이 타락 이후와 영화되기 전의 우리의 삶에 어떻게 스며들까? 우리의 삶에 성별이 어떻게 스며들어야 할까?

성애적 성

다음 단계의 성은 **성애적 성**이다. 그것은 다른 사람을 향한 열정적인 욕망과 그 사람 안에서 완전해지고자 하는 갈망을 말한다. 완전해지고자 하는 갈망은 신체를 포함하여 모든 차원에서 경험된다. 성애적 성은 대부분의 사람에게는 성별의 성과 관련이 된다(Jones, 1999). 해부학적으로 남자와 여자의 몸의 구조는 확실히 상호보완성을 나타내지만 동성 파트너 사이에서도 이성 간의 생애적 성이 반영하는 완성의 갈망을 경험할 수 있다. 갈망 자체가 무엇인가를 드러내고 있다. 예를 들어, 스메데스는 많은 사람이 자위를 한 후에 '죄책감'을 느끼는 것에 대해 살펴보았다. 그의 의견에 따르면, 죄책감은 실제로 미완성에 대한 감각이며 원래 성을 통해 마땅히 경험해야 하는 것에 대한—혼인 안에서 경험하는 성적 친밀감을 통해 느끼는 기쁨—갈망이라고 했다.

성애적 성과 관련된 연구에서 일어나는 질문들은 성이 우리의 삶에 차지하고 있는 위치와 관련이 있다. 즉, 우리의 삶에서 성은 얼마만큼의 자리를 차지하고 있는가? 성은 우리가 누구인가에 얼마나 중심이 되는가? 현재 미혼이라면 다른 사람을 통해 완전해짐을 느끼고자 하는 소망과 갈망을 어떻게 처리할 것인가?

생식기적 성

세 번째이면서 마지막 차원의 성은 가장 구체적이다. 그것은 생식기를 통한 성이다. **생식기적 성**은 신체적인 활동에 초점을 맞춘다(Jones, 1999). 아마도 생식기를 통한 성이 복음주의 기독교인들의 성에 대한 논의에서 가장 초점을 이루는 중심일 것이다. 재빨리 그 목록을 만들어 보겠다. 어떠한 행위들이 수용되며, 어떠한 행위들이 수용되지 않을까? 성행위라는 점에서 무엇이 옳고, 무엇이 그른가? 너무나도 자주 그러한 논의는 시삭되고 복록을 만들다가 끝났다. 이러한 질문들을 하는 것이 중요한 건 알지만 좀 더 폭넓게 성에 대해 보는 것이 기독교인의 성에 대한 이해에 관한 정보를 줄 것이다.

헬무트 틸리케(Helmut Thielicke)는 성에 대해 좀 더 폭넓은 기독교인의 관점에서 생식기를 통한 성과 특정한 성에 대해 다음과 같은 관찰을 나누었다(Thielicke, 1975).

> 단지 몸이나 기능 또는 그것의 일부만을 추구한다면 **에로스** 수준에서도 불만족

스러움이 있을 것이다. 왜냐하면 상대방의 온전함을 잃어버린다면 그 사람의 독특함도 잃어버리기 때문이다(p. 25).

우리가 생각해야 할 중요한 신학적 문제로 주제를 돌리고자 한다. 그것은 우리의 성을 포함하여 신체적인 본성에 대해 바르게 이해하는 것에 대한 것이다.

신체적인 본성

복음주의 기독교인들이 가진 주요한 신학적 문제 중 하나는 우리가 몸을 가진 존재라는 것과 관련이 있다. 우리가 몸을 가지고 있다는 것이 얼마나 우리 존재의 중심을 차지하고 있는가? 우리는 복음주의자 중에 영적인 세계를 위에 두고 자연 세계를 멀리하는 경향이 있는 사람들을 보아 왔다. 이것은 앨버트 브럼리(Albert E. Brumley)의 '죄 많은 이 세상은 내 집 아니네'(1965)라는 찬양에 적절하게 내포되어 있다.

종종 이 세상에서 사는 것과 이 세상 이후의 삶을 기대하는 것과의 사이에는 긴장감이 있다. 또한 우리의 몸을 비롯하여 우리가 현재 살고 있는 이 세상은 우리가 다가가고 있는 다음 세상보다 '못하다.'고 지각하는 경향이 있다.

현실 세계의 삶을 폄하하는 경향은 성에 대한 논의에서 우리가 육체적 존재라는 것에까지 이른다. 가장 극단적인 형태는 영지주의인데(Ehrman, 2006; Pagels & King, 2008 참조), 여기에서는 마음과 영과 우리 안에 마땅히 있어야 하는 신령한 빛의 비밀스러운 불꽃을 선호하여 육체적인 것(궁극적으로 악의 근원으로 여겨진)이 폄하되고, 전통이 된 것들에 의해 억제되는 위험에 있다.

그러나 이것은 성경에서 증거하고 있는 것(여기서 논의할 내용의 범위를 넘어서는 기독교 역사에 대한 데이터)과 뚜렷하게 반대된다. 창조, 성육신 그리고 부활은 전부 우리가 타고났으며 의도를 가지고 지어진 몸에 대해 높게 본다.

앞서 창세기 1~2장에서 논의했지만 우리는 그 구절들에서 우리의 몸이 지닌 특성을 알 수 있다. 그 이야기 자체가 사람이 영혼이 되었음을 보여 준다.

성육신-하나님께서 육신을 입고 몸을 가진 존재로 이 땅에 오신 것-이 우리가 신체적인 존재라는 관점을 승격시켜 준다. 요한복음 1장 14절에 "말씀이 육신이 되어 우리 가운데 거하시매 우리가 그 영광을 보니 아버지의 독생자의 영광이요 은혜와 진리가 충만하더라"고 기록되어 있다. 그리스도께서 육신을 입고 오셨으니 육신을 입은 것이 본질적으로 나쁘다고 말할 수는 없다.

마지막으로 부활은 영화와 창조 질서의 완성보다 앞서 일어나는 사건이다. 우리는 부활의 완벽한 결과에 대한 이해는 없지만, 신체적인 부활이 있을 것이라고 들었다.

> 누가 묻기를 죽은 자들이 어떻게 다시 살아나며 어떠한 몸으로 오느냐 하리니 어리석은 자여 네가 뿌리는 씨가 죽지 아니하면 살아나지 못하겠고 또 네가 뿌리는 것은 장래의 형체를 뿌리는 것이 아니요. 다만 밀이나 다른 것의 알맹이뿐이로되 하나님이 그 뜻대로 그에게 형체를 주시되 각 종자에게 그 형체를 주시느니라 육체는 다 같은 육체가 아니니 하나는 사람의 육체요 하나는 짐승의 육체요 하나는 새의 육체요 하나는 물고기의 육체라 하늘에 속한 형체도 있고 땅에 속한 형체도 있으나 하늘에 속한 것의 영광이 따로 있고 땅에 속한 것의 영광이 따로 있으니 해의 영광이 다르고 달의 영광이 다르며 별의 영광도 다른데 별과 별의 영광이 다르도다
>
> 죽은 자의 부활도 그와 같으니 썩을 것으로 심고 썩지 아니할 것으로 다시 살아나며 욕된 것으로 심고 영광스러운 것으로 다시 살아나며 약한 것으로 심고 강한 것으로 다시 살아나며 육의 몸으로 심고 신령한 몸으로 다시 살아나나니 육의 몸이 있은즉 또 영의 몸도 있느니라(고전 15:35-44).

우리는 우리의 몸이 성화된다고 들었다. "그러나 우리의 시민권은 하늘에 있는지라 거기로부터 구원하는 자 곧 주 예수 그리스도를 기다리노니 그는 만물을 자기에게 복종하게 하실 수 있는 자의 역사로 우리의 낮은 몸을 자기 영광의 몸의 형체와 같이 변하게 하시리라"(빌 3:20-21).

몇몇 복음주의자에게 문제가 되는 것은 어떻게 우리의 몸에 대해 부정적으로 말한 구절들을 이해할 것인가 하는 것이다. 가장 넓게 인용되는(하지만 오해 받고 있는) 구절들은 갈라디아서 5장 19~21절에서 '육신'에 대하여 다루고 있는 부분이다.

> 육체의 일은 분명하니 곧 음행과 더러운 것과 호색과 우상 숭배와 주술과 원수

> 맺는 것과 분쟁과 시기와 분냄과 당 짓는 것과 분열함과 이단과 투기와 술 취함과 방탕함과 또 그와 같은 것들이라 전에 너희에게 경계한 것 같이 경계하노니 이런 일을 하는 자들은 하나님의 나라를 유업으로 받지 못할 것이요.

이 맥락에서 '육신(sarx)'에 대한 성서적 이해를 하려고 할 때, 우리는 '**육신**(flesh)'에 대한 다양한 의미가 있음을 볼 수 있다. 예를 들면, 육신이라는 것은 사람이 연약한 피조물이라는 측면을 나타낸다. 육신은 또한 사람의 성이 가지고 있는 신체적인 측면을 나타내기도 한다. 그것은 결혼에 의해 생기는 연합과 한 사람의 온전함-자신과 하나님에 대한 적극적인 거역-을 어떻게 볼 것인가에 대한 전망이며 오리엔테이션이다.

우리는 갈라디아서 5장 19~21절에 기록된 '육신의 행위들'의 목록을 살펴보면서 어떤 의미가 가장 타당한지 생각해 보아야 한다. 우리는 바울이 우리가 육체적 존재인 것을 비판하고 있다고 말하고 싶을지 모르지만, 육체적인 존재(예를 들어, 이기적인 야망, 미움)에 메이지 않는 행위도 많이 기록되어 있다. 종합해서 생각해 볼 때, 기록된 행동의 각각은 공통적으로 자신에 대한 관점과 자신에 대한 지향점과 하나님을 향한 불순종을 나타낸다. 실제로 그것이 우리가 거부해야 하는 육신적인 일이다. 즉, 우리가 거부해야 하는 것은 신체적인 존재가 아니라 죄가 되는 자기중심성인 것이다.

성과 성행위에 대한 기독교적 관점을 좀 더 정확하게 이해하기 위해서는 성의 목적에 대해 살펴보아야 한다. 이제 그 주제로 옮겨 가도록 하자.

성의 목적

역사적으로 기독교인들 사이에서 논의되어 온 성의 주된 목적 두 가지는 출산과 연합이다. 성은 사람들이 자녀를 얻는 방법이다. 남녀의 관계는 출산의 가능성을 가지고 있다. 다른 또 하나의 주된 목적은 두 사람이 결혼하여 성적 친밀감을 통하여 하나로 연합하는 것이다. 창세기 2장 24절에 "이러므로 남자가 부모를 떠나 그의 아내와 합하여 둘이 한 몸을 이룰 지로다"라고 기록되어 있다.

바울은 고린도 교회에 보낸 그의 편지에 이 본문을 인용했다.

> 너희 몸이 그리스도의 지체인 줄 알지 못하느냐 내가 그리스도의 지체를 가지고 창녀의 지체를 만들겠느냐 결코 그럴 수 없느니라 창녀와 합하는 자는 그와 한 몸인 줄을 알지 못하느냐 일렀으되 둘이 한 육체가 된다 하셨나니 주와 합하는 자는 한 영이니라. 음행을 피하라 사람이 범하는 죄마다 몸 밖에 있거니와 음행하는 자는 자기 몸에 죄를 범하느니라 너희 몸은 너희가 하나님께로부터 받은 바 너희 가운데 계신 성령의 전인 줄을 알지 못하느냐 너희는 너희 자신의 것이 아니라 값으로 산 것이 되었으니 그런즉 너희 몸으로 하나님께 영광을 돌리라(고전 6:15-20).

이와 같이 성은 출산이라는 목표에 덧붙여 연합이라는 목적도 가지고 있다(막 10:2-12 참조). 더 나아가 성의 친밀감과 연관된 신체적 만족과 쾌락도 추가적인 목적에 포함된다(잠 5:15-19). 사랑하는 사람과 쾌락을 경험하는 것은 감정적인 친근감의 증가를 경험하는 것이기도 하다.

성은 우리가 앞서 **에로스**에 대해 논의할 때 제안했던 것처럼 다른 사람 안에서 완성되고자 하는 열망이다. 성은 우리가 관계를 맺는 본성을 가지고 있음을 보여 줌으로써 하나님 또한 관계를 맺는 분임을 나타낸다. 이것이 다른 사람 안에서 완성되고자 하는 우리의 갈망에 나타난다. 우리는 그러한 갈망을 경험하면서 성적으로 친밀한 사람과의 관계를 포함하여 다른 사람들과의 관계를 통해서는 채울 수 없는 열망이 있음을 알게 된다.

마바 다운은 결혼관계 안에서 '사랑을 만들다(make love).'라는 흔한 문구에 대한 흥미로운 관찰을 하였다.

> 흔한 은어인 '사랑을 만들다=성관계를 하다'는 결혼한 부부 사이에서 성적인 연합을 할 때 어떤 일이 일어나는지 정확하게 묘사하지 않고 있다. 사랑은 결혼 안에서 만들어지는 것이다. 함께 부엌을 닦을 때, 함께 찬양을 부르며 예배 드릴 때, 함께 공원에서 자전거를 탈 때, 현관 흔들의자에 앉아 낮에 있었던 일에 대하여 이야기할 때, 게임을 할 때, 가구에 대한 계획을 세우거나 과거를 기억할 때 부부는 사랑을 한다. 서로에게서 떨어져 배우자에 대하여 사랑스럽게 이야기하고 직장에서 상대방의 지지를 얻으며 일을 할 때, 상대방을 놀라게 할 계획을 세울 때 우리의 사랑은 자란다(Dawn, 1993, p. 55).

성을 통해 드러난 또 하나의 목적은 예수님이 세상을 향해 자신의 신부, 즉 교회를 향한 사랑을 알리고자 하는 것이다. 바울은 남편이 아내를 사랑하듯이 예수께서 교회를 위하여 자신을 희생하셨다고 가르쳤다. 이와 같이 상대방을 우선으로 하고 상대방을 위해 희생하는 사랑은 우리에게 교훈이 되며 우리가 사는 문화에서 나타나야 할 사랑의 주요한 성격이다.

그와 같은 주요한 신학적 문제에 덧붙여 복음주의자 가운데서 무엇보다 전적으로 행위에 집중하는 경향에 대해 살펴보고자 한다.

성에 대한 당신의 신학

『성과 성치료』라는 책을 읽기 시작하면서 당신이 성에 대해 가지고 있는 작동신학을 살펴보는 것은 중요하다. 성에 대한 당신의 작동신학의 개요를 어떻게 잡을 것인가? 가장 중요하게 고려하는 것은 무엇인가? 성경의 특정 구절이 당신의 신학이 무엇인지를 알려 주는가? 또는 실제적인 신학과 특별히 관련된 성경의 더 넓은 주제들이 있는가?

이 장에서 우리는 창조, 타락, 구속과 영화에 초점을 맞추었다. 이러한 짜임이 성경 드라마의 4장이라는 측면에서 당신에게 타당하게 여겨지는가? 그렇다면 창조의 주제가 당신의 성의 신학에 어떤 영향을 주었는가? 타락이 당신의 성의 신학에 어떤 영향을 주었는가? '타락'이라는 것이 정확히 어떤 의미인가? 구속(또는 다양한 구속적 구조)이 당신에게서 나타나고 있는 신학과 어떻게 일치하는가? 영화를 생각할 때, 영생이 우리가 천국의 성에 대하여 생각하는 방식에 어떤 영향을 미치는가?

성경 드라마의 4장인 창조, 타락, 구속과 영화에 덧붙여서 당신의 성에 대한 이해에 영향을 미친 구체적인 원리들이 있는가?

기독교적 관점에서 당신이 성에 대해 가지고 있는 작동신학을 이 장의 시작에서 언급했던 다양한 세계관(자연주의, 인본주의, 다원주의)과 어떻게 비교 또는 대조할 것인가? 이러한 다양한 세계관과 그것들이 주장하는 성과 성적 표현이나 도덕과는 충돌하지만 당신이 진리로 알고 있는 것은 무엇인가?

행위를 넘어서

불행하게도 복음주의적인 기독교 단체들은 목록을 만드는 것에 대한 고정관념이 있다. 우리는 우리가 할 수 있는 것들과 할 수 없는 것들에 대한 목록을 가지고 있다. 그것은 아마도 우리가 성과 도덕에 대해 논의할 때 더 명확해질 것이다.

다음은 우리가 최근에 받은 이메일에서 발췌한 것이다.

> 저의 갑작스러운 의심과 질문을 용서하세요. 하지만 저는 어떤 것에 대한 기독교적 관점을 아는 것이 꼭 필요합니다. 저는 학생이고, 정규 직원이며, 결혼한 지 8년이 되었습니다. 많은 친구가 침대에서 (남편과 아내 사이에) 기분 좋은 상상을 언어적으로 나누는 것을 재미있게 하고 있다고 들었어요. 말할 필요도 없이 그것은 정말 흥미진진한 일이지요. 결과적으로 우리도 그것을 시도했고 좋아합니다. 제 걱정은 이런 행위가 건강한가 하는 것이죠. 온라인 기사들이나 반스 앤 노블스 책방에 있는 관계에 대한 책들은 모두 그렇다고 해요. 하지만 어떤 기독교인 저자도 그 주제를 다루고 있지는 않아요. 여기서 제 질문은 간단해요. 이런 행위를 해도 괜찮은 건가요? 그렇다면 어느 정도 하는 것이 적절한가요? 기독교적 관점에서 이런 것을 다룬 책이나 글이 있나요?

이러한 행위가 건강한 것인가요? 괜찮은가요? 어느 정도가 적절한가요? 이런 질문 목록의 한 가지 문제점은 우리가 궁금해 하는 모든 행위를 목록에 포함시킬 수 없다는 것이다. 만약에 어떤 경계를 정하면 종종 그 맥락은 무시되고 행위가 전부 '옳다' 또는 '그르다'로 축소될 것이다. 예를 들면, '자위는 나쁘나'라는 견해가 받아들여지면 배우자가 부대 배치를 받은 해군 부부의 경우나 배우자가 함께 있지 않을 때 남편이나 아내가 성적인 긴장을 경험하는 경우에도 적용이 되는 것인가? 서로 통화하는 중에 친밀감을 갖는 순간의 환상을 나누며 자위를 하면 나쁜 것일까? 뒤집어보면 그것이 잘못된 것은 아니지만 서로 떨어져 있는 것이 절제를 훈련하는 기회는 될 것이다.

성경을 보면 확실하게 명령하거나 허락하는 성행위의 짧은 목록이 있다. 그 목록에는 결혼 안에서의 성관계와 독신이 포함된다. 바울은 고린도 교회에 쓴 편지에서 결혼한 부부의 성관계를 명했다. "남편은 그 아내에 대한 의무를 다하고 아내도 그 남편에게 그렇게 할지라"(고전 7:3). 결혼 자체는 다른 여러 성경 구절에서도 존중되고 있다. 예를 들면, 히브리서 13장 4절에 "모든 사람은 결혼을 귀히 여기고 침소를 더럽히지 않게 하라 음행하는 자들과 간음하는 자들을 하나님이 심판하시리라"고 기록되어 있다. 마찬가지로 독신도 성경에서 지지하고 있는데, "어머니의 태로부터 된 고자도 있고, 사람이 만든 고자도 있고, 천국을 위하여 스스로 된 고자도 있도다 이 말을 받을 만한 자는 받을지어다"(마 19:12; 고전 6-7 참조)라고 기록되어 있다.

성경에는 확실하게 명령으로 표현된 행위의 훨씬 더 긴 목록이 있다. 간음은 여러 곳에서 명확하게 죄로 정하고 있고(고전 6:9), '성적 부도덕'이나 '불법적인 성관계'는 배우자가 아닌 다른 사람과 성교하는 것을 가리킨다. 기독교인들이 역사적으로 죄로 보는 성행위에는 근친상간(레 18:6-18; 20:11-22), 강간이나 강제로 하는 성교(민 22), 동성애(레 18:22; 20:13; 롬 1; 고전 6:9), 수간(레 20:15-16), 복장도착(신 22:5), 욕정(마 5:28)과 결혼 안에서 성관계를 하지 않는 것(고전 1:7)이 있다.

이는 성경이 넓은 원리를 주어 안내하고 있기는 하지만 거의 지침을 주고 있지 않다는 많은 우려를 낳고 있다. 오늘날 제기되는 우려 중에는 자기 자극(자위), 구강성교, 애무, 성적 조신함과 알몸 노출, 성도착증과 산아 제한 등이 포함된다.

우리가 결혼관계 안에서의 환상에 대해 받았던 이메일은 성경적 맥락에서 직접 제시된 적이 없는 또 하나의 제기된 질문이다.

기독교인들이 도덕적인 문제에 대한 명확한 가르침을 갖고 있지 않을 때 성경에서 무엇이 인정되고, 무엇이 정죄되는지에 대한 이해와 실제적인 적용을 안내해 줄 폭넓은 원리를 찾게 된다.

윤리적인 결정을 위한 원리

어떤 원리들이 윤리적인 결정을 할 때 도움이 될까? 복음주의 집단에서 그러한 목록을 만들 때에는 보통 행위에 초점을 맞춘다. 그것은 주요하게 고려할 사항으로, 특별히 한 행동에 대한 명확한 가르침이 있을 때 그러하다. 다른 원리들은 어떤 행동의 결과들을 고려하고 여전히 성격도 살핀다.

기독교인들이 회색지대에 대한 결정을 내릴 때 양 극단의 하나를 택하는 것은 흔한 일이다. 그들은 성경에서 언급하지 않은 모든 것은 아주 좋은 것이고 즐겨야 한다고 믿거나, 성경에 기록되지 않았으니 피해야만 한다고 믿는다.

마바 다운은 그녀의 책『성적 특징』에서 바울이 갈라디아 교회에 보낸 편지에 인용한 기독교인의 성품에 대해 살펴봤다. "오직 성령의 열매는 사랑과 희락과 화평과 오래 참음과 자비와 양선과 충성과 온유와 절제이니 이 같은 것을 금지할 법이 없느니라"(갈 5:22-23). 그녀는 성과 성적 친밀감과 성적 표현에 대해 종종 로마서 본문에 나타난 성과는 반대되는 아가페의 성을 논의했다.

> 소아시아 환경인 그리스/로마에서 남자들은 전형적으로(**에로스**적으로, 열정적인 에로티스즘) 상류층의 창녀들을 사랑했고(**스토리시** 또는 가족애적으로), 부인들을 돌보았으며(**필리아**, 동지애적으로), 자기의 친구들을 무엇보다 존중하였다.

이탈리아 로마 상황과 반대로 기독교인들은 아가페적으로 사랑하도록 교육을 받았다.

> 이와 대조적으로 기독교 사회에서 남자들은 그들의 아내를 지적이고 목적이 있는 사랑으로 그들의 아내의 필요를(**아가페**적으로) 직접적으로 사랑하도록 명령받았다. 더 나아가 그러한 사랑은 세상이 그의 신부, 즉 교회를 위한 그리스도의 사랑을 보도록 하는 상징이라고 했다. 그들의 부인에 대한 사랑은 그리스도께서 교회를 정결케 하기 위해서 죽기까지 순종하신 심오한 사랑을 분명히 보여 주는 것이다(Dawn, 1993, p. 45).

우리의 성에는 희락도 표현된다. 그것은 하나님께서 주신 쾌락의 경험에 대한 경탄과 즐거움과 기쁨을 나타내며, 하나님께서 우리의 성에 나타내신 뜻에 따라 살아가야 함을 반영한다. 화평은 우리의 삶에 대한 만족을 나타낸다. 친절은 '다른 사람에게 유익을 미치는 것'인 반면에 인내는 서로에 대한 '견고한 헌신'이다.

신실함은 정절을 통해 나타나며, 양선은 너그럽게 주는 것으로 표현된다. 온유는 서로에 대한 예의와 배려를 통해 나타난다. 기독교인은 억제를 통해 자기 절제를 보여 준다. 고린도전서 6장 12절을 보면 바울은 어떤 특정한 행동의 힘 아래로 이끌려 가지 않는 것에 대하여 썼다. "모든 것이 내게 가하나 다 유익한 것이 아니요

'모든 것이 내게 가하나' 내가 아무에게든지 제재를 받지 아니하리라"(개역 한글).

우리는 이러한 성적 성격의 특징들이 성경의 원리에 기초할 수 있다고 믿는다. 예를 들면, 온전히 통합된 관점(고전 6:16-18), 친밀감(창 4:1), 창조(롬 1:27)와 청지기(고전 6:19-20)에 대한 성경적 가르침에서 볼 수 있다.

온전함의 측면에서 기독교인들은 자신이 하는 행동을 자신이 누구인가와 맺고 있는 관계로부터 분리시키고 싶어 하지 않는다. 그들은 몸의 기능(생식기적 성)을 정서와 관계로부터 분리시키고 싶어 하지 않고, 하나님의 목적이나 초현실적인 하나님의 현실과 성적 표현과 성적 친밀감에 나타난 그분의 의도와도 분리시키기를 원하지 않는다.

그렇다면 진정한 성적 친밀감은 이와 같이 온전한 관점의 표현이다.

> 창녀와 합하는 자는 그와 한 몸인 줄을 알지 못하느냐 일렀으되 둘이 한 육체가 된다 하셨으니 주와 합하는 자는 한 영이니라 음행을 피하라 사람이 범하는 죄마다 몸 밖에 있거니와 음행하는 자는 자기 몸에 죄를 범하느니라 너희 몸은 너희가 하나님께로부터 받은 바 너희 가운데 계신 성령의 전인 줄을 알지 못하느냐 너희는 너희 자신의 것이 아니라 값으로 산 것이 되었으니 그런즉 너희 몸으로 하나님께 영광을 돌리라(고전 6:16-20).

창조라는 측면에서 기독교인들은 그 자체가 무시될 수 있는 창조 질서에 기초한 원리를 이해해야 한다. 예를 들면, 로마서 1장 27절에서 바울은 "그와 같이 남자들도 순리대로 여자 쓰기를 버리고"라고 썼다. 이것은 동성애의 근원에 대한 논쟁을 의미하는 것이 아니다. 이것에 대해서는 제12장에서 논의할 것이다. 하지만 신자와 관련된 질문은 다음과 같다. 하나님께서 이 같은 방법으로 몸이 자연스럽게 기능하도록 지으셨는가? 그 원리는 성윤리에 대해 깊이 성찰하는 기독교인에게도 도움이 될 것이다.

맺음말

이러한 자질과 특징을 성 안에서 그리고 성을 통해 발전시키도록 하는 것은 무엇일까? 궁극적으로 그러한 것들은 기독교인의 삶 속에서 역사하시는 성령의 역사를 반영하지만 우리는 청지기라는 개념에서 주요한 원리를 보게 된다. 청지기란 우리가 이 삶에서 가지고 있는 것이나 경험하는 것에 대해 책임을 지는 것이다. 청지기의 원리는 마태복음 25장 31절에 "작은 것에 충성하는 자가 큰 것에도 충성한다" 고린도전서 4장 2절에 "충성되게 나타나기를 격려"하며, 고린도전서 6장 19~20절에 "몸은 우리가 돌봐야 하는 성전"이고, 로마서 14장 12절에 "우리는 언젠가 하나님께 계수해야" 하며, 누가복음 16장 1~13절에 "지혜로운 청지기" 등에 나타나 있다.

오늘날 교회에서 청지기에 대한 논의는 재정, 새로운 빌딩을 짓기 위한 기부금을 걷는 맥락(종종 청지기 캠페인) 그리고 환경을 돌보는 맥락 등에 국한되어 이루어진다. 젊은 독자들은 사회 정의와 유형 재화의 분배와 더불어 지역 환경과 지구 환경을 어떻게 돌볼 것인가에 대한 세대적인 관심에 따라 우리가 어떻게 선한 청지기 정신을 적용할지 생각하게 될 것이다.

우리의 관점은 청지기 정신에 대한 논의를 사람의 성과 성적 표현이라는 영역으로까지 확장하는 것이 도움이 된다는 것이다. 성이나 우리가 느끼는 욕망이나 충동이라는 측면에서 우리에게 주어진 것(예를 들어, 결혼 상대자)에 대한 청지기 정신이 중요하고, 우리가 경험하는 욕망이나 충동적 경험(예를 들어, 잘못인 대상에게 성욕을 갖는 것)에 대해 청지기 정신을 갖는 것이 중요하다.

핵심적인 고려사항은 청지기 정신이 상태에 의존하는 것이 아니라는 것이다. 독신인 기독교인들에게 마치 청지기 정신이 금욕에 대한 코드인 것처럼 '결혼할 때까지 성에 대해 청지기가 되어야 한다'라고 하는 것은 아니다. 오히려 청지기는 독신이나 결혼한 사람 모두에게 해당된다. 그것은 우선적으로 이성과 동성에 끌리는 사람들에게 적용되는 것이다. 그런 점에서 청지기의 원리는 모든 다양한 사람에게 영향을 미치는 것이다.

물론 사람들이 자신이 결혼한 상태인지 독신인지를 파악하는 중요한 방법이 있다. 예를 들면, 독신에 관하여 20세 남자 성소수자는 40대 중반에 아내를 잃은 이성애자 독신자와 구별되는 문제에 직면하게 된다. 따라서 우리는 그러한 차이점을 인식하고 특정한 경우에 해당하는 목회적인 돌봄을 고려할 것이다(Rosenau & Wilson, 2006, pp. 68-70). 그러나 청지기 정신은 우리의 성이 우리에게서 시작하지 않고 궁극적으로 하나님의 소유인 사람의 다양한 경험 중 하나이므로 성에 대해 하나님을 경외해야 하며 성과 성적 표현을 통하여 하나님을 경외하는 방법을 찾을 수 있다는 것이다.

우리는 성과 성행위에 대한 기독교적 관점의 논의를 첫사랑에 대한 기억을 떠올리며 마무리하고자 한다. 기독교인들에게 첫사랑은 하나님이고 하나님은 실제로 우리를 질투하신다. **질투**는 내가 사랑하는 사람과 나누어야 할 친밀감이 다른 사람에 의해 대체되는 것에 대한 우려와 경계심을 나타내는 불쾌한 감정이다. 그것은 '나의 것을 가질 수 없어!'라는 문장과 일치한다. 하나님은 당신을 향한 우리의 사랑을 경쟁 상대에게 빼앗기고 싶어 하지 않는 질투하는 분이다. 하나님의 이름은 참으로 질투(출애굽기 34:14)이며, 그것은 단지 하나님을 묘사하는 형용사이거나 그분의 성품을 나타내는 것이라기보다는 그분이 누구인가 하는 것이다. 하나님은 우리의 사랑과 갈망을 질투하신다.

이번 장의 초점은 성에 대한 것인데, 확실히 사람의 사랑과 욕망은 성과 다른 많은 것을 향할 수 있다. 돈과 소유가 아마도 우리의 관심을 빼앗는 두 경쟁자일 것이

성에 대한 청지기

성에 대한 청지기가 된다는 것은 당신에게 어떤 의미가 있는가? 종이 가운데에 세로 줄을 그리고 왼쪽 위에는 성적 자아실현, 오른쪽 위에는 성에 대한 청지기라고 쓰라. 성의 자아실현에 대해 자신이 속한 문화나 개인적인 경험이 준 메시지를 무엇이라고 쓰겠는가? 예를 들면, 성에 대해 당신이 '하고 싶은 것을 하라'는 메시지를 들었다면 그것을 처음에 어디서 들었는지, 어떻게 전달되었는지 등을 기록해 보라. 또한 미디어나 대중적인 문화가 기독교의 성윤리를 어떻게 비웃는지를 찾아보라. 다시금 구체적인 메시지(예를 들어, '결혼 전까지 성관계를 기다리는 것은 불쌍한 일이야.')를 찾아내고, 그것이 어떻게 당신에게 전달되었는지를 확인하라. 종이 왼쪽에 그러한 메시지를 적을 때 몇 사람은 성의 자아실현에 대한 메시지를 준 TV쇼나 영화 등을 기록할 것이다. 다른 사람들은 긴 생각보다는 짧은 흥미를 주었던 자신의 경험을 기록할 것이다.

이제 오른쪽 칸을 보자. 당신이 속한 공동체와 친한 친구나 당신 개인의 결심은 성에 대해 청지기가 된다는 것이 어떤 의미라고 보는가? 오른쪽에 기록하라. 그 내용들은 아마도 당신이 직면하고 있는 어려운 결정에 대해 가까운 친구들과 투명하게 나누는 것, 어려운 영역에서 시험을 견디는 것, 또는 당신에게 더 유익한 것에 "예"라고 하고, 다른 하나에 "아니요"라고 함으로써 의미 있는 방법으로 지연된 만족감을 얻는 것 등을 포함할 것이다.

다. 우리가 다른 사람이 가진 것에 탐심을 가질 때-돈이나 소유-우리는 우리의 갈망이 하나님을 떠나 우리 자신의 유익을 향하게 한다(야고보서 4:2-3). 동시에 성은 질투에 관한 논의에서 독특한 자리를 차지하는 것으로 보인다.

우리의 성에 대한 관심이 하나님이 축복하지 않는 것을 좇고 성과 성적 표현에 대한 하나님의 의도와 무관한 것들을 허용할 때 성은 우려되는 영역이 된다. 그렇게 되면 우리는 하나님이 누구이고, 하나님께서 우리에게 베푸신 것이 무엇인지보다는 세상이 주는 것을 가지고 친밀감을 추구하여 "간음하는 자"로 묘사되는 것이 당연하게 된다(야고보서 4:4). 우리는 신실하게 하나님을 향하지만 종종 하나님과 그분의 목적을 멀리하고 우리 자신의 죄스러운 자기중심성으로 향할 수 있다. 하나님께서 갈망하시는 것은 우리 안에 거하시는 하나님의 영이다(야고보서 4:5). 그것이 무엇을 포함하는지는 알 수 없지만 확실히 우리가 어떻게 살 것인가, 죄에 대하여 어떤 자세를 취할 것인가(반항보다는 회개의 자세), 어떻게 성적인 존재로서의 정체성을 형성할 것인가에 우리의 신실함을 나타낼 수 있다.

참고문헌

American Psychological Association. (2009). *Report of the task force on appropriate therapeutic responses to sexual orientation.* Washington, DC: American Psychological Association.

Carson, D. A. (2012). *The intolerance of tolerance.* Grand Rapids: Eerdmans.

Colón, C. A., & Fields, B. E. (2009). *Singled out: Why celibacy must be reinvented in today's church.* Grand Rapids: Brazos.

Dawn, M. (1993). *Sexual character: Beyond technique to intimacy.* Grand Rapids: Eerdmans.

Ehrman, B. D. (2006). *The lost Gospel of Judas Iscariot: A new look at betrayer and betrayed.* New York: Oxford University Press.

Erickson, M. J. (2001). *Introducing christian doctrine* (2nd ed.). Grand Rapids: Balter.

Freitas, D. (2008). *Sex and the soul: Juggling sexuality, spirituality, romance, and religion on America's college campuses.* New York: Oxford University Press.

Freitas, D. (2013). *The end of sex: How hookup culture is leaving a generation unhappy, sexually unfulfilled, and confused about intimacy.* New York: Basic Books.

Goetz, S., & Taliaferro, C. (2008). *Naturalism*. Grand Rapids: Eerdmans.

Herdt, G. (1996). Developmental discontinuities and sexual orientation across cultures. In D. P. McWhirter, S. A. Sanders & J. M. Reinisch (Eds.), *Homosexuality/heterosexuality: Concepts of sexual orientation* (pp. 208-236). New York: Oxford University Press.

Hollinger, D. P. (2009). *The meaning of sex*. Grand Rapids: Baker Academic.

John Paul, II (1997). *The theology of the body: Human love in the divine plan*. Boston: Pauline Books & Media.

Jones, S. L. (1999). Sexuality. In D. G. Benner & P. C. Hill (Eds.), *Baker encyclopedia of psychology & counseling*. Grand Rapids: Baker.

Jones, S. L., & Butman, R. E. (1991). *Modern psychotherapies: A comprehensive Christian appraisal*. Downers Grove, IL: InterVarsity Press.

Pagels, E., & King, K. L. (2008). *Reading Judas: The Gospel of Judas and the shaping of Christianity*. New York: Penguin.

Rosenau, D., & Wilson, M. T. (2006). *Soul virgins: Redefining single sexuality*. Grand Rapids: Baker.

Smedes, L. (1994). *Sex for Christians* (Rev. ed.). Grand Rapids: Eerdmans.

Thielicke, H. (1975). *The ethics of sex*. Grand Rapids: Baker.

West, C. (2004). *Theology of the body for beginners*. West Chester, PA: Ascension Press.

제2장
사회문화적 성

성은 큰 쟁점이며, 거기에는 당신이 관계나 사회적 의무, 정직함과 자기 자신에게 정직하기 위해 얼마나 많은 노력을 기울이는가의 문제도 포함된다.

-앵 리(Ang Lee)-

성은 사적인 문제다. 어떤 사람들은 성을 널리 알리는 것 자체가 성의 성스러운 면을 파괴한다고 믿는다.

-랜스 라우드(Lance Loud)-

앞에 언급한 리와 라우드의 인용문은 성이라는 문제가 어떻게 보여지고, 논의 제목이 되며, 한 사람이 다른 사람에게 표현하는가 하는 것이 다양하다는 것을 시사한다. 어떤 사람들은 성이 사적인 고민이라고 하는 반면에 다른 사람들은 중요한 문화적 · 공동체적 경험이라고 믿는다. 예를 들면, 『진정한 성(Real sex)』에서 로렌 위너(Lauren Winner)는 성의 공동적인 성격을 고려하는 것이 중요한 이유는 그것이 남녀 성별에 나타나며, 우리가 그 주제를 어떻게 다루는가가 그것에 대한 우리의 생각과 느낌과 행동에 영향을 주기 때문이라고 한다.

개인의 성이 주변의 어떠한 영향도 받지 않는 진공 상태에서 발달되는 것은 아니다. 한 개인이 가지고 있는 성의 다양한 측면은 우리가 자라온 문화의 영향을 받는다. 예를 들면, 성에 대한 인식, 성 역할, 성행위와 성정체성에 관한 가치, 성과 성행위에 대한 가족이나 친구들과의 의사소통(내용과 의견), 매체에 대한 노출, 그리고 성교육은 모두 개인의 성적 경험에 들어간다. 이 장에서는 성의 발달에 기여하고 영향을 미치는 다양한 사회문화적 요인을 살펴보고자 한다.

성의 복잡성을 인정하면서도 성적 건강과 책임 있는 성행위를 촉진하기 위해 다음의 내용을 기술하였다(Satcher, 2001).

> 우리는 성이 성행위 자체보다 더 포괄적이어서 성의 측면에는 육체적인 면뿐만 아니라 정신적인 면과 영적인 면도 포함되며, 성이 성격의 핵심 요소라는 것을 반드시 이해해야 한다. 성은 인간 삶의 핵심적인 부분이다. 보통 성행위와 관련된 문제들이 현실적이며 다루어져야 할 필요가 있는 반면에, 인간의 성은 각 개인의 삶에 중요한 의미와 가치를 가진다. 이에 대해 논의하고 문제를 다루는 것은 의료 전문가나 정책 입안자뿐만 아니라 부모, 교사, 성직자, 사회 서비스 전문가, 즉 우리 모두가 해야 한다(p. 2).

이처럼 성은 단순한 생물학적인 어떤 것 이상이다. 인간으로서 우리는 의식적이든 아니든 우리의 성을 통하여 매일 상호작용한다. 우리의 성은 우리의 행동, 생각, 태도, 가치와 언어 속에서 나타난다.

사회와 문화는 성에 대한 관점에 어떻게 기여하는가

성에 대한 사회문화적 관점은 일반적으로 인류학적 연구에서 비롯된다. 설문조사는 한 문화와 다른 문화의 차이를 설명하는 흔한 데이터 수집 방식이다. 다국적 관점에서 라우만과 그의 동료들(Laumann et al., 2006)은 29개국에서 40세 이상 남녀 27,500명을 대상으로 다국적인 성적 만족도 평가를 실시하였다. 오스트리아, 캐나다, 프랑스, 멕시코, 스웨덴, 미국의 시민들은 가장 높은 성적 만족도를 보고하였다. 브라질, 이스라엘, 이탈리아와 터키는 중간 정도의 성적 만족도를 보고하였고, 일본과 대만에 거주하는 사람들은 제일 낮은 성적 만족도를 보였다.

조사 대상자 중에(Laumann et al., 2006) 서구 국가에 살고 있는 사람의 3분의 2는 자신들의 성생활에 대해 신체적으로나 정서적으로 만족한다고 보고하였고, 남성의 절반과 여성의 3분의 1은 성이 자신들의 삶에서 매우 중요하다고 하였다. 그러한 사실을 보고한 중동 인구의 비율은 더 적었는데 50%의 남성 그리고 38%의 여성은 성생활이 만족스럽다고 응답하였고, 60%의 남성과 37%의 여성은 성관계가 삶에서 가장 중요하다고 하였다. 동아시아 국가에서는 남녀의 4분의 1이 성생활에 만족한다고 보고하였고, 남성의 28%, 여성의 12%가 자신의 삶에서 성관계가 중요하다고 보고하였다.

문화와 전통의 차이에도 불구하고 일부일처제와 헌신이 전 세계에 걸쳐 가치 있고 소중한 것으로 여겨지고 있었다. 조사했던 모든 나라에서(Laumann et al., 2006) 여성들은 전희에 대하여 긍정적인 연상을 하였다. 여성 세 명 중 한 명이 성적인 문제가 자신의 행복에 영향을 미친다고 하였고, 성적인 안녕감은 남녀 모두에게 그들의 행복에 영향을 미치는 것으로 나타났다.

긍정적인 감정 외에도 라우만과 그의 동료들(Laumann et al., 2006)은 남녀의 지위가 동등한 나라에 사는 부부가 육체적으로나 정서적으로 만족스러운 성생활을 보고할 가능성이 높다는 사실을 발견했다. 남성들이 더 지배적인 경향이 있는 가부장적인 나라, 특히 동아시아에 사는 노부부는 성적 만족도가 낮다고 보고하였다. 이와 같이 평등에 기초하여 관계를 맺은 두 사람은 서로의 요구가 채워지는 상호작용과 행동을 지지할 가능성이 높았다. 그와 같은 상호작용의 유형은 문화적 맥락과 맞는 남성과 여성의 행동을 강화시키는 학습된 관계 방식을 일컫는 **문화 스크립트**에 기인한다(McMinn, 2004). 그러한 스크립트는 문화와 지리적 위치 및 역사의 시기에 따라 달라지는 경향이 있다.

미국에서의 성태도 및 성행위

미국의 질병관리본부(Center for Disease Control: CDC)에서 몇 년에 한 번씩 청소년의 위험 행동 감시 조사(Youth Risk Behavior Surveillance Survey: YRBS)를 실시하여 청소년들의 위험한 행동과 신체건강에 관한 추세를 파악하고 있다. 2009년에 고등학생들을 대상으로 한 조사결과는 다음과 같다.

- 고등학생의 46%가 성관계를 가진 경험이 있다.
- 34%는 지난 3개월 동안 성관계를 해 왔고, 그중 39%는 성관계를 할 때 콘돔을 사용하지 않았고, 77%는 임신을 막기 위해 피임약이나 데포프로베라를 사용하지 않았다.
- 14%는 일생 동안 4명 이상의 대상과 성관계를 하였다.
- 6.2%의 청소년은 13세 이전에 성관계를 하였다.

이러한 성행위는 청소년들을 HIV 감염, 기타 성병 감염(Sexually Transmitted Infections: STI) 및 의도하지 않은 임신의 위험에 빠지게 한다.

- 2009년 CDC의 보고에 의하면, 40개 주에서 13~24세의 젊은이 8,300명이 HIV에 감염된 것으로 추정된다.
- 매년 처음 성병에 걸린 1,900만 명 중 절반이 15~24세의 젊은이로 파악된다.
- 2009년 15~19세의 십대 소녀 중 40만 명 이상이 출산을 하였다.

2009년 15~19세의 소녀들을 통해 총 409,840명의 신생아가 탄생하였는데, 그 연령대 1,000명당 39.1명의 출생률이다. 18세 미만의 여성을 통한 출산의 거의 3분의 2와 18~19세 여성의 출산 절반 이상이 의도하지 않은 것이었다. 미국의 십대 출산율은 1991~2005년까지 3분의 1 이상 감소하였지만, 이후 2년 연속 5% 정도 증가하였다. 그러나 2008년과 2009년의 데이터에서는 장기적으로 하향하는 추세가 다시 시작되었음을 나타내고 있다.

십대의 성행위 가능성을 높이는 요인은 다음과 같다.

- 한부모 가정에서 성장
- 영향을 미치는 손위의 형제자매가 있을 때
- '모두가' 성행위를 한다고 여길 때
- 이른 사춘기 발달
- 비행청소년 또래 집단
- 성학대
- 알코올 및 약물 사용

성병, 임신, 조기 양육 같은 십대들의 성행위로 말미암은 결과에도 불구하고, 십대들은 성적 친밀감, 성적 쾌락, 사회적 지위 추구와 같은 성에 대한 긍정적인 동기를 보고하고 있다. 위험한 성행위를 촉진시키는 공병문제에는 알코올 섭취와 불법 약물 사용 등이 있다. CDC에 의하면, 청소년의 34%가 현재 성생활을 하고 있으며, 그들 중 23%가 성관계를 맺기 전에 술을 마시거나 약물을 복용하는 것으로 나타났다(CDC, 2011).

성태도와 성행위에 대한 국제적인 연구를 실시하고 있는 구트마허(Guttmacher) 연구소에 따르면, 미국에서 청소년기에 성관계를 하지 않은 사람을 포함하여 성인의 95%가 44세 전에 혼전 성관계를 한 것으로 나타났다. 평균적으로 미국인의 과반수(50% 이상)가 처음으로 성관계를 한 나이는 17세다. 2008년 15~44세 여성의 낙태율은 1,000명당 20명이었다. 이에 비해 세계의 낙태율은 1,000명당 28명이다.

사실 미국 내에 있는 성과 성행위에 대한 자료들은 후기 청소년과 청년층이 이전 세대에 비해 약간 더 보수적인 태도를 가지는 경향이 있다는 것을 보여 준다. 하지만 그 비율 역시 높아서 사회의 보수주의자들에게 우려가 되는 사항이다. 미디어와 오락에 너무나 뚜렷하게 나타나고 있는 젊은이들의 성애화를 사회문화적 맥락에서 고려할 때, 성적으로 억제하는 방향의 어떤 움직임도 관심 있게 주목할 만하다.

2,300명이 넘는 기독교인 대학생을 대상으로 한 최근 연구(Lastoria, 2011)에 의하면, 종교와 성적 방임 사이에는 부적 관계가 있다. 즉, 종교심이 강할수록 성적으로 허용적일 가능성이 적다. 실제로 학생들의 교회 출석률이 높을수록 더 많은 기도, 명상, 성서 읽기를 하는 것으로 보고되었고, 종교가 사람의 삶에 영향을 미친다는 믿음이 클수록 성적 방임에 대한 수치는 줄어들었다(Lastoria, 2011, p.11). 일반적으로 참여자들은 남녀 모두 성교를 포함한 가벼운 성적 접촉(원나잇 문화)을 반대하였고, 구강성교, 상호 자위, 건성 성관계(부딪히고 짐프하기), 성기나 가슴을 애무하는 것 등도 반대하였다(Freitas, 2008, 2013 참조).

이러한 기독교인 대학생들의 태도와 행동은 다른 대학생들을 대상으로 한 대규모 연구 결과와 대조적이다. 예를 들어, 2012년 전국대학건강평가(American College Health Association, 2013)에서 지난 12개월 동안 성적 파트너(구강, 질 또는 항문 성교)를 보고하지 않은 대학생은 소수인 반면에, 기독교 대학에서는 대부분의 학생이 지난 12개월 동안 이런 행동(74~75% 구강성교, 80~84% 생식기 성교 그리고 96% 항문성교)을 보고하지 않았다.

성애화

성 발달에 미치는 사회적인 영향은 복잡하다. 특별히 관심이 가는 것은 한 문화나 사회가 성에 대한 가치를 개인에게 전달하는 과정인 성애화(sexualization) 현상이다. 2005년에 미국심리학회(American Psychological Association: APA)에서는 소녀들의 성애화를 평가하기 위해 대책위원회를 구성하였다. 2년간의 자료 수집 후에 발표된 보고서는 2007년 2월에 공개되어 현재 대중의 이용이 가능한데, 그 보고서는 여학생들을 성애화하는 미디어 자료들이 여학생들의 자아상과 건강한 발달에 부정적인 영향을 미치는 것으로 파악하였다.

미국심리학회에 의하면, **성애화**의 정의는 성행위나 성적 매력(기타 특성 제외)으로 인해 얻는 가치이며, 성적인 방식으로 사람을 대상화하여 육체적인 매력을 기준으로 **섹시함**을 정의하고, 다른 사람에게 성과 가치를 부적절하게 부여하는 것이다. 마지막 부분은 특별히 아이들과 연관하여 중요한데, 아이들은 보통 성적 노출이나 성애화의 대상이 아니기 때문이다. '성애화의 기준', 특히 객관적인 기준을 충족하기 위해서는 이것들 중 어느 하나라도 해당되어야 한다.

성애화의 예시는 다음과 같다(APA, 2007).

- '바람둥이'라고 적힌 티셔츠를 입은 5세 소녀
- 성인 여성들이 양 갈래로 묶은 머리를 하고 성적인 포즈를 취하며 어린 소녀 같이 찍은 광고
- 남성들에 비해 여성들이 성적으로 대상화되는 방식으로 묘사되는 빈도가 더 많음

또 다른 예로는 겨드랑이, 다리 그리고 비키니 라인을 제모함으로써 성인 여성의 몸을 사춘기 이전의 소녀의 몸으로 바꾸는 것이다. 문제는 성애화된 사춘기 소녀들이 '성'의 뜻, 성적인 욕망, 그리고 그들 자신의 성에 대해 책임을 지는 것이 무엇인지도 모른 채 의식하지도 못하면서 섹시하게 보여야 한다고 믿는 것이다.

성애화의 영향을 고려할 때, 가족, 동료, 미디어에 나오는 사람들의 모델링의 중요성도 고려할 필요가 있다. 명시적이거나 암묵적인 메시지는 남녀 청소년에게 무

엇이 '섹시'한 것으로 여겨지는지 전달하고 있다. 홍보 광고, 산업 광고, 음악, TV 프로그램, 영화, 웹사이트와 같은 모든 형태의 미디어는 성에 대한 가치가 무엇인지를 키워 주고, 특정 문화가 성적이라고 인정하는 가치의 확산을 도모하고 있다. 동시에 어린이, 청소년 그리고 성인들은 단순히 미디어가 채워야 할 빈 그릇이 아니라는 것을 깨닫는 것이 중요하다. 그들 또한 그러한 메시지들을 적극적으로 찾고 있다.

다음과 같이 몇 가지 우려되는 통계적 보고가 있다.

- 71%에 해당하는 아동의 침실에 텔레비전이 있다(Rideout et al., 2010).
- 하루 평균 소비되는 모든 미디어(예를 들어, 텔레비전, 인터넷, 음악 감상)의 사용량은 10시간 45분이다(Rideout et al., 2010).
- 8~18세의 66%가 핸드폰을 가지고 있고, 그중 39%는 5년 전부터 가지고 있었다.
- 성적으로 비하하는 내용(즉, 여성의 대상화와 비하)을 담은 음악은 인종이나 성별에 관계없이 청소년 사이에 빠르게 성행위가 진전되는 것과 관련이 있다(Martino et al., 2006).

성애화는 종종 시각적인 의사소통과 트위터, 텀블러 등과 같은 다른 형태의 미디어를 통해 전달된다. 예를 들어, TV 프로그램에서의 성에 대한 언급은 여성을 성적으로 대상화하면서 지나치게 남성 지향적이다. 이것이 특별히 염려되는 이유는 대다수의 영화 관람객이 청소년이기 때문이다. 나체를 보여 주는 것도 불균형적이어서 주로 여자들의 나체가 더 묘사되고 있다. 게다가 인기가 좋은 영화들의 주인공은 대부분 남성이다. 성희롱은 성차별적 발언(예를 들어, 모욕적인 이름), 성적 발언(예를 들어, '독설가들', '항아리들')과 몸짓(예를 들어, 곁눈질)으로 나타난다.

만화도 성애화에 책임을 져야 한다. 예를 들어, 세월이 흐름에 따라 더 많은 애니메이션이 출시되고 여성 등장인물은 과거의 등장인물보다 더 가슴골이 파이고, 옷을 덜 입고, 더 섹시함을 드러낸다(예를 들어, 〈알라딘의 자스민〉 대 〈신데렐라〉). 다른 만화들에서는 여성 등장인물이 사랑 때문에 번민하고, 남자에게 관심을 갖고, 자신의 외모에 지나치게 신경을 쓰는 것으로 묘사되어 있다.

마찬가지로 또래, 부모, 교사, 동료, 기관과의 관계도 성애화의 중요한 요인이다.

어떤 관계에서는 매력을 유지하기 위해 특별한 체격이 필요하다고 강조함으로써 성애화를 급증시킨다. 예를 들어, 조직이나 기관 및 고용주들은 '가슴이 큰 사람'처럼 특정한 외모나 모습을 가진 사람들을 직원이나 구성원으로 선발한다.

대다수의 사람은 좀 더 미묘한 성애화에 노출되지만, 일부는 더 극단적인 형태인 폭행, 학대 그리고 성매매에 참여하도록 강요 받는다. 이러한 경우에 외상이나 다른 중요한 문제를 일으키는 정신건강 문제나 관계에 영향을 받거나 자기대상화의 문제를 겪게 된다.

후자의 경험인 자기대상화는 자신을 대상으로 취급하여 가치를 하락시키거나 특정 이미지를 내세워 성적으로 대상화하는 것이다. 자기대상화는 성학대나 성매매 같은 극단적인 예에서 명백하게 나타나지만, 성애화와 연관된 좀 더 미묘한 메시지를 통해서도 전달된다.

성애화의 부정적인 영향

성애화와 대상화는 인지 및 정서적으로 소녀의 자신감과 자신의 몸매에 대한 만족감을 약화시키고, 수치심이나 불안감과 같은 감정의 문제나 자아상의 문제를 야기할 수 있다. 이러한 영향은 소년들에게도 적용되는데, 그들은 자신이 좀 더 근육질이거나 강해야 한다고 생각한다. 자기대상화는 다른 것으로 향해야 할 주의력을 떨어뜨릴 수도 있다. 한 연구에서는 연구에 참여한 학생들에게 수영복이나 스웨터를 입고 기다리다가 수학 시험을 치루게 했는데, 수영복을 입은 학생들의 성적이 눈에 띄게 나빴다 (Fredrickson et al., 1998).

성애화는 소녀와 여성에게 가장 흔한 세 가지 장애, 즉 '섭식 장애' '낮은 자존감" 그리고 '우울증'과 관련이 있다. 또한 성애화는 소녀들의 건강한 성적 자아상과 건강한 성행위를 유지할 수 있는 능력에 영향을 미친다. 자기대상화를 많이한 소녀일수록 콘돔을 덜 사용하고(Impett et al., 2006), 성에 대한 자기주장을 덜 표현한다. 또한 연구 결과에 의하면, 주류적 미디어를 더 많이 접촉한 여성들이 성역할에 대한 고정관념을 지지하고 육체적인 매력을 여성 가치의 핵심에 둘 가능성이 높다 (Zurbriggen & Morgan, 2006).

소녀들의 성애화는 소년들이 소녀들을 어떻게 보고 그들과의 관계 안에서 어떻게 상호작용을 하는가에 영향을 미친다. 예를 들어, 남성들이 이미지와 환상을 가지고 비합리적인 비교를 하기 때문에 '받아들일 만한' 여성 파트너를 찾는 데 더 어려움을 겪거나 관계상에 어려움을 크게 가질 수 있다. 또한 성애화는 성차별의 증가, 성희롱의 증가, 아동 포르노의 증가로 이어질 수 있다(APA, 2007).

우리가 어떻게 성애화의 영향력과 싸우는 데 도움이 될 수 있을까

성애화는 우리 문화에서 흔하고 주는 영향력도 크지만, 어떤 면에서 여전히 효과적이고 건설적으로 대응할 방법이 있다. 가장 효과적인 방법 중 하나는 개개인의 회복력을 기르는 것이다. **회복력**은 가르칠 수 있는 기술이지, 사람들이 가지고 있고 없고하는 특성이 아니다. 그것은 '고난' '어려움' '도전'에 대해 인내를 촉진시키는 여러 가지 '기술' '속성' '능력'으로 구성되어 있다. 때로 회복력은 한 사람이 어려움을 극복하는 맥락에서 논의되지만—결핍된 가족사에도 불구하고 성공하는 아이들과 성공하지 못하는 아이들을 구별할 때—성애화의 영역에도 적용되어 한 사람이 성애화가 이루어지는 사회문화적 맥락 속에서 어떻게 반응하며 자신의 가치를 계발하는가에 적용될 수 있다.

회복력을 위한 보호요인에는 내부적 요인과 외부적 요인이 있다. 내부적 요인으로는 '지능' '사회적 특징' '자기 조절' 등이 있다. 사람들은 이러한 영역들에서 다양하며, 일부는 의도적으로 만족을 지연시키거나 의도적으로 감정 반응을 조절하며 발전시키거나 계발할 수 있다.

외부적 요인으로는 '유능한 부모' '우정' '사회 지지망' 그리고 '학교'가 있다. 지지적인 부모, 건강하고 지지적인 우정과 확장된 사회 지지망을 갖는 것과 젊은이들을 도전도 하고 지지도 하는 학교 체계 모두가 회복력과 관련된 요인이다.

회복력에 대해 덴트와 카메론(Dent & Cameron, 2003)은 다음과 같이 설명하였다.

> 회복력은 위험에 처한 것처럼 보이는 어린이와 젊은이들이 특정한 역경으로부터 회복하고, 삶의 주요한 어려움과 불이익을 극복하고, 수많은 예상치 못한 역경조차 잘 대처하고 관리하는 융통성을 묘사하는 데 사용하는 개념이다. 회복력 있는 사람들은 자신에게 무슨 일이 있었는지 이해할 수 있고(통찰력), 다른 사람들에게 무슨 일이 일어났는지 이해하며(공감), 다른 사람들에게 종종 거부되는 삶의 질을 경험(성취)할 수 있다(p. 5).

회복력을 방해하는 부정적인 요인으로는 '엄마의 우울증' '부모간의 불화' '가정 폭력' '학대' '무시' '별거와 사별' '이혼' 또는 '별거를 통한 실연' 등이다(Dent & Cameron, 2003). 이러한 요인들은 어린이나 청소년이 통제할 수 있는 영역을 넘어서지만, 회복력을 기르는 유익한 점은 보호요인들이 개인의 것이 되고 배울 수 있다는 것이다. 이러한 보호요인으로 '능동적 성향' '자기조절' '적극적인 육아' '관계 맺기와 애착' '학교 오리엔테이션' 및 '지역사회의 참여' 등이 있다.

능동적인 성향이란 자신의 효능감을 믿으며 현실적이고 긍정적인 자아의식을 갖고 삶을 주도적으로 이끌어 가는 능력을 말한다. 이를 통해 사람은 자신이 주변에 영향을 미칠 수 있고, 수동적이지 않다고 믿으며, 어려움을 배울 수 있는 기회로 여긴다. 자기조절을 통해 자신의 감정, 행동, 관심을 통제한다. 감정과 행동의 조절은 자신을 진정시키기 위해 자기위로를 이용하게 되며, 다른 사람으로부터 긍정적인 관심을 이끌어 낼 수 있다. 충동 조절과 자기만족의 지연은 자기조절의 부산물이다.

대인관계의 지지는 회복력의 필수적인 부분이며, 언급된 다른 요인들의 형태를 갖는다. 적당한 한계를 갖춘 따뜻함, 지지, 사랑의 균형은 높은 수준(즉, 권위적 유형의 육아 스타일)의 회복력과 상관관계가 있다. 또한 부모와 자녀 사이의 안정된 애착은 신뢰와 회복력의 발달과 함께 정서 조절에 도움이 된다. 안정된 애착을 가진 아이들은 탐험이 필요한 활동에 더 많이 참여하여 자신과 현재 상황을 넘어 자신을 확장해 나간다. 불안정한 애착이 있는 아이들은 일반적인 스트레스 요인들을 강한 위협으로 인식하기 쉽고, '학교폭력' '사고' '비행' '관계 형성의 어려움' '섭식 장애' '약물 남용' '조기 임신' 및 기타 만성적인 건강문제에 더 취약하다.

가족 이외의 사람들과 긍정적인 관계를 발전시키는 것은 사회적 자신감과 긍정적인 관심을 촉진시킨다. 학교에서 성취 지향적이 됨으로써 반사회적인 행동의 위험을 줄일 수 있다. 아이들이 자신 있어 하는 영역을 강조해서 성취감을 경험할 수 있도록 도울 수 있다. 지능은 다면적이며 '학문' '운동' '관계' '감정' '음악' '신체 감각' 그리고 '예술적인 형태'를 포함한다. 마지막으로 사회단체, 종교단체, 그리고 민족단체는 다양한 대처 전략을 모델링하는 데 도움이 되며, 민족단체들은 안정된 자아 정체감을 강화시키고 소수 민족에 대한 인종차별주의를 관리할 때 중요하다.

회복력을 증진시키는 것은 많은 영향이 있다(Dent & Cameron, 2003). 그것은 통제할 수 없는 사건과 통제할 수 있는 사건의 차이를 가르치고, 감정 표현을 격려하며, 익숙해질 기회를 제공하고, 긍정적인 사고를 촉진시킨다. 통제할 수 있는 사건

섹스와 아이월드

사회문화적 변화는 개인주의 시대 또는 퀴네(Kuehne, 2009)가 묘사한 아이월드(iWorld)로 우리를 인도했다. 그는 이전 세대의 전통적인 세계와 아이월드를 대조하였는데, 전통적인 세계는 "책임지는 관계들로 형성되어 있다. 즉, 각 사람은 상호 간에 의무와 책임을 지는 관계의 매트릭스 안에서 태어난다"(p. 35). 이와는 대조적으로 아이월드는 (최소한 서양에서는) 자연, 권위 그리고 욕구로부터 자유로운 세상이다. 그것은 "개인이 가진 자유의 범위를 가장 넓게 정하여 전달하는 메커니즘 같은 기능" (p. 67)을 한다. 아이월드 안에서의 성은 성도덕, 성별에 대한 문화적 기대, 생물학적 차이에 대한 규범적 주장에 의해 제한 받지 않는다. 오히려 우리가 주장하는 자유는 전례 없는 자기표현, 정체성과 행동에 접근할 수 있게 해 준다.

퀴네(2009)가 관찰한 것처럼, 아이월드가 지탱될 수 있을지는 불분명하다.

> 아이월드가 그 자체 또는 거기에 속한 시민들을 지속적으로 유지할 수 있는 충분한 일관성을 가지고 있는가? 또는 시민들의 개인적인 추구나 다른 시민들과 함께 나누는 관심에서 더 나뉘는 것을 볼 수 있는가? 아이월드는 와해를 일으킬 사회적 · 정치적 분열을 피할 수 있는가(p. 213)?

우리가 현재 살고 있는 아이월드에 대한 대응책으로 앞으로 나아갈 방안은 무엇이라고 생각하는가? 우리가 한때 알았던 세계로 되돌아갈 것 같지는 않다. 그렇다면 앞으로 나아간다는 것이 교회에는 어떤 의미가 있는가? 지역 교회나 더 넓은 그리스도의 몸에 대한 미래 비전의 한 부분을 담당하고 있는 의미 있는 관계와 공동체를 어떻게 보아야하는가? 기독교인들은 어떤 도전에 직면할 것인가? 이러한 어려움들을 어떻게 해결할 수 있을까?

과 통제할 수 없는 사건을 구별하는 것은 문제 해결을 촉진시키며, 대안적 사고를 위한 질문을 촉진시킨다. 정확한 감정 표현을 위해서는 유쾌한 감정과 불쾌한 감정을 모두 용인할 수 있는 능력이 필요하다. 감정을 효과적으로 전달할 수 있으면 욕구는 충족되기 쉽다. 긍정적인 사고는 낙천주의와 다양한 관점을 발전시키는 데 있어서 핵심이 된다. 아이들에게 부정적인 사건이 일시적인지 영구적인지를 가르치고, 불쾌한 생각과 감정을 멈추게 함으로써 '채널을 바꾸는 것'은 긍정적인 사고를 촉진시킨다.

회복력을 발달시키는 원리는 특히 소녀들의 인지기능, 태도 및 믿음, 성, 정서적인 건강 및 신체 건강에 부정적인 영향을 미치는 성애화에 의해 전해지는 미묘하고 널리 퍼진 메시지를 반박하는 데 유익하다(APA, 2007). 이러한 메시지를 거부할 수 있는 능력은 비판적 사고와 미디어의 선택적 소비, 자율권 부여 및 교육으로 이어질 수 있다.

생애 주기에 따른 연구

청소년

청소년이 성행위를 만연하게 하고 있다는 사실은 이미 앞서 보고되었다. 성행위에 기여하는 한 가지 주요한 요인, 특히 사춘기 소녀의 성행위에서 주목할 만한 요인은 그들이 처음으로 성관계를 한 상대방의 연령이다. 8~12학년의 4,201명의 사춘기 소녀들을 대상으로 한 연구에서 13~15세에 처음으로 성관계를 가진 십대 소녀들 중에 나이가 훨씬 더 많은 상대방을 만난 비율이 적다는 것이 발견되었다. 그러나 11~12세에 처음으로 성관계를 경험한 소녀들의 34%가 자신보다 훨씬 나이가 많은 상대방을 만났다(Leitenberg & Saltzman, 2000). 이들의 더 잦은 '자살 시도' '알코올과 약물 남용의 증가' 더 많은 '무단결석' 그리고 '임신 가능성 증가' 같은 문제행동은 어린 나이에 했던 첫 성행위와 상관관계가 있음이 관찰되었다.

학교 출석률과 위험스러운 성행위의 감소와의 상관관계를 요약하면서 미국 연방정부의 군의관이 쓴 "성건강 증진과 책임 있는 성행위를 위한 행동의 촉구"에서 세계적으로 소녀들이 초등학교 교육을 마칠 수 있도록 교육의 기회를 높이면 청소년 시기까지 출산하는 비율이 줄어든다고 보고하였다(Satcher, 2001, p. 9). 미국에서는 학교를 중퇴하는 청소년들이 피임을 하지 않아서 임신하고 출산하는 경우가 더 많다. 반대로, 이 연구에서는 운동과 같은 교외 활동에 참여하는 것이 여학생들의 위험한 성행위를 줄이는 데 특별히 도움이 된다는 것을 발견하였다.

청년

청년기는 특히 고등학교와 대학교 사이의 전환기로서 많은 사람에게 중요한 변화의 시기이다. 이 시기에 가치관의 발달적 변화가 일어나는데, 그 변화는 성적인 행동과 가치관을 포함한 행동과 태도에 영향을 미친다. 성행위에 참여하는 사람들과 그렇지 않은 사람들의 차이점은 무엇인가?

대학생 표본에서 지각된 부모와 동료의 인지와 돌봄(perceived awareness and caring: PAC)의 수준이 높은 사람은 성행위에 덜 참여하였다(Wetherill, Neal & Fromme, 2010). 선행 연구에서는 부모의 감시가 십대의 위험한 행동을 규제하는 중요한 요인임을 보여 주었다. 마찬가지로 동료의 지지 및 감시는 위험한 행동을 줄이는 데 도움이 될 수 있다. 웨더릴과 그의 동료들(Wetherill et al., 2010)은 PAC가 부모와 동료의 감시와 지지를 합한 것이라고 제안했다. 다른 사람들이 한 개인의 행동을 어떻게 인지하는가가 변화된 행동의 결과를 낳는다. PAC의 수준이 높을수록 위험한 행동과 성행위가 적은 것으로 나타났다. 또한 부모와 또래로부터 높은 PAC를 받으면서 자유로운 성적 가치를 가지고 있는 사람들은 더 많은 수의 성 파트너와 안전하지 않은 성행위를 자주 하는 것과 관련이 있는 것을 발견했다. 따라서 PAC는 성행위에 관해 더 관대한 견해를 가지고 있는 개인에게는 제재가 될 수 없다. 자유주의적인 성적 가치, 부모로부터의 높은 PAC, 그리고 또래로부터의 낮은 PAC를 가진 학생들은 안전하지 않은 성관계를 덜 맺는 경향이 있었다. 이 연구에서 여성의 성적 파트너 수는 증가했지만 남성은 증가하지 않은 것으로 밝혀졌는데, 여자 신입생들은 남자 신입생들에 비해 선배를 성적 파트너로 갖는 기회가 더 많을 수 있는 것으로 추정된다. 대학에서 고등학교에 비해 안전하지 않은 성관계가 증가하지 않는 것은 피임약을 사용할 수 있게 된 결과일 수도 있다. 보다 보수적인 성가치를 가진 개인에게는 부모의 PAC를 높이는 것이 성적 파트너 수를 감소시키는 반면에 보다 자유로운 성가치를 지지한 개인은 성적 파트너 수를 증가시키는 경향이 있었다.

대학 첫 6개월 동안에 성행위를 시도했던 학생들과 지속적으로 자제했던 학생들과 비교했을 때, 그 동기에서 차이가 나타났다(Patrick & Lee, 2010). 구체적인 동기는 친밀감과 관계 증진 등이었다. 6개월 동안에 성행위를 시도하는 방향으로 움직인 사람들은 대학 시작 전 6개월 동안에 가치가 약해지고, 커다란 동기의 변화가 있었으며, 성관계에 대한 준비가 덜 되어 있었다고 보고했다. 대학 6개월을 마치는 시점에 성행위를 시도했던 사람들은 대학 이전에 성행위를 했던 사람들과 비슷한 가치관을 가지고 있는 것으로 나타났다.

'성관계를 갖다'의 정의는 동기, 태도와 성행위에 영향을 미친다고 할 수 있다. 대학 청년 표본은 생식기 자극을 포함하는 행동인 음경-질성교(음경-항문성교)를 '성관계를 갖다'로 정의하는 경향이 있었다(Byers, Henderson, & Hobson, 2009). '성적 금욕'의 정의는 한 방향 성기 자극(예를 들어, 구강성교, 생식기 애무)을 포함한 다양한 성행위를 말한다. 그러나 더 많은 학생은 이러한 행동들을 가지고 '성관계를 갖다'라고 하기보다는 '금욕적인' 것으로 여겼다. 극치감은 종종 어떤 행동이 금욕적인가를 결정하기 위한 특징으로 사용된다. 종교적으로 보수적인 학생 중 남성은 여성보다 한 방향 성기 활동을 성적 금욕으로 간주할 가능성이 높았고, 이는 그들이 성병 감염에 위험할 수 있음을 시사했다. 이러한 견해는 대서양을 가로질러 상당히 일관성이 있는 것으로 보인다. 미국 학생들의 성적인 태도를 영국 학생들과 비교하면, '성관계를 갖다'의 정의에 관해 음경-질 삽입이라는 공통적인 이해를 하는 것으로 보였다(Pitts & Rahman, 2001). 가장 의견의 일치가 되지 않는 영역은 구강-생식기 접촉인데, 제시되었던 바와 같이 음경-질 삽입을 자제하기 위해 구강-생식기 접촉을 하는 일부 사람들은 그것을 성관계라고 생각하지 않았다. 음경-항문성교를 경험한 여성의 대다수(82%)는 그것을 성관계라고 한 반면에, 남성의 30%는 그것을 성관계라고 생각하지 않았다.

성병(Sexual Transmitted Infection: STI)은 매년 1,900만 명의 청년을 괴롭힌다. 콘돔을 사용하지 않는 것 같은 위험한 성행위를 촉진하는 요인을 분별하는 것이 중요하다. 온케일과 킹(Oncale & King, 2001)이 콘돔 사용에 관해 대학생 남녀 표본을 조사하였는데, 여성의 14%와 남성의 17%가 성적 파트너가 적극적으로 콘돔 사용을 만류했다고 보고하였다. 30%의 남성과 41%의 여성은 성적 파트너가 '콘돔 없이 하는 성관계가 더 좋아' '임신은 안 될 거야' '성병에 걸리지 않을 거야' 그리고 '콘돔 사용이 부자연스러워'라고 하면서 콘돔 사용을 만류했다고 보고하였다. 일생 동안 10명 이상의 성적 파트너가 있었다고 보고한 사람들은 파트너의 콘돔 사용을 만류할 가능성이 더 높았고, 매번 콘돔을 사용할 가능성은 더 낮았다.

대학생들의 성행위를 살펴보면 여학생은 동성과 이성 모두와 성관계를 한 경우, 남학생의 경우에는 동성과 이성 모두와 성관계를 하거나 동성과만 성관계를 한 사람이 이성과만 성관계를 한 사람보다 최근에 더 많은 성적 파트너가 있었다고 보고했다(Eisenberg, 2001). 일관된 콘돔의 사용은 이성 간의 성관계 경험만 있는 남성보다 동성 간의 성관계 경험만 있는 남성이 더 낮았다. 또한 유색인종 학생과 나이가 많은 남학생이 최근 30일 이내에 더 많은 수의 성적 파트너가 있었던 것으로 보고

했는데, 이는 나이가 어리고 캠퍼스에 살고 있는 학생들에 비해 훨씬 더 많은 숫자이다.

발달적 맥락이 위험한 성행위를 예측할 수 있는 것으로 밝혀졌다(Bailey et al., 2011). 연애 관계에서는 가볍게 하는 성관계의 확률은 낮았지만 일관성 없는 콘돔 사용의 가능성은 더 높았다. 집에서 가족과 사는 청년은 고위험의 성행위에 참여할 가능성이 적었는데, 이는 부모의 감시에 대한 이전 연구와 일관된 결과다. 대학에서의 출석률도 고위험 성관계와 상관관계가 낮았지만 가벼운 성관계나 일관된 콘돔 사용을 줄이지는 않았다. 청년들은 대학에서 얻는 영향 없이 고등학교에서 얻게 된 행동 유형을 지속할 가능성이 높았다.

성인

성인의 건강한 성은 육체적, 정서적 그리고 정신적 건강으로 이루어져 있다. 그것은 친밀감, 유대감과 함께 나누는 즐거움을 배가시키는 경향이 있으며, 파트너 간의 합의와 상호 존중을 통한 것이다. 건강한 성은 많은 성인에게 규범적인 경험이 될 수 있다고 여긴다. 그럼 건강한 성생활을 방해할 수 있는 요인들은 무엇인가?

건강한 성은 성병(HIV 포함)으로부터 보호되고 성기능장애나 강압 없이 성적인 쾌감을 경험하는 것을 말한다. 카이퍼와 반웨센빅(Kuyper & Vanwesenbeeck, 2011)은 이성애자와 LGB 성인의 건강한 성의 영역에 대해 조사했다. 이성애자들과 비교했을 때 여성 양성애자, 그리고 남성 양성애자와 동성애자들이 강압적인 성경험을 더 자주 하는 것으로 보고되었다. 구체적으로 이성애 여성들과 비교했을 때 양성애 여성들이 강압적인 성경험을 한 경우가 더 많았던 것으로 보고되었다. 덧붙여서 그들은 전문적인 성 건강관리의 필요성이 더 크다고 보고하였다. 양성애자와 동성애자 남성들도 유사한 유형을 보고했는데, 많은 수의 성적 파트너를 갖는 것이 여성의 성적 피해에 대한 위험을 높이는 요인으로 관찰되었다. 양성애자 여성들이 동성애자나 이성애자 여성들에 비해 더 심한 성적 피해를 입는 것으로 관찰되었는데, 이는 아마도 더 많은 수의 성적 파트너를 가지고 있기 때문일 것이다. 나이가 더 어리고, 더 종교적인 여성들과 더 많은 성적 파트너가 있는 여성들이 또래에 비해 더 많은 성 건강관리가 필요하다고 보고하였다. 남성들 중에는 나이가 더 어리고 성적 파트너가 여러 명인 독신인 사람과 동성애자가 더 많은 성 건강관리가 필요하다고 보고하였다. 성적 파트너가 더 많고 부정적인 사회 반응이 더 많을수록 성적 피해와 관련이 있었다.

남녀의 성생활 만족도는 안정적인 파트너가 있는 경우에 더 높은 것으로 보고되었다. 이 연구(Kuyper & Vanwesenbeeck, 2011)에서는 남성이 더 많은 성적 파트너를 가질수록 더 높은 성적 만족도를 갖고 있는 것으로 나타났다. LGB 소집단 안에서 여성의 성적 만족도는 안정된 파트너가 있는 것과 나이가 더 많은 것, 동성애에 대해 부정적인 인식이 적게 내면화되어 있고 동성에게 매력을 느끼는 것에 대해 다른 사람으로부터 더 미미한 반응을 경험하는 것과 관련이 있었다. 양성애자들과 일정한 파트너가 있는 남자들은 자신의 성적인 삶에 만족하였다. 성적 만족도가 낮은 남성들은 자신의 성적 성향에 대해 부정적인 의견을 보고하는 경향이 있었다. 높은 수준으로 내면화된 동성애에 대한 혐오는 좀 더 잦은 성기능장애와 관련이 있었다. 성적 성향은 LGB와 이성애자 집단 사이의 성적 만족도나 성기능장애의 차이를 보이지 않았다. 이러한 결과들로 인해 의료 전문가들은 성 건강과 관련한 약간의 스트레스가 성 건강에 관심을 갖는 데 도움이 된다고 제안했다. 구체적으로는 내면화된 동성애에 대한 혐오는 낮은 성적 만족도, 기능 장애의 증가 그리고 건강관리의 높은 필요성을 예측했다.

비록 일부 국가와 문화에서 일부일처제와 일부다처제를 하고 있지만 미국은 일부일처제를 중요하게 여기는 경향이 있다. 핸리히, 보이드와 리처슨(Henrich, Boyd, & Richerson, 2012)에 의해 수행된 최근 연구에서 발견된 것은 일부일처제의 결혼 양식이 일반적인 사회의 범죄, 폭력, 빈곤, 성 불평등을 더 적게 하기 때문에 선진국에서 표준이 되는 경향이 있다는 것이다. 게다가 일부일처제 결혼 양식은 더 낮은 확률의 아동학대 및 방치, 우발적 사망 및 살인과 관련이 있는 것으로 나타났다.

일부일처제 결혼 양식의 장점에도 불구하고 혼외관계는 여전히 생긴다. 밴필드와 맥케이브(Banfield & McCabe, 2001)는 여성의 성관계, 정서적 관여 또는 정서적이고 성적인 혼외관계에 기여하는 요인을 평가하기 위해 혼외관계(Extra-Relationship Involvement: ERI)를 살펴보았다. 여성들이 ERI를 맺는 데 영향을 미치는 것에는 '사회적 규범' '계획' '관계 만족'과 '과거의 행동' 등이 있었다. 현재 가지고 있는 관계에 헌신을 나타낸 여성들은 ERI에 대한 의사가 적었다. 성적 ERI를 맺고 싶은 의사가 크고 그에 대해 긍정적인 태도를 가지고 있는 여성들은 정서적이고 성적인 ERI를 갖게 될 가능성이 더 높았다. 이러한 결과들은 여성들이 ERI에 대한 자신의 결정을 자신의 신념보다 다른 사람들의 의견에 따라서 하는 경향이 있음을 의미한다. 정서적인 ERI를 맺는 대부분의 여성은 그녀들의 파트너를 향한 낭만적인 감정 때문이었고, 이처럼 여성들이 ERI를 맺기 위해서는 정서적 접촉을 필요로 하는 경향이 있었다.

정서적 안녕은 성행위 중 파트너가 경험하는 정서적 관계의 질과 더불어 성적인 고통을 예측하는 변수인 것으로 밝혀졌다(Bancroft, Loftus & Long, 2003). 이 표본에서 여성들의 성적 반응 중 신체적인 측면, 즉 성적 흥분, 질의 매끄러움 그리고 극치감등이 믿을 만한 예측요인은 아니었다. '매일 성관계에 대해 관심을 가지고 생각했다'는 사람들은 성관계에서 큰 어려움을 경험하는 경향이 있었다. 성관계에 대해 관심을 가지고 생각하는 경향이 있는 사람들은 관계가 잘 되지 않으면 힘들어할 가능성이 있다. 성관계에 문제가 있으면 성관계에 대해 더 생각하고 반추할 가능성이 높아질 수 있다. 게다가 여성이 성교에 대해 생각하는 것을 편하게 여기지 않으면 이후에 성관계에 대한 생각으로 더 문제를 겪을 수 있다. 나이가 더 많은 여성들이 좀 더 자주 성에 대한 문제를 겪을 수 있음에도 불구하고, 더 젊은 여성들이 좀 더 자주 성으로 인해 고통을 겪는 것으로 보인다.

문화와 민족성

민족성과 문화적 경험이 성과 성적 표현에 큰 영향을 미친다는 것은 많은 연구를 통해 알려졌다. 예를 들어, 동일한 나라에서도 개인이 가지고 있는 민족적 전통이나 주류 문화에 적응한 정도가 성행위와 태도에 영향을 줄 수 있다. 메스톤과 헤롤드(Meston & Ahrold, 2010)는 유럽계 미국인, 아시아인 그리고 남미인 사이의 표준적인 성적 관행의 일반적인 차이를 살펴보았다. 선행 연구들과 유사하게 아시아인들은 유럽계 미국인이나 라틴계 동료들보다 더 보수적인 성경험을 가지고 있었고, 성행위의 빈도 수가 더 낮았으며, 더 적은 수의 성적 파트너를 가졌고, 처음 성관계를 갖는 연령이 더 높았다.

라틴계 미국인 참여자들은 유럽계 미국인들과 비슷한 빈도 수의 성 경험과 태도를 보고하였다. 아시아 여성들의 경우에 평생의 성적 파트너 수를 예측할 때 이민온 주류 문화에의 적응과 개인의 전통적 문화 경험과 상당히 관련이 있었다. 그들의 문화 적응 정도와 가벼운 성행위 사이의 상관관계는 낮은 주류 문화 적응과 더 강하게 연관되어 있었다. 라틴계 미국인 남성 사이에서 전통 문화의 적응이 낮고, 높은 수준의 주류 문화 적응을 할수록 더 가벼운 성행위를 하는 것으로 예측할 수 있었다.

이 표본(Meston & Ahrold, 2010)에서 아시아 남성들은 적은 횟수의 성경험을 보고하였다. 아시아 남녀들이 갖는 첫 성행위와 첫 성관계 사이의 시간 차이는 같은 성향의 유럽계 미국인 여성에 비해 더 긴 것으로 보고되었다. 아시아 여성들은 주류 문화에 적응하며 자신의 전통을 포기하는 동화 과정에 따라 가벼운 성행위를 하는 정도가 다른 것으로 나타났다. 아시아 남성들은 그들의 전통 문화에 익숙한 정도에 따라 성행위를 시작하는 나이의 추측이 가능했다. 이러한 결과들을 통해 성적 태도의 발달, 주류 문화에 적응한 정도가 성에 대한 새로운 관점에 노출시키는 역할을 한다는 것을 알 수 있다. 그것은 한 개인의 성적 경향이 환경의 영향을 받기 때문에 전통적인 문화에 적응된 정도가 영향을 준다는 것을 다시 보여 준다.

문화와 민족성 외에 성행위를 중재하는 또 다른 요인으로는 종교와 영성이 있다고 알려져 있다. 일반적으로 종교적으로 보수적인 사람들은 위험한 성행위에 참여할 가능성이 적다. 문화와 종교는 성적 태도의 요인으로서 어떻게 상호작용을 하는가? 문화 적응과 종교가 성적 태도에 미치는 영향에 관한 연구에서 1,415명의 대학생이 가벼운 성관계, 혼외 성관계, 전통적인 성역할 그리고 동성애에 대한 태도를 평가하는 연구에 참여했다(Ahrold & Meston, 2010). 라틴계 미국인들과 유럽계 미국인들과 비교할 때, 아시아인들이 가장 보수적인 성적 태도를 보고하는 경향이 있었다. 라틴계 미국인들과 유럽계 미국인들의 성적 태도는 비슷하였다. 높은 수준의 문화 적응을 한 경우에는 라틴계 미국인들과 아시아계 참여자들이 유럽계 미국인들과 좀 더 유사한 성적 태도를 가지고 있음을 보여 주었다.

아시아, 라틴계 미국인과 유럽계 미국인 여성의 경우에는 영성이 높을수록 성적으로 보수적인 태도와 내재적 종교성을 가지고 있는 것으로 나타났다. 또한 유럽계 미국인과 아시아계 참여자의 경우에는 내재적 종교성과 종교적 근본주의가 보수적인 성적 태도를 예측할 수 있게 하였는데, 라틴계 미국인 참여자에게서는 뚜렷하게 나타나지 않았다(Ahrold & Meston, 2010). 종교성에 미친 민족적인 차이는 문화 적응 정도와 별개인 것으로 나타났다. 높은 수준으로 주류 문화에 적응한 라틴계 미국인과 아시아계 남성이 혼외 성관계에 대해 더 보수적인 태도를 가지고 있다고 예측되었는데, 그 이유는 문화적 가치관의 변화 때문이다. 선행 연구에서 라틴계 남성에게 남자다움은 많은 성적 파트너를 갖는 것과 연관이 있다고 했다. 따라서 이 연구 표본에서는 라틴계 미국인과 아시아계 남자가 주류 문화의 가치에 적응하는 것이 혼외결혼에 대한 보수적인 관점을 예측하게 해 주는 것으로 나타났다. 좀 더 전통적인 아시아 문화에서는 성역할에 순응하는 것에 대한 기대가 아내와 가족에 대한 책임을 우선으로 충족시키는 것이어서 혼외 성관계를 묵과하게 만드는 것 같다. 그래서 이번 표집단에서는 주류문화의 가치관에 동화될 때, 라틴계와 아시아계 남자들이 좀 더 혼외 성관계에 대해 보수적인 시야를 갖도록 하는 경향이 있다.

라틴계 미국인 참여자들의 혼외 성관계를 제외한 자유주의적인 성적 태도는 더 높은 수준의 주류 문화 적응과 관련이 있었다. 아시아인들은 전통 문화 적응 정도가 적고 그 가치에서 벗어날수록 자유주의적인 성적 태도를 보였다. 따라서 아시아인에게는 전통 문화 적응 정도가 성의 발달에 영향을 줄 것으로 보인다. 전통 문화는 아마도 그들이 주류 문화에 참여하는 렌즈일 것이다. 이 연구(Ahrold & Meston, 2010)에서 미국 문화에의 적응 정도는 라틴계 미국인보다 아시아계 미국인 사이에서 성적 태도의 더 큰 변화를 예측하게 해 주었다.

성적 행동과 태도가 민족과 문화의 영향에 의해 예측되듯이 성욕에도 영향을 주는 것으로 보인다. 우, 브로토와 고르잘카(Woo, Brotto, & Gorzalka, 2011)는 성적 보수주의가 문화와 성욕의 관계를 매개한다고 주장했다. 성적 죄의식은 문화와 성욕 사이의 관계로 나타났다. 선행 연구에서 높은 성적 죄의식은 빈약한 성기능과 관련이 있다고 하였다. 백인 여성들에 비해 동아시아 여성들은 더 빈약한 성기능을 보고했으며, 동아시아 여성에 비해 백인 여성의 성욕은 상당히 더 높고 성적 죄의식과 성적 보수주의는 상당히 낮은 것으로 보고되었다. 이 표본 중에서 성적 보수주의를 지지하며 높은 성적 죄의식을 보고한 여성들은 성욕의 수준도 낮았다. 동아시아 여성의 표본에서 성적 보수성이 아닌 성적 죄의식이 문화 적응과 성욕의 관계를 매개하는 것으로 밝혀졌다. 따라서 높은 성적 죄의식은 낮은 성욕과 관련이 있었다. 우리는 동아시아 여성들이 자신에게 부여한 성적 제한에 대한 인지 구조가 특별히 성욕의 역할을 결정지을 것으로 본다. 성적 보수성은 임상적인 목적으로 내담자들이 겪는 성적 어려움을 평가하고 이해하는 데 주요한 요인일 것이다.

미디어

앞서 우리는 미디어의 효과가 성애화에 기여한다고 밝혔다. 기술의 확산으로 휴대폰, 태블릿 컴퓨터, 노트북, 데스크탑을 통해 더 쉽게 미디어에 접할 수 있게 되었다. 증가하는 다양한 형태의 미디어 이용은 성경험에 어떠한 영향을 미치는가? 반대로 성은 미디어를 선택하는 데 어떠한 영향을 미치는가?

슈틀호퍼, 부스코와 랜드리펫(Stulhofer, Busko, & Landripet, 2010)은 음란물(Sexually Explicit Materials: SEM)이 성적 스크립트에 미치는 영향을 조사하였다. 그들은 연구를 위한 기준점으로 가뇽과 시몬(Gagnon & Simon, 1973)의 성적 사회화의 개념화를 사용하였다. 성적 사회화는 대인 간, 개인 내, 사회문화적 또는 환경적 영향의 통합을 통해 생기는 것으로 여겨진다. 그 결과 성적 스크립트가 형성되는데, 그것은 한 사람이 자신의 성적 실제를 개인적으로 정의하는 방법이라고 할 수 있고 의사결정 과정에도 영향을 미친다. 저자들은 SEM 노출이 그것을 보는 사람의 역할뿐만 아니라 파트너의 역할에 대한 인식에도 영향을 미쳐 스크립트 형성에 영향을 줄 수 있다고 제안하였다. 사람의 몸에 대해 무엇이 매력이 있는 것인가 뿐만 아니라 '좋은' 것이 무엇일까에 대한 지각에도 영향을 미칠 것이다. 슈틀호퍼와 그의 동료들은 음란물에 대한 초기 노출이 내면적인 성적 스크립트에 영향을 주고 이후의 성적 만족에도 영향을 준다고 가정하였다. 성적 스크립트는 성행위와 반응을 이끌어내며 실제 경험에 의해 영향을 받는다. 이 연구의 목적은 초기 SEM 노출과 성적 만족 관계 사이의 관련을 보고자 하는 것이었다. 다른 형태의 SEM과 비교할 때 변태성욕적 SEM에 노출되는 것이 주요한 영향을 미치는 것으로 나타났다.

SEM이 여성을 성애화 하는 데 기여하여 비판을 받고 있지만, SEM 지지자들은 SEM이 이미 정해진 성적 스크립트에 기초하여 성의 지평을 넓혀 주는 이점이 있다고 제안했다(Weinberg et al., 2010). 저자들은 SEM의 주요 목적이 성적 환상이나 흥분을 일으키고 향상시키는 것이라고 주장했다. 그들은 성적으로 노골적인 이미지가 사람들의 성에 긍정적인 영향을 미치는 잠재력을 가지고 있다고 주장했다. 즉, 일상생활로부터 성애적 현실로의 전환을 촉진시키고, 풍부한 성행위를 수행하는 '이상화된 육체적 모습'을 제공한다고 했다(p. 1391). 표준화하는 과정도 SEM이 미치는 영향의 한 부분이다. 더불어 그들은 성적 스크립트를 만들고 수정할 뿐만 아

기술의 영향력

우리 문화는 극적으로 사회를 변화시킨 급진적인 기술 발전을 경험했다. 인터넷, 스마트폰, 소셜 네트워크 그리고 다른 많은 기술적 진보는 사람들이 어떻게 생각하고, 행동하고, 관계를 맺는지에 대해 지울 수 없는 흔적을 남겼다. 기술은 또한 SEM 등 자극적인 영상물에 흔하게 노출이 되도록 하여 우리 문화의 성애화에 기여했다.

문제는 "우리 문화가 성애화에 미치는 영향을 통제하는 데 기술이 이용될 수 있는가?"다. 몇몇 기독교인 심리학자는 심리학회에서 돌아오는 중에 그 주제에 대해 논의하였고, 그 질문에 대해 "그렇다!"라고 대답하였다. 우리는 스마트폰에 다운로드할 수 있는 어플을 생각해 냈다. 어플(사적 통합, private integrity)은 SEM 중독 치료에서 종종 논의되는 것을 가지고 그 단계를 SEM 사용에 대한 책임과 긍정적인 대체를 증진시키는 실제적으로 도움이 되는 전략과 연습으로 만들어 준다(www.privateintegrity.org 참조).

당신은 기술이 문화에 미치는 영향에 대해 어떻게 생각하는가? 어떤 방식으로 기술은 문화를 더욱 성애화하는 방향으로 이끌어 가는가? 기술로 성애화를 해결할 수 있는 방법에 대해 생각해 볼 수 있는가? 당신은 기술이 우리로 하여금 성에 대해 더 큰 책임을 지도록 문화를 형성하는 실제적인 방법들을 생각할 수 있는가?

니라 그렇게 행하도록 조장한다고 보고 있다. 이처럼 SEM의 사용은 이전에 시도하지 않았던 성행위에 대한 관심과 자신감을 높일 수 있다. 그들의 연구에서 SEM 사용은 제3의 관찰자가 있는 것과 관련이 있는데, 이성애자들은 진동기나 성장난감의 사용을 매력적이라고 보았다. 항문성교에 대한 관심이 이성애자와 비이성애자 남성, 그리고 이성애자 여성에게서 증가하는 것으로 보인다. 이성애자 여성들도 SEM을 보는 것이 구강성교의 매력을 높이는 데 도움이 되었다고 보고했다. 독신이나 파트너들의 성관계뿐만 아니라 이성애자의 성관계 빈도 수의 증가는 SEM을 보는 것과 관련이 있었다. 이 연구에서 몇몇의 여성 참여자는 자율권이 더 느껴진다고 보고했다. SEM 시청은 이성애자들이 더 많은 파트너와 구강과 생식기 성관계를 하는 것과 관련이 있었다. 그러한 파트너는 '중요한 상대'로 여겨졌다.

시각적인 자극을 일으키는 여성의 행동 양식이 남성에 비해 더 다양했다. 선행연구들에서는 남성이 여성과 대조적으로 보다 더 시각적인 성적 자극에 반응하는 경향이 있다고 보고하였다. 그러나 럽과 월렌(Rupp & Wallen, 2009)은 남성과 여성 참여자 사이에 성적으로 노골적인 자료들을 보는 시간의 차이가 없다는 것을 발견했다. 남성과 여성 모두 여성의 신체가 보이는 성관계 사진을 가장 길게 보는 반면에 이성 파트너가 구강성교를 받아들이는 것을 가장 성적 매력이 적은 것으로 평가하였다. 그 결과는 여성이 투사 전략을 더 선호하는 경향 때문에 여성 배우와 동일시하는 경향이 있음을 제시하였다고 본다. 반면에 남성은 여성 배우를 보는 시간에 차이가 없는 것이 제시하듯이 대상화와 투사 전략을 사용한다.

선행 연구에서는 성격과 선호하는 성적 매체의 종류 사이에 상관관계가 있다고 하였다. 160명의 남자 대학생을 대상으로 한 보가에(Bogaert, 2001)의 연구에서 성격 특성을 통해 낮은 사회적 욕구, 낮은 지능 그리고 성적 다양성의 관심 등 같은 반사회적인 성향을 포함한 성학대에 대한 관심을 예측할 수 있다는 것을 발견하였다. 성경험이 선호하는 성적 매개체를 예측하지 않은 것으로 보인다.

맺음말

앞서 아동과 청소년의 성애화에 대해 회복력을 촉진시키는 요인들을 찾아냈다. 부모와 친근하게 느끼고 학업에 자신감이 있고 성공을 경험한 아동들은 성적인 실험 행동을 지연하는 경향이 있다. 삶의 경험의 한 부분에는 관계의 필요성, 의미 있는 사람이 되고 사랑 받는 느낌, 연결되어 있는 느낌 그리고 정서적인 친밀감이 포함된다. 아동은 미성숙하고 취약하기 때문에 예민할 수 있지만 청소년과 성인도 관계를 맺으며 중요한 존재가 되고 싶어 하는 욕구가 있음을 고려해야 한다. 이와 같이 우리의 가치관은 중요한 존재가 되며, 관계를 맺고 싶고, 사랑 받고 싶고, 친밀감을 느끼고 싶은 필요에 대한 결정과 선택에 도움을 준다. 우리가 그것을 어떻게 하는가가 성애화의 영향으로부터 우리를 막아 주는 완충 역할을 할 것이다.

우리는 우리 자신과 주변 사람들에게 우리의 가치를 어떻게 전달하는가? 우리는 우리의 성적 가치와 성을 주변 사람들에게 어떻게 전달하는가? 우리는 성을 하라와 하지 마라, 또는 수용할 수 있다와 수용할 수 없다, 나쁘다와 좋다 등의 또 다른 흑백 논리에 따른 행동의 세트로 나누고 있는 것은 아닌가?

이 책은 임상적 치료를 증진시키고자 하는 자료이기도 하기 때문에 한 가지 생각을 나누며 마무리하고자 한다. SEM의 영향에 대한 와인버그와 그의 동료들

통과 의례

몇 년 전 마크는 교회의 아프리카계 미국인 친구의 13세 아들을 위한 통과 의례(rites of passage)에 참석했다. 기독교인으로서 그의 부모는 그들의 종교와 문화에 기초한 통과 의례를 치루기 위해서 그러한 자원을 활용하여 매우 의도적으로 그 의식을 준비했다-어떤 것들은 바르 미츠바(역주: 유대교에서 13세가 된 소년의 성인식)를 반영했고, 다른 것들은 아프리카계 미국인으로서 그들의 유산에 더 가까웠다. 의식에는 4명의 남자 어르신이 그의 아들을 의자에 앉혀 들고 들어오는 것, 양복과 넥타이를 매게 하는 것, 조부모로부터 부모에게 성경을 건네 주는 것, 그를 위해 기도하는 것 등이 포함되었다. 그 의식에 속한 각각의 내용은 어떤 면에서 그의 어린 시절부터 성인기까지의 여정을 강조하고 있었다.

오늘날 우리 문화에는 어린 시절부터 성인기까지의 의도적이고 의미 있는 통과 의례가 현저하게 결여되어 있다. 학생들과 성장기 경험을 나누었을 때 의도적인 통과 의례를 경험한 사람은 거의 없었다. 오히려 대부분은 의도하지 않은 통과 의례나 활동 등을 통과의례로 알고 있었다. 거기에는 의미 있는 생일(16세, 18세, 그리고 21세 생일), 의미 있는 새로운 물품 구매(예를 들어, 어머니와 함께 브래지어 구매), 새로운 기술(예를 들어, 운전 배우기), 향상된 독립성(예를 들어, 결혼, 경제적으로 독립) 및 특정 경험(예를 들어, 첫 성관계) 등이 있었다.

당신은 자신의 발달을 돌아보며 성인이 되어 가장 의미 있게 가졌던 통과 의례가 무엇이었다고 이야기하겠는가? 그러한 통과 의례들은 건강한 역할에 대해 어떻게 가르쳤고, 남성성과 여성성에 대한 메시지를 어떻게 전달하였으며, 행동에 대한 기대를 어떻게 가르쳐 주었는가? 어떠한 특정 경험이 통과 의례를 의미 있게 만들었는가? 그런 많은 경험 중에 의도적인 경험이 얼마나 되고, 통과 의례로서 특별한 생각이나 목적 없이 '그냥 일어난 일'이 얼마나 되는가?

연습 삼아 13세 소년이나 소녀를 위해 통과 의례를 준비한다면 무엇을 포함시키고 싶으며, 그 이유는 무엇인지 생각해 보자.

(Weinberg et al., 2010)의 연구는 기독교 공동체의 입장과 달리 SEM이 성적 스크립트의 확장과 관련이 있다는 입장이다. 기독교 임상가로서 당신은 SEM이 제한된 성적 스크립트를 가지고 있는 환자에게 도움이 된다고 여기는 세속적인 성치료자들에게 어떻게 대응하겠는가? 만약 당신의 내담자가 성적 외상으로 인해 제한적인 성행위의 레퍼토리를 가지고 있어서 자신의 관점을 넓히고 싶어 한다면, 당신은 당신

의 내담자를 위해 어떻게 그 과정을 촉진시켜줄 것인가?

당신이 자라면서 가졌던 성행위와 성에 대한 태도와 관련된 가치 중에 아직도 가지고 있는 것은 무엇이며, 가지고 있지 않은 것은 무엇인가? 그것들이 바뀌었다면 바뀌게 된 이유는 무엇인가?

참고문헌

Ahrold, T., & Meston, C. M. (2010). Ethnic differences in sexual attitudes of U. S. college students: Gender, acculturation, and religiosity factors. *Archives of Sexual Behavior,* 39, 190-202.

American College Health Association. (2013). *American college health association national college health assessment ii: Reference group executive summary fall 2012.* Hanover, MD: American College Health Association.

American Psychological Association. (2007). *Report of the APA task force on the sexualization of girls.* Washington, DC: American Psychological Association. Retrieved from www.apa.org/pi/women/programs/girls/report-full.pdf

Bailey, J. A., Haggerty, K. P., White, H. R., & Catalano, R. F. (2011). Associations between changing developmental contexts and risky sexual behavior in the two years following high school. *Archives of sexual behavior*, 40(5), 951-960. doi:10.1007/s10508-010-9633-0

Bancroft, J., Loftus, J., & Long, J. S. (2003). Distress about sex: A national survey of women in heterosexual relationships. *Archives of Sexual Behavior*, 32(3), 193-208.

Banfield, S., & McCabe, M. P. (2001). Extra relationship involvement among women: Are they different from men? *Archives of Sexual Behavior*, 30(2), 119-142.

Bogaert, A. F. (2001). Personality, individual differences, and preferences for the sexual media. *Archives of Sexual Behavior*, 30(1), 29-53.

Byers, E. S., Henderson, J., & Hobson, K. M. (2009). University students' definitions of sexual abstinence and having sex. *Archives of Sexual Behavior,* 38, 665-674.

Center for Disease Control. (2011). Youth risk behavior surveillance system: 2011 National overview. Retrieved from www.cdc.gov/healthyyouth/yrbs/pdf/us_overview_yrbs.pdf

Dent, R. J., & Cameron, J. S. (2003). Developing resilience in children who are in public care: The educational psychology perspective. *Educational Psychology in Practice*, 19(1), 3-19.

Eisenberg, M. (2001). Differences in sexual risk behaviors between college students with same-sex and opposite-sex experience: Results from a national survey. *Archives of Sexual Behavior,* 30(6), 575-589.

Fredrickson, B. L., Roberts, T. A., Noll, S. M., Quinn, D. M., & Twenge, J. M. (1998). That swimsuit becomes you: Sex differences in self-objectification, restrained eating, and math performance. *Journal of Personality Social Psychology*, 75(1), 269-284.

Freitas, D. (2008). Sex and the soul: Juggling sexuality, spirituality, romance, and religion on America's college campuses. New York: Oxford University Press.

Freitas, D. (2013). *The end of sex: How hookup culture is leaving a generation unhappy, sexually unfulfilled, and confused about intimacy.* New York: Basic Books.

Gagnon, J. H., & Simon, W. (1973). *Sexual conduct: The social sources of human sexuality.* Chicago: Aldine.

Guttmacher Institute. (2013). Facts on American teens' sexual and reproductive health. Retrieved from www.guttmacher.org/pubs/FB-ATSRH.html

Henrich, J., Boyd, R., & Richerson, P. J. (2012). The puzzle of monogamous marriage. *Philosophical Transactions of The Royal Society*, 367, 657-669. http://rstb.royalsocietypublishing.org/content/367/1589/657.full.pdf+html

Impett, E. A., Schooler, D., & Tolman, D. L. (2006). To be seen and not heard: Femininity ideology and adolescent girls' sexual health. *Archives of Sexual Behavior*, 35(2), 131-144.

Kuehne, D. S. (2009). *Sex and the iWorld: Rethinking relationship beyond an age of individualism.* Grand Rapids: Baker Academic.

Kuyper, L., & Vanwesenbeeck, I. (2011). Examining sexual health differences between lesbian, gay, bisexual, and heterosexual adults: The role of sociodemographics, sexual behavior characteristics, and minority stress. *Journal of Sex Research*, 48(2/3), 263-274.

Lastoria, M. (Ed). (2011). *Sexuality, religiosity, behaviors and attitudes: A look at religiosity, sexual attitudes, and sexual behaviors of Christian college students.* Houghton, NY: Association for Christians in Student Development.

Laumann, E. O., Paik, A., Glasser, D. B., Kang, J. H., Wang, T., Levinson, B., Moreira, E., Nicolosi, A., & Gingell, C. (2006). A cross-national study of subjective sexual well-being among older women and men: Findings from the global study of sexual attitudes and behaviors. *Archives of Sexual Behavior*, 35(2), 143-159.

Leitenberg, H., & Saltzman, H. (2000). A statewide survey of age at first intercourse for adolescent females and age of their male partners: Relation to other risk behaviors and statutory rape implications. *Archives of Sexual Behavior*, 29(3), 203-215.

Martino, S. C., Collins, R. L., Elliot, M. N., Strachman, A., Kanouse, D. E., & Berry, S. H. (2006). Exposure to degrading versus nondegrading music lyrics and sexual behavior among youth. *Pediatrics,* 118, 430–441.

McMinn, L. G. (2004). *Sexuality and holy longing: Embracing intimacy in a broken world.* San Francisco: Jossey–Bass.

Meston, C. M., & Ahrold, T. (2010). Ethnic, gender, and acculturation influences on sexual behaviors. *Archives of Sexual Behavior*, 39, 179–189.

Oncale, R. M., & King, B. M. (2001). Comparison of men's and women's attempts to dissuade sexual partners from the couple using condoms. *Archives of Sexual Behavior*, 30(4), 379–391.

Patrick, M. E., & Lee, C. M. (2010). Sexual motivations and engagement in sexual behavior during the transition to college. *Archives of Sexual Behavior*, 39, 674–681.

Pitts, M., & Rahman, Q. (2001). Which behaviors constitute "having sex" among university students in the UK? *Archives of Sexual Behavior*, 30(2), 169–176.

Rideout, V. J., Foehr, U. G., & Roberts, D. F. (2010). Generation M2: Media in the lives of 8–to 18–year olds. Kaiser Family Foundation. Retrieved from http://kaiserfamilyfoundation.files.wordpress.com/2013/04/8010.pdf

Rupp, H. A., & Wallen, K. (2009). Sex–specific content preferences for visual sexual stimuli. *Archives of Sexual Behavior*, 38, 417–426.

Satcher, D. (2001). The surgeon general's call to action to promote sexual health and responsible sexual behavior. Retrieved from www.surgeongeneral.gov/library/calls/sexualhealth/call.pdf

Stulhofer, A., Busko, V., Landripet, I. (2010). Pornography, sexual socialization, and satisfaction among young men. *Archives of Sexual Behavior*, 39, 168–178.

Wetherill, R. R., Neal, D. J., & Fromme, K. (2010). Parents, peers, and sexual values influence sexual behavior during the transition to college. *Archives of Sexual Behavior*, 39, 682–694.

Weinberg, S. M., Williams, C. J., Kleiner, S., & Irizarry, Y. (2010). Pornography, normalization, and empowerment. *Archives of Sexual Behavior*, 39, 1389–1401.

Woo, J. S. T., Brotto, L. A., & Gorzalka, B. B. (2011). The role of sex guilt in the relationship between culture and women's sexual desire. *Archives of Sexual Behavior*, 40, 385–394.

Zurbriggen, E. L., & Morgan, E. M. (2006). Who wants to marry a millionaire? Reality dating television programs, attitudes toward sex, and sexual behaviors. *Sex Roles*, 54, 1–17.

제3장
생물학적 성

에리카는 몇 년 전에 친구 집에 잠시 들린 적이 있었는데 때마침 그녀의 친구는 16개월 된 아들을 목욕시키고 있었다. 친구는 그 아들이 첫 아이였기에 가만히 있지 못하는 아이를 씻기는 것이 버거워서 에리카에게 도움을 구했다. 아기를 함께 목욕시키는 동안에 에리카는 아기의 손에 장난감이 들려 있지 않거나 씻고 있는 중이 아닐 때에는 손이 자연스레 자신의 생식기로 향하는 것을 보게 되었다. 에리카의 친구도 아들이 호기심에 가득찬 표정으로 주변을 둘러보며 손으로 음경을 잡아당기는 것을 보고는 곧바로 아기의 손을 다시 씻기거나 다른 곳에 두도록 하였다. 그녀는 은근슬쩍 아기의 손을 떼어 놓았지만 아기는 얼마 안 가서 다시 손을 생식기 쪽으로 움직여 잡아당기기 시작했다. 16개월 된 아기가 성교육이나 SEM에 노출된 경험이 없을 뿐만 아니라 있다고 해도 극히 적을 터인데 자연스럽게 자신의 생식기를 만지고 놀면서 기분 좋아 하는 것을 관찰하는 것은 매우 흥미로웠다.

성에 대한 배움의 기초로서 생물학을 이해하기

앞서 나온 이야기는 인간의 성에 대한 복잡함과 단순함 둘 다를 보여 주고 있다.

이 이야기에 나오는 16개월 된 남아는 짧은 문장만을 말하고 부모가 말하는 간단한 질문과 말만 이해하는 수준이다. 이 아이가 왜 생식기를 만지는 행위를 하는지에 대한 동기를 직접적으로 설명할 수는 없지만, 그 행위를 통해 즐거움을 느끼는 것으로 보인다. 흥미롭게도 만약 이와 같은 행위를 10세, 15세, 25세, 50세 때에도 계속해서 한다면 그 행위가 모두 같은 동기를 가지고 있다고 할 수는 있지만 그 행위에 대한 해석은 다를 것이다.

성에 대한 생물학적 이해는 우리의 경험과 동반된 생각과 행위를 이해하는 큰 틀을 제공한다. 예를 들면, 성적 흥분을 느끼거나 매력을 느끼는 경험은 단순한 감정의 차원이 아니라 그 이상의 것이다. 당신이 성적으로 끌리는 사람을 마주하게 되었다고 가정해 보자. 당신의 심장은 마치 박자를 놓친 것처럼 빠르게 뛰고 당신이 의도하지 않은 여러 감각을 느끼게 될 것이다. 아마 생식기에 혈액이 몰려 긴장이 느껴지면서 목 안에도 긴장이 느껴질 것이다(이 두 가지는 사실 무관하다!).

여성의 생식계

구조

여성의 생식계는 남성의 생식계와 유사하다. 그러나 여성의 생식계는 기능적인 면에서 남성과 다르다. 여성의 생식계는 '난자'라고 불리는 생식에 중요한 여성란을 생성한다. 또한, 이 생식계는 정자에 의해 수정되는 부분으로 난자의 이동을 가능하게 하는데 이는 종종 나팔관 안에서 이루어 진다. 수정이 된 이후에는 수정란이 자궁의 벽에 착상하는데, 이것이 임신의 시작 단계다. 만약 수정과 착상을 거치며 임신이 되지 않으면 월경이 규칙적으로 자궁내막을 흘려보내서 자궁이 다시 수정란을 수용하도록 유지하는 역할을 한다. 마지막으로 여성의 생식계는 여성 호르몬을 생산한다.

여성의 생식계는 내음부와 외음부로 나뉜다. 내음부에는 자궁, 질, 난소, 나팔관이 있고, 질은 근육으로 이루어진 통로이며, 자궁의 아랫부분과 몸 밖을 연결해 주는 역할을 한다. 내음부의 바깥 부분 1/3과 비교할 때 안쪽 부분의 2/3에는 신경종말이 그리 많지 않다. 자궁은 속이 빈 공간이고, 배 모양과 비슷하며, 체부와 경부로 나뉜다. 경부는 비교적 낮은 부분으로 질을 향해 열려 있고, 자궁의 주요 부위라고 할 수 있는 체부는 더욱 커져서 아기를 키울 수 있을 만큼 확대된다. 난소는 작은 타원형의 샘으로 자궁의 양쪽 옆에 달려 있다. 난소는 프로게스테론, 에스트로겐 등의 호르몬을 생산하며 한정된 수의 난자를 생산한다. 마지막으로 나팔관은 자궁의 위쪽에 접해 있으며, 난자(난세포)가 난소로부터 자궁까지 이동하는 과정을 돕는다.

외음부는 관찰이 가능하며, 치구, 대음순, 소음순, 음핵, 요도구, 질구 그리고 회음으로 이루어져 있다. 외음부는 두 가지 역할을 하는데, 첫째는 생산을 위해 정자가 여성의 몸으로 들어올 수 있도록 돕는 역할을 하고, 둘째는 내음부를 각종 전염성 미생물로부터 보호하는 역할을 한다. 치구는 살집이 있는 둥글고 볼록하게 융기된 부분인데, 치골을 보호하는 역할을 한다. 청소년기에 성 호르몬이 분비되기 시작하면서 치구에서 음모가 자라기 시작하고, 대음순은 소음순에 비해 더 크고 피하지방이 많아 부풀어 있으며 모양이 입술처럼 생겼다. 대음순은 여성의 외음부를 감싸고 보호하는 역할을 하는데, 남성의 음낭과 유사하며 음낭처럼 대음순도 땀샘과 피지선이 있다. 소음순은 대음순에 비해 크기가 작아 작은 입술 모양을 하고 있으며, 질구와 요도를 감싸고 있다. 소음순은 성적 흥분을 느낄 때 부풀어 오르고 색이 짙어지며 발기가 가능한 결합 조직으로 이루어져 있다. 음핵은 소음순의 끝에 위치하고 있으며, 신경종말이 많이 분포되어 있다. 몇 가지 특성 때문에 남성의 음경과

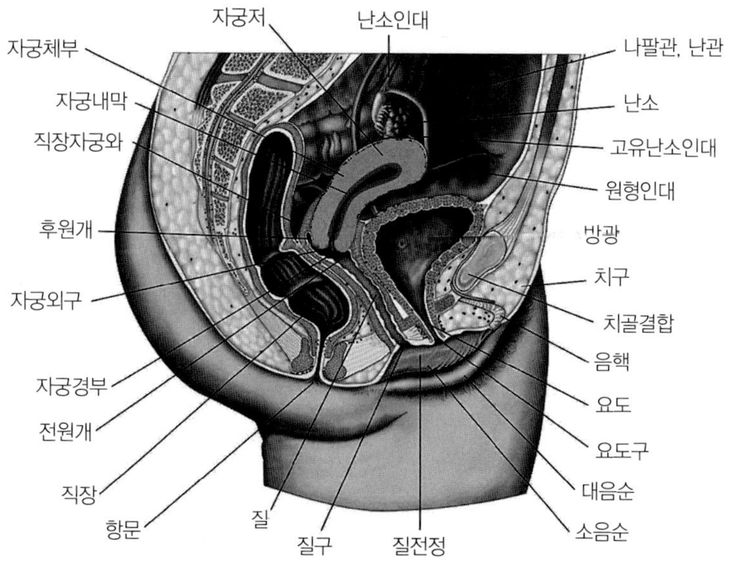

[그림 3-1] 여성의 생식계의 구조

비슷한데, 음경이 포피에 덮여 있는 것처럼 음핵도 음핵포피로 둘러싸여 있다. 음핵은 자극에 매우 민감하며, 자극이 주어지면 혈액이 몰려 발기가 된다. 요도구는 음핵 아래 질구 위쪽에 위치하고 있다. 회음은 항문과 질구의 음순 사이에 있는 근육으로 이루어진 조직이다. 몇몇 여성에게는 가는 섬유 조직의 모습인 처녀막이 있는데, 이는 질구의 입구를 부분적으로 막고 있고 뚫리기 전까지는 그대로 유지되기도 한다.

월경 주기

월경은 보통 여성의 유방이 발달하기 시작한 지 2년이 지난 후에 시작한다. 미국에서 평균적으로 월경이 시작되는 나이는 12세다. 만약 15세까지 월경을 시작하지 않거나 유방이 발달되기 시작한 지 3년이 지난 후에도 월경이 없으면 의사와 상담하는 것이 좋다.

난자가 수정되지 않을 때 여성의 자궁은 수정란을 보호하기 위해 두꺼워졌던 자궁내막을 헐어 버리는 과정을 매달 주기적으로 겪는데, 피와 조직들은 자궁에서부터 자궁경부와 질을 거쳐 몸 밖으로 배출된다.

월경 초기에 여성 호르몬으로 잘 알려진 에스트로겐의 수치가 높아져서, 높아진 수치로 인해 자궁내막은 더욱 두꺼워지고 커진다. 자궁내막이 두꺼워져서 수정란이 착상되었을 때 영양분을 충분히 공급할 수 있는 능력을 갖추게 된다. 자궁내막이 두꺼워지는 동안에 난자는 난소에서 점점 성숙해지며, 보통 28일로 이루어진 월경 주기 중 14일째에는 난소를 떠나 나팔관을 통해 이동하는데, 이를 배란이라고 한다.

월경 주기의 첫날에 자궁내막을 흘려보내면서 출혈이 시작되는데, 보통 이 출혈은 5일 정도 지속이 된다. 출혈은 배란 이후 정자와 난자가 만나 수정되지 못하여 호르몬의 수치가 떨어지면서 시작된다. 이때 두꺼워진 자궁내막과 수정되지 않은 난자를 더 이상 유지할 필요가 없다고 여겨서 혈액 공급을 중단하고 자궁내막을 흘려보내기 시작하면서 떨어져 나가는 조직과 수정되지 않은 난자가 배출되는 것이다.

보통 7일차에 출혈이 멈추고, 출혈이 멈추기 전 며칠 동안 호르몬이 난포의 발육을 촉진시키게 된다. 난포는 액체로 채워진 주머니의 모습으로 난자를 품고 있으며, 난소에서 난자를 발육시키는 역할을 한다. 7일차와 14일차 사이에 한 개의 난포는 성숙 단계에 이르고, 자궁내막은 수정란의 착상을 대비해 다시 두꺼워지기 시작하면서 혈액과 영양분이 풍부해진다. 14일차 즈음에 난소에서는 성숙한 난포가 터져 난자를 배출하게 되는데, 이것이 배란의 과정이다. 배출된 난자는 나팔관을 통해 며칠에 걸쳐 자궁까지 이동한다. 만약 난자와 정자가 만나 수정이 되면 자궁내막에 붙어 착상이 이루어진다. 반대로 수정되지 않으면 25일차 즈음에 호르몬의 수치가 떨어지고 다시 다음 월경 주기를 맞이하여 난자는 분해되고, 다음 월경 주기에 배출된다.

여성은 보통 폐경기를 맞이하기까지 월경을 반복하는데, 폐경기는 45~55세 사이에 일어나며, 이때 여성의 몸은 배란을 중단하고 더 이상 임신할 수 없는 상태가 된다.

호르몬에 따른 월경 주기의 단계

월경 주기는 난포자극호르몬(Follicle-Stimulating Hormone: FSH), 황체형성호르몬(Luteinizing Hormone: LH), 에스트로겐, 프로게스테론이라는 4가지 주요 호르몬에 의해 유지된다.

월경 주기 중 **난포기**는 월경 주기의 마지막 날에 시작되며, 보통 9~10일 동안 유지된다. 이 단계에서 자궁내막은 두꺼워지고 난소에 있는 난포가 배란을 준비하기 위해 발육하고 성숙한다. 이때 FSH와 LH의 두 호르몬이 뇌에서 혈류로 분비되어 난소까지 이동한다. FSH와 LH는 난소에 있는 각 난포가 품고 있는 대략 15~20개의 난자의 성장을 촉진시킨다. FSH와 LH는 또한 에스트로겐의 수치를 증가시킨다. 에스트로겐의 수치가 높아지면서 FSH의 생산은 감소된다. 이와 같이 호르몬들이 균형을 이루는 목적은 배란이 이루어질 때 성숙한 난포의 수를 제한하기 위한 것이다. 각 난소에는 하나의 난포가 살아남을 때까지 서로를 밀어내어 죽게 만들고, 마지막까지 남은 하나의 난포가 에스트로겐의 생산을 유지한다.

배란기는 난포기가 시작된 지 14일 이후에 시작하는데, 이때가 월경 주기의 중간 지점이다. 배란은 에스트로겐의 수치가 최고조에 다다를 때 시작된다. 시상하부는 에스트로겐의 수치가 높음을 감지하고 뇌하수체가 FSH와 LH를 다량 분비하도록 한다. LH의 급격한 증가는 배란을 일으키고, 보통 LH의 수치가 최고조에 달한 후 12~24시간 이내에 배란이 이루어진다. 그 결과, 난포는 난소에서 난자를 방출하고 난관 채가 난자를 난관으로 들어가도록 돕는다. 이 단계에서 자궁경부에서 생산하는 점액의 양이 더욱 증가되고 점액의 점성은 더욱 끈끈해진다. 이 끈끈해진 점액은 정자가 더욱 난자와 쉽게 만나도록 하며, 영양분을 공급하여 난자와 정자가 수정할 수 있도록 돕는다.

황체기는 배란 이후에 바로 시작된다. 난포가 난자를 배출하고 나면 새로운 물질인 황체로 변하게 되는데, 이 황체는 프로게스테론을 분비하여 수정란이 착상될 수 있도록 자궁을 준비시키는 역할을 한다. 만약 착상이 이루어지지 않으면 시상하부는 프로게스테론의 수치가 높아진 것을 감지하고 뇌하수체에 신호를 보내어 FSH와 LH의 생산을 중단시킨다. FSH와 LH의 수치가 낮아지면서 황체는 분해되기 시작한다. 이때 만약 정자와 난자가 수정되면 수란관에서 이동하여 자궁의 벽에 착상하는데, 이런 과정을 통해 여성은 임신을 하게 된다. 만약 난자가 수정되지 않는다면 부풀어진 자궁내막과 함께 몸 밖으로 배출된다.

마지막 단계인 **월경 단계**는 월경의 흐름에 따라 자궁내막을 흘려보내는 단계다. 이 시점에는 에스트로겐과 프로게스테론의 수치가 너무 낮아서 자궁내막이 더 이상 유지될 수 없으므로 분해되기 시작하며, 몸으로부터 배출되기 시작한다. 낮은 에스트로겐의 수치는 시상하부가 생식샘자극호르몬분비호르몬(Gonadotropin-Releasing Hormone: Gn-RH)을 분비하도록 하는데, 이 호르몬은 뇌하수체를 자극하여 FSH를 방출하도록 한다. 이때 FSH는 난소가 에스트로겐을 분비하도록 하여 다시 난포기가 시작된다.

월경 주기와 관련된 문제

무월경은 월경을 하지 않는 것으로 임신이나 모유 수유, 극심한 체중 감량, 식이장애, 과도한 운동, 스트레스, 치료가 필요한 심각한 질병이 있는 경우와 같이 매우 다양한 상황에서 일어난다.

월경불순은 심한 월경통과 경련을 경험하는 것이다. 대부분의 청소년기 여성은 프로스타글란딘호르몬의 수치가 상승하면서 월경불순을 겪게 된다. 나이가 든 여성의 경우에는 자궁섬유증이나 자궁내막증에 의해 심한 월경통을 겪게 된다.

자궁내막증은 자궁 안에 있어야 할 자궁내막 조직이 자궁 외 방광이나 난소, 창자, 직장 등의 복강 안에서 자라는 하나의 건강 질병으로, 통증과 불규칙적인 출혈과 임신 합병증을 일으킬 수 있다. 자궁 밖에서 자라는 이 세포들은 자궁내막 조직 이식물이라고 불린다.

이차 성징

여성의 유방은 직접적인 출산과 관련은 없지만 남성과 여성을 구분지어 주는 중요한 특징이 된다. 각 유방은 15~20개의 유선 다발을 가지고 있고, 유선은 젖꼭지에 위치해 있는 관을 통해 모유를 분비하며, 많은 신경 섬유는 자극이 주어졌을 때 몽우리가 설 수 있다.

남성의 생식계

구조

남성의 생식계는 여러 기능을 가지고 있는데, 정자를 생산하고 보관하며, 성관계 시 정자를 여성의 생식계로 이동시킬 때 보호제 역할을 하는 액체를 함께 분비한다. 뿐만 아니라 남성의 생식계를 유지시키는 남성 호르몬을 분비한다.

여성의 생식계와 달리 남성의 생식계의 대부분은 몸 밖에 위치해 있으며, 외음부는 음경, 음낭, 고환으로 이루어져 있다.

음경은 성관계 시 사용되며, 세 개의 부분으로 나눌 수 있고, 복부의 벽면 아래쪽에 위치해 있다. 음경의 몸통은 원통형 모양이며 스펀지와 같은 조직으로 만들어진 세 개의 공간으로 구성되어 있다. 더 큰 원통형 부분은 음경의 해면체라고 한다. 남자가 성적으로 흥분할 때 이 음경의 해면체가 혈액으로 가득차서 발기되어 성관계 시 삽입이 가능하게 된다. 음경의 머리 부분은 음핵이라고 하는데, 포피에 감싸여 있다. 여성의 음핵과 같이 남성의 음핵 또한 많은 신경종말이 있기 때문에 자극에 극도로 민감하다. 정액과 소변의 통로인 요도는 음경 끝에 있다.

음낭은 피부로 이루어진 헐거운 주머니와 같은 모양으로, 음경의 아래쪽에 달려 있으며, 고환을 품고 있고, 많은 신경종말과 혈관이 있다. 음낭은 고환에서 정자의 생산이 정상적으로 이루어지도록 온도를 조절하는 역할을 한다. 온도를 높여야 할 경우에 음낭의 근육들은 고환을 몸과 가까이 당겨 온도를 높이고 낮춰야 할 경우에는 근육이 이완되어 고환을 몸과 멀리 떨어뜨린다.

고환은 타원형의 장기로서 음낭 안에 있으며, 정색(spermatic cord)에 의해 몸에 연결되어 있다. 고환은 테스토스테론과 정자를 만드는 역할을 하는데, 더 세부적으로는 고환 내의 꼬불꼬불하고 긴 모양인 정세관에서 정자를 만든다. FSH는 정자 생산을 조절하고, LH는 간질세포를 자극하여 테스토스테론을 분비시킨다. 테스토스테론의 수치가 낮아지면 시상하부는 황체형성호르몬방출호르몬(LH-Releasing Hormone: LH-RH)을 분비해서 뇌하수체를 자극하며 LH를 분비시키는데, 이때 고환이 자극되어 테스토스테론을 혈류로 흘려보낸다. 이후 일정 수치까지 테스토스테론이 증가하면 시상하부는 뇌하수체에서 LH의 분비를 멈추어 안드로겐의 수치를 조절한다.

몸속에는 부고환, 정관, 정낭, 사정관, 전립선, 요도구선(쿠퍼선)이 있다.

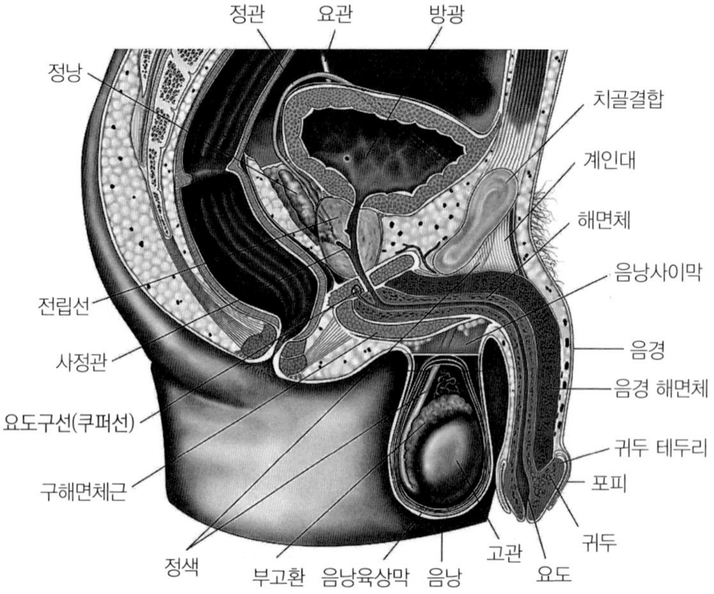

[그림 3-2] 남성의 생식계의 구조

부고환은 길고 꼬불꼬불한 모양의 관으로, 고환의 뒤쪽에 있다. 이 부고환은 정자를 저장하고 운반하는 역할을 하며, 특별히 고환에서 생산된 정자가 바로 수정을 가능하게 하지 못하므로 성숙할 때까지 돕는 역할을 한다. 성적으로 홍분 상태일 때 부고환이 수축하여 정자를 정관으로 이동시킨다.

정관은 길고 근육질의 관으로서 부고환과 방광 뒤쪽에 있는 골반 강을 연결시킨다. 정관은 사정을 준비하기 위해 성숙한 정자를 요도로 이동시키는 역할을 한다.

정낭은 늘어진 가죽 주머니 형태로 남근 아래 붙어 있으며 세 개의 고환으로 이루어져 있고 많은 신경종말과 혈관을 가지고 있다. 정관과 붙어 있고, 방광의 아랫부분에 위치해 있다. 정낭에서는 과당이 있는 액체를 생산하는데, 이는 정자에게 에너지를 공급하여 이동을 돕는 역할을 한다.

사정 액의 대부분은 바로 이 액체로 구성되어 있고, 사정관은 정관과 정낭이 만나는 곳으로 요도와 연결되어 있다.

전립선은 방광 아래 직장 앞쪽에 위치하며 사정 액에 추가적인 액체를 공급하는데, 이 액체 또한 정자에게 영양분을 공급하는 역할을 한다. 요도는 전립선 가운데를 지나서 흐른다.

요도구선은 쿠퍼선(Cowper's gland)이라고도 하며, 요도의 옆쪽, 전립선의 아래쪽에 위치하여 깨끗하고 미끄러운 액체를 생산하고, 요도를 통해 흘러가며, 윤활유의 역할을 하고, 요도 내에 있는 소변의 잔여물을 비워 요도를 중화시키는 역할을 한다.

남성 생식계의 호르몬 주기

남성의 생식계는 FSH와 LH, 테스토스테론에 의해 각 기관의 활동이 이루어진다. FSH는 정자의 생산에 필요한 호르몬이고, LH는 테스토스테론의 분비를 촉진시켜 정자의 생산을 돕는다. 테스토스테론은 근육의 양과 힘의 증가, 체지방 분해, 골 부피의 증가, 변성기, 얼굴에 털이 자라거나 성욕을 증가시키는 것과 같은 남성의 특징적 발달을 돕는다.

일차 성징과 이차 성징의 차이는 사춘기에 호르몬의 분비로 인해 생긴다. 특히 남성은 골 부피가 증가하고, 어깨와 가슴이 넓어지며, 고환의 크기가 커지고, 음모가 자라며, 일부 남성에게는 가슴털이 자라기도 하고, 후두가 커지면서 목소리가 굵어지고, 입술 위와 뺨이나 턱에 털이 난다.

생리적인 경험

성적 흥분은 예측할 수 없이 찾아오는 압도적인 경험으로, 반응도 다양하지만 실제로 나타나는 양상이나 경험에는 상당한 일관성이 있다. 어떤 사람에게는 육체적으로, 정서적으로 또는 정신적으로 자극이 되는 것이 다른 사람에게는 그렇지 않을 수 있다.

성 반응 주기에 대해서는 많은 개념화된 자료(모델)가 있다. 마스터스와 존슨은 4단계의 모델을 제시한 반면에 헬렌 싱어 카플란은 3단계의 모델을 제시했다. 모델들이 각각 몇 개의 단계로 나누어졌는지보다 더 중요한 것은 성 반응 주기가 음경과 질을 통한 성관계에만 국한되지 않고 다양한 자극의 요인—자위, 상상, 손과 입을 통한 자극—을 통해서도 이러한 단계들을 경험한다는 것이다. 이러한 단계들은 사람들이 성적으로 자극을 받거나 흥분하면 공통적으로 느끼게 되는 경험이다. 하지만, 성적 파트너와의 깊은 친밀감은 종이 위에 글로 표현하기에는 적절하지 않으며, 그 경험을 글로 묘사된 것과 비교하는 것은 오히려 그것을 더 값싸게 만드는 것이다.

성 반응 주기는 남성과 여성 모두에게 일어나는 두 개의 생리학적 과정, 즉 혈관충혈과 근육긴장증을 통해 이루어진다. 혈관충혈은 혈액의 흐름의 증가로 몸의 조직이 부풀면서 커지는 현상인데, 성적으로 흥분될 때 성기의 발기, 유방 크기의 증가, 질의 윤활액이 분비되는 것이다. 음순, 음핵, 유두, 고환에서도 혈관충혈이 일어난다. 성적 흥분 상태이거나 자극을 받을 때 일어나는 생식기의 긴장은 근육긴장증에 의한 현상이며, 자발적으로 불룩거리거나 비자발적으로 수축한다. 남성과 여성 둘 다 극치감을 느끼는 동안에 근육긴장증은 근육을 수축시키고 손가락과 발가락을 꽉 쥐게 하고 얼굴을 찡그리게 한다.

마스터스와 존슨의 4단계 모델

윌리엄 마스터스(William H. Masters)와 버지니아 존슨(Virginia E. Johnson)의 모델에 따르면, 성 반응 주기의 첫 단계는 **흥분기**이고, 지속 시간은 몇 분에서 몇 시간까지 다양하다. 보통 근육긴장 외에도 심장 박동 수가 올라가고 혈압이 증가하여 음경과 고환과 음핵과 유방에 충혈을 일으킨다. 이때 가슴과 유방에 분홍빛이나 붉은색의 발진이 퍼지는 현상인 '성 홍조'가 일어나고, 몸이 부풀면서 생식기의 색이 짙어진다. 남성은 음경이 발기되는 동안 흥분하는 정도에 따라 충혈되는 정도가 다르게 나타난다. 고환도 충혈이 되며, 몸에 더 밀착되도록 위로 올라간다. 여성의 경우에 대음순이 열리는 동안 혈액이 몰리면서 음핵이 커지고 길어지며 대음순 역시 커지고 색이 짙어진다. 자궁은 위로 상승하고 내부 3분의 1정도의 질이 확장되면서 윤활액을 생성하는데, 그 양은 사람마다 다르다.

두 번째 단계는 **고조기**로, 지속 시간은 몇 초에서 몇 분 사이로 비교적 짧다. 흥분기와 고조기는 뚜렷하게 구분하기 힘든데, 이는 고조기에 나타나는 현상이 흥분기에 나타나는 현상보다 단지 조금 더 뚜렷하게 나타나는 정도이기 때문이다. 고조기에는 심장 박동 수와 호흡 수가 늘어나고 근육이 긴장하며 생식기의 색이 계속해서 짙어진다. 남성의 경우에는 음경관의 크기가 약간 커지고 음핵의 색이 짙은 자줏빛으로 변하면서 고환은 더 위로 올라가고 절정기를 준비하기 시작한다. 또한 요도구선은 활동량이 증가하여 액체를 분비하기 시작한다. 여성의 경우에는 혈액이 몰리면서 질 벽에 '극치감대(orgasmic platform)'가 형성되고, 질의 안쪽 부분이 팽창하며, 자궁은 상승하고, 음핵이 음핵포피에서 나오게 된다.

세 번째 단계는 **절정기**로서 보통 몇 초간 유지되는 가장 짧은 단계다. 남성은 대체로 고조기 이후에 극치감을 경험하는 반면에 몇몇 여성은 거기에 이르지 못한다. 남성의 경우에 쾌락의 절정이 사정과 관련이 있지만 극치감과 동시에 일어나지는 않을 수도 있다. '극치감 불가피성(orgasmic inevitability)'이란 극치감이 곧 일어날 상황을 말하며, 사정관과 상부 요도에 정액이 차기 시작하는 것을 감지하는 것이다. 정액은 극치감 때 사정되는데, 이때 음경과 수정관, 사정 근육, 전립선, 항문, 정낭 등 모든 곳이 수축된다. 여성의 경우에는 자궁과 질의 극치감대가 3~15회 경련을 일으킨다.

마지막 단계는 **해소기**로, 절정기 이후에 별다른 자극 없이 바로 일어난다. 이 단계는 몸에서 나타난 모든 생리적 변화가 성적으로 흥분하기 이전 상태로 되돌아간다. 여성은 해소기에도 극치감을 경험할 수 있으며, 다수의 극치감을 경험할 수도 있는 반면에 남성은 해소기 직후 진행되는 불응기 동안에는 흥분기나 고조기, 절정기에 다시 이르지 못한다. 불응기의 지속 기간은 남성의 나이에 따라 또 성 활동의 빈도와 여러 요인에 따라 다양한데, 짧게는 몇 분에서 길게는 며칠까지 지속된다.

카플란의 3단계 모델

헬렌 싱어 카플란(Helen Singer Kaplan)의 3단계 모델(1995)은 **욕구기**, **흥분기(또는 각성기)**, **절정기**로 이루어져 있다. 그녀는 성기능 장애를 경험한 사람들을 대할 때 이 3단계의 모델이 내담자의 어려움을 분류하는 데 유용하게 쓰인다고 믿었다. 그녀의 모델은 장애를 일으키는 요인에 흥분이나 극치감과 같은 생리적인 경험뿐만 아니라 심리적인 문제도 포함하고 있다. 예를 들면, 성욕장애는 중요한 미해결된

심리적 문제에 의해 발생하는 반면에 조기사정 같은 경우에는 사정 조절 능력이 부족하여 일어나는 문제이므로 굳이 심리적인 문제를 깊이 들여다볼 필요가 없는 문제로 정의하고 있다(Kaplan, 1995). 카플란의 모델은 연속적인 단계가 아닌 각 단계가 독립적으로 존재하는 것으로 보고 있다.

카플란의 모델은 DSM-3에서 성적 장애를 분류하는 방식에 많은 영향을 미쳤다. 또한 성적 장애의 근원에 대한 통찰력을 제공하였는데, 그녀의 그와 같은 공헌이 있기 전에는 대부분의 성치료사가 성적 장애를 중요한 정신내적 갈등이나 대인 간(파트너 관련) 갈등의 결과로 보기보다는 생리적인 문제 또는 수행불안으로 인하여 생긴 성기능의 결점이라고 여겼다(Kaplan, 1995).

데이비드 리드의 성적 자극 경로

성적 흥분과 성적 상호작용에 관한 또 다른 모델들이 있는데, 여기에서는 두 가지를 더 살펴보려고 한다. 첫 번째는 데이비드 리드(David Reed)의 **성적 자극 경로모델**이다(Stayton, 1996 참조). 이 모델에서 리드는 앞서 살펴보았듯이, 흥분기, 고조기, 절정기, 해소기로 이루어진 마스터스와 존슨의 모델에 성욕의 개념을 추가하였다. 마스터스와 존슨은 성욕이 어떤 역할을 하는 것으로 추정하였는데, 리드는 성욕을 그 모델에 추가시킨 후에 **유혹**(seduction) · **감각**(sensations) · **순응**(surrender) · **성찰**(reflection) **단계**로 구분하였다.

처음 두 단계는 생물학적 단계라기보다는 심리사회적 단계다. **유혹** 단계는 성적 친밀감을 불러일으킬 수 있는 행위가나 활동을 말하며, 향수를 뿌리는 것부터 주방을 정리하는 것까지 사람에 따라 다양하게 나타난다. **감각** 단계는 첫 단계인 유혹에서부터 더욱 큰 흥분으로 나아가기 위해 감각을 이용하는 단계다. 그 다음 두 단계는 **순응**과 **성찰**인데, **순응** 단계에서는 극치감을 경험하고, **성찰** 단계에서는 말 그대로 성행위가 이루어진 시간을 되돌아보며 의미를 부여하는 시간이다. 이때의 경험을 긍정적으로 보느냐 혹은 부정적으로 보느냐에 따라 미래의 성적 친밀감 경험에 대한 욕구에 변화가 생긴다.

바송의 비선형 여성 모델

로즈메리 바송(Rosemary Basson)은 그녀의 많은 내담자가 경험하는 성적 흥분을 좀 더 정확하게 설명하기 위해 성적 흥분에 대한 **비선형 여성 모델**을 개발하였다

(Basson, 2002, 2007, 2012). 이 모델의 목적은 그녀가 마주한 다수의 내담자의 경험을 입증하기 위한 것으로서 내담자들은 종종 상대방 남성의 성욕이나 성적 흥분의 표현이 자신들의 욕구에 상응하지 않는다고 보고하였다. 이 모델에서는 '수용적 욕구'라는 용어를 사용하는데, 이는 주관적으로 반응하는 성욕을 뜻하며, 성적 흥분을 단지 생리적인 경험에 한하여 설명하는 것과는 반대된다. 또한 그녀는 주관적인 성적 흥분이 반드시 생리적인 성적 흥분과 일치하지 않는다는 것을 자신의 모델을 통해 설명하였다.

바송의 모델은 **성적 중립**을 주장하는데, 이는 양방향적인 입장으로서 성행위를 반대하지도 찬성하지도 않는 상태를 의미한다. 여성은 관심이 다른 곳으로 쏠리거나 바빠지면 보통 성적 중립 상태가 된다. 이후 성적 자극을 경험하게 되면 여성의 몸은 성적 흥분으로 이어지는 생리적인 변화가 생기고, 생리적인 변화는 종종 성욕에 앞서 일어나거나 성적 활동이 이루어지는 동안에 일어날 수도 있다. 성적 친밀감을 경험한 이후 몇몇 여성은 감정적 또는 육체적 만족과 함께 정서적 친밀성을 느끼거나 성적 중립에 다다른다. 그 반면에 몇몇 여성은 앞서 언급한 성적 자극을 느끼는 동시에 **성욕과 성적 굶주림**을 느끼게 된다. 또한 바송은 많은 여성이 극치감을 성적 만족의 필수적인 부분으로 요구하지 않는다는 것을 발견했다.

바송은 성에 대해 더 많이 생각하는 여성일수록 더 많은 성욕을 가지고 있음을 발견했다. 그녀는 치료의 일부로서 환자들에게 성에 대한 자신의 감정과 생각에 대한 일지 작성을 활용하도록 하였다.

사랑 만들기 주기

또 다른 모델로는 크리스토퍼 맥클러스키(Christopher McCluskey)와 라헬 맥클러스키(Rachel McCluskey, 2006)가 제시한 '**사랑 만들기 주기**(lovemaking cycle)'가 있다. 이 모델은 **분위기 단계**, **흥분 단계**, **정점 단계**, **여운 단계**의 네 단계를 제시한다. 분위기 단계는 성적 친밀감/성행위를 불러일으키는 단계로 서로를 위해 시간을 내어 주는 것, 성적 친밀감/성행위를 향한 기대, 서로를 위해 노력하기, 비밀 만들기 등 여러 욕구가 있다. 흥분 단계는 서로에 대해 탐색하는 단계로 감각을 자극하면서 성적 흥분이 일어나기 시작한다. 정점 단계는 단순히 절정에 이르는 것만이 아닌 그 이상의 것들을 포함한다. 이 단계에서는 서로의 기쁨이 더욱 증가되며, 정신적으로 서로 연결될 뿐만 아니라 서로에게 자신을 내어 주는 단계다. 마지막으로 여운 단계는 서로를 사랑으로 어루만지며 절정 이후에 서로의 마음과 감정을 표현하고 나타내는 단계다.

데이비드 슈나치

생리적이고 욕구적인 요소에 치중한 이전의 1세대 모델들과는 달리 데이비드 슈나치(David Schnarch, 1991, 2009, 2011)는 성욕에 영향을 끼침에도 불구하고 소홀히 여겨졌던 세 가지 부분을 제시하였다. 첫 번째로, 성욕은 성교 자체를 원하는 것뿐만 아니라 성행위 동안에 느끼는 여러 욕망도 포함한다는 것이다. 두 번째로 단순히 성행위를 향한 욕망을 기준으로 제시했던 이전의 성 반응 주기 모델들과는 달리 특정 대상을 향한 성욕을 평가하였다. 마지막으로 슈나치는 단순히 생물학적 욕구를 뛰어넘어 의식적으로 목적을 가지고 택한 욕구들에 대해 관심을 두었다.

슈나치는 여러 2세대 모델 중 하나를 제시했는데, 이는 생리적인 부분과 욕구에 기초하였던 1세대 모델들과는 달리 대인관계와 개인의 성숙함에 초점을 두었다. 이는 이후에 다른 장에서 더욱 자세히 다루도록 하겠다. 다시 돌아와서 성적 흥분과 성적 교감에 대한 많은 모델이 있는데, 대중들이 이처럼 다양한 모델에 한결 쉽게 다가갈 수 있게 된 것에 감사하다. 우리는 커플들과 논의하기 쉽도록 더 쉬운 용

현실에 적용하다

한 커플을 혼전상담에서 만난다고 상상해 보라. 그들은 어리고, 때로 성에 대해 약간은 순진한 것처럼 보인다. 그들은 결혼 첫날밤이 첫 성관계 경험이 될 것이라고 당신에게 말한다. 당신은 이 커플에게 성적 친밀감을 경험할 때 어떤 것을 예상할 수 있는지를 어떻게 설명할 것인가? 성 반응에 대한 여러 모델에 대해 다시 읽어 보고, 어떤 모델을 꺼내 이 중요한 주제를 커플과 이야기할지 생각해 보라. 당신은 한 개 이상의 모델을 활용할 것인가 아니면 마음에 드는 특정 모델을 가지고 있는가? 무엇을 확실히 전달하고 싶은가? 어떤 어조로 설명할 것인가? 어떻게 이 주제에 대해 토론하고 싶은가? 여러 종류의 욕구에 대해 말하는 것이 중요하다고 생각하는가? 해부학적인 이야기를 할 때 당신의 언어는 의학적일 것인가 아니면 임상적일 것인가? 성 주기를 묘사할 때, 마스터스와 존슨의 모델에서 발견되는 언어나 그와 비슷한 모델을 사용할 것인가 아니면 사랑 만들기 주기를 사용할 것인가? 그렇다면 그 이유는 무엇인가?

어와 단계로 이루어지고 덜 환원주의적이며 서로의 친밀감을 증가시키는 데 유용한 모델들을 원한다. 마지막 두 개의 모델이 특별히 이와 같은 부분에서 유용하게 쓰일 것이다.

실상은 성 반응 주기에 대해 관심을 갖고 기술적인 논의를 하는 커플이 거의 없다. 만약 그들이 성적 친밀감을 나누는 동안에 어떤 일이 일어나는지 확실히 모른다면 어떤 경험을 하게 되는지 명확하게 알고자 할 것이다. 남녀는 바송 모델에서 알 수 있듯이, 성 반응 주기를 통해 겪게 되는 경험이 다르기 때문에 그러한 차이점들을 알고 있는 것이 매우 유용하다. 데이비드 슈나치, 맥클러스키와 맥클러스키는 좀 더 접근하기 쉬운 용어들을 도입해서 그들의 새로운 모델을 내담자들과 함께 나누기가 수월하다.

맺음말

우리들이 가진 가치와 도덕적인 기준들이 우리의 선택을 이끈다는 것은 더 말할 나위가 없다. 만약 우리가 정직함을 가치 있게 여긴다면, 우리는 거짓말을 덜 하려고 할 것이다. 만약 우리가 헌신과 존중을 가치 있게 여긴다면, 우리는 갈등이 있음에도 불구하고 관계적인 면을 더욱 추구할 것이다. 이와 마찬가지로 우리가 가진 가치는 성적인 행위를 선택할 때 그 선택이 도덕적으로 옳은지 판단할 수 있도록 도와준다.

하지만 우리가 가진 가치와 판단을 잠시 제쳐두고 생물학적인 환원주의 모델을 살펴보도록 하자. 만약 우리가 이 관점에서 성생활을 생각한다면, 우리는 어떤 인식을 하고 어떤 경험을 할 수 있을까? 식욕과 수면욕 같은 다른 생물학적 욕구들을 고려해 볼 때, 우리는 아마 성적 충동에 의해 성행위를 한다고 할 수 있을 것이다. 예를 들어, 몇몇 여성은 월경 전에 보통 때보다 좀 더 자주 성적으로 흥분됨을 표현하면서 더 큰 성적 흥분과 성욕을 느낀다고 한다. 생물학적 환원주의자들의 관점에서는 그럴 때 성적으로 긴장된 상태를 완화하기 위해 친구와 잠자리를 갖는 것은 육체적, 정신적, 감정적으로 적절한 것이라고 여길 것이다. 한 예로, 보수적이고 종교적인 집안에서 자랐고 적은 수의 성적 파트너를 가지고 있던 한 내담자가 12년간의 결혼 생활을 끝낸 후 13개월이 지난 어느 날 성적 흥분을 느껴 술집에 가서 자신을 제일 잘꼬신 낯선 남자와 하룻밤을 보냈다고 한다. 그녀는 그 낯선 남자와 관계 맺기를 원했던 것은 아니었고 단지 성욕을 해소하기 위해 동침한 것으로, 그것에 대한 죄책감은 약간 있었지만 자신의 '필요'에 따라 행동했다는 기분으로 죄책감은 밀어두기로 결심했다고 한다.

몇몇 사람은 그녀가 즐거움을 추구하는 행동을 했기 때문에 아마 이 내담자가 가진 가치는 쾌락 추구에 있다고 할 것이다. 이런 관점에서는 '그것이 좋다면 왜 문제가 돼?' 혹은 '그것이 좋다면 해 봐'와 같은 생각으로 행동을 정당화하여 성욕은 도덕적인 판단을 필요로 하지 않게 될 것이다.

대부분 심리학 분야에서는 개인의 경험적 자아가 자신의 전부라고 여기며 살아가는 것을 전제로 한다(APA, 2009, p. 18). 사실 우리가 제1장에서 논의한 것처럼 이는 '**유기체적 일치**'라고도 하는데, 이는 일치를 이룬다거나 완전감을 갖는 것을 말하며 자기인식과 개인의 정체성을 포함한 발달 과정을 펼쳐나가는 것을 칭한다(p. 18). 생물학적 환원주의의 여러 위험 중 하나는 다른 고려사항들은 배제한 채 유기체적 일치를 지지한다는 것이다. 그렇다면 다른 고려해야 할 부분에는 어떤 것들이 있는가? 만약 우리가 유기체적 일치에 대해 비판적인 생각을 가지고 있다면 이에 대한 대안은 무엇일까?

우리가 제1장에서 나누었던 것처럼, 기독교는 '**합목적적 일치성**', 즉 "개인이 가치 있게 여기는 목적을 향해 일관되게 살아가는 삶"(APA, 2009, p. 18) 또는 자신에게 중요한 것을 소중히 여기며 노력과 마음을 쏟는 삶에 우선순위를 둔다. 기독교인은 충동에 따라 도덕적이거나 윤리적인 판단을 하기보다는 자신의 신념과 가치에 그 기준을 두는데, 그러한 신념과 가치는 자신의 욕구를 포기하고 최선으로 사는 방법을 결정하도록 돕는다. 합목적적 일치성은 우리가 무엇을 향해 살아가는지 또 우리가 어떤 사람이 되고자 하는지 알 수 있는 길을 보여 준다.

여기서 주목할 것은 임상가가 어떤 행위에 대해 생물학을 기반으로 하여 이해하는 것은 중요하다는 것이다. 우리는 임상가들이 성적 자율권, 생리학, 성 반응 주기 등의 다양한 분야를 포괄하는 심리교육을 제공할 만큼 잘 알고 준비되기를 바란다. 그러나 우리는 생물학적 환원주의를 향해 나가는 우리 분야의 근본적인 가정과 충동으로부터 성윤리를 끌어내는 입장을 비판한다.

C. S. 루이스는 그것을 『**인간폐지**(The Abolition of Man)』에서 다음과 같은 글을 통해 적절하게 표현하였다.

우리에게 본능에 복종하라는 것은 '사람들'에게 복종하라고 하는 것과 같다. 사람들의 의견이 각자 다른 것처럼 본능도 서로 다르다. 우리의 본능은 전쟁 중이다…… 다른 것들보다 한 쪽의 말을 더 경청하면서 우리는 이미 순간순간 판단하고 있다. 만약 우리가 다양한 본능에 대해 어느 것이 더 중요한가 하는 지식을 검토하지 않는다면, 우리는 결코 그것들을 분별하는 것을 배우지 못할 것이다. 판사가 판단 받는 무리에 속할 수 없듯이, 그 지식은 본능적일 수가 없는 것이다. 만약 그렇다면 그 결정은 가치가 없으며, 종의 보존이 자기보존이나 성적 취향보다 더 우위에 있을 이유가 없다.

우리는 이처럼 다양한 세계관적 생각과 가정에 익숙해져서 임상적 환경에서 의미 있게 적용할 수 있기를 원한다. 단지 **유기체적** 일치와 **합목적적** 일치 사이의 차이에 대해서 아는 것만으로도 건설적인 토론의 기초를 마련할 수 있을 것이다.

이 장을 마무리하면서 스스로에게 물어보라. 당신의 내담자가 앞의 사례와 같은 입장이고, 어떠한 결정도 내리지 않았다면 당신은 무엇을 하도록 격려할 것인가? 내담자가 생물학적 경험의 중요성에 대해 집착한다면 어떻게 할 것인가? 당신은 내담자가 가지고 있지만 인식하지 못하고 있는 근본적인 관점에 대해 어떻게 이야기할 것인가? 당신은 이에 대해 논의할 의사가 있는가? 이러한 부분들을 제쳐두고 내담자가 이끄는 대로 따르는 것이 최선인가?

참고문헌

American Psychological Association. (2009). *Report of the task force on appropriate therapeutic responses to sexual orientation*. Washington, DC: American Psychological Association.

Basson, R. (2002). Female sexual dysfunctions-the new models. *The British Journal of Diabetes and Vascular Disease*, 2(4), 267-270.

Basson, R. (2007). Sexual desire/arousal disorders in women. In S. R. Leiblum (Ed.), *Principles and practice of sex therapy* (4th ed., pp. 25-53). New York: Guilford Press.

Basson, R. (2012). Women's difficulties with low sexual desire, sexual avoidance, and sexual aversion. In S. B. Levine, C. B. Risen & S. T. Althof (Eds.), *Handbook of clinical sexuality for mental health professionals* (2nd ed.). New York: Routledge.

Kaplan, H. S. (1995). *Sexual desire disorders: Dysfunctional regulation of sexual motivation*. New York: Routledge.

Masters, W. H., & Johnson, V. E. (1966). *Human sexual response*. Boston: Little, Brown.

McCluskey, C., & McCluskey, R. (2006). *When two become one: Enhancing sexual intimacy in marriage*. Grand Rapids: Revell.

Rathus, S. A., Nevid, J. S., & Fichner-Rathus, L. (2001). *Human sexuality in a world of diversity* (4th ed.). Upper Saddle River, NJ: Pearson.

Schnarch, D. (1991). *Constructing the sexual crucible: An integration of sexual and marital therapy*. New York: W. W. Norton.

제4장 임상적 성

지금까지 이와 같은 것은 없었고, 국가도 이에 대해 대비하지 않았다. 아무도 그것에 대해 공적으로 이야기하지 않았다. 여기서 '그것'이란 '비아그라' 회사를 대신하여 당시 미국 상원의원이었던 밥 돌(Bob Dole)이 등장한 첫 번째 상업광고를 말한다. 몇 년 후 NASCAR의 운전자 마크 마틴은 자신의 레이싱 자동차 스티커를 통해 '비아그라'를 지지하면서 성기능장애를 좀 더 정당화하였고, 남부의 많은 지역구에서 이를 합법화 하였다. 오늘날 발기 기능 향상을 위한 여러 약품 광고는 쉽게 접할 수 있다. 그렇지만 그와 같은 광고의 시작 단계에서 유명한 인물 중 아무도 출현하지 않을 때 밥 돌이 발기부전(Erectile Dysfunction: ED)의 실제에 대해 논의하는 것을 지켜보는 것은 굉장한 일이있다.

어떤 면에서 그러한 광고들은 성행위에 대한 논의에 전환점을 제공해 주었다. 이는 마치 성기능장애가 새로운 수준의 합법성을 얻게 된 것과 같았다(Leiblum & Rosen, 2000).

밥 돌이 국가를 위해 한 일은 우리가 이 책을 읽고 있는 임상가들이 회기 중에 내담자들과 함께하기를 바라는 것과 같다. 부담 갖지는 말기 바란다. 우리는 당신이 내담자에게 그의 성과 관련된 염려가 합당하며, 전문가의 특별한 시간과 관심을 받을 가치가 있다는 것을 알 수 있도록 상담해 주기를 바랄 뿐이다. 여러분이 성치료에 있어서 밥 돌이 되고자 하기를 바란다!

우리는 무엇이 밥 돌을 발기부전 광고에 참여하게 했는지는 모른다. 그러나 내담자들과의 건설적인 논의를 촉진하기 위해서는 배우는 분위기를 조성하고, 개인이나 커플의 건설적인 참여를 유도하는 것이 중요하다. 그러기 위해서는 당신의 성에 대한 태도, 지식, 경험이나 감정과 성적 발달에 대해 성찰하는 것이 도움이 될 수 있다.

예를 들어, 임상가들이 자신이 가지고 있는 성에 대한 태도를 내담자에게 감추기는 어렵다. 논의하기로 선택한 주제, 그것을 논하는 방식, 던지는 질문, 비언어적 표현 등을 통해 성에 대한 자신의 태도를 전달하게 될 것이다. 조이스 페너(Joyce Penner)와 클리프 페너(Cliff Penner)가 관찰한 바와 같이(2005), 내담자를 돕는 과정에서 전달되는 우리의 태도중에는 도움이 되는 것도 있고 도움이 되지 않는 것도 있다. 일반적으로 도움이 되는 태도 중 하나는 성이 인간 경험의 자연스러운 일부이며, 혐오스럽거나 불만스럽기보다는 즐겁고 만족스러운 것일 수 있다는 것이다.

성지식은 성이나 그와 관련한 주제에 대해 받았던 지속적인 교육 과정이나 훈련뿐만 아니라 학부 및 대학원 수준에서 받은 교육을 가리킨다. 어려운 사례들을 위해서는 더 나은 슈퍼비전과 상담을 통해 성에 대한 지식이 향상될 수 있음을 명심하라.

성적 경험이란 개인의 성적 발달과 성관계를 맺는 생활에서의 경험을 의미한다. 우리는 학생들에게 성치료사 자격증을 위한 훈련을 시킬 때, 자신의 성생활 과거력을 돌아보게 하여 자신의 경험이 오늘날 어떤 영향을 미치는지 이해할 뿐만 아니라, 다른 사람들과 성생활 과거력을 논할 때 직면하는 문제를 어느 정도 통찰할 수 있도록 한다.

우리는 사람들이 자라면서 가정에서 성관계가 어떻게 논의되었고, 정숙함과 나체 사이에 어떤 면에 더 노출되었고, 애정은 언어적 혹은 비언어적으로 어떻게 표현되었으며, 사춘기의 변화에는 어떻게 반응했는지, 처음 데이트 경험이 현재에 어떤 영향을 미치는지 등을 돌아보도록 격려한다. 성적 경험에는 당신이 직면했을지도 모르는 문제들도 있겠지만 그것들에 국한되지 않는다. 성기능장애로 고생해 본 적이 있는가? 성중독을 다뤄 본 적이 있는가? 그렇다면 성정체성 고민은? 문제가 '욕구장애' '극치감 장애' '성교통증장애' 'SEM 중독' 등일 수 있다. 만약 당신이 이런 문제들 중 어느 하나도 고심해 본 적이 없다면, 그것 역시 당신이 제공하는 서비스

개인적 성찰

당신 자신의 성에 대한 개인적인 태도, 지식, 경험 그리고 관련된 감정을 되돌아보기를 바란다. 잠시 시간을 내어 성과 성행위에 대해 어떻게 교육 받아 왔는지를 생각해 보라. 자신의 경험에 대해 그동안 배운 것을 반영하고 생각해 보는 시간을 갖는 방법으로 일지 작성이 도움이 될 수 있다. 당신은 자라면서 가정에서 성과 성행위에 대해 어떤 것을 배웠는가? 또 그 주제는 어떻게 다뤄졌는가? 성관계에 대해 논의할 때, 당신 가정의 전반적인 분위기는 어떠했는가?

또한 교회 프로그램, 공립 학교 프로그램, 혹은 다른 공식적인 기관에서 받은 성교육에 대해 생각해 보라. 그 교육의 질은 어떠했는가?(더할 나위 없이 훌륭했는가? 형편없었는가?) 대학 내 수업의 일환으로 성교육을 받은 적이 있는가? 이와 함께 성과 성행위에 대한 당신의 지식을 종합해 볼 때, 그것들을 어떻게 설명할 수 있는가?

평생에 걸친 자신의 성욕과 성행위에 대한 경험을 돌아보라. 당신의 경험은(혹은 경험 부족은) 성과 성행위라는 주제에 접근하는 방법에 구체적으로 어떤 영향을 미치는가? 현재 당신이 가지고 있는 성적 문제에 대한 도덕적인 입장을 어떻게 설명할 수 있는가? 그 문제에 대한 당신의 생각은 어느 정도로 고정되어 있는가? 그에 대한 답은 상황에 따라 "나는 이런 문제들을 심도 있게 생각해 보았고, 변하지 않는 확고한 의견을 가지고 있으며, 내 생각이 옳다고 굳게 믿는다"에서 "솔직히 나는 성에 대해 혼란스럽고, 당황스러우며, 불확실하다"에 이르기까지 다양할 것이다.

성관계에 대해 편안하게 이야기할 수 있는가? 어떤 이유로든 그에 대한 답은 "성관계라는 주제는 위협을 느끼게 하고, 혼란스럽게 만들며, 심지어 작은 집단 안에서 이야기를 나눌 때에는 고통스럽고 어렵게 느껴진다"에서 "나는 편안하고 개방적이다"에 이르기까지 다양할 것이다.

에 영향을 미칠 수 있다(Penner & Penner, 2005). 때때로 우리의 개인적인 고민이 타인의 고통을 공감하는 능력을 향상시켜 주기도 한다. 만약 당신이 기혼자라면, 페너 부부가 제안한 것처럼 건강하고 만족한 성생활을 이루어 나가거나 그것을 위해 노력하기를 권한다. 독신이라면, 제1장에서부터 언급한 가장 넓은 의미의 성, 즉 '성별의 성'(남성이나 여성으로서)과 '성애적 성'(궁극적으로 하나님 안에서만 경험되는 다른 사람을 통해 완성하고자 하는 갈망에 대한 통찰)에서 건강한 성생활을 이루도록 노력하라. 두 가지 모두 우리가 성적인 존재로서 다른 사람들과 어떻게 관계를 맺는가에 따라 다르게 경험된다.

자신의 성과 성적 표현에 대해 가지고 있는 감정을 이해하고 있는 것도 중요하다. 감정은 편안함에서 불편함, 평안함에서 불안함, 자신감과 죄책감 또는 수치심 등에 이르기까지 매우 다양하다. 어떤 이들은 성관계와 성기능의 다양한 측면에 대해 논의하는 것을 매우 편안하게 여기지만, 다른 이들은 눈에 띄게 수줍어 하며 성행위와 관련된 어떠한 이야기도 꺼려한다. 대부분의 사람은 중간 지점 어딘가에 놓여 있다. 이와 유사하게 어떻게 자신의 성별 정체성을 표현하는가는 성별에 따른 편안함과 불편함의 수준을 반영한다. 그리고 이러한 우리의 행동은 타인에게서 명백히 드러나는 감정과 태도를 통해 나타난다.

당신이 읽고 있는 이 책은 기독교인의 관점에서 성과 성행위에 대해 생각해 볼 수 있는 자료다. 이런 책이 쓰일 수 있다는 사실은 당신 자신의 신념 체계나 성행위와 관련된 가치관에 대해 생각해 보는 것의 중요성을 강조한다. 우리는 당신이 사람의 성에 대한 기독교적 작동신학을 갖추거나 발전시켜 나가기를 권한다.

우리는 현재 이 분야에서의 작업을 준비함과 동시에 각 개인의 역량과 한계점 등을 인식하는 데 도움이 되는 훈련 모델에 관심을 기울이고 있다. 이러한 모델들을 검토하는 목적은 학생들이 자신의 교육 수준, 훈련 및 슈퍼비전에서의 임상 경험에 기초하여 임상가가 언제 개입해야 하며, 언제 의뢰를 해야 하는가를 익숙하게 할 수 있도록 돕는 데 있다.

PLISSIT 모델

성문제에 대한 상담에서 가장 잘 알려진 모델 중 하나는 아논(Annon, 1974)의 PLISSIT 모델(The PLISSIT Model)이다. PLISSIT 약칭의 의미는 다음과 같다.

P- Permission giving(허락하다)

LI- Limited information(제한된 정보)

SS- Specific suggestions(구체적 제안)

IT- Intensive therapy(집중적 치료)

허락하다(permission giving)는 종종 성교에 대해 많은 다른 커플들이 경험하는 것과 유사하거나 크게 벗어나지 않음에도 불구하고 불안을 느끼거나 뭔가 잘못하고 있다고 걱정하는 개인이나 커플에게 도움이 되는 방안이다. 예를 들어, 당신은 일주일에 5~6번씩 성관계를 하기 때문에 성에 집착하고 있는 것은 아닐까 하고 걱정하는 커플을 만날 수 있다. 이는 대부분의 커플이 성관계 경험을 보고하는 것보다는 확실히 많은 수치이지만, 특별한 관심이 필요한 정도는 아닐 수 있으며, 상대적으로 성욕이 높고, 아이가 없으며, 실제로 또 다른 고려할 만한 사항이 없는 젊은 커플들 사이에서 흔히 일어날 수 있다. 여기서 허락은 그들의 어려움을 경청하고, 그들의 성적 친밀감의 빈도에 대한 어떤 다른 설명이 가능한지 명확히 하고, 그들이 경험하는 것을 지속하도록 허락하는 것과 관련될 수 있다. 이는 그들의 양상에 대한 주요한 정보가 빠져 있는 경우가 아니라면, 그들이 보고하는 범위가 다른 커플들이 겪는 경험의 범위에 들어가며, 한계선 안에 있고, 별문제가 없으며, 즐길 수 있다는 가능성을 교육하고, 그에 익숙해지도록 하는 것이다.

아논(Annon, 1974)에 따르면, **제한된 정보**란 내담자의 정보가 확장될 필요가 있는 정보 부족 상태를 의미한다. 예를 들면, 커플에게 성 반응 주기에 대해 교육할 수 있을 것이다. 커플이 성적 흥분이나 극치감에 이르는 것에 약간의 어려움을 겪을 때 그들에게 성 반응 주기를 교육하여 그들이 해부학, 생리학, 성적 반응 등에 대해 가지고 있는 신화나 왜곡에 맞설 수 있는 충분한 정보를 제공해 줄 수 있다.

구체적인 제안(specific suggestions)은 커플이 상담을 통해 다루고자 하는 그들의 문제와 관련되어 있다. 예를 들어, 조기사정(혹은 조루증)을 앓고 있는 일부 남성은 한 달 동안 그들의 성교 빈도를 극적으로 증가시키는 것이 도움이 된다는 것을 상담을 통해 알게 되었다. 이는 그와 같은 문제 해결을 위한 특정한 제안으로서 적절한 개입 방법에 속한다.

집중적 치료(intensive therapy)란 인지할 수 있는 상태나 어려움을 치료 받기 위해 찾아온 내담자나 커플을 대상으로 하는 전통적이고 지속적인 성치료 서비스다.

우리는 아논의 **PLISSIT 모델**이 학생들에게 커플의 개입 수준에 대한 전반적인 개요를 제공하고 전문성이나 임상적 책임을 알도록 해 준다는 점에서 높이 평가하지만, 그 모델의 한계를 고려하여 개발한 4단계 과정을 통하여 내담자가 자신의 성문제를 다루도록 하는 로즈노, 시츠마와 테일러(Rosenau, Sytsma, & Taylor, 2002)의 **DEC-R 모델**을 특별히 더 높은 차원의 모델로 인정하고 있다.

DEC-R 모델

DEC-R **모델**에서 임상가는 성과 성행위라는 주제를 소개하고, 그에 대한 **대화**(dialogue)를 할 수 있는 안전한 장소를 제공한다. 성에 대한 논의(discussion)는 진찰이나 임상 서비스의 목적에 맞는 교육으로 진행되고, 필요하면 개인이나 커플을 지도하기 위한 기본 단계와 자조를 통한 코칭을 제공할 수 있다. 그 후 좀 더 전문적인 돌봄이 필요할 경우에 상담 의뢰가 이루어질 수 있다.

우리가 논의해 온 것 중 일부는 로즈노와 그의 동료들(Rosenau et al., 2002)이 대화를 위한 준비라고 말한 것이다. 우리가 논의해 온 것들(예를 들어, 자신의 성을 편하게 받아들이는 것)과 더불어 (1) 당신의 성행위가 반응적일 수 있고, (2) 임상가 자신이 성 관련 주제에 많이 노출되어 둔감하게 되어 전문적으로 상담에서 그 주제를 다룰 수 있도록 하고, (3) 당신에게 전문적인 도움을 구하는 사람들에게 편안한 환경을 만들어 주는 것이 가치 있다는 것이다. 이러한 것들을 하나하나 이야기해 보자.

성관계가 반응적일 수 있다고 하는 말은 무슨 뜻인가? 때로 우리는 성적 관심이나 성욕이 주도적인 욕구라고 생각한다. 다시 말해, 생물학적 욕구(테스토스테론과 같은 호르몬을 생각해 보라)에서 시작해서 다른 대상을 향해 관심을 갖게 되는 욕망인 것이다. 하지만 성욕은 다른 욕구들이 충족되는 것에 대한 반응으로도 개념화할 수 있는데, 예를 들면 보살핌, 존중 그리고 관계 안에서 사랑 받는다고 느낄 때의 반응이다. 한 사람이 보살핌을 받는다고 느끼는 방법들('사랑의 언어'에 대해 생각해 보라. 사람들이 자신이 사랑하고 아끼는 상대방에게 이를 표현하고 그 마음을 받는 방식에 대해 생각해 보라)은 반응하는 욕구에(그것이 시작이 아니라) 대응하여 표현되는 타인에 대한 욕망으로 이어질 수 있다.

이런 다양한 개념을 배워 감으로써 우리는 당신이 임상 현장에서 성을 어떻게 다루는지 읽고 배울 수 있도록 돕고자 한다. DEC-R 모델이 시사하는 바와 같이, 당신은 상담에서 어떻게 성이라는 주제에 대해 스스로를 둔감화할 수 있는지, 그렇게 함으로써 얻는 이점은 무엇인지 생각해 보고, 그런 많은 감응 전략을 위해 다양한 성적 자극에 (포화 상태에 이를 정도로) 노출되는 것이 이 모델에 포함된다. 그것이 우리가 훈련에서 추천하는 방식은 아니다. 오히려 우리는 당신이 인간의 성과 성기능과 관련된 다양한 주제에 대해 이야기하는 연습을 하기 바란다. 시간을 내어

적절한 시선 맞춤을 유지하면서 무엇을, 어떻게 말할 것인지를 연습하고, 제삼자가 당신을 관찰하여 당신의 실수로부터 배울 수 있도록 피드백을 주는 방법 외에 다른 대안은 없다.

훈련할 때, 우리는 종종 학생들을 세 명 혹은 네 명씩 짝지어 구조화된 과제를 마칠 수 있도록 한다. 한 학생은 다른 학생을 인터뷰하고, 세 번째 학생은 역할극에서 임상가 역할을 하는 학생의 비언어적인 메시지나 불안 같은 상호작용에서 드러나는 요인에 대해 피드백을 제공한다. 우리는 당신이 사용하는 것에 익숙하지 않을지도 모르는 용어들(예를 들어, 음경, 극치감, 외음부, 고환)을 몇 시간 동안 반복적으로 사용하고 연습하는 것(실수를 통해서도) 외에 다른 방법이 없다는 것을 다시 한번 강조하고 싶다.

결국 우리가 이야기해 온 것의 대부분은 안전한 환경을 만들어 주는 것과 깊은 관련이 있다. 우리의 친구 밥 돌을 기억하는가? 그는 ED와 성기능에 관한 더 넓은 주제에 대해 국가 차원의 논의를 장려하였다. 안전하고 위협적이지 않은 환경을 조성하기 위해 과연 우리는 무엇을 할 수 있을까? 우리는 성에 대해 명확하고 존중하는 태도로 말하고, 성과 성 경험의 의미 및 독특함을 성적 표현으로 하며, 이 영역에 대한 교육과 학습에 대해 긍정적인 태도를 보여 주어야 한다. 이런 맥락에서 당신이 특정한 논의에 대하여 내담자로 인해 경험하는 성적인 역전이에 대해 내담자와 논의하지 않도록 경계 설정을 하는 것 또한 중요하다(Rosenau et al., 2002).

DEC-R 모델은 **대화** 이후에는 **교육**이 이어진다. 여기에는 많은 것이 포함 되는데, 성서의 오용에 이의를 제기하는 것과 성에 대한 작업신학을 논의하고 적용할 수 있는 것과 당신이 가지고 있지 않은 정보(잡지 기사, 교과서, 인터넷 등의 다른 자원을 통해)나 성관계에 대한 미신(예를 들어, "모든 남성은 항상 성관계를 원한다.") 혹은 잘못된 가정(예를 들어, "성관계는 즉각적인 친밀감을 형성해 낼 것이다.") 등의 부정확한 정보에 이의를 제기하는 것 등이다(Rosenau et al., 2002, p. 503).

성적 반응 중 마지막 부분으로 잘못된 기대, 잘못된 가정 혹은 성에 대한 미신을 다루는 유용하고 실용적인 방안은 그 사람이 하나 이상의 성 반응 주기 모델을 처음부터 끝까지 경험하도록 안내하는 것이다. 그 모델 자체는 당신에게 교육을 위한 목적 아래에 초점을 두고 당신과 상대방이 일종의 잘못된 성에 대한 기대를 이야기할 수 있는 발판 역할을 한다.

제3장에서 논의한 바와 같이, 마스터스와 존슨은 가장 잘 알려진 성적 반응 모델

중 하나를 제공하였다. 그들의 모델은 흥분기, 고조기, 절정기 그리고 해소기의 4단계로 이루어져 있다. 흥분기는 성적 흥분을 경험하는 그 자체를 의미한다. 이는 고양된 근위축(신경근 긴장)과 혈관조화(성기로 가는 혈류량 증가)를 동반한다. 고조기는 절정 직전에 흥분 정도가 떨어지고 유지되는 시기를 말한다. 절정기 자체는 근육의 수축과 성적 흥분의 절정에서 경험하는 쾌감과 관련된다. 이는 신경근육의 긴장을 해소시키는 역할도 포함한다. 해소기는 흥분 전 상태로의 복귀를 의미한다. 아쉽게도 이 모델 자체는 다소 기계적인 면이 있고, 생물학적인 반응에 대한 친밀감을 감소시킬 수 있는데, 이는 임상가가 커플과 함께 상담 과정에서 활성화시키고자 하는 논의에 역효과를 낳을 수 있다.

맥클러스키와 맥클러스키는 '사랑 만들기 주기'라고 부르는 마스터스와 존슨 주기를 조정한 모델을 제시했다. 여기서 4단계는 **분위기**(에너지, 시간, 친밀감을 위한 단계 설정을 포함), **흥분**(전희를 탐구하고 감각을 느끼는 것을 포함), **정점**(긴장을 풀고, 관계를 즐기고, 극치감을 경험하고), **여운**(정점, 성찰, 피드백에 이어 서로 함께함을 즐기는 것을 포함)으로 이루어져 있다.

임상가는 커플에게 이렇게 말할 수 있다. "우리는 때로 성 반응 주기 혹은 사랑 만들기 주기라고 불리는 것을 경험하고, 성에 대한 몇 가지 오해를 지적할 거예요. 내가 방금 전에 한 모델의 4단계는 '분위기' '흥분' '정점' '여운'이라고 언급했어요. 자, 우리가 처음 두 단계인 분위기와 흥분에 대해 이야기할 때, 한 가지 일반적인 오해는 남자들은 항상 성관계에 관심을 가지고 있고, 성행위에 임할 준비가 되어 있으며, 아무런 자극 없이 최소한의 자극만으로도 빠르게 또는 즉각적으로 발기한다고 하는 거예요. 실제로는 남성이 발기를 달성하고 유지하기 위해서 얼마나 많은 자극이 필요하거나 도움이 되는지는 여성처럼 매우 다양하다는 것입니다."

관련된 다른 오해는 여성은 성관계에 대해서 거의 생각하지도 않을 뿐만 아니라 환상 또한 가지고 있지 않다는 것이다. 이 부분 또한 커플에게 성 반응 주기에 대해 교육하는 맥락 안에서 논의될 수 있다. 우리는 일반적으로 남녀 간의 경험 범위(이 경우에 성적인 생각이나 관심, 환상의 빈도에 관하여)에 대해 커플에게 이야기할 때 개개인이 겪는 경험의 다양성은 매우 크기 때문에 다른 사람의 경험이 그 커플(혹은 개인)이 자신들을 평가하는 기준으로 삼으면 안 된다는 점을 명심하고 이를 상기시켜 주어야 한다.

또한 커플의 잘못된 기대를 다룬다. 대부분의 커플이 가지고 있는 공통점은 많은 성적 관심이나 에너지, 혹은 노력을 기울이지 않고도 멋진 성생활을 이룰 수 있다고 믿는다는 것이다. 이런 기대는 아마도 쇼 프로그램 등에서 성관계를 묘사하는 방식과도 관련이 있을 것이다. 커플이 자신들의 성생활에 관해 의도적으로 이야기하는 것에 노출되는 경우는 매우 드물다. 오히려 성관계라는 것은 쉬운 것(노력이나 의도치 않은), 혹은 단순히 커플이 느끼는 실망감(흔히 영화나 TV에서 결혼한 커플이나와 결혼에서의 성관계는 일반적으로 즐겁지 않다는 메시지)으로 묘사되고 있다. 현실은 대부분의 커플이 이러한 삶의 영역에 의도적으로 임해야 한다는 것이다.

종교를 믿는 내담자들의 더 흔한 기대감은 결혼 이전에 '올바른' 결정을 내리는 커플들(즉, 혼전순결을 지키는 것)은 성생활에서 아무런 어려움이 없을 것이라는 것이다. 그러나 성적 고민은 다양한 문제로부터 야기될 수 있고, 때로는 복합적인 문제나 요인에 의한 것일 수 있으며, 보통 커플들이 직면하는 도전은 이전 행동의 직접적인 결과가 아니며, 더 나아가 결혼할 때까지 성관계를 갖지 않기로 한 결정이 다양한 성적 장애로부터 커플을 보호해 주지 않는다. 그래서 많은 행위를 자유롭게 하기 위해서는 훈련이 필요하다는 점을 내담자들에게 교육하는 것이 도움이 될 수 있다. 친밀함도 마찬가지로 훈련이 필요하다.

코칭이란 임상가가 교육 외에도 성적 친밀감의 향상을 위해 커플을 지도하는 과정을 말한다. 제공되는 지도는 종종 구체적인 현재 문제를 문제 제시와 함께 사용하는 자조연습 같은 특정한 제안의 형태로 주어지며, 문제는 종종 좋은 책을 활용한 상담과 함께 이루어지고, 커플에게 성적 친밀감을 향상시킬 수 있는 구체적인 변화의 기초를 제공할 수 있다. 더글라스 로즈노(Doug Rosenau)의 『**성을 기념하기**(A celebration of sex)』나 페너와 페너의 『성의 선물(The gift of sex)』이라는 책을 읽도록 한 다음에 토론하며 특정 문제를 해결해 나갈 수 있도록 도울 수 있다.

DEC-R 모델의 마지막 부분은 **의뢰**에 대한 것이다. 임상가는 의학적 혹은 신체적 건강문제를 다루기 위해(혹은 증상을 유발할 수 있는 의학적 상태를 배제하기 위해) 병원을 소개해 줄 수 있다. 만약 커플을 위해 특정 부분의 상담에서 추가적인 기술과 훈련을 받는것이 도움이 된다면 최선의 도움을 주기 위해 그렇게 할 수 있다. 어떤 임상가의 경우에, 상담해 주는 내용이 너무 자기 자신의 주된 문제와 관련이 있다면 커플을 다른 임상가에게 의뢰하는 것이 필요하다고 말한다. 임상가가 이미 어떤 영역에서 상처 받은 적이 있다면 본질적으로 자신의 감정적인 건강과 안전을 유지하기 위해 다른 임상가에게 의뢰하는 것이 필요하다.

로즈노와 그의 동료들(Rosenau et al., 2002)이 제안한 바와 같이, 다른 전문가나 단체나 혹은 사역자에게 의뢰할 수 있다. 때로 외과 의사, 비뇨기과 의사 혹은 산부인과 의사에게 의뢰가 이루어지기도 하고, 상담에 부가적인 지원을 제공하는 영양사나 물리치료사에게 의뢰될 수도 있다. 또한 약물 남용이나 다른 문제를 치료할 수 있는 전문가에게 의뢰할 수도 있다. 익명의 성중독자 자조모임(Sex Addicts Anonymous)이나 회복단체(Celebrate Recovery) 등 지역사회 자원 및 단체도 이에 해당된다. 또한 보다 경험이 풍부한 전문 성치료사 혹은 특정 문제나 현재 문제되는 부분에 대해 전문 지식이 있는 사람에게 의뢰할 수도 있다.

학문의 변화

학문 분야는 항상 변화한다(Leiblum, 2007; Leiblum & Rosen, 2000). 학술지 논문을 읽고 전문 학술 회의에 참석함으로써 이런 변화에 발맞추어 가는 것이 중요하다.

성 약리학

아마도 이 분야의 가장 극적인 변화는 성 약리학과 연결되어 있다. 앞서 우리는 ED를 중심으로 했던 밥 돌의 매우 공개적인 선언이 그런 상태를 인정하고, 사람들에게 그것에 대해 이야기하는 것을 허용했다고 언급했다. 밥 돌은 자신이 비아그라를 복용하고 있으며, 그것이 ED에 효과적인 치료 방법이 될 수 있음을 암시했다. 그것은 오늘날 휩쓸고 있는 성 약리학에 대한 더 크고 포괄적인 관심의 일부분이었다. 남성들을 위한 비아그라와 ED 치료 관련 약물의 성공으로 인해 다른 성기능장애에 대한 약리적 개입을 찾는 것에 대한 관심이 고조되고 있다.

오늘날 논의되고 있는 관심사항은 성 약리학의 성공이 일종의 성 환원주의로 이어질 가능성이 있다는 것이다. 그 의미는 그 분야가 건강한 성에 대한 논의를 약의 성취로 줄일 수 있겠다는 것이다. 그렇게 될 때, 성치료 분야가 의료적 개입에 너무 치중하여 개인의 내면적·대인관계적인 고려사항을 모두 배제하는 것은 아닌가 하는 것이다.

이 책의 제2부와 제3부를 통하여 우리는 다양한 장애, 중독 그리고 다른 임상문제와 관련된 다양한 약리학의 발전이 어떻게 이루어졌는가에 대해 논의할 것이다.

우리는 또한 그것과 오늘날에 효과적인 성 상담의 중심이 된 개인의 내면적인 것과 대인관계적인 고려사항 등을 대비하여 볼 것이다.

기술의 진보

이 분야에서 주목할 만한 다양한 변화가 있었지만(예를 들어, 앞으로 관련 장과 해당 장에서 논의될 통증 질환의 개념화 방법과 그 진행을 따라가야 할 또 다른 중요한 변화와 기술의 진보와의 관련성) 이번에 다룰 주요 변화는 기술 발전과 관련이 있다.

인터넷은 성과 성기능에 어떤 영향을 미치는가? 긍정적인 면에서 인터넷은 분명 이전에는 쉽게 사용할 수 없었던 유용한 정보와 교육적 자원을 소비자나 고객에게 제공해 줄 수 있게 되었다. 이것은 과소 평가되어서는 안 된다. 얼마 전까지만 해도 사람들은 자신의 치료 현장에 발이 묶여 있는 전문가로부터 정보를 얻기 위해 집중적인 노력을 기울여야 했다. 전문가들은 극히 소수이거나 멀리 있었고, 정확한 정보와 전문적인 서비스를 찾는 개인이나 커플이 정확한 정보를 찾는 것은 상당히 도전되는 일이었다.

문제는 부정확한 정보도 인터넷에서 쉽게 접할 수 있다는 것이다. 정보 이용이 가능하다는 사실이 항상 정보가 정확하다는 것을 의미하지는 않으며, 또한 그 정보가 그 개인이나 커플이 현재 직면한 구체적인 문제에 적용되지도 않는다는 것이다. 또 다른 문제는 점점 더 접근이 쉬워지고 있는 포르노 이미지와 성도착, 혹은 성도착과 관련된 자극이다. 우리는 스마트폰 등 여러 기기를 통해 말 그대로 클릭 한 번으로 손끝에서 포르노를 접할 수 있는 현실에 살고 있다. 임상가로서 포르노와 기타 성적으로 노골적인 자료의 이용 가능성은 자기만족의 지연, 자기통제감, 중독으로의 발전, 건강과 행복에 영향을 미치는 문제 같은 중요한 심리 과정에 대한 우려를 일으킨다.

모든 종류의 다양한 성적 관심사가 웹에 표현되어 있다는 것이 우려된다. 한 사람이 공유한 정체성과 공동체로서의 감각을 발견하지 못하는 성적 변형은 없다. 이것이 수치심과 고립에 힘들어하는 사람들에게 도움이 될 수는 있겠지만, 그 사람이 가지고 있는 전반적인 믿음과 가치와 상충되는 흥분과 행동 유형을 강화시키고, 자신의 가치를 반영하는 선택을 하는 것을 훨씬 더 어렵게 할 수 있다.

분야 내의 논쟁

우리는 또한 이 분야에서 현재 진행 중인 논쟁이 있음을 알고 있다. 그 논쟁 중 일부는 어떻게 기능장애를 개념화하는가와 관련이 있고, 우리의 선입견에 도전하는 과학의 발전에 따라 그 초점이 첨예해짐을 볼 수 있다. 다른 논쟁들도 질적으로 유사하지만 종종 좀 더 정치적인 논쟁으로 변하기도 한다. 예를 들어, 동성애는 정신병리 중 하나가 아니지만, 이성 간의 성관계를 추구하거나 최소한 비도덕적이라고 믿는 행동을 자제하고 싶어 하는 사람 사이에서는 지속적인 우려를 낳고 있다. 기존의 진단체계는 동성애자에 대한 진단 기준의 여지를 거의 남겨 놓고 있지 않다.

성별 정체성은 더 깊이 살펴봐야 할 필요가 있는 또 하나의 주제이다. 한 아동이 성을 불편하게 느낄 때 성별 불쾌감의 기준을 만족시키는지의 여부를 파악하기 위해 개입을 해야 하는가에 대한 논란이 거세졌다.

성중독에 대한 논쟁도 계속 이어져 오고 있다. 예를 들어, 그 상태가 중독인지 강박인지와 같은 내면에 대한 논쟁도 중독이라는 것이 실제로 있는지, 그것을 정신병리라고 할 수 있는지에 대한 논쟁도 있다.

정신건강 전문가들에게서 성과 성기능이라는 분야를 떠나야 한다는 목소리가 나오고 있는데, 이런 목소리는 종종 병리적인 성욕과 성행위가 과학적인 노력의 차원보다는 종교적 보수주의의 잔재라고 보고 있다.

이러한 논쟁들은 또한 전통적인 종교인들이나 지역사회에 중요한 질문을 던진다. 예를 들면, 과학적 발견에 대한 그들의 이해는 성서에 대한 이해와 어떻게 일치하는가? 성경에서 명확하게 다루고 있지 않은 성과 성행위에는 많은 것이 있다(예를 들면, 피임과 자위).

종교와 일관된 성치료에 이점이 있을 수 있다. 특히 종교적으로 보수적인 커플에게 허용되는 행동, 편안한 느낌, 원하는 것 등에 대한 개인적인 믿음이 종교적으로 보수적이지 않은 성치료사의 믿음과는 상반될 때 그러하다. 갈등을 일으키는 가치가 실제로는 더 넓은 세계관을 반영하는 종교적 신념과 가치를 반영하는 것인데도 병리적이거나 건강하지 않고 제한적인 위험이 있는 태도나 세계관으로 여길 수 있다.

성적 고민에 대한 평가

대부분의 평가는 포괄적인 임상 면접과 성생활 과거력을 통하여 이루어진다. 우리는 이에 대해 곧 논의할 것이다. 이를 논의하기 전에 한 개인 혹은 커플이 다른 문제들도 있을 텐데 어떻게 성치료를 받게 되는지에 대해 살펴 보는 것이 도움이 될 수 있다.

데이비드 발로우(David Barlow)는 우리에게 도움이 될 만한 지도를 가지고 있다. 그는 임상가가 성치료를 하기 전에 다뤄야 할 다른 문제가 있는지를 어떻게 고려해 볼 수 있는지를 언급했다. 예를 들어, 내담자나 혹은 그의 파트너에 대한 성치료를 시작하기 전에 치료해야 할 의료적인 문제가 있는가를 알아봐야 한다. 만약 있다면 그 사람은 적절한 의료 전문가(예를 들어, 산부인과, 비뇨기과)를 만나 그 문제를 해결하고 성치료를 시작해야 한다.

비슷하게 내담자나 그의 파트너에게 먼저 치료해야 할 우울장애 혹은 불안장애 등의 정신질환이 있는지를 살펴보고, 있다면 먼저 적절한 정신건강 전문가(예를 들어, 심리학자, 상담사)를 만나 집중적인 성치료의 시작 전에 그것에 대한 치료를 받아야 한다.

마찬가지로 내담자나 그의 파트너가 약물 사용의 문제를 가지고 있는 경우에 성치료를 시작하기 전에 먼저 약물 남용 치료 전문가에게 치료를 받아야 한다.

개인의 의학적 · 정신과적 어려움 외에도 현재 성치료를 시작하기 어렵게 만드는 관계적인 문제가 있는지 알아보는 것도 중요하다. 때로 성기능의 어려움이 관계적인 스트레스에 기여할 수도 있지만, 여기서 말하는 것은 커플이 심각한 관계 갈등을 겪고 있어서 좀 더 집중적인 성치료를 받을 만한 충분한 자원을 가지고 있지 않은 것을 말하는 것인데, 그것을 구별하기가 때로는 어렵다.

평가 측정 도구와 성생활 과거력 양식

평가 측정 도구

성치료에 사용할 수 있는 측정 도구에는 여러 가지가 있다. 측정 도구 자체는 전문가로부터 제공되며, 신뢰도와 타당도를 갖춘 측정 도구, 질문지, 척도, 설문검사도구 등을 통해 연구와 임상 현장을 연결해 준다(Fisher, Davis, Yarber & Davis, 2011). 어떤 평가 측정 도구는 연구를 위해 더 널리 사용되는 반면에 다른 평가 측정 도구는 임상 현장에서 더 많이 사용된다. 어떤 임상 현장에서는 평가가 임상 연구 프로그램의 일부가 되기도 하고, 임상 장면에서 흔히 나타나는 공통적인 호소문제를 반영할 수도 있기 때문에 치료 시작 시점에 내담자에게 다양한 측정 도구를 실시하기도 한다. 예를 들어, 어떤 임상센터가 주로 성정체성에 대한 문제를 다룬다면, 성적 불편함을 호소하는 모든 내담자에게 소위 '어린 시절의 성정체성과 성역할 설문지'를 실시한다(Zucker, Mitchell, Bradley, Tkachuk, Cantor, & Allin 2006). 다른 임상 현장에서 성치료사들은 어떤 평가 측정 도구가 치료에 가장 적절한 정보를 제공하는가를 정하기 위해서 평가 전에 먼저 내담자를 면담한다.

성기능이나 성적 만족과 관련된 다양한 척도 중에는 골롬복 러스트 성적 만족에 대한 척도(The Golombok Rust Inventory of Sexual satisfaction; Rust & Golombok, 1986), 성적 상호작용 척도(The Sexual Interaction Inventory; LoPiccolo & Steger, 1974), 데로가티스 성기능 척도(Derogatis Sexual Functioning Inventory; Derogatis & Melisaratos, 1979), 그리고 이성애 성기능 질문지(Sexual Functioning Questionnaire for Heterosexuals; Miller, Mcloughlin, & Eyman, 1989) 등이 있다.

성적 흥분에 관한 척도에는 성 흥분 척도(Sexual Arousability Inventory; Hoon, Hoon & Wincze, 1976)와 주관적 성 흥분에 대한 다중 지표(Multiple Indicators of Subjective Sexual Arousal; Mosher, Barton-Henry & Green, 1988)가 있다.

또한 성기능과 만족도, 성 흥분 척도와 더불어 성경험에 대한 측정 도구도 다양한데, 이성애 성행위 심리평가 I과 II(Heterosexual Behavior Assessment I and II; Bentler, 1968a, 1968b)와 인간의 성에 대한 질문지(Human Sexuality Questionaire; Zuckerman, 1988), 거트만 성적 경험 척도(Guttman Scale of Sexual Experience; Cowart & Pollack, 1979) 등이 있다. 또한 성적인 염려와 관련된 척도에는 성적 죄책감과 관련하여 수정된 모셔의 죄책감 설문지(Revised Mosher Guilt Inventory; Mosher, 1998), 불안과 관련하여 성불안 질문지(Sex Anxiety Inventory; Janda, 1988), 성적 태도와 관련하여 성에 대한 비합리성 질문지(Sexual Irrationality Questionnaire; Jordan & McCormick, 1988)가 있고, 낭만적 사랑과 관련하여 열정적 사랑의 척도(Passionate Love Scale; Hatfield, 1988)가 있다. 심리검사에 대한 추가적인 정보를 위해서는 피셔

와 그의 동료들(Fisher et al., 2011)이 제공한 성과 관련된 다양한 심리 측정 도구의 목록을 찾아볼 것을 권한다.

대부분의 임상가에게 있어서 평가는 임상 면담과 성이력에 대한 면담을 통해 이루어진다. 임상가마다 차이는 있겠지만 다양한 평가 도구는 외래 내담자를 위한 치료 현장에서(임상 연구 현장과 대비하여) 이루어진다.

성생활 과거력 양식

성생활 과거력 양식(sex history form)은 성 평가 도구, 척도, 검사지들과는 다르다. 그것은 임상가가 사례개념화 및 치료 계획에 연관할 수 있는 급성 혹은 만성적인 성에 대한 우려와 유형을 수집할 뿐만 아니라 내담자의 성생활 과거력과 현재 성적 문제의 이력에 대한 주요한 정보를 얻는 구조화(또는 반구조화)된 면담을 할 수 있도록 해 준다.

성치료사들이 활용할 수 있는 많은 성생활 과거력 양식이 있다. 우리는 퍼듀 성생활 과거력 설문지(Purdue Sex History; Fontaine, 1984), 키이스 호튼 성생활 과거력 안내 설문지(Keith Hawton Sex History Guide; Hawton, 1985)를 사용하고, 또한 페너 부부의 성생활 과거력 설문지(Penner and Penner Sex History; Penner & Penner, 2005)를 자주 사용해 왔다. 퍼듀 성생활 과거력 설문지(Fontaine, 1984)는 성적 관심, 우려 등의 구조적인 개요를 제공하는 기본적인 성생활 과거력 양식이다. 현재의 가족 구조와 출신, 가족사를 다룬 후에 퍼듀 성생활 과거력 설문지를 통해 중요한 과거의 관계, 현재의 관계와 감정 평가 등을 측정하게 된다. 또한 이는 구체적인 성생활 과거력에 대한 질문을 포함하고 있다.

키이스 호튼의 성생활 과거력 안내 설문지(Hawton, 1985)는 다른 성생활 과거력 양식처럼 광범위하거나 포괄적이지는 않지만, 특이하게도 특정 장애들에 대해 더 세밀하게 답하도록 되어 있다. 예를 들어, 임상가가 내담자의 고통스러운 성교가 의심될 경우에 성생활 과거력 설문지는 "어디서 통증이 발생하는가(음부의 입구, 혹은 깊숙한 곳에서)?" 등의 고통을 평가하는 데 도움이 되는 질문들을 제공한다 (p. 107). 대부분의 성생활 과거력 양식은 특정한 장애에 대한 세부적인 질문을 하지는 않는다.

페너 부부의 성생활 과거력 설문지(Penner & Penner, 2005)는 아마도 가장 광범위하고 포괄적인 성생활 과거력 양식 중 하나일 것이다. 이 양식에는 신체적 이력, 배경 이력, 성적 평가 및 그 평가에 대한 피드백이 포함되어 있다. 마지막으로 부가적인 세부항목인 성적 평가 피드백은 임상가가 자료를 조직화하여 사례개념화하고, 내담자에게 피드백을 주는 데 도움이 된다.

평가의 목적

평가는 임상적 개입이다

우리가 평가를 임상적 개입(Rosenau et al., 2006)이라고 말할 때, 이는 평가 자체가 내담자로 하여금 언어로 이야기를 하게 함으로써 도움을 준다는 것을 의미한다. 언어는 그들이 성관계에 대해 어떻게 이야기하는지(실제로 어떤 단어를 사용하는지)와 성관계에 대해 얼마나 편안하게 말할 수 있는지를 의미한다. 이야기를 활용하는 평가 또한 도움이 되는데, 이는 내담자들에게 어떻게 성문제를 겪게 되었는지에 대한 이야기와 그것을 어떻게 다루게 될지에 대한 이야기를 하도록 해준다.

이와 맥락을 같이하여 페너와 페너(Penner & Penner, 2005)는 평가 수행의 세 가지 목적을 논하였다. 첫 번째 목적은 **정보**를 **수집**하는 것이다. 가장 기본적인 수준에서 평가는 사례개념화 및 치료 계획을 결정하는 데 중요한 정보를 임상가에게 제공한다. 평가는 진단을 내리고, 사례를 정확하게 개념화하며, 치료의 방향성을 제공하기 위해 필요한 것보다 더 많은 정보를 수집하도록 해 주어야만 한다.

평가 수행의 두 번째 목적은 내담자의 **초점의 방향**을 **정하기** 위해서다. 잘된 임상면담은 내담자로 하여금 그들이 치료를 시작하기 위해 가지고 온 관점과는 다른 관점을 갖게 하는데, 이것이 치료를 활성화시킨다. 내담자의 배경과 관계 경험을 평가하는 동안에 그들의 믿음, 태도, 세계관을 이해하는 것은 그들의 건강한 성을 잠재적으로 방해하는 요인들을 식별하는 데 중요하다.

평가 수행의 세 번째 목적은 **치료적 관계**를 **발전**시키는 것이다. 우리는 내담자가 성이라는 영역에 대한 염려와 생각을 솔직하게 나누는 어려움을 평가 절하하고 싶지 않다. 내담자가 이러한 문제를 나누고 훈련된 임상가로부터 그 문제를 경험하고 인정 받는 경험을 하면서 치료관계를 증진시킨다.

평가의 4단계

평가에는 여러 단계가 있다고 알려져 있는데, 페너 부부(Penner & Penner, 2005)는 4단계가 있다고 하였다. 즉, 적절성에 대한 일반적인 평가(general assessment of appropriateness), 과거의 성적 문제(sexual problem history), 준비(preparation), 문제의 개념화 및 피드백(problem conceptualization/feedback)의 4가지 평가 단계를 살펴보도록 하자.

첫 번째 평가 단계는 성치료의 적절성에 대한 **일반적인 평가**다. 이 시점에서 개인이나 커플이 성치료의 적절한 대상이 아니라고 판단될 수 있는 많은 이유가 있다. 그들은 성치료를 받기 전에 다루어야 할 의학적, 심리적 또는 관계상의 문제를 가지고 있을 수 있다. 잘된 평가는 개인이나 커플이 성치료 자체를 통해 도움 받는 것이 좋을지, 다른 서비스를 통해 도움 받는 것이 좋을지를 결정하는데 도움을 준다.

두 번째 평가 단계는 성생활 **과거력 문제**와 관련이 있다. 성적인 문제가 갑자기 나타나거나 아무런 과거력이나 배경적인 이야기 없이 생기는 경우는 거의 없다. 성적인 문제란 배에 붙어 있는 작은 조개들처럼 점점 늘어난다. 그래서 성문제의 과거력은 상담사가 성적 염려가 되는 문제를 더 잘 이해할 수 있도록 해 주고, 언제 시작하였고, 어떤 점이 한 개인이나 커플이 성치료를 받으러 오도록 만드는 문제가 되었는지 더 잘 이해하도록 질문하게 해 준다.

세 번째 평가 단계는 개인이나 커플이 치료를 받을 수 있도록 **준비**시키는 것이다. 이 단계에서 내담자들은 어떤 것을 치료에서 다룰지, 어떻게 논의해야 할지 그리고 어떻게 이야기해야 할지에 대한 아이디어를 얻게 된다. 성생활 과거력을 들음으로써 임상가는 개인이나 커플이 자주 사용하지 않는 용어나 문장을 사용하게 된다. 이후에 더 논의하겠지만, 정확한 용어를 사용하고 개인이나 커플이 임상가가 이와 같은 문제를 자유롭게 언급하는 것을 편하게 받아들이도록 하는 것이 중요하다. 이는 또한 성문제와 성행위 문제에 대해 어떻게 접근하는지에 대한 임상가의 본을 보여 준다. 인간의 성과 자신의 호소문제를 가지고 힘들어 하는 사람들에 대한 존중이 있어야 한다. 존중하는 본을 보이는 것은 커플로 하여금 자신들의 염려를 좀 더 건설적인 방법으로 생각하도록 돕는다.

네 번째 평가 단계는 문제의 **개념화와 피드백**이다. 잘 이루어진 성생활 과거력을 통한 평가는 임상가가 호소문제를 잘 이해하도록 해 준다. 그리하여 개인 혹은 커플이 겪는 호소문제의 해결을 촉진하는 방법으로 그것들에 관해 나누도록 해 준다. 예를 들어, 당신이 성 욕구장애를 다루고 있는 한 커플을 만났다면 당신은 그들의 욕구 수준에(한 사람을 가리켜 결혼에서 모든 것을 망치는 '문제'를 가지고 있다고 손가락질하는 것보다는) 차이가 있다는 것을 발견하게 될 것이다.

이에 덧붙여 일반적인 성생활 과거력이 필요하다. 그것은 앞서 언급한 성문제의 이력을 각 개인의 성적 과거력이라는 좀 더 큰 맥락에 넣는 것이다. 일반적인 성생활 과거력은 한 사람이 성이라는 주제에 노출되었던 처음 시기를 발견하는 것이다. 그들은 어째서 가정에서나 또래에 의해 성에 대한 교육을 받거나 받지 못하였는가? 그들이 성, 성교, 성적 표현에 대하여 받았던 더 큰 문화적 메시지는 무엇이었는가? 자라면서 집에서 성에 대한 논의는 어떠한 태도로 이루어졌는가? 벗는 정도나 단정한 정도 등에 대해서는 어느 정도로 언급이 되었고, 어떤 모델을 보며 자랐는가? 사춘기를 지나면서 어떤 경험을 했는가? 포르노에 노출된 적은 없는가? 원치 않는 성적인 접촉이나 집에서 높은 차원의 성적인 분위기에 노출되지는 않았는가? 이러한 질문들과 그 밖의 많은 다른 질문들은 일반적인 성생활 과거력의 한 부분이다. 이러한 것들은 퍼듀의 성생활 과거력과 키이스의 성생활 과거력 안내 그리고 페너와 페너의 성생활 과거력의 요인들로서 일반적인 성생활 과거력을 수집하는 데 도움이 되는 안내자 역할을 한다.

일반적인 의견

우리는 이 분야의 치료 작업과 관련된 몇 가지 일반적인 의견을 제시하고자 한다(확장된 논의를 위해서는 Penner & Penner, 2005 참조). 먼저, 성과 성행위에 대해 말하는 것은 어려울 수 있다는 것을 알아야 한다. 특히 진솔하게, 존중하면서, 부드러운 태도로 성관계에 대해 말하는 것은 어렵다. 오히려 말할 때 무신경하거나, 농담조로 하는 것이 훨씬 더 쉽고 부담을 피하게 해 준다. 그러한 사실을 임상가는 개인이나 커플이 가능한 한 구체적으로 문제를 이야기하도록 격려하는 동안에 인정하고 존중해야 한다. 성행위에 대해 논의하는 것과 관련된 불안은 커플로 하여금 조금은 멀고 넓은 개념과 생각, 동떨어진 추상적인 생각으로 이끌어 갈 수 있다. 당신은 그들로 하여금 상담실에 오게 한 문제와 염려를 구체화하도록 해야 한다.

흔히 불안을 일으키는 요인들에는 노골적인 성 용어를 사용해야 하는 상황과 그에 대해 노골적인 논의를 해야 하는 것 등이 있다. 사람들은 음경과 질에 대해 이야기하는 것을 평범하게 여기지는 않는다. 사람들은 이런 용어를 사용하지 않는 경향이 있을 뿐만 아니라 삶 속에서 그런 부분을 이야기하는 것이 익숙하지 않다.

임상가의 성별 또한 불안의 근원이 될 수 있다. 사실 이와 관련하여 임상가가 할 수 있는 것은 아무것도 없다. 당신은 남성이거나 여성일터인데 일부 남성 혹은 여성 내담자는 당신의 성별에 민감하게 반응할 것이다. 당신은 그들에게 여성이나 남성에게 성적인 어려움에 대해 이야기하는 것이 어떠한지를 물어볼 수도 있다. 하지만 실제로 우리는 그런 질문으로 대화를 이끌어 가는 것을 추천하지는 않는데, 왜냐하면 그 질문을 통해 다른 성별 혹은 같은 성별에게 그러한 어려움을 말하는 것을 문제라고 인식하게 만들 수 있기 때문이다. 만약 당신과의 대화에서 상대방이 불안해 하는 것을 감지하면 당신은 다음과 같은 질문을 통해 그 불안을 알아차릴 수 있다. 예를 들어, 당신이 여성 상담사라면 욕구장애에 대해 말하고 있는 남성 내담자에게 "많은 남성이 당신이 이야기한 욕구장애로 인해 힘들어 하고 있습니다. 또 어떤 남성들은 그것에 대해 이야기하기를 꺼려하는데, 특히 임상가가 여성일 때 어려워하더군요. 당신이 여기에서 논의하는 것은 어떠신가요?"라고 말할 수 있다. 이러한 질문은 만약 그들이 불안을 경험하고 있다면 그것을 인정할 수 있도록 허용해 준다.

내담자들은 가끔 금기사항에 대해 이야기하는 것을 힘들어 한다. 이는 부도덕한 행동을 이야기할 때 갖는 불안도 포함되는데, 그들은 자신의 행동이 타인에 의해서 부도덕한 행위라고 판단되거나 당신이 그 행동을 부도덕한 것으로 생각한다고 여기기 때문이다. 또 다른 중요한 노출로서 현재 상담에 임하고 있는 내담자 외에 다른 내담자도 성치료를 받는 상황에서 비슷한 이야기를 한다는 것을 알려 주는 것도 좋다. 그렇게 함으로써 그러한 노출 과정을 정상적으로 여기는 데 도움이 되며, 자신만이 그러한 어려움을 가지고 있지 않음을 알게 해 준다.

불안은 학대, 환상이나 외도 같은 비밀을 이야기하면서 커질 수도 있다. 남편이나 아내가 지속적으로 SEM을 사용하고 있음을 시인하기는 어려울 것이며, 성관계를 하는 동안 판타지를 사용하는 것을 정직하게 말하는 것 또한 어려울 것이다.

불안은 또한 자신이 갈등하는 것을 다른 사람들은 경험하지 않는 것 같은 느낌에서 온다. 예를 들면, 어떤 커플은 다른 사람들도 의도치 않은 결혼을 했다는 것을 믿지 않을 것이다. 그들은 완전히 소외되어 있고, 부끄럽다고 느끼며, 그것은 그들이 성에 대해 이미 가지고 있을 수도 있는 불안을 극대화 시킨다.

마지막으로 개인이나 커플은 자신의 가치를 당신과 공유하는 것에 대해 불안을 느낄 수 있다. 그들은 이미 성과 성행위에 대해 각자의 믿음과 가치관을 가지고 있는데, 상담사와 이에 대해 논의하는 것을 임상가들이 어떻게 생각할까 하는 걱정을 가지게 만든다. 임상가가 나를 내숭 떠는 사람이라고 생각할까? 임상가가 너무 보수적인가? 너무 자유로운가? 성관계 마니아인가? 등의 걱정 말이다. 어떤 경우에는 이것이 성치료에 있어 또 하나의 흔한 불안의 원천이 되기도 하다.

이 부분을 마치기전에 알아두고자 하는 것은 이런 걱정을 내담자만 하는 것이 아니라는 것이다. 많은 임상가도 성과 성행위에 대해 이야기하는 것을 불안해 한다. 임상가의 불안은 불안한 내담자와 관련되어 면담에서 내담자들이 중요한 정보를 건너뛰도록 공모할 수 있다는 것에 있다. 초보 성치료사가 가장 흔하게 실수하는 것은 자세한 정보를 충분히 얻어 내지 않는다는 것이다.

앞서 제안한 것처럼, 편재성을 내포하는 진술을 사용할 수 있다. 그런 진술은 내담자를 편하게 해 준다." 많은 사람이 _____를 경험해요. 당신은 어떠신가요?" 무극치감증 때문에 당신에게 상담 받고 있는 여인이 있다면 편재성 진술로 노출을 촉진할 수 있다. "저와 상담한 많은 여성이 성교를 할 때마다 극치감을 경험하지 못하기도 하더라고요. 당신의 경험은 어떠한가요?" 이러한 문장은 내담자가 그렇지 않으면 이야기하기 어려운 것들을 노출하도록 격려하는데, 그것은 그런 경험을 보고하는 사람이 자신뿐만은 아니라고 알려 주기 때문이다.

모든 성치료의 기본 원리

다양한 성적 관심사를 가지고 온 사람들에게 개입하는 방법에 대해 구체적인 방안들을 제안하겠지만, 모든 성치료 방법에는 몇 가지 기본 원리가 있다.

책임감

성기능장애 치료를 위해 커플을 상담할 때, 상호간의 책임 의식을 향상시키는 것이 중요하다. 많은 커플은 상처 입은 상황에서 방어적인 태도로 상담에 임하게 된다. 그들은 함께 혹은 개인적으로 그들의 상처와 고통을 이야기하게 되는데, 그 서술은 종종 선형적 설명, 즉 그들의 파트너의 문제에 대한 진단과 그 사람이 상담자로부터 도움을 받아야 할 필요성과 연결되어 있다. 상호 책임이란 그들이 처한 관계 방식이 기존의 성문제에 어떻게 기여하거나 악화시킬 수 있는지 그들로 하여금 볼 수 있도록 하는 것을 의미한다.

다른 성적인 고민을 가진 개인 내담자를 도울 때, 그들이 치료 안에서 책임감을 갖도록 돕는 것 또한 중요하다. 예를 들어, 성중독 치료를 받는 남성은 자신의 회복에 대한 책임감을 가져야 한다. 임상가는 그가 자조 혹은 상호 지원 집단에 참여하도록 하거나, 계속되는 치료에의 참여, 후원자 확보 및 정기적인 후원자와의 만남, 잘하고 있는지 확인해 주는 사람 확보하기, 환경 관리 등의 구체적인 활동을 통해 회복을 위한 틀을 확립할 수 있다(예를 들어, 포르노 이용에 있어 책임감을 위한 소프트웨어 즉, 규정을 추가하고, 그에게서 자극적인 요소를 제거해 나간다). 이런 개입 방법은 성중독으로 어려움을 겪는 사람이 회복의 길로 들어서고 그 안에서 책임을 질 수 있도록 해준다.

정확한 정보

또 다른 기본 원리는 개인이나 커플에게 정확한 정보를 제공하는 것이다. 인터넷 시대인 만큼 내담자들은 몇 번의 클릭만으로도 충분한 정보를 얻을 수 있다는 것을 알아야 한다. 우리는 정보에 대한 접근력이 없는 내담자에 대해 말하는 것이 아니다. 인터넷 상의 정보는 질적으로 상당히 다양하다는 것이 문제이다. 개인이나 커플이 직면한 고유한 상황에 그 정보를 적용해 보는 것이 다른 것이다. 임상가는 그들이 치료에서 다루고 있는 가장 최신의 데이터를 숙시해야 하지만, 동시에 그 정보를 그 상황에 맞게 조절할 수 있어야 하고, 내담자의 생활 경험에 임상적으로 의미 있는 방법으로 적용할 수 있어야 한다.

또한 성치료는 자기 자신에 대한 지식이 성적인 태도나 행동을 변화시키는 시작점이라는 입장에서 시작된다. 때로 정확한 정보는 내담자가 자기 몸을 점검하거나 성기를 점검하거나 고통 일지를 쓰는 것과 같은 과제 활동을 통해 얻게 된다. 이러한 개인적인 활동들이 치료 전에 자기이해를 촉진시키고 궁극적으로 다른 사람들, 즉 파트너 같은 사람과 배운 것들을 나눌 수 있도록 해준다.

삶의 우선순위

종종 생활 양식을 변화시키는 것이 도움이 될 수 있다. 예를 들어, 부부가 풀타임으로 일하면서 세 아이를 키우고, 교회 여러 부서 활동에 열심히 참여하는 경우에 성을 우선시할 시간과 에너지를 찾는 것이 어려울 수 있다. 그들이 이것에 대해 걱정하거나 하지 않을 수 있지만 커플의 생활 양식은 성치료의 성공에 영향을 주며, 서로를 위해 시간을 내어 성적 친밀감이 좀 더 나은 삶을 향해 나아가도록 노력을 집중할 필요가 있다.

성상담의 다른 분야에서는 성중독으로부터의 회복의 일환으로 생활 양식에 변화를 주는 것이 중요할 수 있다(예를 들어, 늦은 교대 근무는 삼가하기, 자조 및 상호 지원 집단을 일상 혹은 주간에 통합하기). 성정체성에 대해 문제가 되는 이야기에 노출되는 것을 제한하기—즉, 치료에서 내담자가 가고자 하는 방향의 성격을 특징짓는 신념과 가치에 반하는 이야기에 대한 노출을 제한하는 것은 중요하다. 자신에 대해서나 성정체성 형성에 대해 다르게 생각하고 그전과 반대되는 사고방식을 가지려고 할 때 그것을 지지하는 사람과 함께하는 것은 때로 어렵지만 매일 또는 주마다 정기적인 변화를 준다.

태도의 변화

또 다른 성치료의 기본 원리는 태도의 변화이다. 이는 성에 대해 보다 건전한 태도를 갖는 방향으로 움직여가면서 탈병리화하거나 낙인을 제거하는 요인이다.

몇몇 임상가는 내담자가 좀 더 성적이 되고 성적 기쁨을 추구하도록 자신을 허용하는 성적 긍정적 태도를 갖도록 돕는 것이 도움이 됨을 알게 될 것이다. 다른 임상가들은 '병든' 역할에서 '배우는 사람'의 역할로 내담자들이 태도를 바꾸어 가는 것이 도움이 된다고 생각한다. 병든 역할은 좀 더 병리적, 결함, 그 사람에게 잘못된 무엇에 더 초점을 맞춘다. 이는 몇몇 내담자에게 (임상가에게) 좌절감을 줄 수 있다. 배우는 사람의 역할은 우리 모두가 배움으로써 얻을 수 있는 것이 있음을 가정하는, 성에 대해 긍정적이며 진취적인 자세를 일컫는다. 우리가 함께 일하는 사람이나 내담자는 자신이나 그의 파트너, 파트너 간의 상호작용, 친밀함을 갖는 능력 등에 대해 더 많은 것을 알게 됨으로써 유익을 얻을 수 있다.

심지어 변태성욕장애와 같이 더 어려운 영역에서도 그들이 더 나은 삶을 원하며, 다른 문제들이 해결되면 자신의 삶을 위해 성취 가능한 목표를 세울 수 있다는 이해를 가지고 내담자에게 다가가는 유익을 찾을 수 있다. 그들은 진단 가능한 장애를 가지고 있을 수도 있고, 자신의 상태의 특성과 발생한 문제 해결을 위한 최선의 단계를 이해하기도 한다. 하지만 그들도 자신과 타인, 특히 친밀함과 성적 노출의 문제에 대해 더 건강한 관점을 세우려고 시도하면서 무언가를 얻을 수 있다.

부가적인 원리

성장애의 치료와 관련하여 몇몇 부가적인 원리가 있는데, 변태성욕이나 성중독보다는 수행불안을 줄이는 것이 포함될 수 있다.

다른 원리는 의사소통의 시간을 늘리는 것과 관련이 있다. 성치료사는 일반적으로 그런 접근 방법을 사용할 수 있는데, 구체적인 주제와 관계없이 그저 커플의 대화를 증가시키는 것만이 아니라 특정 주제를 정해 대화를 증가시키는 것을 말한다. 개선을 위한 구체적인 영역은 전형적으로 성적인 영역 내에 있다. 여러 개입은 이 중요한 영역에서 소통을 강화하고 확장하기 위해 고안되었다.

커플의 성치료를 위한 마지막 원리는 감각적 인식을 높이는 것과 새로운 기술을 배우는 것이다. 당신은 임상가로서 커플이 목표에 집중하는 성적 접촉과는 별도로 자신들의 관능적인 감각을 증진시키고 서로에 대해 더 많은 관심을 갖기 원할 것이다. 당신은 그들이 서로를 즐거워하고 기뻐하며 편안함이 증가되기를 원할 것이다.

기술 습득은 때때로 매우 구체적일 수 있다. 관계 안에 있는 한 명의 파트너 혹은 커플은 관계 안에서 무엇을 해야 할지 모르거나 해야 할 일을 잘하고 있지 못하다. 부족한 의사소통이나 다른 문제들은 그들이 그러한 결함에 대해 배우고 수정하거나 개선하는 데 방해가 될 수 있다. 그래서 둘 중 한 사람이나 두 사람 모두가 기술을 배우도록 돕는 것이 성치료의 공통적인 요인이다.

일반적으로 사용되는 기술

성치료의 공통적인 원리 외에 성상담에서 흔히 사용되는 기술들은 많은 도움이 될 수 있는데, 이 기술들은 이미 우리가 언급한 원리와 관련이 있다. 예를 들어, 심리교육은 중요하며 정보 제공의 원리와 관련되어 있다. 우리는 종종 심리교육을 통해 정보를 제공한다. 이는 상담 회기에서 성 반응 주기, 진단 가능한 장애 등과 같은 주제에 대한 상세한 도표나 설명을 제공하는 교육의 형태를 취한다.

독서치료는 심리교육과 관련된 또 다른 일반적인 개입이다. 이는 임상가가 관련 서적을 읽고, 호소문제에 도움이 될 것이라고 확인된 특정 자원을 개인이나 커플에게 추천하는 것을 일컫는다. 내담자가 『**성을 기념하기**(A celebration of sex)』(Rosenau, 2002)나 『**열정을 지속하기**(Enduring desire)』(Metz & McCarthy, 2011) 등의 책을 읽고, 보다 큰 치료 계획의 맥락에서 정보를 얻고 적용하도록 하는 것이다.

또 다른 일반적인 개입은 점진적 과제를 내주는 것이다. 이는 특히 인지행동치료(Cognitive-Behavioral Therapy: CBT)에서 흔히 볼 수 있으며, 종종 개인이나 커플이 이행할 과제를 내주는 것을 포함한다. 예를 들어, 의사소통 연습을 한 것을 다음 회기에 평가한다. 의사소통 연습은 치료에서 흔히 하는 것인데, 쉬운 주제에서 어려운 주제로 차례대로 주어진다. 성치료에서 이는 종종 '**소파 회기**'라고 불린다. 예를 들어, 커플이 소파에 앉아 지금까지 상담 과정에서의 경험, 그들의 성적 대화의 사용, 그들이 성관계에서 가지는 위치, 생활 방식과 역할 그리고 그것들이 성적 친밀감에 어떤 영향을 줄 수 있는가에 대해 나누는 것이다. 성치료사는 언급된 다양한 주제의 어려운 정도에 따라 순위를 매기게 될 것이다. 그 후에 목록의 중간 범위에 있는 주제를 과제로 내주고 다음 회기 동안 그 과제를 수행한 커플의 경험을 주제로 논의하게 된다. 그다음에 이 과제를 계속해서 반복하며 다음 과제로 넘어가는데, 그전에 문제를 해결하는 것이 특히 중요하다.

의사소통 연습과 소파 회기를 배정하는 것 외에도 성기능 문제를 치료하는 흔한 과제에는 성기 자가 검진, 감각 집중법, 불안 감소 훈련, 체계적 둔감법과 요청에 의한 자위 행위 등이 있다.

성기 자가 검진은 흔한데, 특히 여성 성기능장애 치료 시 더 일반적이며(남성 성기능장애 치료 시에도 사용이 가능하다), 이는 내담자가 자신의 성기를 확인하는 데 사용할 수 있는 성기의 이미지를 (종이, 사진 혹은 유인물로) 내담자에게 제공하는 과정이 포함된다. 내담자는 그것을 집으로 가져가서 자신의 성기, 대음순, 소음순 등의 생식기와 그 위치 등을 식별하여 알아보는 데 사용하게 된다. 내담자가 자기점검을 하는 동안에 어떤 부분을 만질 때 어떤 느낌이 드는지 관찰할 수 있다. 그러한 정보는 치료에 포함되어 활용될 수 있다.

그러나 성기 자가 검진은 언제나 치료의 특정한 목표와 연관해서 해야만 하는 강력한 활동이다. 자극에 대한 자신의 반응을 배우는 것이 목표인가? 성적 친밀감을 느끼는 동안에 상대방이 할 수 있는 것이 무엇인가를 가르치는 것이 목표인가? 성기 자가 검진과 같은 치료 개입을 하는 것은 내담자가 쉽게 오해하거나 오용할 수 있기 때문에 개입의 목적과 치료 목표가 어떻게 연결되어 있는지에 관해 더 넓은 논의로 확장하는 것이 필요하다. 예를 들어, 성기 자가 검진의 목적은 성적 흥분을 경험하는 데 필요한 것은 아니지만, 자극을 주는 부위를 발견하는 데 유용하고 파트너와 공유하여 치료에 도움이 될 수 있다. 여성 극치감 장애 치료를 위한 성기 자가 검진의 사용에 대해서는 제6장에서 더 자세하게 다룰 예정이다(성기 자가 검진을 과제로 내줄 때 실질적인 문제에 대한 유용한 설명은 Rosenau, Neel, & Fox, 2007의 제3장을 참조하라).

감각 집중법은 종종 비요구적인 애무로 묘사된다. 이는 많은 성적 염려에 대한 치료 시 사용하는 강력한 과정이기도 하다. 이는 극치감의 경험을 요구하거나, 성 반응 주기를 더 진전시키는 것을 목적으로 하지 않아서 비요구적이다. 그러나 이 과정은 관능적 촉감을 수반하기 때문에 전형적으로 세 가지 단계가 있다. 감각적 초점의 첫 번째 단계는 아내가 옷을 벗은 몸으로 등을 대고 눕고, 15분가량 동안 남편이 그녀를 다양한 방법으로 만지고 애무하는 것이다. 남편은 이 첫 번째 단계에서 아내의 젖가슴이나 성기를 만지는 것을 삼가해야 한다. 15분 후, 아내는 몸을 뒤집고 남편은 이와 같은 행위를 15분가량 더 지속한다. 그 후 위치를 바꾸고 서로의 역할도 바꾸어서 행한다. 이 과정 동안 커플은 말을 하지 않고 애무를 즐기거나 어떤 행위 및 부위가 흥분을 불러일으키고, 어떤 행위 및 부위가 불편한지 등에 대해 의사소통을 할 수 있다. 이런 활동 동안에 커플이 의사소통을 하는 것이 선호되지만 커플이나 치료사에 따라 선호도는 다르다.

감각 집중법의 두 번째 단계는 가슴과 성기 접촉을 포함한다. 앞선 방법과 마찬가지로 각 과정은 15분씩 약 30분 동안 진행된다. 세 번째 감각 집중법은 그 과정이 끝날 때쯤 음경-질의 성교가 포함된다. 이에 대하여는 다양한 장애의 치료 방법이 소개되고 논의되는 제2부에서 다룰 것이다.

우리가 성기 자가 검진에서 논의했듯이, 감각 집중법은 항상 특정 치료의 목표와 연결되는 강력한 과정이 될 수 있다. 감각 집중법의 목적은 무엇인가? 이는 내담자가 자신과 자극에 반응하는 자신에 대해 알아가는 것을 돕는다. 또한 특별히 성적 친밀감을 둘러싼 의사소통을 강화하기 위해 사용될 수 있다. 아마 그 커플은 충분한 의사소통의 기술을 지니고 있지만 성적 친밀감의 시간, 특히 자극적인 면에서 각자가 좋아하거나 좋아하지 않는 것을 전달하는 기술에서 어려움을 겪을 수 있다. 목표는 성적 친밀감을 느낄 때 파트너가 할 수 있는 것을 가르치거나 커플을 위한 전희와 관련된 행동을 확대해 나가는 것이다.

초심 치료사들은 수업이나 책을 통해 이것을 배운 후에 실제 치료 과정에서 너무 빨리 과제로 내주어, 내담자가 이를 오해하거나 오용할 수 있다. 그래서 성기 자가 검진과 마찬가지로, 그 개입의 목적 및 그 목적이 더 큰 치료 목표와 어떻게 연관되는지에 대한 확장되고 의도적인 논의를 하는 것이 중요하다. 우리는 제8장에서 발기장애 치료를 위한 감각 집중법의 사용에 대해 더 많이 논의할 것이다(감각 집중법에 대한 논의는 Rosenau et al., 2007의 제9장을 참조하라).

불안 감소 훈련은 성기능장애 치료에서도 흔하게 활용된다. 깊은 호흡, 근육 이완, 이미지 운동 또는 명상 운동 등을 배우는 것이 포함될 것이다. 여기에서의 목표는 불안, 분노, 적개심과 같은 감정을 조절하는 것이다. 메아나(Meana, 2012)가 언급했듯이, "이와 같은 강한 감정들은 내담자를 무력하게 하고 통제 불가능하게 하며 성적인 어려움들이 더 굳어지게 만든다"(p. 55). 그래서 성치료에서 "내담자와 파트너의 감정 반응 정도를 조절하는 것을 돕는 것은 스트레스를 줄이고 치료 과정을 계속하는 데 도움이 된다"(p. 55).

마음챙김 기법도 성치료(Meana, 2012)와 성정체성에 대한 우려(Tan & Yarhouse, 2010)에 사용된다. 성치료에서 마음챙김 기법은 "현재의 순간에 온전히 몰입하지 못하게 하는 산만하고 부정적이며 불안을 일으키는 인식을 감소시킬 수 있다" (Meana, 2012, p. 56). 성정체성 치료에서 마음챙김은 한 사람이 그의 매력이나 자신에 대한 즉각적인 판단을 피하고 자신의 성정체성이 지니는 현실을 받아들이도록 도울 수 있다.

체계적 둔감법은 내담자가 걱정을 덜 수 있도록 돕는 또 다른 특별한 방법이다. 이는 고전적 조건화에 기초한다. 내담자는 먼저 이완 운동을 배우고 성적 상황에서 어려움을 주는 두려움의 종류를 파악한다. 성치료에서 가장 흔하게 사용되는 체계적 둔감법의 사용은 특히 여성의 질 바깥쪽 3분의 1 지점에서 근육 경련으로 인해 삽입이 어려운 성기 및 골반통증/삽입 장애의 치료이다. 우리는 여성의 성교통증 장애의 치료를 다루는 제7장에서 체계적 둔감법에 대해 더 자세히 논의할 것이다.

추가적인 일반적 치료 활동 방법으로 **일지 작성**이 포함된다. 일지 작성은 사람들이 성치료 과정 동안에 다양한 개입과 활동을 하면서 갖게 되는 경험을 추적하는 방법이다. 사고 기록은 도움이 되지 않는 사고를 보다 현실적이고 도움이 되는 사고로 바꾸는 데 초점을 두는 좀 더 구조화된 일지 역할을 한다. 또한 내담자가 자신의 생각, 감정 그리고 이후의 행동 간의 관계를 볼 수 있도록 돕는 데 사용될 수 있다.

일지 작성은 호소문제와 내담자가 직면하고 있는 상황과 맞게 조절되어야 한다. 예를 들어, 성기 및 골반통증/삽입 장애로 고통 받고 있는 여성에게는 고통에 대해 일지를 작성하는 것을 과제로 내준다. 이러한 일지 작성은 내담자가 겪는 고통의 실체를 검증하는 데 도움이 되며, 성치료사, 물리치료사, 통증전문가, 산부인과 의사 등이 포함된 치료 팀에 중요한 정보를 줄 수 있다. 이와 대조적으로 성중독 치료를 받는 사람은 문제가 되거나 표적화된 행동의 기저선을 수립하기 위해 일지를 쓰고 성중독 체계를 이해하며 어떻게 내담자의 핵심적 믿음, 도움이 되지 않는 생각, 그리고 성중독 주기 등을 성중독 체계 속에서 경험하는지에 대한 좀 더 나은 감을 얻을 수 있다. 성중독에 대한 이러한 이해는 치료를 원하는 특정 내담자에게 맞게 이루어져야 하며, 일지 기록을 통해 그 적용을 활성화할 수 있다.

다른 일반적 개입과 기술도 다양하게 존재한다. 이와 같은 방법들은 독자에게 일반적으로 사용되는 방법이며 성치료, 비정상적인 성행위와 다른 호소문제에서 어떻게 활용될 수 있는가에 대한 감을 갖도록 해 준다.

맺음말

이 장을 마무리하면서 당신이 임상 현장에서 성치료자로서 어떻게 기독교인으로서의 성정체성을 발달시켜 나갈지 돌아보기를 격려한다. 예를 들어, 현재의 자신을 어떻게 묘사할지에 대해 생각하는 것부터 시작해 보라. 우리는 성교육과 성치료 분야에서 기독교인으로서 할 수 있는 역할이 많다는 것을 말하고 싶다. 다음은 좀 더 넓은 통합적 논의에서 다양성을 반영하는 몇 가지 설명이 있다.

당신은 성문제를 다루는 임상가로 성장하고 있으면서 기독교인이기도 한가? 우리는 여기서 당신이 기독교인이라는 사실을 당신의 임상 활동으로부터 멀리 떨어뜨려 놓고 구별되게 볼 수도 있다고 생각한다. 아마 당신은 당신의 개인적인 신념, 가치관 그리고 신앙의 약속을 개인적으로는 의미 있고 중요하다고 보지만, 그것들이 당신의 임상 활동에 직접적인 영향을 주는 것에서는 벗어나 있을 것이다. 당신은 당신 자신이나 다른 어떤 유능한 임상가가 특정한 성문제에 대해 최선의 치료 접근 방법을 선택한다는 점에서 별 차이가 없을 것이라고 생각할지도 모른다. 만약 현재 훈련받고 있는 당신의 모습이 실제로 그렇다면, 당신의 기독교 신앙을 전문가의 역할이나 정체성에 어떻게 접목시켜야 하겠는가? 다른 기독교인 임상가 동료에게 당신의 치료접근 방법에 대해 어떻게 설명할 것인가? 세속적인 동료나 다른 신앙을 가진 동료에게 당신의 접근 방법을 어떻게 설명할 것인가?

당신은 기독교인으로서 좀 더 의식적이고 의도적인 방법으로 성문제를 다루는 임상가가 되어 가고 있는가? 임상 현장에서 좀 더 자기의식적으로 기독교인이 된다는 것은 당신에게 어떤 의미가 있는가? 예를 들어, 탄(Tan, 2011)은 임상 현장에서 하나님 형상 프로토콜(Moriarty, 2006), 용서 프로토콜(Worthington, 2003), 기도의 사용과 같은 명시적인 기독교 프로토콜 사용과 기독교인 임상가에게 갈등을 일으키는 방법에 대한 대안으로 임시적으로 기독교 프로토콜을 구분하였다. 예를 들어, 성기능장애의 치료에 기독교 가치관과 상충하는 성애물을 사용하지 않는 기독교인 성치료사들은 암묵적으로 통합적인 치료를 제공하는 것이다. 탄은 기독교인 임상가는 좀 더 의도적으로 통합가가 되어야 한다고 권한다. 그녀는 그것이 기독교인들이 임상 현장에서 성령의 임재를 간구하고 좀 더 의도적으로 하나님께서 어떻게 치료를 이끌어 가시는 가를 분별하는 것이라고 한다.

이러한 방법이 당신의 임상 사례에 영향을 줄 것으로 보는가? 이것이 당신이 선택한 임상 개입 방법에 영향을 미치는가? 여기서 의도적이라는 것은 무엇인가? 당신이 치료할 때 기독교적인 치료 개입을 드러낸다는 것인가? 당신의 믿음이나 가치관과 덜 갈등되는 치료 개입을 하기 위해 어떤 치료 방법은 사용하지 않을 것인가? 예를 들어, 어떤 기독교 성치료사들은 의도적으로 좋은 기독교인의 덕목을 소유하기 위해서 욕구장애 진단을 받은 배우자가 있는 부부를 치료할 때 판타지를 증진시키는 성애적 책을 보도록 하지는 않는다. 당신은 당신의 믿음 때문에 어떤 개입을 선택하지 않을 것인가? 당신의 접근 방법을 세속적인 동료나 다른 신앙을 가진 동료에게 어떻게 설명할 것인가?

당신의 이론이나 접근 방법은 의도적으로 성서적인가? 그런 용어가 당신에게 좀 더 다가오는가? 그렇다면 왜 그럴까? 기독교적인 접근보다는 성서적인 접근 방법을 생각하게 되는 이유는 무엇일까? 당신은 이 책에서 다루는 다양한 분야의 임상 서비스를 제공할 때 필요한 자세한 사항들을 성경에서 제공한다고 생각하는가? 기독교인으로서 자의식과 의도를 가지고 성적 문제를 다루는 누군가와 당신의 접근 방법을 어떻게 비교하고 대조할 것인가? 우리가 제시한 그 어떤 묘사보다 더 잘 맞는 다른 묘사가 있는가? 다른 기독교인 동료에게 당신의 접근 방법에 대해 어떻게 설명할 것인가?

이와 같은 질문들에 대한 답을 생각하면서 당신이 일하는 임상센터 성격이 당신의 전문적인 정체성에 어떤 영향을 미치는지 생각하게 될 것이다. 당신은 공공 의료 환경에서 일차 진료에 관한 집단 치료를 하고 있는가? 당신은 기독교 기관임을 내세우는 개인 임상가들이 모인 집단 진료에 소속되어 있는가? 아니면 개인적으로 치료를 하는가? 교회 혹은 선교 분야에서 치료를 하는가?

자격증은 어떠한가? 당신은 자격증이 있는 정신건강 전문가인가? 대중에게 서비스를 제공하는 입장에서 당신의 역할은 어떤 의미를 가지는가? 당신은 코치인가? 아니면 당신은 전문 정신건강 기관에 의해 규제 받지 않는 치료 현장이나 선교지에서 일하는가?

우리가 이런 질문들을 제기하는 것은 성치료 영역에 기독교인으로서 신앙과 신학의 통합을 어떻게 가지고 올 것인가에 대해 말하려고 하는 것이 아니라 당신이 전문가로서의 정체성과 발달을 의식을 가지고 이루어 가기를 바라서 하는 것이다. 당신이 전문가로서의 정체성 형성시기 초기에 밟았던 과정들이 앞으로 당신이 어떤 사람이 되고, 어떻게 기능할 것인가의 토대가 될 것이다.

참고문헌

Annon, J. S. (1974). *The behavioral treatment of sexual problems.* Honolulu: Kapiolani Health Services.

Bentler, P. M. (1968a). Heterosexual behavior assessment—I. Males. *Behavior Research and Therapy*, 6(1), 21-25. doi:10.1016/0005-7967(68)90037-5

Bentler, P. M. (1968b). Heterosexual behavior assessment—II. Females. *Behavior Research and Therapy*, 6(1), 27-30. doi:10.1016/0005-7967(68)90038-7

Chambless, D. L., & Lifshitz, J. L. (1984). Self-reported sexual anxiety and arousal: The expanded sexual arousability inventory. *Journal of Sex Research*, 20, 241-254.

Cowart, D. A., & Pollack, R. H. (1979). A Guttman scale of sexual experience. *Journal of Sex Education and Therapy*, 1, 3-6.

Derogatis, L. R., & Melisaratos, N. (1979). The DSFI: A multidimensional measure of sexual functioning. *Journal of Sex and Marital Therapy*, 5(3), 244-281. doi:10.1080/00926237908403732

Fisher, T. D., Davis, C. M., Yarber, W. L., & Davis, S. L. (Eds). (2011). *Handbook of sexuality-related measures* (3rd ed.). New York: Routledge.

Fontaine, K. L. (1984). Appendix: Purdue sex history form. In T. S. Trepper & M. S. Barrett (Eds.), *Systemic treatment of incest* (pp. 252-255). New York: Brunner/Mazel.

Golombok, S., & Rust, J. (1986). The GRISS: A psychometric instrument for the assessment of sexual dysfunction. *Archives of Sexual Behavior*, 15(2), 157-165.

Hatfield, E. (1988). The Passionate Love Scale. In C. M. Davis, W. L. Yarber, R. Bauserman, G. Schreer & S. L. Davis (Eds.), *Handbook of sexuality-related measures* (pp. 449-451). Thousand Oaks, CA: Sage.

Hawton, K. (1985). *Sex therapy: A practical guide*. New York/Toronto: Oxford University Press.

Hoon, E. F., Hoon, P. W., & Wincze, J. P. (1976). An inventory for the measurement of female sexual arousability: The SAI. *Archives of Sexual Behavior*, 5(4), 291-300. doi:10.1007/BF01542081

Janda, L. H. (1988). The sex anxiety inventory. In C. M. Davis, W. L. Yarber, R. Bauserman, G. Schreer & S. L. Davis (Eds.), *Handbook of sexuality-related measures* (pp. 19-20). Thousand Oaks, CA: Sage.

Jordan, T. J., & McCormick, N. B. (1988). Development of a measure of irrational beliefs about sex. *Journal of Sex Education & Therapy,* 14(1), 28-32.

Leiblum, S. R. (2007). Sex therapy today. In S. R. Leiblum (Ed.), *Principles and practice of sex therapy* (4th ed., pp. 3-24). New York: Guilford Press.

Leiblum, S. R., & Rosen, R. C. (2000). Introduction: Sex therapy in the age of Viagra. In S. R. Leiblum & R. C. Rosen (Eds.), *Principles and practice of sex therapy* (3rd ed., pp. 1-13). New York: Guilford Press.

LoPiccolo, J., & Steger, J. C. (1974). The sexual interaction inventory: A new instrument for assessment of sexual dysfunction. *Archives of Sexual Behavior*, 3(6), 585-595. doi:10.1007/BF01541141

Meana, M. (2012). *Sexual dysfunction in women*. Cambridge, MA: Hogrefe.

Miller, G. D., Mcloughlin, C. S., & Eyman, J. (1989). Sexual function questionnaire for heterosexuals. In C. M. Davis, W. L. Yarber, R. Bauserman, G. Schreer & S. L. Davis (Eds.), *Handbook of sexuality-related measures* (p. 278). Thousand Oaks, CA: Sage.

Moriarty, G. (2006). *Pastoral care of depression: Helping clients heal their relationship with God*. New York: Routledge.

Mosher, D. L. (1998). Revised Mosher guilt inventory. In C. M. Davis, W. L. Yarber, R. Bauserman, G. Schreer & S. L. Davis (Eds.), *Handbook of sexuality-related measures* (pp. 290-293). Thousand Oaks, CA: Sage.

Mosher, D. L., Barton-Henry, M., & Green, S. E. (1988). Subjective sexual arousal and involvement: Development of multiple indicators. *Journal of Sex Research*, 25(3), 412-425.

Penner, J., & Penner, C. (2005). *A clinician's guide to sex therapy* (2nd ed.). Dallas: Word.

Rosenau, D., Neel, D. C., & Fox, W. E. (2007). *A celebration of sex guidebook*. Maitland, FL: Xulon Press.

Rosneau, D., Sytsma, M., & Taylor, D. (2002). Sexuality and sex therapy: Learning and practicing the DEC-R model. In T. Clinton & G. Ohlschlager (Eds.), *Competent Christian counseling* (pp. 440-515). Nashville: The Waterbrook Press.

Tan, E. S. N., & Yarhouse, M. A. (2010). Facilitating congruence between religious belief and sexual identity with mindfulness. *Psychotherapy,* 47(4), 500-511. doi: 10.1037/a0022081

Tan, S. Y. (2011). *Counseling and psychotherapy: A Christian perspective*. Grand Rapids: Baker.

Worthington, E. L., Jr. (2003). *Forgiveness and reconciling: Bridges to wholeness and hope*. Downers Grove, IL: InterVarsity Press.

Zucker, K. J., Mitchell, J. N., Bradley, S. J., Tkachuk, J., Cantor, J. M., & Allin, S. M. (2006). The recalled childhood gender identity/gender role questionnaire: Psychometric properties. *Sex Roles*, October 2006. http://link.springer.com /article/10.1007/s11199-006-9019-x/fulltext.html

Zuckerman, M. (1988). Human sexuality questionnaire. In C. M. Davis, W. L. Yarber, R. Bauserman, G. Schreer & S. L. Davis (Eds.), *Handbook of sexuality-related measures* (pp. 109-115). Thousand Oaks, CA: Sage.

제2부

성적 장애

제5장 성적 관심 및 흥분장애

성욕(性慾). 이 단어를 들으면 어떤 생각이 드는가? 전에 가졌던 경험들이 그대로 생각나는가? 영화나 노래의 이미지가 떠오르는가? 성욕에 대한 생각과 관련하여 감정의 혼란을 느끼는가? 만약 그렇다면 그러한 감정들은 어떠한 것들인가? 성욕에 대한 개념과 실제가 일치하는 사람들도 있지만 다른 사람들, 특히 일부 여성들은 그렇지 않은 경우도 있다. 일부 개인에게는 성욕이 미디어 노출을 통해 낭만화된 개념이고 기대를 반영한 개념일 수도 있다.

성욕에 대한 정의 자체가 복잡하듯이, 무엇이 성욕에서 나오는 경험의 일부이고, 무엇이 아닌지 이해할 수 있는 지표를 정해 놓는 것은 복잡할 수 있다. 리바인(Levine, 2003)은 성욕이 혐오에서 열정에 이르는 다양한 스펙트럼에 걸쳐 있으며, 일생 동안 진화하는 경향이 있다고 설명하였다. 그는 임상적인 관점에서 성욕의 개념을 충동(생물학적 경험), 동기(개인적이고 대인관계적인 요인) 그리고 소망(문화적인 요인을 포함하는 가치와 규칙)으로 개념화하였다. 이러한 모든 구성 요소는 연령, 성별, 건강 및 사회적 상황에 의해 영향을 받는다.

이 모델에서 성욕은 혐오감-내키지 않음-무관심-흥미-욕구-열정의 스펙트럼으로 개념화할 수 있다(Levine, 2003, p. 280). 하나의 영향력 있는 요인인 우리가 처한 사회적 상황은 욕망의 경험이 괜찮은 것인지, 문제가 될 수 있는 것인지를 가늠

하는 데 영향을 줄 수 있다. 예를 들어, 신생아를 둔 부부는 자녀가 없는 부부와 비교했을 때 성욕의 수준이 매우 다를 수 있다. 또 하나 고려할 만한 요인으로 성별인데, 연구에 따르면 여성의 성욕은 남성의 성욕과 비교하여 사회적 상황에 더 영향을 받는다고 한다. 그 밖에 성욕을 자극할 만한 다른 요인으로는 임신을 원하거나, 파트너끼리 성적으로 자극이 되는 상호작용에 주의를 기울이거나, 최근 어려웠던 관계가 회복된다거나 하는 것이다.

성적 동기와 욕구는 일정하지 않을 수 있는데, 예를 들어 자신의 파트너가 아닌 사람에게 성욕을 느끼는 경우가 그러하다. 한 사람이 비록 실제 관계에서는 헌신적인 태도로 행동하더라도 자신의 파트너가 아닌 다른 누군가와 성적 친밀감을 갖는 생각을 하는 것만으로도 성욕에 방해가 되는 죄책감이나 비밀스러운 느낌을 가지게 된다(Levine, 2003).

흥미롭게도 성 반응 주기에 대한 대부분의 초기 모델들은 생물학적 요구에 따라 순서대로 단계를 나열하는 방식이었다. 그 모델들은 종종 성욕이 이미 있다고 가정하고, 흥분기, 고조기, 절정기, 해소기와 같은 다양한 단계에서 발생하는 본질적으로 생리적인 변화들을 설명하였다(Masters & Johnson, 1970).

헬렌 싱어 카플란(Helen Singer Kaplan)과 해롤드 리에프(Harold Leif)는 각각 성욕이 낮은 사람들의 범주를 제시하였다. 리에프의 버전(억제된 성욕)과 카플란의 버전(저활동성 성욕) 과거에 성기능장애 문제가 생리학적 문제나 수행불안으로 인한 것이라는 추측의 성욕에 대한 이해에 새로운 관점을 제공하였다. 이와 같은 새로운 이해들은 성적 장애에 기여하는 정신적 요인과 대인관계적 요인의 영향을 검토하는 시대를 열어 주었다.

앞서 제3장에서 언급했듯이, 카플란의 성 반응 주기 3단계(욕구기, 흥분기, 절정기)에 대한 이해는 DSM-III뿐만 아니라 어떻게 성치료사들이 성기능장애를 진단하고 치료해야 할까를 재구성하도록 안내하였다.

바송(Basson, 2002, 2007, 2012)은 성욕이 성 반응 주기의 다음 단계로 이끄는 일방적인 경험이 아닐 수 있다고 제안하였다. 그녀는 카플란뿐만 아니라 마스터스와 존슨이 제안한 성 반응 주기가 욕망에서 흥분에 이르고, 성적 흥분의 정체기와 절정에 이른다는 결론으로 이어지는 선형 모델을 제시함을 관찰하였다. 그러나 이러한 모델들에는 친밀감에 대한 필요성이나 성경험에서 오는 다양한 긍정적인 요인과 같이 동기를 부여하는 요인들에 대한 설명은 없다. 마찬가지로 여성의 흥분에 영향을 미치는 생물학적 및 심리적 요인도 고려되지 않았다(Basson, 2012). 바송은 자신의 이론에 심리사회적 요인이 여성의 성적 흥분 경험에 영향을 미친다는 점을 반영하였다. 오래된 연인관계에서 대부분의 여성들은 성생활에 대한 만족이나 빈도 수는 감소하지만 정서적으로 가깝고 친밀해지고자 하는 욕구 때문에 성적 친밀감의 행위에 참여하는 것이다. 친밀감에 대한 욕구가 여성이 파트너의 직접적인 애무나 대화와 같은 다양한 방법을 통해 성적으로 흥분하게 해 준다.

남성은 성적으로 자극이 되면 성기의 발기 같은 신체 반응이 일어나지만, 여성은 성적 자극을 받거나 욕구가 있다고 해서 항상 질이 반응하는 것은 아니다. '사실 여성의 질은 상황이 혐오스럽거나 위협적이라고 느낄 때조차 성적 자극에 반응할 수 있다'(Bancroft, 2010, p. 167) 이와 같이 여성의 성적 흥분과 성욕은 그 구분이 명확하지 않다. 프라우스와 그의 동료들(Prause et al., 2008)은 정보를 처리하는 방식이 성욕 수준에 영향을 미칠 수 있다고 제안하였다. 그들에 따르면, 성욕은 성적 흥분의 인지적인 측면일 수 있는데, 한 사람이 '주관적인 성적 흥분감을 가지고 성적 자극에 반응하는 원인'으로 개념화할 수 있다(Prause et al., 2008, p. 935). 일부 여성의 경우에 정서 반응이 성욕의 수준을 예측하지는 않는데, 이는 낮은 성욕을 가지고 있는 사람들이 성적 자극을 더 부정적으로 여기는 것이 아님을 제안한다.

사전 연구에 따르면, 많은 남성은 즉흥적인 성욕에 따라 성행위를 하는 반면에 여성들은 남성들과 다르게 본능적인 성욕 없이도 성행위를 할 수 있다고 한다(Basson, 2001, 2008). 따라서 일반적으로 성욕이 성적 흥분에 선행하는데, 성욕은 여성들이 성적으로 친밀한 활동에 참여하는 여러 이유, 동기와 긍정적인 요인으로 더 잘 이해된다(Basson, 2002). 이와 같이 반응적으로 생기는 성욕에 대한 이해는 그동안 역사적으로 간과되어 왔던 상황적 맥락이나 정서적인 친밀감에 대한 논의로 이끈다(Basson, 2012). 흥미나 욕구에 대한 임상적 개입이나 연구들은 여성이 성적 활동을 할 때 경험하는 욕구가 관계 만족이나 교제 기간 같은 더 넓은 심리사회적 요인과 잘 연결되어 있다고 한다.

이에 대한 또 다른 개념은 성관계에 대한 남성과 여성의 동기가 다르다는 것이다. 예를 들어, 성에 대한 여성의 동기는 상당히 다양하다. 3,587명의 포르투갈 여성 중 30.7%가 일반적으로 흥분을 한 후에 성욕을 경험한다고 보고하였다(Carvalheira et al., 2010). 15.5%의 여성은 오로지 성욕을 느꼈을 때에만 성관계를 한다고 보고하였다. 장기간 교제를 해 온 여성들(42%)은 단기간 교제해 온 여성들(22.4%)에 비해 성욕이 부족함에도 불구하고 더 빈번하게 성행위를 하였다. 흥분을 느끼는 것이 어려움에도 불구하고 성행위에 참여하는 여성이 더 많았는데, 이들은 처음에는 성행위를 할 욕구가 없었다고 하였다. 이 연구에서 성적으로 흥분하기 어려운 여성들은 자신의 성에 대해서뿐만 아니라 상대방에 대해서도 성적으로 만족하지 못하는 경향이 있다고 하였다. 대부분의 여성 참여자들은 생식기 감각기관의 흥분 경험을 기초로 하여 응답하지 않는 경향이 있었다.

이와 같은 결과는 성기 윤활을 성적 흥분으로 정의하는 것에 대한 의문을 제기한다. 카브발헤이라와 그의 동료들(Carvalheira et al., 2010)은 성적 흥분을 쉽게 경험하는 여성이나 그렇지 않은 여성 모두 자신의 파트너가 몸에 성적 자극을 더 주기를 원한다고 보고하였다. 이처럼 충분한 자극은 낮은 흥분 수준을 상쇄할 수 있다. 따라서 성적 흥분장애를 진단할 때 파트너와의 관계 역동에 대한 평가를 고려하는 것이 중요하다. 또한 연구 결과에 의하면 오래된 관계에서 여성들은 처음에 성욕 없이도 성적 경험을 하는 경향이 있는 것으로 나타났다. 또한 파트너를 기쁘게 하려고 성행위를 하는 경향이 컸다. 그리고 여성 참여자들은 관계가 지속되면서 성행위를 주도하는 경향이 점차 줄고, 성적 만족도 감소하는 것을 경험했다고 보고하였다.

성적 반응을 평가할 때 성욕을 포함시킬 필요가 있다는 것은 성욕이 없는 성적 반응은 "불완전하고 자동적"이라는 것이 지금까지 관찰되고 보고된 복잡한 인간의 성경험과는 맞지 않음을 제시한다(Meana, 2010, p. 104). 또한 여성의 성경험을 설명할 때 '남성의 유사체'라는 개념을 사용하는 것은 여성의 성욕과 반응을 병리화하는 결과를 낳았다(Meana, 2010). 이와 같은 시각으로 메아나(Meana, 2010)는 (1) 성욕은 성행위에 참여하는 자연스러운 충동이며, (2) 성적 반응은 성욕으로 시작하여 극치감으로 끝나고, (3) 성교감의 관계적 맥락은 무시되고, (4) 여성의 성욕이나 행동에는 사회경제적 지위, 정치 · 문화적 영향과 같은 외부적인 힘이 영향을 미치는 것으로 이해된다고 지적하였다.

메아나(Meana, 2010)는 일부 여성에게 성욕 자체가 목적이 될 수 있는지에 대한 의문을 제기하였다. "성욕의 대상이 되거나 성욕을 가지는 것은 여성들이 아무런 조치 없이 아무 때나 조절할 수 있는 종류의 것인가?"(P. 107). 메아나는 또한 무엇이 성욕의 대상이 되는지에 대해 물었다. "우리가 욕구를 성관계를 맺는 것을 목표로 하는 목표지향적인 상태로 개념화한다면, 아마 욕구 자체가 주는 보상을 간과

할 수 있을 것이다" (p. 108). 19명의 기혼 여성을 대상으로 한 심즈와 메아나의 연구(Sims & Meana, 2010)에서 결혼 생활 중 성욕 감소는 일상화된 관계, 지나친 친숙함, 성과 무관한 역할에 기인하는 것으로 나타났다. 성욕과 성적 흥분에 대한 이해를 돕기 위해 메아나는 다음과 같은 9가지의 권장 사항을 제시하였다(Meana, 2010, p. 117).

1. 성욕과 주관적인 성 흥분 사이에 실험적으로 증명된 차이가 생길 수 있는지 살펴보라.
2. 성적 자극이 무엇인지 알지 못할 때, 자동적으로 그것이 '충동적인 성욕'이라고 설명하지 말라.
3. 성욕에 대한 욕망이 무엇으로 이루어져 있는지를 파악하라.
4. 반응의 구성에서 관계의 구성으로 옮겨 가는 이론적인 변화를 인식하라.
5. 여성의 성욕에 대한 현상학적 연구를 비이론적인 방법으로 접근하라.
6. 여성의 성욕에 대한 연구에서 성욕(성행위 자체보다는)을 종속변인으로 보라.
7. 성욕을 충족시키려는 행동의 움직임을 예측하는 요인을 살펴보라.
8. 성욕에 대한 성별 차이를 균형 있게 고려하라.
9. (성적 관심 장애) 진단은 가능한 한 신중하게 하라.

결론적으로 성욕은 여성들에게 특별히 복잡한 현상이다. 이제 우리는 최근의 흥미, 욕구 및 흥분 문제에 대한 개념화에 관심을 돌리고자 한다.

성적 관심 및 흥분장애

> 성행위의 표현 자체가 어느 종의 구성원의 생존 가치를 지니고 있다고 추정할 수 없기에 아무 처벌 없이 행위 목록에서 완전히 제외될 수 있다. 따라서 성적 관심이 없거나 낮은 것 자체가 본질적으로 병리적인 것은 아니다(van Lankveld, 2008, p. 155).

낮은 성욕은 성의 다른 영역에서의 기능 문제, 관계의 문제, 혹은 여성이나 파

> 트너의 육체적 · 심리적 상태의 문제의 결과라고 접근할 수 있다(van Lankveld, 2008, p. 175).

요즈음의 관심, 욕구, 흥분장애를 개념화하는 방법은 남성성욕감퇴장애와 여성 성적 관심 및 흥분장애의 진단에서 볼 수 있다(APA, 2013). 전자에 대한 진단 기준은 "지속적이거나 반복적인 성적/성애적 생각 및 환상의 결여, 성행위에 대한 욕구 결여"가 약 6개월 이상 지속되며, 임상적으로 현저한 고통을 야기하고 "심각한 관계의 어려움"을 겪으며, 다른 정신질환으로 설명되지 않는 경우에 해당된다(p. 440).

여성의 성적 관심 및 흥분장애와 관련하여 DSM-5는 다음의 기준 중 세 가지 이상이 해당되면 진단할 수 있다.

1. 성적 활동에 대한 흥미가 없거나 감소
2. 성적/성애적 생각들이나 환상이 없거나 감소
3. 성적 활동의 시도가 없거나 감소
4. 모든 성적 접촉이나 대부분의 성적 접촉에서 성적 흥분/쾌락이 없거나 감소
5. 내부나 외부에서 주는 성적/성애적 신호에 감소된 성적 흥미나 흥분을 경험
6. 모든 성적 접촉이나 대부분의 성적 접촉에서 성행위 동안 성기나 비성기의 감각이 없거나 감소

두 진단 모두에서 장애는 평생형(성적 활동을 시작한 이래)이거나 후천형(한동안 정상적인 성기능 수행 후에), 혹은 전반형(특정 상황이나 특정 파트너에 제한되지 않고)이거나 상황형(특정 상황이나 파트너에 제한되고)으로 구분된다.

이와 같은 성적 관심, 흥분 그리고 욕구에 대한 이해는 비판을 받아 왔다. 그러나 우리가 그러한 비판에 관심을 갖기 전에 유의해야 할 점은 사실 이러한 유병률의 추정치를 얻는 것조차 어려울 수 있다는 것이다. 선행 연구에서는 낮은 성욕에 대한 추정치를 10.2%에서 43%로 걸쳐 다양하게 추산했다(Brotto, 2009). 또 다른 연구에서는 약 20%의 남성과 33%의 여성이 낮은 성욕을 보이는 것으로 추산되었다(Laumann, Palik, & Rosen, 1999). 평가 자체가 복잡해서 생각의 차이는 평가 방법, 조작적 정의나 시기와 관련이 있을 수 있다. 브로토(Brotto, 2009)는 성욕을 정의하는 것이 그것에 대한 임상적인 정의와 여성이 자신의 욕구에 대해 주관적으로 정의

하는 것과 다르기 때문에 복잡하다는 것을 파악했다. 성욕에 대한 행동적인 정의는 파트너의 성격 같은 낮은 성욕에 영향을 주는 상호관계적인 요인은 고려하지 않는다. 또한 성욕을 측정하는 것 자체도 복잡하다. 성행위의 빈도 수, 성욕을 느끼는 것, 성행위를 시도하는 빈도 수나 성관계에 대한 수용성, 성행위를 좋아하는 정도, 파트너와의 성관계에 대한 욕구나 스스로 성욕을 해결하려는 강도 등(p. 5)이 성욕을 양적으로나 질적으로 측정하려는 몇 가지 시도다.

요즈음의 성적 관심 및 흥분 장애 문제를 개념화하는 방법에 대한 우려에서 브로토(Brotto, 2009)는 일부 여성들은 성욕을 경험하면서도 성적 환상을 경험하지 않으므로 만약 여성의 성적 환상없음이 초점이 되면 여성을 과도하게 병리화하게 된다고 주장했다. 일부 여성들은 성적 흥분을 일으키기 위해 의도적으로 성적 환상을 불러일으킬 수 있다. **반응형 욕구**의 개념은 여성이 자발적으로 그 순간에 성욕을 갖고 있지는 않지만 성적으로 친밀감이 형성된 상황에서 관계가 좋아지거나 감정적으로 가까워지기 위해서 성행위에 참여하기 원하는 욕구를 갖을 수 있다는 것이다. 그것이 타당할 수 있지만 실질적으로 측정하기는 어렵다. 자발적인 성욕 부족을 진단의 기초로 보면, 자극이 있어야만 성욕이 생기고 반응하는 많은 여성의 경험을 장애로 볼 수 있다. 따라서 성행위에 대한 욕구 부족을 여성들의 욕구장애 진단의 근거로 보는 것은 충분하지 않다.

브로토(Brotto, 2009)는 또한 성적 관심 및 흥분 장애 문제에 대한 요즈음의 이해는 낮은 성욕으로 인한 여성의 어려움과 파트너가 가진 고통의 차이를 구분하지 않는다고 하였다. 그녀는 낮은 성욕을 가지고 있지만 고통을 느끼지 않는 경우가 낮은 성욕 때문에 고통을 느끼는 경우보다 높다는 것을 관찰하였다. 낮은 성욕에도 불구하고 고통을 느끼지 않는 것은 나이와 관계의 상태 때문으로 알려졌다. 한편으로 관계의 어려움과 고통은 높은 상관관계를 갖는다. 관계에서 받는 영향의 강도를 파악하는 것은 욕구장애를 진단하는 데 매우 도움이 된다.

일부 여성의 경우에는 성욕이 성적 흥분에 앞서 일어난다. **욕구 감퇴**라는 단어의 문제는(남성에 대한 표현으로 사용되며 여성에 대해서는 사용하지 않음) 성행위의 부족으로 보는데, 그것은 성욕의 상실을 성활동이 주는 것과 같은 것으로 여기는 면에서 어느 정도 환원주의적이다(Brotto, 2009). 그러나 많은 여성이 욕구와 관련하여 느끼는 고통은 주로 자신과 파트너가 가지고 있는 성욕 수준의 차이로 인한 것이다. 이와 같은 경험을 좀 더 명확히 설명하기 위해 브루토는 **욕구**라는 단어가

DSM-5에 정의된 것처럼, '성적 관심의 부족'(p. 14)으로 대체되어야 한다고 제안하였다. 이는 욕망이나 흥미가 여성이 사용하는 성적 반응의 모델에 따라 다양하다는 것을 나타낸 것이다.

이러한 개념의 변화는 파트너와 동시에 성욕을 경험하지 않은 여성이 파트너가 시작한 성행위에 기꺼이 참여하면서 반응을 보이는 경우가 있음을 인정하는 것이다. 이러한 여성들은 성행위 도중에 흥분을 경험하기도 해서 욕구장애 진단의 기준을 충족시키지는 않는다.

성적 관심이나 욕구에 초점을 맞추는 것과는 대조적으로 여성들 사이에서 이전에 흥분에 대한 염려는 '성행위가 끝날 때까지 지속적이거나 반복적으로 적절한 성적 흥분을 통해 촉촉해지고 부풀어 오르는 신체 반응에 도달하거나 유지할 수 없는' 것에 대한 것이었다(APA, 2004, p. 502). DSM-5에서는 관심과 흥분을 결합하였고, 임상가는 '여성에 따라 증상이 다를 수 있고 성적 관심과 흥분의 표현 방식 또한 다양할 것'을 기대한다고 제시하였다(APA, 2013, p. 433). 한 여성은 성에 대한 관심 부족과 성애적 생각의 부족으로 증상을 일으키지만, 다른 여성은 질 윤활과 같은 성적 흥분의 신체적인 징후가 나타나지 않거나 자극 및 흥분을 경험할 수 없는 것으로 증상이 나타날 수 있다.

병인론

모리스(Maurice, 2007)가 관찰한 바와 같이, 우리는 무엇이 평생에 걸쳐 전반적으로 낮은(혹은 없는) 성적 관심이나 욕구를 일으키는지 모른다. 낮은 성욕의 후천적이고 상황적인 경험들을 고려할 때, 다양한 범위의 여러 요인들을 고려할 수 있다.

신경내분비 요인

밴크로프트(Bancroft, 2010)의 이중 조절 모델에서 성적 흥분과 반응은 흥분성 생리 체계와 억제성 생리 체계 사이의 상호작용이라고 하였다. 이 모델에 따르면, 성적 억제가 낮은 개인은 더 위험도가 높은 성행위에 참여하는 경향이 있다(p. 169). 반면에 성적으로 기능이 약하거나 성적 흥분이 적은 사람은 성기능장애를 경험하는 경향이 있다. 더 나아가 몽고메리(Montgomery, 2008)는 성욕을 감소시키는 요인으로서 의학적인 장애를 먼저 살펴서 배제하는 것이 성욕 장애나 성혐오장애의 진단에 선행되어야 한다고 하였다. 예를 들어, 갑상선 기능 항진증은 성욕을 감소시킬 수 있다.

빈도나 비율 면에서는 다를 수 있지만, 성욕장애나 성혐오장애는 남녀 모두에게 영향을 미친다. 성욕장애의 병인은 여러 가지 하위 유형과 관련이 있는데, 전반 형이나 상황형, 평생형이나 후천형이 있다. 성욕의 신경내분비 매개체로는 도파민과 프로락틴이 있는데, 도파민은 보상 경로를 통해 성욕을 증가시키는 반면에, 프로락틴은 성욕을 감소시키는 것으로 가정된다. 도파민은 뇌하수체를 통해 프로락틴의 방출을 억제한다. 또한 몽고메리는 남성의 성욕장애가 발기부전으로 오진될 수 있다고 보았다.

생리적인 요인: 노화

노화가 성에 미치는 영향을 이해하기 위해서는 여성이 속한 사회적 상황, 욕망, 신념 및 가치, 동기, 남성과 여성의 생리적 변화와 같이 성욕에 영향을 미치는 요인들을 검토해 보아야 한다(Kingsberg, 2002). 일부 노년층에게 있는 성적 금욕은 파트너가 없거나 건강문제 때문일 수 있다. 나이가 들면서 관찰되는 성욕에 영향을 주는 여성의 신체적 변화는 에스트로겐 분비의 감소로 인한 혈류의 감소가 질 윤활에 영향을 미쳐 질의 탄력성이 없어져 불편을 느끼는 것이다. 노화로 인해 음핵의 크기가 줄어들고, 부풀어 오르지 않을 수 있고, 근육의 긴장감 감소, 맥박 수의 감소, 진동성 감각의 감소, 반응 시간 및 접촉 인지의 감소와 같은 다른 변화들이 생길 수 있다(p. 433).

나이가 들어감에 따라 남성에게서 관찰되는 신체적 변화로는 점진적인 테스토스테론의 감소, 에너지 감소, 발기하기까지 걸리는 시간의 증가 및 발기와 발기 사이의 시간의 증가를 들 수 있다. 남성은 나이가 들수록 발기하기 위해 더 직접적인 자극이 필요할 수도 있으며, 젊었을 때와 같이 단단하지 않을 수도 있다. 이러한 변화는 개인마다 차이가 있고, 건강 상태나 나이가 들면서 생길 수 있는 만성 질환(예를 들어, 심혈관 질환, 암, 갑상선 기능 저하증) 및 약물 사용(예를 들어, 정신병치료제, 항우울제, 안정제, 심혈관 질환 치료제)과 관련이 있을 수 있다.

이러한 생리적 변화에도 불구하고 여성들의 경우에 주관적인 만족의 경험은 변하지 않는 것으로 보인다. 여성의 성과 성적 관심 및 욕구와 관련된 문제의 원인을 단순히 불충분한 안드로겐 때문이라는 생물학적인 설명으로 축소 시킬 수는 없다. 낮은 수준의 관심, 욕구 또는 흥분은 여성의 흔한 성적 관심사다. 나이는 폐경기와 대조적으로 욕구의 감소와 상당한 상관이 있다. 예를 들어, 충동의 감소는 폐경기가 충동의 감소에 기여한다는 가정과는 반대로 나이와 관련이 있다. 충동은 신경내분비적 기제의 과정을 통한 생물학적인 징후다(Kingsberg, 2002, p. 434). 이는 성적인 생각, 감정, 성애적 끌림, 성행위를 원하는 것, 꿈이나 환상을 갖는 것, 생식기를 자극하는 것 등으로 표현된다. 성행위에 대한 가치나 신념, 기대는 성욕의 두 번째 요인이다. 성욕의 마지막 요인은 동기인데, 이는 감정적이고 상호관계적인 요인으로서 파트너와의 성행위에 참여하고자 하는 의지로 표현된다.

충동과 욕구의 차이를 아는 것이 중요한데, 이는 성욕의 어느 면이 감소했는지에 따라 치료가 달라지기 때문이다. 여성의 생각이나 감정, 의견에 대해 어떻게 느끼는가를 지칭하는 자기인식도 성욕에 영향을 미칠 수 있다. 파트너의 생리적인 변화도 성욕에 영향을 줄 수 있는데, 남성 파트너가 발기부전으로 인해 신체 이미지에 영향을 받고 욕구가 줄면서 성적 친밀감의 빈도 수가 줄어드는 경우가 그러하다. 나이가 들어가는 커플은 그들이 경험하는 인지적 · 신체적 변화에 적응하는 것이 중요하다(Rathus et al., 2001). 여성의 노화된 질은 위축되어 삽입이 어려울 수 있으며, 이는 질 경련이나 성교통증과 같은 이차 성기능장애로 이어질 수 있다. 질병, 힘과 에너지 부족, 약의 부작용과 같은 신체적인 건강 요인의 영향을 받거나 그러한 요인에 의해 영향을 받은 파트너로 인해 성욕이 감소될 수 있다. 의료 서비스를 제공하는 사람들이 노년의 커플들에게 성교 방식이 직접적인 삽입에 국한되지 않고 손이나 구강으로 하는 자극이나 성애적 활동과 관능적인 접촉을 통해서도 성적 교감이 가능하다고 교육하는 것이 도움이 될 것이다.

인간으로서 우리의 경험이 통합적인 것을 고려할 때, 생물학적인 요인들이 사회심리적인 요인들을 동반하기도 한다. 때로 우울증의 경험처럼 우리는 종종 무엇이 사회심리적인 것이고 생물학적인 것인지 구분하기 어려울 수 있다. 성욕과 관련하여 다음의 생물학적인 메커니즘들은 그 경험을 매개할 수도 있다.

심리적 요인

생활 체계

이 부분에서는 성욕 완화를 위한 사회문화적 요인의 역할과 관련된 연구 결과들을 살펴보고자 한다. '**생활 체계**(living systems)'라는 개념(Clement, 2002)을 사용하여 낮은 성욕을 평가하는 체계적인 접근을 할 수 있다. 이때 (1) 커플이 서로 간의 성욕의 차이를 이해하는지의 여부, (2) 힘과 행동력의 영역의 분리, (3) 개인의 성적인 관심 차이에 대한 커플 간의 의사소통의 부족 등 세 가지 메커니즘이 고려되어야 한다.

울리히 클레멘트(Ulrich Clement)는 이와 같은 개념화를 통하여 커플이 성욕의 차이를 관리하는 하나의 체계가 되어 복잡함을 줄이고 일관성을 증진시킬 수 있다고 제시하였다. 복잡성을 줄이는 한 가지 예는 의사소통(즉, 언어를 넘어서서 신체나 비언어적인 수단을 사용하는 것) 또는 특정한 말이나 습관 또는 규칙을 이야기하지 않는 것일 수 있다. 갈등은 대개 피하고 싶은 경험이기 때문에 커플은 공존이 어려운 요인을 제거하여 갈등을 해소하면서 일관성을 기를 수 있다. 하나의 예로, 시간이 지남에 따라 여성 파트너는 논쟁을 피하기 위해 자신의 기분과 상관없이 남성 파트너가 성관계를 하는 것을 그저 받아들이게 된다.

클레멘트(Clement, 2002)는 커플의 성욕이 하는 역할을 더 알아보기 위해 다음과 같은 질문을 던졌다 성욕은 성기능의 일부인가? 성욕은 개인의 특성인가 혹은 커플 관계 역동의 기능인가? 그는 몇몇 사람의 경우에 낮은 성욕은 개인적인 경험의 결과(예를 들어, 억압)나 관계적 경험(예를 들어, 갈등관계)의 결과, 혹은 문화적 경험(예를 들어, 종교적 또는 도덕적 기준)이 욕망을 막아서 '적극적인 거부' 행동으로 나타나는 것이라고 제안하였다. 따라서 '양'에 집중하기보다는 소통의 '질'과 욕구의 경험이 고려되어야 한다. 다시 말해, 개인의 주관적인 성욕의 경험이 무엇인가와 얼마나 자주 성행위를 갖는가를 비교하는 것이다.

클레멘트는 성욕의 '부각되는 기능' 몇 가지를 다음과 같이 지적하였다(Clement, 2002, p. 243). (1) 커플 안에서의 욕구의 역학을 개인적인 성욕 수준의 차이로 단정지을 수 없는 것은 이러한 차이가 그들의 성적 교감의 본질을 설명하지 못하기 때문이다. (2) 커플 간의 욕구 수준의 차이는 성욕 문제를 지속시키는 데 기여하고,

(3) 커플 간에 누가 성욕이 낮은지, 높은지를 인지하는 것은 그들 사이의 갈등을 촉구시킨다. 서로의 욕구 수준이 다른 것을 알 때 커플은 그 차이에 대해 대화하거나, 피하거나 부인하며 대화 없이 그대로 지낼 수 있다.

정서적 만족

정서적 만족은 자발적인 성욕이 없는 것과 상관이 있는가? 사실 둘 사이의 상관관계는 우리가 생각하는 것보다 훨씬 더 낮다. 듀어(Durr, 2009)는 성욕과 관계없이 파트너와 성관계를 한다고 보고한 이성애자 여성 10명을 대상으로 연구를 진행하였다. 이 연구에 참여한 여성들은 성욕과 성적 흥분을 구분하는 데 어려움을 겪었다. 몇몇 여성은 장기간 만나 온 파트너를 향한 성욕의 감소를 경험했고, 참여자 중 일부는 자신의 파트너보다 다른 남성을 향한 성욕을 강하게 경험하였다.

성욕이 없는 성적 친밀감의 경험이 다소 불쾌한 것으로 묘사되기는 했지만, 여성들은 그들의 파트너를 만족시키기 위해 성행위에 참여하는 것을 선택했다. 낮은 성적 욕구의 경험은 관계에 크게 영향을 미치지는 않았지만 관계의 만족에 기여하는 다른 보완적인 행동들이 있었다. 즉, 기분, 종교적인 이유, 자아상 등은 성욕 감소에 기여하는 요인이었다. 삶의 단계 또한 여성의 성생활 참여에 기여했다(예를 들어, 어린 자녀를 둔 여성 대 자녀를 다 키운 여성). 듀어의 연구에 참여한 여성들은 행복이나 불행의 수준과 무관하게 시간이 지남에 따라 성욕이 감소한다고 보고했고, 부정적인 감정이나 정서적인 거리감은 성욕의 감소에 크게 기여했다.

여성들은 또한 사회적인 기대나 역할이 그들의 성에 대한 인식에 영향을 미치는 것으로 보고했다. 여성들은 그들의 개인화와 분리감이 성적 연결감에 필수적이라고 느꼈다. 이 연구에서 여성들은 상황적인 욕구의 부족을 나타냈는데, 이는 정서적 친밀감과 성애가 성욕을 유지하거나 줄이는 데 기여할 수 있다는 것을 나타낸다. 몇몇 사람에게 반응적인 욕망이 부족한 것은 치료사가 치료 시에 동기 요인의 부족을 다루어야 하는 중요성을 시사한다.

결론적으로 여성이 가지고 있는 성적 문제와 관련된 대인관계 · 심리 · 생물학적 문제 같은 현재의 맥락을 다루는 것이 중요하다. 마찬가지로 여성이 흥분이 잘 안 되는 데 기여하는 요인을 고려하는 것은 여성이 자신의 반응이나 성욕 부족에 대해 죄책감을 느끼지 않도록 도울 것이다. 성적인 레퍼토리뿐만 아니라 성행위의 이점을 넓혀 가도록 코칭하는 것은 파트너의 행복감을 증진시킬 수 있다. 이처럼 성적인 친밀감은 그러한 필요를 구별하고 표현하는 것을 통해 정서적인 연결을 도모하는 수단으로 사용될 수 있다.

성욕장애가 있는 남성 또한 정서적 친밀감을 느끼는데 어려움을 경험할 수 있다. 이는 정서적으로나 성적으로 차단되어 있거나, 친밀감이나 가까워지는 것에 대한 두려움과 관계 갈등이나 외상에 의한 것일 수 있다(Maurice, 2007; Penner & Penner, 2005). 몇몇 치료사는 이러한 문제를 개인치료에서 다루는 것을 선호할 수 있으나, 다른 치료사들은 합동 치료를 통하여 친밀감이나 관계 갈등 같은 문제를 탐색하고 다뤄 보는 기회를 갖는 것을 선호하기도 한다. 기억해야 할 것은 남성들은 자라면서 자신의 감정을 알아차리고 표현하도록 배우지 않아서 때로 성적 친밀감이나 표현을 복잡하게 만들어 성욕장애를 일으키기도 한다는 것이다. 임상가는 내담자가 느끼는 현재의 감정과 그 감정이 파트너나 다른 삶의 환경에 의해 어떤 영향을 받는가를 알아차리도록 도와서 친밀감에 대한 두려움이나 장애물을 극복하도록 할 수 있다.

낮은 성욕장애를 가지고 있는 남성들은 흔히 관계 갈등을 보고하였다(McCarthy & McDonald, 2009). 관계 갈등이 낮은 성욕에 기여할 수 있는 것처럼, 낮은 성욕과 그에 대한 반응 방식이 갈등의 원인이 될 수도 있다.

우울증은 낮은 성욕을 가진 남성들과도 관련이 있다. 임상가는 반드시 우울증과 같은 부정적인 감정을 평가하고 치료하여 에너지 수준을 높인 다음 그와 그의 파트너를 커플로서 치료하기를 기대해야 한다.

성욕의 성별 차이

성욕이나 성욕의 부족은 대개 남성보다 여성에게서 빈번하게 관찰된다. 남녀간의 성욕 차이에 기여하는 요인을 평가하기 위하여 카르발류와 노브레(Carvalho & Nobre, 2010)는 남성과 여성의 반응에 대해 조사하였다. 카르발류와 노브레는 성욕이 낮다고 보고한 일부 남성과 여성 중에서 남성이 성행위 도중에 두려움과 수치심을 느끼는 경우가 더 많은 반면에 여성은 성행위 중에 좀 더 감정적인 상처와 더 높은 수준의 고통을 경험하는 경향이 있다는 것을 발견했다. 또한 커플 간의 적응을 점검해 볼 때, 낮은 성욕을 가진 사람이 적응하는 수준도 낮았다. 사전연구의 문헌들에서는 남성의 성욕이 관계 갈등의 영향을 받지 않는다고 했지만, 여성의 성욕 감소는 관계에 대한 불만족과 연관이 있었다. 마찬가지로 성욕도 성별에 따라 다른 자극제에 의해 자극을 받는 것으로 보인다.

또 다른 중요한 발견은 나이 든 참여자들이 젊은 참여자들보다 낮은 성욕을 보고한 것이다(Carvalho & Nobre, 2010). 여성 집단은 남성 집단보다 성욕이 낮고 정신 질환의 수준은 더 높다고 보고했는데, 이는 여성의 경우에 정신 질환이 낮은 것과 성욕과 관계가 있음을 시사한다. 또한 낮은 성욕을 보고한 참여자들은 높은 불만족과 더불어 환멸감도 보고하였다.

특히 성욕이 낮다고 한 남성들은 높은 수치심을 가지고 있는 것으로 나타났는데, 이는 성욕이 높은 집단이나 낮은 집단 둘 다 비슷한 수준의 수치심을 가진 여성에 비해 높았다(Carvalho & Nobre, 2010). 이러한 결과는 성과 관련된 사회문화적인 영향, 그중에서도 특히 수행 능력에 대한 영향의 가능성을 시사한다. 이 연구에서 남성들은 성행위를 부정적이거나 불쾌한 사회심리적 상황의 중재로 사용한다고 보고하였다. 또한 높은 성욕을 가진 남성과 여성 모두 관계 안에서 더 높은 응집성과 애정 그리고 만족감을 경험하였다.

남성 성기능장애에 관한 대부분의 연구는 성욕장애에 비해 발기부전 및 조루증에 초점을 맞춰 왔다. 일부 남성의 경우에 저활동성 성욕장애는 '다양한 흥분 유형'과 같은 비밀스러운 성적 경험의 영향일 수 있으며, 파트너와의 친밀한 성행위가 아닌 성 자극을 통한 자위를 선호하며, 적절히 처리되지 않은 성적 외상과 성적 취향에 대한 갈등으로 인한 것일 수 있다. 따라서 이는 성욕 부진이 아니라 '비밀스러운/수치스러운 욕구/흥분 유형'일 수 있다(McCarthy & McDonald, 2009, p. 59). 평가를 할 때 그러한 문제에 대한 수치감을 없애는 것이 중요하다. 다양한 흥분의 경험은 종종 수치심, 에로티시즘, 비밀과 같은 유형에 의해 경감된다.

이차적 관심 및 흥분에 대한 우려는 성기능장애에 대한 반응일 수 있다. 많은 남성의 저활동성 성욕장애의 경험은 흥분, 삽입 및 극치감에 대한 불편함과 삽입에 대한 불안에서 오는 회피로 인해 불편하고 확신이 없는 것으로 여겨질 수 있다(McCarthy & McDonald, 2009). 억제된 성욕에 기여하는 평가 요인은 그것이 심리적이든 의학적이든 중요하다. 성욕장애를 경험하는 남성들은 수행에 대한 생각과 감정을 조절하고 예측성과 자율성을 갖는 것이 중요하다. 삽입을 보류하고 성애적 활동 같은 성적 스크립트에 따라 행동하는 것이 여성 파트너의 좀 더 유연한 성적 반응과 일치된다. 재발 방지 접근 방법을 활용하여 불안을 조절하는 것은 좌절-회피 순환으로 퇴행하는 가능성을 줄여 줄 수 있다. 삽입 없이 이루어지는 성적 스크립트, 실망스러운 경험을 한 후에 성적 친밀감을 시도하는 노력과 불안의 순환을 피하기 위해 파트너와 나누는 솔직한 대화가 전략들이다.

비록 많은 연구에서 유년기의 성학대와 성욕 부족 사이의 상관관계를 증명하지는 못했지만, 그에 대한 인식은 계속 있어 왔다. 렐리니와 메스튼(Rellini & Meston, 2007)은 유년시절의 성학대 경험과 성관계 유형의 상관관계를 조사하였다. 그들은 유년기에 성학대 경험이 있는 여성이 성욕장애와 관련된 단어를 더 사용할 것이라고 예측했는데, 실제로는 그렇지 않았다. 따라서 연구자들은 유년기에 성학대 경험이 있고, 성욕의 문제를 가지고 있는 여성이 외상을 재경험하며, 지나치게 압도되어 있는 것은 아니라고 추측하였다. 실제로 성학대를 경험했던 여성이 그렇지 않은 여성보다 성과 무관한 글에서 더 성과 관련된 단어들을 쓰기는 했지만, 이러한 단어의 빈도 수가 성욕의 어려움과 연관이 있는 것으로 보이지는 않았다. 따라서 연구자들은 유년기에 성학대를 경험한 여성과 그렇지 않은 여성 사이에 성욕을 느끼는 것의 어려움의 병인이나 메커니즘에 차이가 없는 것으로 제안한다.

성적 관심과 욕구의 수준이 성별에 따라 다른 것은 반응적인 욕구 같은 욕구의 경험보다는 즉흥적인 욕구에 대해 연구하는 경향을 반영하는 것으로 볼 수 있다(Basson, 2010). 다시 말해서, 만약에 사회심리적인 요인과 동기, 맥락, 관계와 같은 요인들을 간과하고 선천적이고 일방적이며 생물학적인 모델을 기반으로 하여 연구가 이루어지면 욕구에서의 성별 차이를 보고할 때, 성욕과 성적 관심에 대한 복잡한 경우들을 고려하지 않고 욕구의 피상적인 부분만 보고하게 된다.

임상적 양상과 평가

"정말 솔직하게 말하면 저는 성관계를 하는 것에 대해서 전혀 신경 쓰지 않아요. 저한테 아무 영향도 주지 않거든요." 여성 내담자 에리카(Erica)가 한 말이다. 그녀의 고백에도 불구하고 눈에서는 눈물이 흘러내렸는데, 이는 그녀가 그녀의 남편과 공유할 수도 있었을 깊은 정서적이고 성적인 연결에 대한 갈망 때문이었다.

정말 마음이 힘든 상황이다. 우리는 이 내담자가 자신 안에서 느끼는 갈등-양가감정을 느낄 수 있다. 낮은 성욕에 대처하기 위해서 그녀는 표면 아래 있는 상한 감정을 드러내는 발언을 한 것이다. 당신에게는 한 개인이 느끼거나 느끼지 말아야하는 것에 대한 기대 수준에 덧붙여서 최대한 민감함과 돌보는 태도로 다가가야 하는 복잡한 영역이다.

평가를 할 때, 임상가는 내담자의 낮거나 없는 성욕이 평생형과 일반형, 후천형과 전반형 혹은 다른 조합들인지를 잘 분별해야 할 필요가 있다는 것을 항상 기억해야 한다. 모리스(Maurice, 2007)는 다양한 하위 유형을 기반으로 다음과 같이 분류를 하였다.

1. 평생형이면서 일반화되었다면 변화가 일어나기 어렵고, 임상가는 개인이나 커플이 적응하도록 도와야 한다.
2. 평생형이면서 상황형이면 생물학적인 설명을 하기가 어렵고, 개인 심리치료가 좀 더 합리적으로 보인다.
3. 후천형이면서 전반형이면 임상가는 그러한 변화에 대한 설명을 잘하기 위해 충분히 노력해야 한다
4. 후천형이면서 상황형이면 생물학적 기원을 설명하기는 어렵다. 이런 상황에서는 부모 요인에 따라 심리치료가 개인적으로나 파트너와 함께 주어지는 것이 바람직해 보인다(p. 197).

임상 평가를 통해 내담자가 어떠한 하위 유형의 낮은 성욕이나 부재를 경험하는지를 찾아낼 수 있다.

욕구장애의 평가로 가능한 것은 그 사람의 심리/정신 건강과 개인이나 커플의 성적 친밀감의 종류와 스크립트를 포함하여 성적 친밀함과 관련된 문제, 그 사람의 신체건강을 고려하는 것이다. 이와 같은 영역에 대해 논의하겠지만, 다양한 요인-심리적, 신체적, 관계적이고 정서적인-이 신경내분비 체계에 영향을 미칠 수 있다는 점에 유의해야 한다(Nappi et al., 2010). 따라서 생물학적 과정에 대해 살펴볼 때, 성호르몬은 신경전달물질에 영향을 미치며 성욕을 조절한다는 것 또한 알아야 한다. 도파민작동성 체계(성욕과 흥분)와 부신수질호르몬 체계(자극과 극치감)가 일치하지 않을 때, 여성은 성 반응 주기를 시작하는 것이 어려울 수 있다. 만약 세로토닌 체계가 과하게 활성화되면, 욕구를 덜 경험하게 되거나 극치감을 느끼는 데 영향을 줄 수 있다. 다른 주된 요인으로 상황적인 요인인 피곤함과 스트레스 같은 홍분성 신경화학 체계에 영향을 미치는 물질과 세로토닌 재흡수 억제제 같은 약물이 있다. 의학적인 의뢰를 통해 낮은 성욕의 질병들(예를 들면 당뇨, 우울)과 치료(화학

요법, 항 우울제)와의 관련성을 배제해야 한다.

심리/정신 건강을 고려할 때, 바람직한 임상 면접은 현재 우울증이 있는지의 여부뿐만아니라 내담자의 자아상, 신체 이미지, 스트레스와 관련된 전반적인 삶의 질과 스트레스와 연관된 염려 등을 고려해야 한다(Basson, 2007).

윅스, 허틀라인과 갬베시아(Weeks, Hertlein, & Gambescia, 2009)는 임상 평가 동안에 다음과 같은 질문을 할 수 있다고 했다.

1. 얼마나 자주 성관계를 갖는가?
2. 얼마나 자주 성관계를 갖고 싶어 하는가?
3. 당신의 성욕이 낮다고 생각하는가?
4. 언제 처음으로 성욕을 잃어 가고 있음을 알아차렸는가? 그때 어떤 일이 있었는가?
5. 성욕을 갑자기 잃었는가 아니면 천천히 잃었는가?
6. 당신이 관계 초기에 가졌던 성욕의 수준은 어떠했는가?
7. 건강에 변화가 있었는가? 어떤 약을 복용하고 있는가?
8. 1에서 10의 척도를 활용해서 일반적으로 어느 수준의 성욕을 느끼는가? 성교 전에는? 성교 동안에는?
9. 얼마나 자주 성에 대해 생각하거나 낭만적인 상황에 대한 환상을 갖는가?(p. 87)

대인관계의 건강을 고려할 때, 임상가는 관계의 질, 서로를 향해 표현되는 애정, 의사소통 방법과 갈등 해결 스타일 및 기술을 평가할 수 있다(Weeks, Hertlein, & Gambescia, 2009). 또한 욕구장애가 한 파트너에게 있는 것인지 혹은 커플 간의 욕구 차이로 인한 문제인지를 평가하는 것도 도움이 된다. 우리의 문화적 맥락에서는 높은 성욕이 거의 문제가 되지 않음을 명심하라. 오히려 성욕이 높은 것은 당연시 여기며 낮은 것에 임상적 관심을 갖고는 한다. 어떤 경우에는 성욕의 차이를 먼저 평가하는 것이 어느 한쪽을 병리화하는 것보다 문제 해결에 훨씬 도움이 된다.

성적 친밀감의 상황을 평가할 때, 바송(Basson, 2007)은 성적으로 친밀해지는 때와 전형적으로 성관계를 시작하는 방법(예를 들어, 누가 시작하는지, 언제, 어떻게)과 마무리되는 방식에 대한 해석과 관련된 정보를 수집할 것을 권하였다. 그러고 나서 행동, 기술, 흥분에 영향을 미치는 전체적인 성적 스크립트를 평가할 수 있다.

밴 란켈트(Van Lankveld, 2008)는 내담자가 스스로 인식하고 있는 성적 동기를 성애적 생각과 환상의 빈도 수, 자신에 의해 혹은 파트너에 의해 성행위를 시작하는 빈도 수와 함께 평가하기를 제안하였다. 구체적으로 이렇게 묻는 것이 도움이 될 것이다. "성적인 접촉이나 자극에 반응하면서 계속 머물러 있고 싶은 욕구를 느낍니까?" 이 질문은 파트너가 성행위에 참여하도록 동기를 부여하는 보상을 주는가의 여부다(예를 들어, 성적 흥분의 부족, 질 윤활의 문제, 극치감의 문제, 섹스 중의 고통, 의사소통 기술의 부족). 다음과 같은 설문지들도 내담자의 경험을 더 잘 이해하는 데 도움이 될 수 있다.

- 성적 관심 및 욕구 목록(Calyton et al., 2006)
- 헐버트 성욕 지수(Hurlbert Index of Sexual Desire: HISD)
- 성욕 목록
- 여성 성기능 지수(Female Sexual Functioning Index: FSFI)
- 성기능 설문지(Sexual Function Questionnaire: SFQ)
- 성기능을 위한 데로가티스(Derogatis) 면담

남성과 여성이 성행위를 진행하는 방법을 평가하는 것도 도움이 될 수 있다. 예를 들어, 파트너와 친밀한 교류를 할 때 어떤 생각을 하는가? 흥분이나 욕구에 대한 염려 때문에 함께하는 것에 어려움을 겪는가? 성적 친밀감 외에도 다른 염려 때문에 산만해지거나 스트레스를 받는가?

우리가 낮은 성욕에 초점을 맞추고 있기는 하지만, 내담자가 정작 성욕 과다증을 보고할 수 있다는 것도 주목해야 한다. 만약 한 명이 높은 성욕을 가진 경우에 파트너는 상대적으로 낮은 성욕을 가졌다고 느낄 수 있다(제11장에서 성욕 과다증에 대해서 자세히 다룰 것이다).

성욕 과다증에 덧붙여서 우리는 무성욕증에 대해서도 논의해야 한다. 낮은 성욕이 몇몇 사람을 힘들게 하는 반면에 어떤 사람은 그렇지 않을 수도 있다. 무성욕증에 대한 관심이 날로 증가하고 있으며, 더 많은 사람이 매력 자체를 느끼지 않거나 성행위를 하지 않는 것을 정상이라고 말하는데, 이것도 하나의 성적 취향이 될 수 있다.

브로토와 그의 동료들(Brotto et al., 2010)은 무성욕증에 대한 정의가 다른 사람에게 매력을 느끼지 못하는 것으로부터 성행위의 저조함과 같은 행동적인 정의를 강조하는 것까지 다양하다고 하였다. 성욕이 없다고 보고하는 사람들은 낭만적인 행동이나 성행위에 더 집중하는 경향을 보였다. 자기 자신을 무성욕자로 인식하는 사람들에 대한 연구에 의하면, 욕구와 고통 사이에 상관관계가 있었는데, 이는 무성욕자로 자신을 인식하는 사람은 욕구 갖는 것을 부정적인 경험으로 개념화하고 있다는 것을 의미한다. 많은 무성욕자는 낮은 수준의 성욕에도 불구하고 성적 만족감을 보고했다. 이러한 무성욕자들은 성욕저하증을 가진 사람들과는 다르다고 분명히 말하는데, 그들은 성적으로 끌림 자체가 없다고 한다. 브로토와 그의 동료들은 자신들의 연구에서 무성욕자들이 성행위에 참여는 하지만 성적으로 끌리는 것이 부족하다는 의견이 대부분임을 발견했다. 무성욕자들이 성적 접근을 두려워 하는 것은 아니며 성행위를 하지 않는 것이 성기를 혐오스럽게 느끼거나 피하기 때문이 아닌 것으로 나타났다. 이들에 의하면 '사랑 없이도 섹스를 할 수 있는 것처럼, 섹스 없이도 사랑할 수 있는 것'이다(p. 614). 또한 무성욕자들은 성적으로 잘 각성되거나 흥분하지 않는다. 모든 무성욕자 표본의 사람들은 무성욕이 자연스러운 생물학적인 현상이고 다른 하나의 성적 취향으로 존중되어야 한다고 말했다.

치료

낮은 성적 관심, 욕구 및 흥분을 위한 치료

우리는 낮은 성적 관심, 욕구 및 흥분을 치료하는 데 관심을 돌리면서 치료 접근 방법이 그 원인이나 유형에 따라 다양할 수 있음을 알아차리게 되었다(치료 모델의 범위에 대한 자세한 내용은 Leiblum, 2010 참조). 심리치료는 평생형이며 상황적인 낮은 욕구, 후천적 일반형의 낮은 욕구, 그리고 후천적이지만 상황적으로 낮은 욕구의 경우에 가장 효과적임을 기억하라. 평생형이면서 일반형의 낮은 성욕을 가지고 있는 커플은 그러한 상황에 잘 적응하도록 돕는 것이 최선의 전략일 것이다(Maurice, 2007).

치료의 일반적인 원리 또한 이론적인 방향에 따라 다르다(Leiblum, 2010; Ullery, Millner, & Willingham, 2002). 대부분의 전통 치료 모델은 심리교육을 중요시하고,

불안을 감소시키며, 감각 인식과 성적 경험을 증진시키는 폭넓은 인지행동치료 모델에 기초한다. 좀 더 최근의 모델들은 관계 안의 문제를 다루고 심도 있는 것을 지향하여 심리내적이며 현재 드러나는 심도 있는 문제를 다룬다.

심리교육의 이론과 실제

심리교육은 종종 커플들의 성욕이나 남성과 여성의 차이, 남성 간의 차이, 여성들 간의 차이에 대한 이해를 돕기 위해 초기에 진행된다. CBT 같은 특정의 몇몇 모델에서는 치료 접근 방법과 특히 욕구에 대한 염려와 관련된 인지, 감정 및 행동 같은 주요 구성요소 간의 관련성에 관하여 교육이 이루어진다(Brotto & Woo, 2010). 전형적으로 임상가는 자발적 욕구와 수용적 욕구 같은 성욕의 여러 모델과 개념에 대해 이야기할 것이다(Basson, 2007).

심리교육은 이론적일 뿐만 아니라 실제적이다. 이 분야의 초기 연구들에서는 몸이 인식되고, 적절한 성기의 자극과 극치감을 얻기 위해서는 튼튼한 골반 근육을 갖고 있어야 한다고 알고 있었다. 약하고 손상된 골반 근육은 극치감을 얻기 위한 질의 수축이나 액의 흐름을 감당하지 못할 수도 있다(Rosenbaum, 2007). 이때 케겔 운동을 하도록 하는 것이 도움이 될 수 있는데, 몇몇 내담자에게는 골반 근육에 대한 감각을 키우는 것에 좀 더 집중하는 광범위한 신체 치료의 도움을 받아 근육과 근육 이완을 구별하는 능력을 향상시키고, 근육의 긴장을 적절하게 하고, 질 부위 입구와 고통스러운 부분의 둔감화 및 질 삽입에 대한 두려움을 감소시켜서 탄력을 키우기 위해 집중하는 신체운동이 도움이 될 수 있다.

불안 감소

불안과 수행에 대한 부담감을 줄이기 위해 이완 훈련을 가르치고 부담감을 알아차리고 처리하는 것은 일반적이다. 이완 훈련은 심호흡 프로토콜, 근육 이완 및 마음챙김 운동을 포함한다. 이러한 프로토콜의 대부분은 종교적으로 주어지는 치료에 적합할 수 있다. 예를 들어, 임상가들은 이완훈련을 종교나 영적인 주제의 이미지를 사용하여 종교적인 내담자에게 더 잘 적용되도록 할 수 있다. 예를 들어, 더 최근의 이론가(예를 들어, Schnarch, 2010)들은 '성적 도가니'와 성숙하기 위해 견뎌야 하는 어려움에 집중하는 것으로 방향을 바꾸었는데, 이것의 기여에 대해서는 다음에 논의할 것이다.

마음챙김 활동은 행동 기반 임상 서비스의 다음 흐름으로서 점점 더 인기가 높아지고 있다(Brotto & Woo, 2010). "내담자에게 자신의 생각을 비판적이지 않은 방법으로 살펴보도록 가르치고… 마음챙김의 경험을 통해 내담자는 생각은 생각일 뿐이며 현실을 정확하게 반영하는 것은 아니라는 이해를 갖도록 해 준다"(p. 156). 이러한 것들은 성욕에 대해 염려를 갖게 하는 도움이 되지 않는 생각, 불안 및 판단을 알아차리고 반응하는 것을 돕는 치료에 포함한다.

도움이 되지 않는 생각을 식별하고 도전하기

성욕이나 관심과 흥분을 다루는 치료에서는 건강하지 않은 생각이나 성적인 상황에 대한 부정적인 인지적 평가를 고려한다(ter Kuile et al., 2010). 수치심과 죄책감을 증가시키는 왜곡된 믿음에 대한 인지는 치료에서 중요하다. 그것들 중에는 여성에게 성적이라는 것의 의미, 남성과 비교되는 여성의 성적 반응, 그리고 성적으로 흥분될 때 적절하거나 부적절한 방법이 있다는 잘못된 믿음 등이 있다(Millner, 2005).

친밀감 조성하기

성교육과 성적 불안감을 다루는 것에 더하여 임상가는 커플의 친밀감(Schnarch, 2000, 2010), 돌봄의 경험(Treadway, 2010), 감각의 인지나 성적 경험의 증진을 도울 수 있다. 슈나치(Schnarch, 2010, p. 52)의 접근 방법의 특징은 **'도가니 치료 방법** (crucible therapy)'으로 알려져 있는데, 사람이 관계 안에서 순수한 친밀감을 성장시키도록 돕는 것이다. 슈나치는 불안감의 감소보다 강렬한 '감정, 불안감 및 갈등'을 '견디는 것'에 초점을 두었다(p. 58). 이 접근 방법에서 "효과적으로 성문제를 다루는 것은 문제가 없어지도록 하는 것 이상을 말한다. 이는 커플의 인격적인 성숙을 증진시키는 방법으로 문제를 풀어 가는 것이다"(p. 59). 다시 말해, 서로를 기꺼이 신뢰하는 것, 자신을 줄 수 있는 것과 부정적인 평가에 대한 두려움 등을 치료에서 의논하는 것이다. 또한 내담자가 자신을 파트너와 그 관계로부터 분리할 수 있는 능력을 촉진시켜서 더 건강한 관계를 가질 수 있는 가능성을 높인다.

커플은 서로를 보살피며 성장할 수 있다. 예를 들어, 트레드웨이(Treadway, 2010)에 의하면, 서로에게 편안하게끔 만드는 마사지를 해 주고, 상대방이 경험하는 것이 무엇이든지 그대로 경험하게 하고 방해되지 않는 선에서 어떤 생각이나 염려도 그대로 수용해 준다.

감각적인 인지 능력 키우기

감각에 대한 인식을 키우기 위해 커플에게 부담감 없이 감각 중심의 활동을 하도록 과제를 내줄 수 있다. 이러한 활동들은 각 파트너가 감각적인 애무를 받으면서 어떤 것이 즐겁고, 어떤 것이 즐겁지 않은지 알아차리도록 해준다. 또한 이와 같은 활동은 일반적으로 대화가 잘 이루어지도록 하는데, 특별히 성과 성행위에 대한 대화를 잘할 수 있도록 해 준다. 이러한 연습과 함께 파트너에게 자신의 생각, 감정, 특별히 성적 친밀감에 대하여 적도록 요청하는 것이 도움이 될 수 있다. 그들은 하루 종일 했던 생각, 성관계를 맺기 전이나 후에 했던 생각이나 환상에 대해서도 알아차릴 수 있다.

로즈노(Rosenau, 2005)가 제시한 커플에게 실용적인 제안은 서로의 감정 표현하기, 같이 웃기, 상대방의 긍정적인 부분에 집중하기, 같이 기도하기, 상대방의 외모나 옷차림에 대해 칭찬하기 그리고 파트너에 대해 백일몽을 꾸거나 파트너와 갖게 될 성적 접촉에 대해 상상하기 등이 있다. 흥분은 환상에 의해 촉진될 수 있고, 내담자가 흥분을 일으키는 내용이라고 발견한 것에 덧붙여 어떻게 내담자가 흥분되었는지를 알아차리는 데 도움이 된다(Millner, 2005).

성적 친밀감의 상황을 탐색하면서 커플이 함께 시간을 잘 보내는 방법을 찾아가도록 도울 수 있다. 이는 서로를 위한 시간을 만드는 것과 양육에 대한 문제를 다루는 것, 기분을 전환시키는 행동하기(예를 들어, 샤워나 목욕하기) 및 모든 감각이 자극이 되도록 정서적으로 편안한 환경(예를 들어, 조명, 음악, 로션 사용) 만들기 등을 포함한다.

성적 관심과 욕구에 대한 **원형 모델**(Basson, 2002, 2012)에서 낮은 성욕은 성적 파트너와의 관계의 어려움이나 심리적 육체적 염려와 같은 성 이외의 또 다른 부분의 문제로 인한 것이라고 개념화한다. 따라서 치료할 때는 여성의 긍정적인 경험을 증진시키는 데 주목하여 여성이 성행위에 참여하는 것에 좀 더 동기부여가 되도록 한다. 그와 같이 보상을 주는 경험들에는 여성이 극치감을 경험할 수 있거나, 고통이 줄거나 질 윤활과 흥분이 증가하는 것을 경험하는 것 등이 포함된다. 또한 치료는 여성 스스로 성애적 자극에 익숙해지고 어떻게 해야 흥분이 되는지 익숙해지도록 돕는 데 초점을 둔다. 또한 성적 부담감이 없는 관계 속에서 감각에 집중하는 것과 같은 연습은 내담자가 관계 경험을 통해 긍정적인 감정을 갖도록 해 준다(ter Kuile et al., 2010). 또한 자위 훈련은 어떤 것이 그녀에게 즐거움이 되는지를 깨닫고 자신의 필요에 좀 더 집중하고 요구할 수 있도록 돕는다(Brotto et al., 2010). 감각 집중법의 또 다른 기능은 흥분을 방해하는 버림 받거나 억압 받는 느낌을 감소시켜서 신뢰를 향상시키는 것이다(Millner, 2005).

CBT 모델의 이와 같은 초점들에 더하여 다른 접근들은 좀 더 정신내적인 문제를 다룬다. 정신내적인 사항에는 의존, 친밀감과 통제를 잃는 것에 대한 두려움이 있다. 다시 말하지만, 몇몇 치료사는 좀 더 심층적인 개인치료를 통해 정신내적 갈등을 다루는 것을 선호하지만, 다른 치료사들은 관계를 통하여 증상이 없는 파트너가 더 큰 통찰과 인식을 가지고 내담자가 직면한 어려움에 대한 통찰력을 얻도록 한다.

몇몇 성치료사는 좀 더 자기 타당에 관한 성치료 패러다임을 제시하기 위해 심도 있는 접근 방법을 개발시켜 왔다(예를 들어, Schnarch, 1991, 1997, 2000, 2010; Tiefler & Hall, 2010; Treadway, 2010). 예를 들어, 도가니 치료에서 내담자를 돕기 위한 네 가지 지침에는 다음과 같은 것이 있다. (1) 견고하고 지속적인 자기감각을 유지하기, (2) 불안을 조절, 관리하고 진정시키기, (3) 파트너의 불안에 반응하지 않기, (4) 좀 더 강해지고 성숙하기 위해 어려움을 인내로 감당하기다(Schnarch, 2010, p. 52). 성관계를 시작할 때 느껴지는 욕구에만 집중하기보다는 성관계 중간에 오는 욕구를 느끼는 데 중점을 둔다. 마찬가지로 슈나치(Schnarch, 2000)는 성행위에 대한 욕구보다는 파트너에 대한 욕구를 논의하였다. 그는 또한 이 분야가 생물학적 욕구나 기능에 기초한 모델들을 벗어나서 파트너를 향한 욕구에 따라 자유롭게 성행위에 참여하는 쪽으로 옮겨 가고 있다고 주장하였다.

슈나치(Schnarch, 2000)에 따르면, "성욕문제는 개인, 관계, 가족 또는 사회가 가지고 있는 조절 장애나 기능 장애라고 보기보다는 어떻게 관계가 **기능하는가**를 보는 하나의 방법이 되고 있다"(p. 23)고 하였다. 슈나치는 정서적으로 관계에 헌신하는 것이 무엇인지와 우리가 마주하는 정상적이고 자연스러운 친밀감의 다양한 어려움(그가 '성적인 도가니'로 표현한 것)을 어떻게 바라볼지에 관심을 더 가졌다.

이러한 맥락에 따른 치료는 자기분화[또는 머리 보웬(Murray Bowen)이 자기의 분화로 언급한 것]를 촉진시켜서 각 파트너가 정서적으로 '성장'하고, 한 사람의 정서적인 경험과 파트너의 정서적 경험 사이의 경계를 볼 수 있도록 해 준다. 슈나치(Schnarch, 2000)는 분화를 "근본적인 생명력을 분별하고, 개발하고, 균형을 맞출 수 있는 능력, 다른 사람과 연결되어 소통하면서 자신만의 독특함을 가지고 운명을 이끌어 가고자 하는 욕구"(p. 26)로 정의하였다. 이는 자신의 불안을 관리함으로써 파트너를 포함하여 다른 사람들의 불안에 반작용하지 않는 것이다. 이는 성장하기 위하여 피할 수 없는 불편함을 감수하는 것을 배움을 의미한다 (Schnarch, 1991, 2000).

우리는 낮은 성욕이나 성욕이 없는 것을 위한 다양한 심리치료 모델과 접근 방법이 있음을 알게 되었다(Leiblum, 2010 참조). 오늘날 많은 임상가는 생물학 및 관련 약리학적 요인에 대한 이해와 함께 인지 행동적이며 체계적이고 깊이 지향적인 모델을 치료에서 제공하고 있다(Pridal & LoPiccolo, 2000). 일반적으로 말해서 성공적인 치료를 하기위한 다양한 방법들이 있는데, 대부분 그러한 모델들은 (1) 분노, 두려움 또는 복수심 같은 부정적인 정서를 다루고, (2) 통찰력과 이해를 촉진시키며(개인적인 요인, 관계적인 요인 및 의학/건강 염려에 대한), (3) 실용적인 행동 전략('애정 행각'을 증진시키는)을 가지고 있다(Pridal & LoPiccolo, 2000, p. 70).

약학적 고려사항

여성의 신체 증상을 관찰하면서 남성의 발기부전을 치료하는 데 효과가 있는 시트르산 실데나필(sildenafil citrate)이 성욕장애 진단을 받은 여성에게도 도움이 될 것이라는 주장이 제기되었다. 바송과 그의 동료들(Basson et al., 2002)이 이 가설을 증명하기 위한 연구를 진행하였는데, 그 결과에 따르면 실데나필의 사용이 가능하기는 하지만 여성화 되거나 에스트로겐이 부족한 여성의 성적 반응을 증진시키는 경향은 없는 것으로 나타났다. 연구팀은 시트르산 실데나필의 사용으로 성욕과 성적인 자극을 느껴 외음부 또는 질이 충분히 부풀어 오르지 않는 여성들에게 효과적일 수 있다고 결론지었다. 이 약을 활용할 수 있는 여성들은 아마도 성행위의 결과로 욕구와 정신적인 흥분은 경험하지만 생식기의 흥분 반응에서 신경학적인 장애를 경험하는 사람일 것이다. '여성이 자신의 생식기의 반응에 주의를 기울이지 않는 현상, 즉 여성의 생식기에 반응이 일어나지 않거나 있어도 즐기지 못하는 현상은 복잡해서 지금은 잘 이해되지 않고 있다'(Basson et al., 2002, p. 374).

여성의 성흥분장애를 다루는 다른 치료 방법으로는 여성을 위한 제스트라(Zestra)(Ferguson et al, 2010), 알프로스타딜(alprostadil; Liao et al., 2008), 테스토스테론 (Brotto et al., 2010)과 부프로피온(bupropion; Wylie & Malik, 2009)을 사용하는 것이다.

여성을 위한 **제스트라**는 여성의 성적 즐거움을 향상시키고, 음핵, 음순 및 질 입구에 사용함으로써 따뜻함과 민감한 감각을 증가시키기 위해 개발된 식물 추출 복합물이다. 따라서 이것이 홍분을 촉진시키는 것으로 간주된다. 20명의 여성을 대상으로 실험한 결과, 여성 성흥분장애를 겪고 있는 여성과 그렇지 않은 여성 모두 성적 욕구, 성적 만족도, 흥분 정도, 생식기 민감성, 성적 즐거움 및 극치감을 느끼는 능력이 증가하였다(Ferguson et al., 2003). 256명의 여성을 대상으로 한 후속연구(Ferguson, Hosmane & Heiman, 2010)에서도 제스트라 조건과 플라시보 조건에서 모두 비슷한 결과를 얻었는데, 이 연구에서는 플라시보 효과를 통제하고 무작위 샘플을 대상으로 이중맹검법을 활용하였다.

연구 결과에 따르면, 심혈관계 위험 인자들이 질 및 음핵의 기능장애와 관련이 있고, 혈관의 근육을 진정시킴으로써 심혈관계 기능을 증가시키는 혈관확장제(vasodilator)를 활용하여 여성의 성흥분장애가 치료될 수 있다고 가정하였다.

또 다른 치료 시 고려사항은 **알프로스타딜**이 성기관의 신경반사를 촉진시키므로 성적인 반응이나 행동과 연관이 있는 뇌 부위를 활성화시키자고 하는 것이다. 만약 알프로스타딜의 가설이 맞다면, 여성의 성흥분장애 증상을 치료하는 약리학적인 개입이 가능해질 것이다(Liao et al., 2008). 387명의 참여자를 대상으로 한 연구에서 900mg의 알프로스타딜 크림을 사용했을 때 성적 흥분 비율이 가장 증가하였다.

연구자들은 알프로스타딜이 국소적인 혈관을 확장시켜서 성기능과 관련된 화학수용제 역할을 하여 성기의 신경 반사를 증가시키고 성적 반응을 일으키는 효과를 낸다고 주장하였다. 따라서 알프로스타딜 크림 사용이 다른 혈관 확장제와 비교할 때 성적 만족을 더 준다는 주관적인 피드백을 많이 받았다.

안드로겐 치료는 에스트로겐 분비가 부족한 폐경기 여성들에게 효과적일 수 있다. 이는 폐경 전의 여성들에게는 덜 효과적이다. 유방암, 대사증후군 및 인슐린 저항성에 대한 안드로겐 치료 방법의 장기적인 위험은 아직 알려지지 않았으므로 이 분야에 지식이 있는 전문의에게 조언을 받는 것이 좋다(Brotto et al., 2010; Braunstein et al., 2005과 비교하라). **부프로피온**은 성적 활동의 빈도 수를 증가시킬 뿐만 아니라, 성욕을 증가시킴에 따라 항우울제로 인한 성기능장애를 극복하는 데 도움이 되어 왔다. 그러나 가장 도움이 되는 약리적인 처방이 어떤 것인지를 밝히기 위한 추가 연구는 앞으로도 더 필요하다(Maurice, 2005).

예방

욕구장애에 대한 예방은 주로 개인과 커플을 대상으로 하는 성교육인데, 이를 통해 커플 사이의 건강한 소통과 친밀감을 늘려서 정서적 · 성적 친밀감을 향상시키는 생활 방식을 촉진하는 역할을 할 수 있다.

교육은 성과 성기능에 대해 건강하고 균형 잡힌 시각을 갖도록 하여 남성과 여성의 욕구 차이, 욕구의 다각적인 특징과 욕구를 증가시키거나 억압할 수 있는 상황이나 사건에 대해 이해하는 것을 포함한다. 커플로서 거치는 정상적인 삶의 발달단계에 따른 변화가 포함되는데, 아이가 생겼을 때 느끼는 책임감과 스트레스 요인, 우울, 실직 등과 같이 욕구에 영향을 미칠 수 있는 삶의 사건들이 그 예이다.

커플 안에서 건강한 의사소통과 친밀감을 증진시키고자 할 때, 커플이 더 가까워지도록 하는 대화의 촉진이 가지고 있는 잠재적인 유익을 보게 된다. 관계적인 친밀감은 성적 친밀감으로 이끈다. 메스와 매카시(Metz & McCarthy, 2011)는 그들의 책 『욕구를 참기(Enduring Desire)』에서 그러한 접근 방법을 사용하였는데, 커플이 현실적인 기대를 가지고 시간이 감에 따라 만족감을 촉진시키면서 커플로서 성적 스타일을 계발하고 협력하는 것에 대해 커플이 읽어 볼 만한 자원이다. 어떤 상황에서든지 상대방에게서 감정을 거두는 것은 종종 친밀감의 욕구를 감소시키는 요인으로 작용할 수 있으므로 지속적이고 의미 있으며 서로 보상을 주는 상호작용은 앞서 말한 상황을 예방하는 데 도움이 된다.

또한 예방은 커플의 친밀감을 우선시하는 삶의 방식을 배양할 수도 있다. 커플로서 함께 삶을 살아가다 보면 한 사람이나 두 사람 모두 일이나 가족, 또는 교회 일에 치여서 서로에 대한 친밀감에 우선순위를 두지 못하는 것을 흔히 볼 수 있다. 커플은 자신의 시간 사용, 헌신의 대상, 서로를 위해 시간과 성적 친밀감을 가질 기회를 만드는 방법 등을 살펴보아야 한다. 임펫과 고든(Impett & Gordon, 2010)은 성욕 유지의 목표를 향한 접근에 대해 연구를 하였는데 여성의 성욕의 목표는 남성보다 더 관계 맺는것과 관련이 있는 것으로 나타났다. 따라서 여성의 낮은 성욕을 약리학적으로 치료하고자 하는 시도는 바람직한 방향이 아닐 수 있다.

맺음말

성적 관심, 욕구 및 흥분과 관련된 문제는 이 장에서 살펴보았던 것처럼 복잡하다. 치료를 목적으로 생리적, 심리적, 사회적 그리고 관계적인 요인을 고려하는 것이 중요하다. 마찬가지로 영적이고 종교적인 요인도 성욕에 대한 개념과 경험에 대해 추가적인 정보를 줄 수 있다. 이에 더해 성욕에 대해 무비판적인 언어를 사용할 때 가장 효과가 있는데, 특별히 성문제가 있는 사람에게 그것이 민감하고 취약한 주제일 수 있기 때문이다.

제1장에서 살펴보았듯이, 기독교 역사에서는 성과 성에 대한 표현을 낮게 보는 시각이 있었다. 우리는 이 부분에 대해 중세 기독교 관점에서 이야기했다. 비록 요즘의 관점이 좀 더 균형적인 방향으로 발전한 것이기는 하지만, 우리는 여전히 기독교인 사이에서 결혼할 때까지 성관계를 기다려야 한다는 생각을 가지고 있는 것으로 보아 성욕을 거부하는 긴장감을 볼 수 있다. 청소년기가 길어지고 결혼이 늦어짐에 따라 더 많은 기독교인들이 성관계를 기다리기로 결정하는 것을 힘들어 하며, 종종 욕구에 사로잡히고 싶지 않아서 성욕 자체를 멀리하는 것을 보기도 한다. 또한 몇몇 기독교인들은 그동안 거부해 오던 성욕을 신혼 첫날밤에 수용하는 것을 어려워하는 것도 볼 수 있다.

비록 우리가 욕구, 관심 및 흥분의 어려움을 개념화하고 치료하는 전통적인 접근 방법(교육을 강조하고 불안을 줄이며 감각 인식을 증가시키는)을 통해 많은 통찰력을 얻었지만, 불안에 대한 관습적인 이해로부터 고통을 통한 성장에 대한 고려로 고개를 돌리는 모델에도 흥미를 느낀다(예를 들어, Schnarch, 2010). 이러한 접근 방법에는 CBT 접근에서는 다루지 못한 한 개인의 특성을 이끌어 내는 무언가가 있다. 기독교인으로서 욕구장애에 대해 생각할 때, 다양한 성적 장애를 유지하고 기여하게 하는 불안의 역할뿐만 아니라 어떻게 불안을 조절할 것인가를 배우고 의미 있는 방법으로 인내할지를 생각하는 것이 중요하다.

우리는 결혼하는 사람들을 위해 스메데스(Smedes, 1994, p. 145)가 소개한 '창의적인 정절'의 개념을 좋아한다. 스메데스는 결혼한 사람이 충실해야 하는 의무가 결혼 생활을 저해하는 성행위를 피하는 것으로 축소되어서는 안 된다고 지적하였다. 오히려 우리의 관심을 붙드는 정절에 대한 긍정적인 표현이 있다. 스메데스는 정절의 개념을 소명(결혼 상태), 봉사, 배우자(및 배우자의 안녕), 우리 자신의 개인적인 성장 등으로 발전시켰다. 욕구와 관련하여

> 남자나 여자 모두 너무 바쁘거나, 너무 피곤하거나, 너무 소심하거나, 너무 신중하거나 혹은 다른 사람으로부터 유혹을 느낄 수 있다는 두려움에 사로잡힐 수 있다. 하지만 그 사람은 집에서는 지루해 하며 배우자의 필요에 냉담할 수 있다. 그 남자나 여자는 지나치게 적극적이기보다는 점잔을 뺄 수도 있고, 혹은 솔직한 대화가 겁나서 자신의 일을 처리하느라 매우 바쁘다고 할 수도 있다. 그/그녀는 어쩌면 자기는 전혀 바람을 핀 적이 없다고 할 수도 있지만 정말로 솔직했다고 주장할 수는 없다. 그/그녀는 결혼 밖에서 어떤 짓을 하지 않았을 수는 있지만 결혼 안에서 자신의 배우자와 깊은 존경과 존중의 관계를 가지고자 하는 시도는 하지 않았을 수 있다. 그/그녀의 부정적인 정절은 결혼 생활을 무심하게 하고, 그저 습관에 젖어들어 아무것도 느낄 수 없는 무딘 성관계로 이어지게 한다. 누구라도 결혼 생활의 도덕성이 단지 바람을 피우지 않는 것으로 지켜진다고 생각한다면, 그것은 자신의 정절에 대한 기준만 충족시킨 것이라고 볼 수 있다(pp. 146-147).

따라서 성적 욕구, 관심 및 흥분에 대한 논의는 무엇이 부재하는가에 대한 부정적인 면에만 제한하면 안 되고 반드시 무엇이 가능한지에 대한 긍정적인 논의도 되어야만 한다. 그것은 상대방(결혼한 사람들에게는)을 전인적인 존재로 받아들이고 결혼 자체가 가진 구속적인 구조를 향하여 적극적인 자세를 갖는 것을 포함한다.

많은 기독교인이 결혼을 하지 않는다. 그들 또한 성욕을 경험하기는 하지만, 교회는 그들이 평생에 걸쳐 경험하는 성욕의 현주소에 대하여 대부분 다루지 않는다. 이는 커플관계에서의 성욕 장애를 다루는 이 장의 초점을 넘어서는 이야기이긴 하지만, 여전히 아직 자료가 몇 개 없는 중요한 주제이기도 하다(예외에 관해서는 Colón & Fields, 2009 참조; Rosenau & Wilson, 2006).

우리는 또한 성욕에 대한 기독교적 편견과 판단을 반영하는 문제에 대해서도 생각해 본다. 성욕에 대해 가지고 있는 자신의 편견과 생각, 판단과 감정을 인식하는 것은 내담자를 효과적으로 치료하기 위해 필수적이다. 예를 들어, 저자 중 한사람이 직장 동료와의 대화에서 자신이 '아내에게 신호만 주면 어떻게 그녀가 성행위에 바로 응하는지'에 대해 말하는 것을 들었다. 그 사람이 자랑하려고 한 것은 아니

지만 듣는 사람은 분노감을 느꼈다. 그 직장 동료는 이것이 자신과 아내 사이에 동의된 함께 즐기는 상호작용이라고 진지하게 말하지만 듣고 있는 사람은 그의 아내가 정말 자신의 느낌이나 생각을 표현할 자유가 있었는지 의문이 갔다. 그의 아내는 남편이 두 사람의 관계에 대해 가지고 있는 기대감에 부응하려고 했던 것은 아닐까?

비판하는 관점으로 본다면, 그의 아내는 성적 친밀감을 개시하는 모델에 영향을 받았을 것이다. 그런 경우, 그녀의 성욕 수준에 의문을 제기해야 하는가? 만약 그것이 반응적 욕구의 표본이었다면? 만약 그녀가 자신의 역할로 알고 남편의 성적 흥분에 순종적으로 반응하는 것이 더 중요하다고 느꼈다면? 커플은 그 커플만의 독특하고 다양한 성적 스크립트를 발달시킨다. 아마도 그와 같은 성적 스크립트나 신호를 확장하고 전하는 방식과 그것들에 주어진 의미는 궁극적으로 그 커플에게 강화될 것이다.

이러한 대화는 다음과 같은 질문을 떠오르게 한다. 성욕에 대한 그리스도 중심의 관점은 무엇인가? 결혼한 부부의 관점이 독신 혹은 곧 약혼할 사람의 관점과 비슷한가? 만약 동성애 경험에 의해 성욕이 혼돈될 때 그런 관점은 변화하게 되는가? 무성욕증으로 고통 받는 개인은 어떠한가? 혹은 자신의 성별에 대한 불쾌감으로 고통 받는 개인이라면? 행동적인 표현과 무관하게 욕구가 발생한다면, 성욕을 경험하는 데 있어서 옳고 그른 방법이 있는가? 성욕과 욕정의 실제적인 차이는 무엇인가?

비록 우리가 이 모든 질문에 자세한 대답을 할 수는 없지만, 성욕에 대해 생각할 때 성에 대한 청지기라는 개념이 관련 있을 수 있다는 생각이 든다. 우리는 모든 욕망이 반드시 행동으로 옮겨야 하는 내재된 축복을 가지고 하나님께로부터 온 것이라고 볼 필요는 없다. 오히려 욕망은 좀 더 크고 넓은 맥락에서 우리가 타락한 상태에서 갖는 경험으로 보아야 한다. 우리가 욕구를 느끼는 것은 자연스러운 것이지만, 그것이 꼭 하나님으로부터 왔다거나 욕구에 따른 행동이 우리를 더 그리스도를 닮도록 한다고 볼 수는 없다. 관련된 질문은, 우리가 경험하는 욕구를 가지고 어떻게 하나님께 영광을 돌릴 수 있을 것인가?

욕구를 느끼는 것은 종종 그 욕구에 따라 행동하는 선택을 포함한다. 따라서 우리가 욕구를 느끼고 행동하는 결과에 대해 수동적이거나 무기력하다고 믿는 것은 잘못된 것이다.

우리의 일반적인 접근 방법은 기독교인들이 행동화하고자 하는 결심과는 별도로 욕구를 느끼는 방향으로 움직이도록 장려해 왔다. 우리가 말하는 욕구를 느끼는 방향은 욕구의 존재 자체를 무시하고 부인하는 대신에 좀 더 친숙해지고, 시작을 이해하고, 관련된 의미를 생각하는 것으로 옮겨 가는 것이다. 이러한 움직임은 새로운 기회를 제공하고, 통찰력과 이해를 줄 뿐만 아니라 청지기로서, 어떻게 하나님을 경외하는 방식으로 감정과 성적 욕구를 조절해야 하는지를 배우게 한다. 욕구와 거리만 두는 것은 청지기적이기보다는 행동 관리적이며 두렵고 불안한 반응만 더 크게 한다. 우리는 이러한 접근이 궁극적으로 자신의 욕구를 이해하고 성과 성적 표현을 통해 하나님께 영광을 돌리는 방법을 찾으려는 기독교인들에게 도움이 된다고 생각하지 않는다. 성을 단지 행동 관리 측면에서만 본다면 쓰라린 감정과 분노는 자신의 욕구에 따라 행하는 것을 방해하는 수많은 감정에 기여할 수 있다.

자신의 욕망을 다루는 것은 복잡한 경험이다. 지금까지 독신으로 사는 동안에 자신의 성욕과 성적 표현을 건강하게 이해하고 감상하며 하나님께 영광이 되고자 하는 몇몇 기독교인에게 다소 엄격해 보이는 다양한 접근 방법이 제시되었다. 질문할 수 있는 능력, 생각과 감정을 탐색하는 능력 그리고 멈추지 않고 열린 마음으로 정직하게 의견을 공유하는 능력은 우리에게 주어진 성을 건강하게 이해하고 감상하기 위해 무엇보다 중요한 핵심이다.

참고문헌

American Psychiatric Association. (2004). *Diagnostic and statistical manual of mental disorders* (4th ed.). Washington, DC: American Psychiatric Publishing.

American Psychiatric Association. (2013). *Diagnostic and statistical manual of mental disorders* (5th ed.). Washington, DC: American Psychiatric Publishing.

Bancroft, J. (2001). Sexual desire and the brain revisited. *Sexual and Relationship Therapy, 25*(2), 166-171.

Basson, R. (2002). A model of women's sexual arousal. *Journal of Sex and Marital Therapy, 28*, 1-10.

Basson, R. (2007). Sexual desire/arousal disorders in women. In S. R. Leiblum (Ed.), *Principles and practice of sex therapy* (4th ed., pp. 25-53). New York: Guilford Press.

Basson, R. (2010). Complaints of low sexual desire: How therapeutic assessment guides further interventions. In S. R. Leiblum (Ed.), *Treating sexual desire disorders: A clinical casebook* (pp. 133-148). New York: Guilford Press.

Basson, R. (2012). Women's difficulties with low sexual desire, sexual avoidance, and sexual aversion. In S. B. Levine, C. B. Risen & S. T. Althof (Eds.), *Handbook of clinical sexuality for mental health professionals* (2nd ed.). New York: Routledge.

Braunstein G. D., Sundwall, D. A., Katz, M., Shifren, J. L., Buster, J. E., Simon, J. A., Bachman, G., Aguirre, O. A., Lucas, J. D., Rodenberg, C., Buch, A., & Watts, N. B. (2005). Safety and efficacy of a testosterone patch for the treatment of hypoactive sexual desire disorder in surgically menopausal women: A randomized, placebo-controlled trial. *Archives of Internal Medicine, 165*, 1582-89.

Brotto, L. A. (2009). The DSM diagnostic criteria for hypoactive sexual desire disorder in women. *Archives of Sexual Behavior*. doi:10.1007/s10508-009-9543-1

Brotto, L. A. (2010). The DSM diagnostic criteria for sexual aversion disorder. *Archives of Sexual Behavior, 39*, 271-277.

Brotto, L. A., Knudson, G., Inskip, J., Rhodes, K., & Erskine, Y. (2010). Asexuality: A mixed-methods approach. *Archives of Sexual Behavior, 39*, 599-618.

Brotto, L.A., & Woo, J. S. T. (2010). Cognitive-behavioral and mindfulness-based therapy for low sexual desire. In S. R. Leiblum (Ed.), *Treating sexual desire disorders: A clinical casebook* (pp. 149-164). New York: Guilford Press.

Carvalheira, A. A., Brotto, L. A., & Leal, I. (2010). Women's motivations for sex: Exploring the diagnostic and statistical manual, fourth edition, text revision criteria for hypoactive sexual desire and female sexual arousal disorders. *Journal of Sex Medicine, 7*, 1454-1463.

Carvalho, J., & Nobre, P. (2010). Gender issues and sexual desire: The role of emotional and relationship variables. *Journal of Sex Medicine, 7*, 2469-2478.

Clayton, A., Segraves, R. Leiblum, S., Basson, R., Pyke, R., Cotton, D., Lewis-D'Agostino, D., Evans, K. R., Sills, T. L., & Wun- derlich, G. R. (2006). Reliability and validity of the Sexual Interest and Desire Inventory-Female (SIDI-F), a scale designed to measure severity of female hypoactive sexual desire disorder. *Journal of Sex & Marital Therapy, 32*(2), 115-135. doi: 10.1080/00926230500442300

Clement, U. (2002). Sex in long-term relationships: A systemic approach to sexual desire problems. *Archives of Sexual Behavior, 31*(3), 241-246.

Colón, C., & Fields, B. (2009). *Singled out: Why celibacy must be reinvented in today's church*. Grand Rapids: Brazos.

Durr, E. (2009). Lack of "responsive" sexual desire in women: Implications for clinical practice. *Sexual and Relationship Therapy, 24*(3-4), 292-306.

Ferguson, D. M., Hosmane, B., & Heiman, J. R. (2010). Randomized, placebo-controlled, double-blind, parallel design trial of the efficacy and safety of Zestra in women with mixed desire/interest/arousal/orgasm disorders. *Journal of Sex & Marital Therapy, 36,* 66-86.

Impett, E. A., & Gordon, A. M. (2010). Why do people sacrifice to approach rewards versus to avoid costs? Insights from attachment theory. *Personal Relationships, 17*(2), 299-315. doi:10.1111/j.1475-6811.2010.01277.x

Kafka, M. P. (2009). Hypersexual disorder: A proposed diagnosis for DSM-V. *Archives of Sexual Behavior, 39*, 377-400.

Kaplan, H. S. (1995). *Sexual desire disorders: Dysfunctional regulation of sexual motivation*. New York: Routledge.

Kingsberg, S. A. (2002). The impact of aging on sexual function in women and their partners. *Archives of Sexual Behavior, 31*(5), 431-437.

Laumann, E. O., Paik, A., & Rosen, R. C. (1999). Sexual dysfunction in the United States: Prevalence and predictors. *Journal of the American Medical Association, 281*(6), 537-544.

Leiblum, S. R. (2010). *Treating sexual desire disorders: A clinical casebook.* New York: Guilford Press.

Levine, S. B. (2003). The nature of sexual desire: A clinician's perspective. *Archives of Sexual Behavior, 32*(3), 279-285.

Liao, Q. P., Zhang, M., Geng, L., Wang, X., Song, X., Xia, P., Lu, T., Lu, M., & Liu, V. (2008). Efficacy and safety of Alprostadil cream for the treatment of female sexual arousal disorder: A double-blind, placebo-controlled study in Chinese population. *Journal of Sex Medicine, 5,* 1923-1931.

Maurice, W. L. (2005). Male hypoactive sexual desire disorder. In R. Balon & R. T. Segraves (Eds.), *Handbook of sexual dysfunctions* (pp. 67-110). New York: Taylor & Francis.

McCarthy, B., & McDonald, D. (2009). Assessment, treatment, and relapse prevention: Male hypoactive sexual desire. *Journal of Sex & Marital Therapy, 35*, 58-67.

Meana, M. (2010). Elucidating women's (hetero)sexual desire: Definitional challenges and content expansion. *Journal of Sex Research, 47*(2-3), 104-122.

Metz, M. E., & McCarthy, B. W. (2011). *Enduring desire: Your guide to lifelong intimacy.* New York: Routledge.

Millner, V. S. (2005). Female sexual arousal disorder and counseling deliberations. *Family Journal, 13*(1), 95-100.

Montgomery, K. A. (2008). Sexual desire disorders. *Psychiatry, 5*(6), 50-55.

Nappi, R. E., Terreno, E., Martini, E., Albani, F., Santamaria, V., Tonani, S., & Polatti, F. (2010). Hypoactive sexual desire disorder: Can we treat it with drugs? *Sexual and*

Relationship Therapy, 25(3), 264-274.

Prause, N., Janssen, E., & Hetrick, W. P. (2008). Attention and emotional responses to sexual stimuli and their relationship to sexual desire. *Archives of Sexual Behavior, 37*, 934-949.

Pridal, C. G., & LoPiccolo, J. (2000). Multielement treatment of desire disorders: Integration of cognitive, behavioral, and systemic therapy. In S. R. Leiblum & R. C. Rosen (Eds.), *Principles and practice of sex therapy* (3rd ed., pp. 57-81). New York: Guilford Press.

Rathus, S. A., Nevid, J. S., & Fichner-Rathus, L. (2001). *Human sexuality in a world of diversity* (8th ed.). Needham Heights, MA: Allyn & Bacon.

Rellini, A. H., & Meston, C. M. (2007). Sexual desire and linguistic analysis: A comparison of sexually-abused and non-abused women. *Archives of Sexual Behavior, 36*, 67-77.

Rosenbaum, T. Y. (2007). Pelvic floor involvement in male and female sexual dysfunction and the role of pelvic floor rehabilitation in treatment: A literature review. *Journal of Sex Medicine, 4*, 4-13.

Rosenau, D., & Wilson, M. T. (2006). *Soul virgins: Redefining single sexuality*. Grand Rapids: Baker.

Schnarch, D. (1991) *Constructing the sexual crucible: An integration of sexual and marital therapy*. New York: Norton.

Schnarch, D. (1997). *Passionate marriage: Sex, love and intimacy in emotionally committed relationships*. New York: Norton.

Schnarch, D. (2000). Desire problems: A systemic perspective. In S. R. Leiblum & R. C. Rosen (Eds.), *Principles and practice of sex therapy* (3rd ed., pp. 17-56). New York: Guilford Press.

Schnarch, D. (2010). Using crucible therapy to treat sexual desire disorders. In S. R. Leiblum (Ed.), *Treating sexual desire disorders: A clinical casebook* (pp. 44-60). New York: Guilford Press.

Smedes, L. (1994). *Sex for Christians* (Rev. ed.). Grand Rapids: Eerdmans.

ter Kuile, M. M., Both, S., van Lankveld, J. J. D. M. (2010). Cognitive behavioral therapy for sexual dysfunctions in women. *Psychiatric Clinics of North America, 33*, 595-610.

Tiefler, L., & Hall, M. (2010). A skeptical view of desire norms and disorders promotes clinical success. In S. R. Leiblum (Ed.). *Treating sexual desire disorders: A clinical casebook* (pp. 114-132). New York: Guilford Press.

Treadway, D. (2010). Dancing to their own music. In S. R. Leiblum (Ed.), *Treating sexual desire disorders: A clinical casebook* (pp. 165-180). New York: Guilford Press.

Ullery, E. K., Millner, V. S., & Willingham, H. A. (2002). The emergent care and treatment of women with hypoactive sexual desire disorder. *The Family Journal: Counseling and Therapy for Couples and Families, 10*(3), 346-350.

van Lankveld, J. (2008). Problems with sexual interest and desire in women. In D. L. Rowland & Lucca Encrocci (Eds.), *The handbook of sexual and gender identity disorders* (pp. 154-187). Somerset, NJ: Wiley.

Walters, G. D., Knight, R. A., & Langstrom, N. (2011, February 3). Is hypersexuality dimensional? Evidence for the DSM-5 from general population and clinical samples. *Archives of Sexual Behavior*. doi:10.1007/s10508-010-9719-8

Weeks, G. R., Hertlein, K. M., & Gambescia, N. (2009). The treatment of hypoactive sexual desire disorder. In K. M. Hertleim, G. R. Weeks, & N. Gambescia (Eds.), *Systemic sex therapy* (pp. 81-106). New York: Routledge.

Winters, J., Christoff, K., & Gorzalka, B. B. (2010). Dysregulated sexuality and high sexual desire: Distinct constructs? *Archives of Sexual Behavior, 39*, 1029-1043.

Wylie, K., & Malik, F. (2009). Review of drug treatment for female sexual dysfunction. *International Journal of STD & AIDS, 20*, 671-674.

제6장
여성 극치감 장애

시카고에서 달라스로 가는 비행기 안에 나란히 앉은 남자와 여자가 있었는데, 남자가 추리소설을 읽는 중에 여자가 재채기를 했다. 재채기 후 그녀는 가방에서 휴지를 꺼내 코를 닦더니 약 10초 동안 몸을 부르르 떨었다. 그 모습을 자켜보던 남자는 다시 책을 읽기 시작했다.

또 몇 분이 지나 그녀는 다시 재채기를 하더니 휴지를 꺼내 코를 닦고는 약 10초 동안 이전보다 더 크게 몸을 부르르 떨었다. 남자는 그녀가 감기에 걸렸다고 생각했고, 왜 그 여자가 몸을 떠는지 궁금했다. 몇 분이 지나 다시 그녀가 재채기를 하더니 휴지를 꺼내 코를 닦고는 몸을 떨 때 그는 결국 그녀에게 물었다. "실례지만 아까부터 재채기를 한 후에 몸을 떨더군요. 괜찮으신가요?"

"제가 신경 쓰게 했다면 죄송해요. 제게 흔치 않은 질병이 있는데, 저는 재채기를 할 때마다 극치감을 느낀답니다."

그는 물어본 것을 후회했지만 또 다른 질문을 참을 수 없었다. "그런 질병은 들어본 적이 없는데, 혹시 드시고 있는 약이 있나요?"

여성은 고개를 끄덕이며 말했다. "후추요."

이 농담이 암시하듯이, 극치감은 성욕이 있는 대부분의 여성에게 즐거운 경험이다. 이 장에서는 여성이 성적 흥분장애나 극치감 장애라고 진단되는 범주에 들어갈 정도로 성적 흥분이나 극치감을 느끼기 어려운 현상에 대해 다루고자 한다.

성적 흥분을 느끼는 것은 성 반응 주기 중 자극에 의해 일어나는 생리적 반응으로, 성적 친밀감을 이루고 극치감을 경험하는 상황을 제공한다. **극치감**이란 성적 친밀감이 절정에 달했을 때 발생하는 즐거움에 대한 전반적인 신체 반응이다. 이는 성 반응 주기 동안에 생긴 긴장된 신경근의 이완을 포함한다.

성적 흥분에 관한 주제를 살펴보면, 어떤 여성은 성관계는 원하지만 성적 자극에 흥분을 느끼지는 못한다. 하지만 그들은 파트너와의 감정적인 친밀감을 원하므로 파트너와 성관계를 갖고 결국 성적 흥분과 즐거움의 순간을 경험하게 된다.

많은 여성에게 성적 흥분이 성욕보다 먼저 일어난다. 성행위에는 몇 가지 과정이 요구된다. (1) 온전한 체계 안에서의 성적 반응의 지지, (2) 성욕을 불러일으킬 만한 의미 있는 성적 자극, (3) 성행위를 할 수 있는 상황이 그것이다(Both, Laan & Schultz, 2010). 성적 자극은 학습에 의해 의미를 갖게 되는데, 이는 과거의 긍정적이거나 부정적인 경험을 통해 학습된다. 따라서 성적 자극이 불안이나 실망감, 삽입 중의 고통과 같은 이전의 즐겁지 않은 경험과 연결되면 덜 매력적이거나 덜 긍정적으로 받아들여 질 수 있다.

아쉽게도 이러한 경험을 하지 않은 여성 중에서도 성적 흥분을 느끼고자 하지만 흥분하는 데 어려움을 겪는 경우가 있다. 다른 여성들도 극치감을 느끼지 않으면서 성관계를 하지만, 만약 극치감을 느끼지 못하는 것이 문제가 되거나 파트너와의 관계에 영향을 미친다면 그 여성은 극치감 장애를 갖고 있을 수 있다.

성적 관심 장애와 성적 흥분장애가 성적 관심 및 흥분장애로 통합된 것은 일부 여성들이 욕구와 흥분을 구분하지 못하기 때문이다(Basson, 2008). 더불어 그 여성들은 한때 성적 흥분으로 개념화된 생식기의 부풀어오름을 정확히 모를 수도 있다. 그들은 성애적이거나 성적 흥분을 불러일으키는 시각적 자극으로 인해서 부풀어오르는 경험을 할 수도 있다. 성적 자극이 주어지는 초기에 성욕이 일어나지 않더라도 '자극의 종류와 상황' '집중의 정도' '주의를 분산시키는 것들' 그리고 '예상되는 결과'가 여성이 흥분될 가능성에 영향을 미친다(pp. 73-74). 적절하게 집중된 자극은 성적 흥분을 증가시켜서 성욕을 일으키게 하지만 꼭 정해진 순서에 따라 생기는 것은 아니다. 따라서 바송(Basson, 2008)에 의하면, 여성이 경험하는 성기능은 상황의 영향을 많이 받는다. 이와 같이, 성기능장애도 부적절한 자극, 파트너와의 정서적 친밀감의 부재나 성관계를 갖는 상황의 문제와 같은 다양한 요인이 개입될 수 있다. 이러한 요인들은 성불감증을 일으킬 만한 신체적 이유가 없을 때 드러난다.

홍분이나 욕구는 구별하기 어려워 혼돈될 수 있다는 입장과는 반대로, 클라인플라츠(Kleinplatz, 2011)는 그러한 감별 진단은 임상가의 책임이지 내담자의 책임이 아니라고 말했다(p. 4). 그는 또한 성관계를 하는 횟수나 성교에 대한 욕망을 가지고 성욕을 평가하는 것보다는 성불감증 환자가 성관계를 원하지 않는 정확한 요인이나 본질이 무엇인지를 평가할 필요가 있다고 주장하였다(p. 4). 이러한 구분을 무너뜨리는 것은 여성의 성적 흥분이나 성욕에 대한 몇 가지 신념을 드러낸다. (1) 욕구가 무엇인가에 대한 정의가 완전하지 않다. (2) 성욕과 흥분은 겹치는 부분이 있다. (3) 여성의 성욕은 보다 반응적이다.

성적 흥분의 경험과 여성과 남성의 흥분에 대한 차이를 평가하는 어려움은 방법론에 기인한 것일 수 있다. 남성은 발기된 성기를 통해 흥분 정도를 평가할 수 있는 반면에, 여성은 전통적으로 음핵 대신 질을 통해 흥분 정도가 평가된다(Kleinplatz, 2011). 게다가 대부분의 사람은 적절한 성교육을 받지 못했다. 그래서 임상가들은 내담자를 교육시킬 책임뿐만 아니라 그들이 겪고 있는 성욕과 성적 흥분에 대한 문제를 파악할 책임이 있다.

낮은 성욕이나 성적 흥분을 평가할 때, 내담자가 원하지 않은 성관계의 질보다는 종종 성관계의 횟수에 초점을 둔다. 클라인플라츠(Kleinplatz, 2011)는 성욕이 낮은 대부분의 사람은 환상적인 성관계를 할 기회를 놓친 것에 대해 불평하지 않는다고 지적하였다. 그들은 종종 성관계의 질이 떨어져서 더 적게 성관계를 하게 된 사실을 보고한다. 그러나 그런 개인들은 관계에 대한 헌신을 위해서 성관계를 지속할 가능성이 높고, 후에는 성적 흥분 경험이 감소되는 경향이 있다. 이와 같이 성욕이 낮은 사람들은 성관계를 더 빨리 끝내기 위해서 먼저 성관계를 시작하거나 성관계에 반응할 수 있다. 클라인플라츠는 성적 흥분과 성욕의 딜레마를 다음과 같이 요약했다.

> 성교에 대한 성적인 동기와 비성적인 동기 둘 다의 성격과 스펙트럼에 관심을 가질 필요가 있다. 그 동기들은 지나친 성욕이나 낮은 성욕장애에 대해 염려하는 대부분의 사람이 주목하는 욕구보다 좀 더 복잡한 경향이 있다. 우리는 성교를 통해 남성이 얻고자 하는 친밀감의 필요성과 여성이 성교를 하면서 경험하는 열정적인 기쁨의 필요성을 무시하는 경향이 있다. 우리는 여성이나 남성 파트너가 낮

> 은 성욕을 보고할 때 남성이 느끼는 고통의 의미에는 주목하지 않는다. 그런 남성은 (그렇지 않기를 바라는 만큼이나) 성교 없는 생활은 견딜 수 있지만 그의 파트너가 자신을 원하지 않는 것에 절망한다. 대신에 우리는 '성욕 과다'를 가진 남자의 성적 동기는 '정서 조절'을 추구하는 증거라고 탐탁해 하지 않으면서 그들의 동기에 주의를 기울인다(Kleinplatz, 2011, p. 12).

클라인플라츠(Kleinplatz, 2011)가 제시했던 우려는 저활동성 성욕장애(Hupoactive Sexual Desire Disorder: HSDD)와 여성 성적 흥분장애(Female Sexual Aversion Disorder: FSAD)의 증상을 연구한 데로가티스와 그의 동료들(DeRogatis et al., 2010)에 의해 살펴보게 되었다. 그들의 우려는 더 많은 여성이 성욕 및 성적 흥분 장애로 진단 받을 수 있지만, 복합적인 진단에 관한 임상적 의미는 감소할 수 있다는 것이다. 그러나 브로토와 그의 동료들(Brotto et al., 2010)은 증상에 관하여 데로가티스와 그의 동료들이 평가한 것에 대해 두 장애를 따로 진단할 실험적 증거가 부족한 것은 두 장애가 융합되어 있다는 것을 뒷받침해 주는 것이라고 반론을 제기했다. 브로토(Brotto, 2010)는 성적 관심 및 흥분장애의 기준은 여성뿐만 아니라 남성에게도 타당한 것이라고 주장했다.

정의

성욕·성적 흥분 장애와 극치감 장애 사이에는 몇 가지 차이점이 있다. 증상 중에는 신체적인 증상도 있지만 신체적이지 않은 증상도 있다. 성적 관심/성욕/성적 흥분 장애나 극치감 장애는 단지 증상만으로 진단할 수 없다. 이런 장애들은 관계적인 맥락 안에서 발생하기 때문에 증상의 유무나 현상뿐만 아니라 관계의 질에 대한 평가나 점검이 주요하게 고려되어야 한다.

우리는 제5장에서 성적 관심/성욕/흥분 장애는 성행위에 대한 욕망의 부재나 흥분을 느끼거나 유지할 수 없는 상태를 의미한다고 하였다(APA, 2013). 미국비뇨기과학회(American Urological Association Foundation: AUAF)에서는 성적 환상과 욕망의 부재를 성욕장애의 요소로 기술했으며, 성적 흥분을 느끼려고 시도하는 동기가 없거나 적은 것을 성욕장애의 요인으로 간주하였다. AUAF에서 제시한 욕구장애 진단의 또 다른 질적인 요인은 "삶의 주기와 성관계 기간이 길어짐에 따라 자연스럽게 감소하는 성욕의 수준을 넘어서는 정도"이다(Brotto et al., 2010, p. 587).

최근 DSM-5에서 여성의 **극치감 장애**에 대한 개념화는 "뚜렷하게 지연되고, 눈에 띄게 낮은 빈도로 발생하거나 혹은 발생하지 않는 극치감"이 심각하게 고통을 유발하여 6개월 이상 지속되는 것이다(APA, 2013, p. 429). 이러한 증상은 '거의 항상 혹은 매번' 나타나지만, 평생형(성적 활동을 한 이후부터) 또는 후천형(일정 기간 정상적으로 기능하다가 이후에 문제가 된), 상황형(특정한 자극, 상황, 파트너의 경우에서만 생기는 증상) 혹은 전반형(특정한 자극, 상황, 파트너에 국한되지 않고 생기는 증상)이 구별되어야만 한다.

극치감을 경험하는 데 어려움을 겪는 여성은 전체의 11~34%인 반면에, 10~34%의 여성은 극치감을 경험하지 못하는 것으로 국내 표본 조사를 통해 알려졌다(Craham, 2010; Meana, 2012). DSM-5에서는 평생 동안 극치감 경험에 어려움을 겪는 10%의 여성을 포함하여 10~42%의 여성이 극치감을 경험하는 데 어려움을 겪고 있다고 추정하였다(APA, 2013). 또한 극치감을 경험하는 것이 어려운 여성 중 절반 혹은 절반이 안 되는 수가 극치감을 경험하지 못하는 것이 고통스럽다고 보고했다(Meana, 2012). 이는 많은 여성에게 극치감을 느끼는 것이 중요하기는 하지만, 남성처럼 성적 친밀감에 있어서 가장 중요한 것은 아니라는 것을 추론할 수 있다. 이 점에 관해 여성과 남성의 차이가 많기는 하지만, 남성의 경우에도 극치감이 성적 친밀감에 있어서 반드시 중요한 점은 아니라는 것을 알 수 있다.

병인론

원인에 대해서 생물학적 요인, 심리적 요인, 성격적 요인, 관계적 요인을 살펴보고자 한다. 이 다양한 요인들은 여성에 따라 다르게 영향을 미치는 것을 염두에 두어야 한다.

생물학적 요인

DSM-5(APA, 2013)에서는 극치감 장애가 다양한 의학적 상태와 문제를 치료하기 위한 약물을 포함하여 유전적 및 생리적 위험 요인과 관련이 있다는 것을 명시하였다. 여기서 다양한 의학적 상태는 "다발성 경화증, 지나친 자궁 절제술로 인한 골반신경의 손상과 척수 부상" 등이 포함된다(p. 431). 심장병과 신장 질환도 성불감증과 연관이 있다(IsHak, Bokarius, Jeffrey, Davis, & Bakhta, 2010). 질이 건조하고 가렵고 아픈 것이 특징인 외음부 위축증이 있는 여성들도 극치감 장애를 겪을 위험이 있다(APA, 2013, p.431).

극치감을 일으키는 신경신체적인 요인에는 G 부분(혹은 Grafenberg spot)뿐만아니라 음핵과 질 같은 해부학적 특징이 있다. 음핵과 질에 의해 나타나는 성적 흥분에 따른 신체 감각과 더불어 뇌도 여성의 극치감과 성적 흥분의 중요한 요인이다. 여러 연구에서 성기에 직접적인 자극을 주지 않아도 극치감을 경험하는 여성들이 있다는 것이 밝혀졌다(Heiman, 2007).

약에 관하여 몇 가지 배경 지식이 도움이 되는데, 도파민은 인간이 극치감을 경험하는 데 중심이 되는 신경전달물질이다. D_2와 D_4 시냅스 후 수용체(연접 후 수용체)는 극치감을 촉진시키고, 이 수용체를 막는 약들은 극치감이 일어나지 못하게 한다(Komisaruk et al., 2006). 남자의 경우에는 사정할 때 뇌의 복측피개영역이 활성화된다. 여성의 경우에는 극치감을 느낄 때 측좌핵이 활성화된다. 하지만 도파민 자체가 극치감을 일으키지는 않는 것으로 알려져 있다. 본질적으로 도파민은 성기나 다른 성적 자극에 의해 감각적 충동이 일어날 때 쾌감 보상 대뇌 변연계를 활성화한다.

대조적으로 세로토닌은 극치감을 억제하는 경향이 있기 때문에 재흡수를 통해 세로토닌의 활동을 증가시키는 항우울제와 항정신병제는 성불감증을 일으킬 수 있다(Komisaruk et al., 2006).

구체적으로 성기능에 영향을 미치는 일부 신경이완제(파킨슨병을 유발하는 항정신병제-페노티아진계에 속하는 클로르프로마진, 플루페나진, 티오리다진)는 성기능에 강한 영향을 미쳐서 성적 장애를 일으킨다. 이와 반대로 클로자핀, 올란자핀, 리스페리돈과 같은 새로운 항정신병제는 성기능장애에 적거나 중간 정도의 영향을 미친다. 그래서 항우울제는 변태성욕을 치료하기 위해 사용되어 왔다(Komisaruk et al., 2006).

삼환계 항우울제와 세로토닌 재흡수 억제제는 세로토닌의 활동을 증가시켜서 성기능장애에 강한 영향을 미치기도 한다. 부프로피온, 트라조돈, 미르타자핀, 네파조돈, 레복세틴과 같은 비전형적인 항우울제는 성기능에 비교적 적은 영향을 미친다. 모노아민 산화효소 억제제로 인한 극치감 장애는 높은 수준의 도파민과 부신수질 호르몬에 비해 극치감 억제 효과를 일으키는 세로토닌성 활동의 증가 때문일 수 있다.

극치감 장애의 생물학적 원인을 살펴보는 것과 더불어 심리적 요인과 성격적 요인을 살펴보도록 하자.

심리적 · 성격적 요인

비록 심리적 · 성격적 요인에 대한 확정적인 연구는 많지 않지만, "스트레스, 피로 정도, 성정체성, 건강과 다른 개인적인 특징과 경험이 성욕과 성 반응을 바꿀 수 있다는 주장이 있다"(McCabe, 2009, p. 214). 불안이나 우울, 특히 흥분, 수행과 극치감을 느낄 수 있을까에 대한 불안처럼 실업 문제같이 스트레스를 유발하는 우려에 대해서도 더 많은 연구가 이루어져야 한다.

페너와 페너(Penner & Penner, 2005)도 자신의 몸에 대해 잘 모르거나 성관계에서 수동적인 태도를 보이는 여성들이 극치감을 느끼는 데 어려움을 겪을 수 있다고 하였다. 전자와 관련하여 "자신의 몸에 대한 지식, 즉 성 반응 구조나 효과적인 자극에 대한 지식이 없는 여성이 성적으로 절정에 오르는 데 어려움을 겪을 수 있다"(p. 217). 아마도 "그들은 성관계 중 쾌감을 느낄 것이라는 기대감이 없고… 정신적으로 몸의 흥분 반응과 연결되어 있지 않기 때문이다"(p. 217).

성관계 중 수동적인 여성들에 관해 페너와 페너(Penner & Penner, 2005)가 관찰한 것은 다음과 같다.

> 유사하게 여성은 자신을 남성의 공격적인 성행위를 수용하는 수동적인 객체로 인식해서 성관계에서 수동적인 태도를 갖기도 한다. 그들은 자율신경계의 부교감 신경계, 즉 수동적 신경계에 의해 흥분이 조절되므로 흥분을 느끼기는 하지만 극치감 반응의 바로 직전, 평온기의 마지막에 흥분이 끝난다. 마치 언덕을 넘어가지 못하는 것과 같다. 이 평온기에서 절정기로 변하는 지점이 바로 불수의적 조절이 부교감 신경계에서 교감 신경계로 이동하는 지점이라고 생각된다. 이때 심장 박동이 증가하고, 숨이 가빠지고, 자동적인 골반의 움직임이 생기며, 노골적이고 적극적인 성행위가 시작되어야 한다. 하지만 여성이 수동적인 경우에 이러한 반응은 일어나지 않는다(p. 217).

성격적 요인에 대한 연구는 여성이 감정 지능(감정 상태를 인지하고 자신에게 도움이 되고 생산적인 방식으로 관리하는 능력)이 낮은 것처럼, '내성적이고, 정서 불안과 새로운 경험에 열려 있지 않은 상태'는 극치감의 낮은 빈도와 연관이 있다"고 제시하였다(IsHak et al., 2010, p. 3257).

관계적 요인

원만한 의사소통의 부재는 성기능에 어려움을 겪는 커플의 주요 특징으로 관찰되었다. 여성이 극치감 장애를 겪는 커플의 경우에 그렇지 않은 커플과 비교하여 비난과 배타적인 의사소통 방식을 가지고 있을 가능성이 있다(Kelly, Strassberg, & Turner, 2004, 2006). 불만족스러운 관계와 여성의 성기능장애 사이에는 상관관계가 있다고 알려졌다. 성욕장애가 있는 여성은 파트너에게 덜 매력을 느끼며 낮은 갈등해결 능력과 낮은 친밀감을 가진다고 보고되었다. 욕구, 희망, 필요, 갈등에 대해 파트너와 원만하지 못한 대화를 하는 것은 여성이 성관계를 하고 싶은 욕구에 부정적인 영향을 미칠 수 있다(Brotto et al., 2010, p. 593; McCabe, 2009).

특히 직접적인 음핵 자극이 여성의 성 반응을 최대로 이끌어 낸다고 볼 때, 여성이 기분 좋은 음핵 자극을 경험하기 위해서는 원하는 것이 무엇인지 파트너와 소통하지 못하는 것은 극치감 장애의 발달과 지속에 영향을 미칠 수 있다(Kelly, Strassberg, & Turner, 2004). 충분한 전희는 흥분을 증가시키고 극치감의 경험 가능성을 높일 수 있다(McCabe, 2009). 여성 극치감 장애의 치료를 위해서는 통제 자위를 활용하기 때문에 평생형이나 후천형 성불감증을 겪는 여성 모두가 부적절한 성적 자극의 결과로 그러한 상태에 이를 수 있다(Brotto et al., 2010).

극치감을 느끼는 데 어려움을 겪는 여성의 비율은 시기와 평가 방법에 따라 다양하다. 성관계 중 여성의 극치감 부재는 관계적 만족과는 아무 관련이 없을 수도 있다. 극치감을 느끼지 못해서 겪는 고통은 여성마다 다르다. 남성은 성기의 반응(예를 들어, 사정이나 발기)에 대한 걱정을 하는 반면에, 여성은 성적 경험에 대한 주관적 요인(예를 들어, 흥분이나 쾌락을 느끼지 못함)에 대해 걱정한다. 건강하지 않은 신체적 · 정신적 상태와 관계적 어려움은 일반적으로 여성 극치감 장애에 가장 기여하는 요인이다(Graham, 2010).

성기능에 대해 논의할 때, 정상적인 차이를 병리적으로 정의하지 않고 어떻게 표현할 수 있을까? 성문제를 일으킨 관계적인 상황을 어떻게 다루어야 하는가? 고통을 성기능장애의 기준에 포함시키는 것도 중요하지만, 고통이 성기능장애 진단의 단 한 가지 기준이 되기에는 불충분하다. 빈도, 기간, 심각성과 같은 좀 더 정밀한 기준이 진단을 내리는 데 도움이 된다. 그레이엄(Graham, 2010)은 극치감의 생물학적 요인을 강조하지 않을 것을 권했다. 극치감에 대한 신체적 · 주관적 경험은 여성에 따라 다를 수 있다. 기간과 심각성의 정도에 따른 구별을 하는 것이 지속적인 성기능장애를 진단하는 데 도움이 된다. 극치감 장애의 치료를 위해 관계 요인을 중요하게 다룰 수도 있다. 여성이 극치감을 느낄 수 있는 능력과 과거의 경험이 치료의 데이터가 되기 때문에 평생형과 후천형을 구별하는 것이 평가할 때 중요하다

전반형과 상황형을 구분하는 것도 임상적으로 유용하지만, 상황형은 음핵 자극으로 극치감을 느끼고 음경 삽입으로는 극치감을 느끼지 않는 것으로 오해하면 안 된다(Graham, 2010, p. 266). 음핵 자극으로 극치감을 느끼지만 음경 삽입을 통해서는 느끼지 못하는 경우에는 극치감 장애에 해당하지 않는다.

맥케이브(McCabe, 2009)는 몇몇 여성이 사회화 문제, 성정체성 문제, 성과 성적 즐거움에 대한 부정적인 태도 등에 대해 이전 세대로부터 영향을 받는다는 것을 관찰했다. 유년기에 성학대를 경험한 몇몇 여성은 성불감증을 겪는 것으로 알려져 왔지만, 그것이 성 불감증의 결정적인 원인은 아니다.

맥케이브(McCabe, 2009)는 이 분야의 우려가 성적인 신체 접촉뿐만 아니라 성적이지 않은 신체 접촉이나 친밀함을 느끼게 하는 일반적인 신체 접촉까지 어렵게 한다는 것을 알게 되었다. "성적이지 않은 접촉과 성적인 접촉에 대한 불편함은 친밀감의 발전을 저해하여 관계의 기능을 나빠지게 하고, 한 사람 혹은 두 사람 모두에게 성불감증을 일으킨다"(p. 216).

임상적 양상과 평가

메기는 상담실에 들어와서는 남편 팀으로부터 멀리 떨어져 있는 쇼파에 앉았다. 상담을 진행하며 둘 사이의 물리적 거리가 그녀가 느끼고 있는 감정적 거리를 반영하고 있다는 것을 알 수 있었다. 메기는 팀과의 관계에서 극치감을 경험하지 못하고 있었는데, 그것이 그녀에게는 중요한 상징적 의미를 가진다고 하였다. 그녀가 대학 시절에 가졌던 이전의 관계에서는 극치감을 느낄 수 있었다. 팀은 그녀

가 성관계를 가진 두 번째 남자인데, 그를 통해 극치감을 느끼지 못하는 것은 그녀에게 스트레스라고 말했다. 또한 그녀는 성관계를 가질 '준비가 되는 것' 자체, 즉, 전희와 성교 중 충분한 매끄러움을 경험하는 데 어려움이 있다고 하였다.

메기와 팀의 양상은 성적 관심/성욕/성적 홍분 장애의 증상이 어떻게 극치감 장애의 증상과 공존하는지를 보여 주는 좋은 예시다. 이 중 장애를 가지고 있는 것인지, 한 장애가 주가 되고 다른 장애는 부수적인 것인지, 증상의 원인이 다른 증상을 암시하는 것인지 판단하기 위해서 임상가는 면밀한 평가를 해야 한다. 일반적으로 평가는 내담자의 염려에 대한 이해를 폭넓은 맥락에서 하기 위해 남녀의 전체적인 성 반응 주기를 살펴야 한다. 또한 내담자와 그의 파트너를 평가하는 것이 중요하다. 그렇다면 이제 개인 평가와 커플 평가에 대해 살펴보자.

개인 평가

성욕/성적 홍분/극치감 장애의 만연성을 추정하기 위한 브로토와 그의 동료들(Brotto et al., 2010)의 메타 분석에 따르면, 연구 방법, 참여자와 지리적 장소에 따라 낮은 성욕 문제가 10~40%를 차지했다. 그러나 이 비율은 성적인 스트레스에 대한 불만을 포함했을 때 절반으로 감소했다. 이러한 감소는 스트레스를 성적 홍분 장애의 평가에 포함시킨 경우에도 동일하게 나타났다. 이는 성적 관심/홍분 장애 평가에 스트레스의 심각성이 포함되어야 한다는 것을 암시한다. 그들은 또한 "성적 만족과 성교하는 빈도수는 적은 상관관계를 보이며, 성적 증상과도 일관성이 없다. 따라서 성적 만족은 임상적으로 평가되어야만 한다."(Brotto et al., 2010, p. 591)고 주장했다.

면밀하게 여성 극치감 장애를 평가하기 위해서는 성적 자극이 적절한지에 대한 심도 깊은 면담을 해야 한다. 생물심리사회적 면담은 임상가로 하여금 내담자를 성적인 장애에 취약하게 하거나 장애를 지속시키는 요인뿐 아니라 해당 장애에 대한 내담자의 경험을 알 수 있는 기회다. 생애 주기와 관련된 스트레스에는 불임, 출산과 같은 신체적 경험과 불화, 부적절한 성 파트너, 불륜, 이혼, 사별, 과거의 트라우마와 같은 관계적 요인이 있고, 실업과 같은 상황적 스트레스 요인도 있다. 성적 장애에 취약하게 만들거나 유발시키는 요인을 인지하는 것은 치료의 시작에 도움이 된다. 진단 시에는 의학적 · 심리적 우려, 의약품, 약물 남용이나 관계적 만족도 등 성적 장애를 유지시키는 요인도 고려해야 한다. 개인 면담과 별개로 파트너 동반 면담도 임상 평가에 필수적이다(Brotto et al., 2010).

일부 임상가는 자기보고식 평가를 사용하는데, 이러한 경우에 평가의 잣대가 성 경험의 질보다 양에 집중되지 않도록 주의해야 한다(Brotto et al., 2010). 그러므로 성활동의 빈도에 대한 질문보다 성적 스크립트나 개인적인 만족, 소통의 질과 다양성, 기술 등에 대한 질적인 질문을 해야 한다.

임상가들이 성기능장애를 일으키거나 지속시키는 심리적 · 인지적 · 정서적 요인을 평가할 수 있지만, 내담자에게 신체검사를 받도록 의사에게 의뢰하는 것도 중요하다. 이러한 신체검사는 여성이 검사를 받는 가운데 자신의 성기나 몸에 대한 인식, 태도, 믿음을 인식하고 표현할 수 있는 기회를 줄 수 있다는 점에서 중요하다. 산부인과 의사는 내담자에게 자신의 몸에 대한 정보를 알려 주고 자신의 몸에 대해 긍정적인 태도를 갖도록 격려할 수 있다. 또한 산부인과 의사는 내담자의 골반 아랫부분 근육의 조절 능력을 평가하고 질 위축증이나 감염이나 통증이 있는지 평가해야 한다.

여성의 성에 대한 진단과 발전에 관해 브로토와 그의 동료들은 '세 가지 창문' 접근 방법을 활용할 것을 권했다(Brotto et al., 2010, p. 601). 이 접근 방법에서는 (1) 현재 내담자가 처한 상황의 맥락, (2) 과거 경험이나 성격 요인 같은 취약 요인의 유무, (3) 정신적 · 신체적 건강을 포함하여 성 반응에 영향을 미치는 건강 관련 요인을 평가한다.

여성 극치감 장애의 평가는 성적 흥분의 여러 측면, 즉 인지된 성적 흥분, 욱신거림을 비롯한 성기의 감각, 성기가 자극되었을 때 느끼는 성적 만족감, 가슴 등 신체의 다른 부분이 자극되었을 때 느끼는 성적 만족감, 혈압과 심장 박동의 변화와 질액 형성 등과 같이 성적 흥분을 다방면으로 포괄할 필요가 있다(Millner, 2005). 평가를 위해 고려할 사항으로 다음과 같은 요인이 포함된다.

- 성기능 장애가 평생형인지 후천형인지의 유형을 알아보기 위해 성경험의 과거력을 기록한다. 시간, 장소, 파트너는 성적인 문제를 알려 주는 중요한 정보다.
- 내담자가 언제 만족스러운 성적 흥분을 경험했는지 질문한다.
- 원가족(原家族) 안에서 어떤 형태의 스킨십이 용인되고, 눈맞춤을 할 수 있는 능력, 다른 사람을 신뢰하고 공감하며, 자기 이미지나 개인의 힘을 표현하는

능력 등의 성교육을 경험하였는지에 대해 질문한다. 원가족들은 성에 대해 어떻게 대화하였는가?

- 성격 장애, 성학대 경험 등과 같이 성기능을 방해할 수 있는 개인적인 요인을 평가한다.
- 내담자가 파트너에게 성적으로나 감정적으로 끌리는지, 그리고 그것이 상황형인지 전반형인지를 지속적으로 평가한다.
- 내담자가 자신의 성적 필요에 대해 그의 파트너와 소통할 수 있는지 평가한다.
- 내담자의 자아상은 어떠한가? 성적인 문제는 스스로에 대한 부정적 이미지의 반영일 수 있다.
- 내담자가 자신의 성경험에 대해 어떤 인식과 감정을 갖고 있는가?
- 성적인 어려움이 생긴 이후로 내담자와 그의 파트너는 어떻게 대응해 왔나? 그들의 성적 스크립트는 무엇인가?
- 내담자와 그의 파트너가 신체 접촉을 수용하는 신체 부위를 표시한 몸 지도를 평가한다.

아마도 내담자에게 무엇이 없는가를 평가하는 것이 그/그녀의 경험에 대한 중대한 정보를 줄 것이다. 예를 들어, 클라인플라츠(Kleinplatz, 2011)는 임상가는 무엇이 내담자로 하여금 성적으로 흥분하게 하는지, 예를 들면 그들이 가장 흥분되었을 때 어떤 종류의 성관계를 하고 있다고 상상이 되는지를 물어서 그들을 이해할 필요가 있다고 강조했다.

바송(Basson, 2008)의 평가 전략은 다음과 같다. 여성의 성 반응 주기를 평가할 때, 개별적으로뿐만 아니라 파트너와 함께 평가하고, 상황에 맞는지뿐만 아니라 그녀의 성행위에 대한 동기와 반응을 평가한다. 그녀의 자아상과 과거의 성 경험과 느낌을 평가하고, 그녀가 느끼는 자극의 종류와 각 자극이 어느 정도 효과를 갖는지 평가하는 것은 중요한 정보이다. 그녀가 성관계에 집중하지 못했던 경험에 대해 질문하는 것도 장애를 이해하는 데 중요하다. 타이밍, 극치감(욕구 또는 경험), 통증, 파트너의 성기능 장애와 같은 성경험의 자세한 요인들도 평가한다. 이 평가를 진행하기 위해 바송은 'A-G 평가 요소'(p. 77)를 사용했다. 어떤 일이 있었는지 생각과 느낌 살펴보기, 두 당사자(내담자와 그의 파트너)의 성적 반응, 파트너와의 관계, 환경, 문화, 왜 지금 성불감증이 발생하였는지의 맥락, 우울과 관련된 증상이나 행동,

인지, 과거의 치료 경험, 과거의 성경험, 파트너에 대한 감정, 복용하는 약 등 전반적인 건강을 평가에 고려해야 한다.

커플 평가

커플 중(이성애 커플에서) 극치감 장애를 겪는 여성이 있는 커플과 그렇지 않은 커플의 의사소통 방식에는 상당한 차이가 있다(Kelly, Strassbergs & Turner, 2006). 여성이 성적 자극을 느끼기 위하여 무엇을 원하고 필요로 하는지를 알고, 파트너에게 비난하지 않는 방식으로 분명하게 전달해야 한다. 성불감증 장애를 겪는 여성은 직접적인 음핵 자극에 대해 파트너와 편안하게 의사소통하는 데 많은 어려움을 느낀다. 따라서 의사소통문제는 여성 극치감 장애의 발병과 유지에 중요한 의미를 가질 수 있다. 또한 극치감 장애를 겪는 여성은 성관계에 관한 대화에 덜 수용적인 경향이 있다. 아내가 극치감 장애를 겪는 남성은 그렇지 않은 남성보다 성관계에 대해 대화하는 것을 더 불편해 하는 경향이 있다. 그러므로 이 장애를 다루는 데 있어서 자기보고와 행동 평가를 통한 커플의 의사소통 방식을 평가하는 것이 중요하다. 마찬가지로, 다른 연구에서는 통제 집단에서 극치감 장애를 겪는 여성이 그렇지 않은 여성보다 의사소통에 대해 덜 편안하게 느끼는 경향이 있음을 발견했다. 이러한 역동의 상호작용을 볼 때, 극치감 장애를 겪는 여성의 파트너인 남성도 편안하게 의사소통하는 것을 어려워하는 것으로 나타났다. 또한 이런 남성들은 상대방의 성적 필요에 대해 정확성이 떨어지는 견해를 가지고 있는 것으로 나타났다(Kelly, Strassberg, & Turner, 2004).

커플 평가를 할 때, 다음과 같은 질문을 하는 것을 생각해 볼 수 있다(Heiman, 2007).

- 각 파트너가 이 문제(극치감 장애)를 어떻게 묘사하는가?
- 이 문제와 관련되어 표현된 정서는 무엇인가?
- 파트너가 욕구, 흥분, 극치감, 성적 만족과 성기 고통의 수준이나 빈도 수에 대하여 어떻게 묘사하는가?
- 극치감 반응에 영향을 미치는 의료적인 상태가 있는가?

평가는 주로 2, 3회기에 걸쳐서 이루어지며, 커플뿐만 아니라 문제를 겪고 있는 내담자와 충분한 시간을 가짐으로써 두 사람의 상호작용에 대한 주요한 정보를 얻도록 한다. 또한 임상가는 평가를 통해 극치감 장애의 증상을 좀 더 건설적인 방법으로 틀을 짤 수 있는 기회를 갖는다. 예를 들어, 그녀가 기존의 성적 스크립트에서 적절한 자극을 경험하는지 평가할 필요가 있음을 인정하는 것만으로도 커플의 삶 속에서 성적으로 친밀한 시간과 친밀감이 갖는 목적과 위치에 대해 논의할 기회가 생긴다.

치료

치료에 우리의 관심을 돌리면, 우리는 주로 성치료에서 다루는 몇 가지 영역(예를 들어, 불안 줄이기, 의사소통 개선하기)이 있음을 알게 된다. 성불감증을 경험하는 여성들에게는 성교육, 불안을 줄이는 전략, 직접적인 자위와 CBT가 주로 적용된다(Brotto et al., 2010). 다음의 원리는 흔하게 이루어지는 인지행동치료적 관점에서의 접근 방법을 반영한다.

교육과 태도의 변화

여성 극치감 장애에 대해 CBT에서는 극치감과 성적 만족을 증가시킴으로써 불안을 높이는 생각과 태도를 변화시키는 것을 강조한다. 때로 성치료사는 이러한 태도의 변화를 '**성 긍정성**(sex positive)'을 키우는 것이라고 한다. 예를 들어, 자기 자신에게 성적인 즐거움의 추구를 허용하는 것은 이와 같은 태도의 변화 중 하나라고 할 수 있다. 페너와 페너(Penner & Penner, 1993, 2005)가 제시한 또 다른 예는 "성적인 필요와 욕구를 추구할 책임"(p. 252)인데, "이는 스스로가 성적인 주체가 될 수 있도록 허락하는 것이다. 적극적으로 성적인 감정, 표현, 강렬함을 추구할 것을 결심하고 자신의 몸이 성적인 것에 반응하고 또 그런 반응을 즐길 수 있도록 허용하는 것이다."(Penner & Penner, 1993, p. 252).

케겔 운동을 가르치고 과제로 내주는 것도 도움이 될 수 있다. 케겔 운동이 성 불감증 치료에 있어서 증거 중심의 치료 방법은 아니지만, 여성이 자신의 몸, 특히 근육의 긴장과 이완을 비롯하여 생식기 주변의 근육(예를 들어, 치골미골근)에 대해 알 수 있게 하는 유용한 방법이다(ter Kuile et al., 2010). 먼저 소변을 볼 때, 소변의 흐름을 멈추고 다시 소변을 보면서 사용하는 근육을 알아보고 난 후, 그 근육을 몇 초 동안 수축시켰다가 이완시키면서 근육의 움직임을 연습한다. 그러고 나서 매일 몇 번씩 근육을 수축시키고 몇 초간 참았다가 이완시키는 것을 실시한다. 매일 몇 번씩 하는 것을 과제로 내준다.

또한 중요하게 고려할 것은 치료 기간 중에 내담자가 자신의 파트너와 함께 과제를 할 때, 자신의 일상생활로부터 과제로 넘어가는 일종의 전환 활동을 정하여 실행하도록 하는 것이다. 마음을 편하게 해 주는 음악 듣기, 목욕하기 또는 명상하기 등이 20분 정도 걸리는 전환 활동이 될 수 있다.

자신의 몸에 대해 알아가기

다음 단계에서는 내담자가 전반적으로는 자신의 신체, 구체적으로는 자신의 성기에 대해 알아가도록 격려한다. 전자에 대해서는 옷을 입지 않은 자신의 모습을 거울로 보고, 떠오르는 생각이나 감정을 기록하는 것이다. 특히 비판적이거나 부정적인 생각이 드는 경우에 그러한 생각과 감정을 기록하도록 한다. 이러한 생각과 감정은 일지에 보관해도 되고 상담 회기 중에 나눠도 된다.

후자에 대해서는 내담자 스스로 자신의 성기를 살펴보는 것을 추천한다. 임상가는 내담자에게 종종 적절한 이미지나 해부학적으로 구체적인 설명이 있는 교과서의 한 페이지에 실려 있는 여성의 외부 생식기를 보여 주고, 그것을 집에 가져가서 손거울을 통해 음핵, 대음순, 소음순 등 자신의 성기에 대해 알아보도록 안내한다. 이 활동은 내담자가 자신의 성기의 명칭과 부분을 알아가는 것에 대한 느낌을 알아차리기 시작하고 자신의 몸을 더 잘 알도록 허락하기 때문에 자율권을 주게 된다. 내담자는 이 활동을 통해 느낀 생각과 감정을 기록하고 자신의 반응을 치료 과정 중에 이해하거나 논의할 수 있다.

우리가 제4장에서 말했듯이, 자신의 성기를 살펴보는 것을 통해 잠재적으로 좋은 효과를 얻기 위해서는 구체적인 치료 목표와 연결되어야 한다. 종종 치료 목표는 점차 더 커지고 다른 목표와도 연계되는데, 자신에 대해 알아가는 것이 목표의 한 예다. 자신의 성기를 살펴보는 것은 내담자가 여러 가지 방법으로 자신을 만져 보고 다양한 자극에 대한 자신의 반응을 알고 이해하면서 근감각 지식을 갖는 것으로 이어질 수 있다. 또 다른 목표는 내담자가 성적인 친밀감을 나눌 때 파트너가 해 주기 원하는 것을 파트너에게 알려 주는 것이 될 수 있다. 이러한 목표는 먼저 자신에 대한 이해를 높이는 것에 기초하며, 자신의 경험에 기초하여 파트너에게 알려 주는 것은 그 다음이 된다.

또한 성기 자가 검사와 같은 치료적 개입은 내담자가 오용하거나 오해할 수 있기 때문에 이 검사의 목적이 더 큰 치료 목적과 어떤 관련이 있는지에 대해 의도적인 논의를 하는 것이 중요하다. 예를 들어, 성기 자가 검사의 목적은 꼭 흥분을 느끼려는 것이 아니라 자신이 어떤 것에 자극을 느끼는지 알아내어 자신의 파트너에게 알려 주는 것에 활용될 수 있다(성기 자가 검사에 대한 실제적인 논의 내용을 참고하려면 Rosenau, Neel, & Fox, 2007의 제3장을 보라).

운동감각 지식과 통제 자위

여성 극치감 장애를 치료할 때, 일정한 시점에서 성기 자가 점검으로부터 통제 자위로 전환하는 것이 일반적이다. 특히 직접적인 자위는 1차적 극치감 장애를 겪는 여성들에게 효과적인 치료 방법으로 알려져 있다. 부분적인 효과로는 성행위와 긍정적 감정의 연결을 만드는 것이다(Heiman, 2007). 다양한 선행 연구에서는 통제 자위가 평생 극치감 장애를 겪는 여성에게 80~90%의 성공률을 보인다고 제시하였다(Meana, 2012). 2차적 또는 후천성 극치감 장애가 있는 여성에 대한 성공률의 범위도 상당히 넓다((10~75%; Heiman, 2007).

자신에 대한 지식을 파트너에게 알려 주기

다음의 주요 원리는 여성이 자신에 대해 알게 된 모든 것을 파트너에게 알려 주는 것이다. 이것은 주로 소파 회기와 비요구적 애무(감각 집중법)와 함께 진행된다. **소파 회기**는 내담자와 파트너 사이의 소통을 촉진시키기 위한 것인데, 원만하지 못한 의사소통이 극치감의 장애 요인이므로 명확하면서도 상대방을 비난하지 않으며 수용하는 의사소통을 하도록 한다(Kelly, Strassberg, & Turner, 2006). 소파 회기에서는 대화 주제의 목록을 만든 후에 내담자와 그의 파트너가 함께 그 주제에 대해 대화하는 것이다(예를 들어, 치료가 어떻게 진행되고 있는지, 치료에 대한 기대가 무엇인지, 서로의 성적 스크립트는 무엇이고 각자 어떤 신체 접촉, 즐거움, 친밀감을 선호하는지).

감각 집중법은 몸 전체를 돌보는 것으로서 돌아가면서 상대방의 몸을 애무해 주고 애무를 받는 것이다. 이는 단계적으로 이뤄지는데, 첫 단계에서는 가슴과 성기를 포함하지 않은 애무를 하고, 다음 단계에서는 가슴과 성기를 애무하는 것이 포함되며, 끝에는 성관계로 이어진다. 그들은 이 훈련을 통해 서로 어떤 종류의 신체접촉을 좋아하는지 알아가면서 신뢰와 친밀감을 키우는 방식으로 자신이 선호하는 것을 상대방에게 알려 주는 방법을 배울 수 있다(제8장의 감각 집중법의 예를 보라).

최종적으로 가슴과 성기를 애무하는 단계로 넘어가서 내담자는 자신의 성기에 대해 알게 된 점과 어느 부분이 흥분되는지 파트너에게 알려 줄 수 있다. 1차적 극치감 장애를 겪는 여성은 파트너 앞에서 극치감을 경험하는 것을 배운다. 여기서 중요한 점은 내담자의 파트너가 내담자가 좋아하는 곳을 알게 되어 마칠 무렵에는 파트너의 손을 통해 자극하도록 이끄는 것이다. 여기에서의 목표는 그녀가 알게 된 자신에 대한 지식을 파트너가 배우고, 둘이 함께 그것을 자신들의 성적 스크립트에 적용시킬 수 있는 것이다.

자위를 통해 극치감을 느낀다고 해도, 파트너와 성관계를 시도할 때 자위를 하지는 않는다. 따라서 커플 치료는 둘 사이의 의사소통을 원만하게 하고, 적절한 음핵 자극과 이를 극대화하는 다양한 체위를 시도해 보는 것에 중점을 둔다(ter Kuile et al., 2010). 많은 여성이 성기 삽입을 통해 극치감을 경험하지는 않기 때문에 성기 자극을 전희에 넣는 것이 도움이 될 수 있다. 성기를 자극할 수 있는 다양한 체위에 대해 교육 받을 수 있다(예를 들어, 여성 상위 자세). 만약 성관계 중 성기에 자극이 일어나면, 어떤 여성은 스스로 자극하는 것을 선호하기도 하고 파트너가 자극해 주는 것을 선호하는 여성도 있다.

또 다른 기술은 **성교체위정렬기법**(coital alignment)인데, 삽입할 때 남자가 밀고 당기는 것이 아니라 위아래로 움직이는 것이다. 위아래로 움직이는 동작은 음경이 음핵을 문지르며 음핵을 크게 자극할 수 있다(ter Kuile et al., 2010).

1차적 극치감 장애의 치료 방법과 2차적 극치감 장애의 치료 방법의 차이점은 다음과 같다. 1차적 극치감 장애의 치료에서 직접적인 자위는 심리적 치료(성교에 대해 긍정적인 생각 갖기, 불안 줄이기, 감각 집중법의 훈련과 교육)와 함께 중요한 치료 요인이다(Meana, 2012). 2차적 극치감 장애의 치료에서는 커플 문제를 다루는 것이 필수적이다. 주로 커플 치료에서 다룬 것들을 적용하며 의사소통이나 적절한 음핵 자극뿐만 아니라 좀 더 관계적인 문제와 역동에 집중하게 된다(tel Kuile et al., 2010).

치료적 관점에서 볼 때, CBT에 덧붙여 할 수 있는 접근 방법으로 정신분석이론(즉, 대상 관계, 친밀한 관계, 자아 기능과 갈등 해결에 대한 평가)과 관계 내에 존재하는 상호작용을 이해하기 위한 체계이론이 있다(Heiman, 2007). 종종 내담자와 그의 파트너가 극치감의 의미를 이해하는 것이 도움이 된다. 그와 같이 상징적인 문제를 이해하는 것은 극치감 장애를 가진 여성과 그녀의 파트너를 지지하는 과정의 일부다. 치료의 또 다른 측면으로 내담자가 자신의 몸에 대해 갖는 감정을 평가할 수 있는데, 극치감 장애를 겪는 여성 중 많은 이가 자신의 몸이 자신에게 속한 것이 아니라고 느끼거나 자신의 몸에 대한 분산된 소유 의식을 가지고 있다(Heiman, 2007).

현재로서는 여성 극치감 장애를 치료하기 위해 공인된 약은 없다. 테스토스테론이 폐경기에 극치감 장애를 겪는 여성에게 어느 정도 긍정적인 효과를 보이기는 하지만 위험이 있을 수 있다(Meana, 2012). 일부 연구에서는 부분적으로나마 긍정적인 발견을 했음에도 불구하고 비아그라, 시알리스와 레비트라 같은 약은 극치감 증대에 효과적이지 않은 것으로 나타났다(Meana, 2012). 이 분야는 의심할 바 없이 앞으로도 계속 연구가 진행되어야 한다.

많은 항정신병제와 항우울제는 성기능에 부작용을 일으키기 때문에 치료 시 이러한 부작용이 없는 다른 약으로 바꿔야 할 수도 있다. 만약 그것이 불가능하다면 또 다른 선택안은 성기능을 해치지 않으면서도 치료적으로 효과적인 수준으로 약물 복용량을 줄이는 것이다(Komisaruk et al., 2006). 다른 내담자들은 계획된 성관계를 하기 전에 '약을 먹지 않는 날'을 계획해 볼 수도 있다.

예방

인지적 · 정서적 요인은 성기능장애에 크게 기여한다. 성기능장애를 지닌 여성에게 성공적이지 못한 성적 상황에서 무능감과 관련된 인지 도식이 유발될 수 있다. 성욕이 낮거나 성적 흥분을 잘 느끼지 못하는 여성에게는 성적으로 보수적인 신념, 성욕이나 성적인 즐거움이 죄라는 믿음 사이에 상관관계가 있다는 것이 발견되었다. 게다가 이런 여성들은 슬픔, 죄책감, 환멸, 쾌감의 부족을 경험하기도 한다. 극치감 장애를 겪는 여성들은 특정한 몸매가 성적인 활동에 가장 중요하다는 부적응적인 생각을 갖기도 한다. 성욕장애와 흥분장애를 가진 여성들은 실패에 대한 생각을 하거나 성적인 생각이 아예 없을 가능성도 많다(Nobre & Pinto-Gouveia, 2008).

흥분장애와 극치감 장애의 예방은 성적인 문제, 파트너와 어려움을 겪는 여성의 상황과 그 상황이 미치는 영향을 이해하는 것에 달려 있다. 만약 좋지 않은 감정이 있으면 둘 사이의 대화가 저해되고 관계에 부정적인 영향을 미친다. 이런 문제는 보다 원만하고 정확한 의사소통 방법을 훈련함으로써 해결될 수 있다. 그와 동시에 직접적인 자위나 성기 접촉의 지지와 같은 효과적인 신체 자극 방법을 적용하는 것이 낮은 성욕이나 성불감증과 관련된 부정적인 감정을 상쇄하는 데 중요하고, 어떤 신체 자극이 여성에게 즐거운지 아는 데 도움이 된다.

맺음말

어느 날, 한 친구가 일주일에 다섯 번 성관계를 하는 신실한 기독교인 커플에 대해 이야기했다. 몇 명은 놀라 눈썹을 치켜 올렸는데, 왜냐하면 그 커플은 40대이고 아이들도 있으며 아주 바쁘게 사는 사람들이었기 때문이다. 그들은 심지어 국내의 평균보다 더 많이 성관계를 하고 있었다. 처음에는 그 이야기를 듣고 커플에게 축하할 만한 일이라고 생각했지만 더 자세한 얘기를 들어보니 그렇지 않은 듯했다. 우선 그 아내는 결혼 후 10년이 넘는 동안 일주일에 5번 이상 남편과 성관계를 가지면서 한 번도 극치감을 경험하지 못했다고 했다. 2,600번의 성관계 중 단 한 번도 극치감에 오르지 못한 것이다. 어떤 경우에는 자신이 마치 매춘을 하는 듯한 느낌을 가진 적도 있다고 했다. 이 말을 들으면서 우리는 아주 안타까웠고, 그녀와 남편이 성관계에 대해 어떤 생각을 하고 있는지 궁금해졌다.

이런 이야기는 교회에서 흔한 이야기다. 많은 여성은 아내로서 남편과 어떻게 관계를 맺어야 하는가에 대한 사회문화적인 견해 외에 그들의 성생활을 어떻게 해야 하는지 잘 모른다. 많은 여성은 무엇이 황홀한 느낌을 주고 즐거운지도 모르는데, 왜냐하면 그들은 자신의 성욕을 알아차리거나 표현해서는 안 된다고 믿기 때문이다. 성관계를 그저 해야 할 의무 정도로만 느낀다면, 이러한 지식 없이 여성들은 하나님께서 주신 성적인 즐거움과 친밀감을 누리기가 어렵다. 따라서 성욕이나 성적 흥분이 적게 생기거나 아예 생기지 않는 것이 놀랄 만한 일도 아니다.

아가서는 여성과 남성의 관점에서 본 성욕과 성적 흥분으로 가득하다. 아가서의 감성과 언어는 단순히 시적이거나 은유적인 것이 아니라 사랑하는 사람을 향한 욕구와 흥분의 실제적인 표현이다. 만약 남자와 여자가 사회문화적으로 정해진 가부

장적인 역할에서 벗어나 아가서에 쓰인 역할들에 푹 빠져 본다면 어떤 일이 일어나게 될까?

귀한 자의 딸아 신을 신은 네 발이 어찌 그리 아름다운가
네 넓적다리는 둥글어서 숙련공의 손이 만든 구슬꿰미 같구나
배꼽은 섞은 포도주를 가득히 부은 둥근 잔 같고
허리는 백합화로 두른 밀단 같구나
두 유방은 암사슴의 쌍태 새끼 같고
목은 상아 망대 같구나
눈은 헤스본 바드랍빔 문 곁에 있는 연못 같고
코는 다메섹을 향한 레바논 망대 같구나
머리는 갈멜산 같고, 드리운 머리털은 자주 빛이 있으니
왕이 그 머리카락에 매이었구나
사랑아 네가 어찌 그리 아름다운지, 어찌 그리 화창한지 즐겁게 하는구나
네 키는 종려나무 같고
네 유방은 그 열매송이 같구나
내가 말하기를 종려나무에 올라가서 그 가지를 잡으리라 하였나니
네 유방은 포도송이 같고 네 콧김은 사과 냄새 같고
네 입은 좋은 포도주 같을 것이니라
이 포도주는 내 사랑하는 자를 위하여 미끄럽게 흘러내려서
자는 자의 입을 움직이게 하느니라
나는 내 사랑하는 자에게 속하였도다
그가 나를 사모하는구나
내 사랑하는 자야 우리가 함께 들로 가서 동네에서 유숙하자
우리가 일찍이 일어나서 포도원으로 가서 포도 움이 돋았는지,
꽃술이 퍼졌는지, 석류 꽃이 피었는지 보자
거기에서 내가 내 사랑을 네게 주리라
합환채가 향기를 뿜어내고 우리의 문 앞에는 여러 가지 귀한 열매가 새 것,
묵은 것으로 마련되었구나
내가 내 사랑하는 자 너를 위하여 쌓아 둔 것이로다

홍분장애와 극치감 장애에 대한 논의는 인류의 타락이 인간의 가장 친밀한 경험의 영역에 어떠한 영향을 미치는가에 대한 여러 가지 질문을 불러일으킨다. 다른 사람은 쉽게 경험할 수 있는 성적 홍분이나 극치감을 느끼는 것이 힘든 여성을 상담하는 것은 어려운 일일 수 있다. 임상가의 성별이나 임상가가 가진 이 영역의 비슷한 어려움(또는 그런 어려움의 부재)이 때때로 치료의 장해가 될 수 있다. 그리고 만약 임상가가 여성의 성이나 성적인 즐거움을 알아 주는 데 익숙하지 않은 경우에 성적 홍분이나 극치감의 중요성을 축소시킬 위험이 있다. 혹시 '여성은 원래 성관계를 별로 즐기지 않는다'는 암묵적인 가정이 치료 과정에 존재하고 있지는 않은지 확인해 보는 것이 중요하다. 여성이 성관계에 관심이 없다는 사회문화적인 메시지는 성관계를 강하게 원하는 남성의 이미지와 대조를 이룬다. 우리는 이런 고정 관념, 특히 여성의 성에 대한 부정적인 관념이 지역 교회에서 두드러진다는 것을 발견했다. 우리는 임상가가 교회 문화 속에 존재하는 여성의 성과 성적 즐거움에 대한 사회문화적인 메시지를 인식하고 평가해 보기를 권장한다. 또한 성적인 친밀감을 경험하는 데 지속적인 어려움을 겪는 것을 공감하고 인정하는 데 집중하기를 격려한다.

세속적인 성치료 분야에 대해 한 가지 비판을 하고 싶은 것은 내담자를 극치감과 같은 성적 목표를 이루는 큰 변화가 가능한 대상으로 평가한다는 것이다. 우리는 이 논의에 있어서 보다 통합적이고 관계적인 관점을 가지고 있는 기독교 관점의 기여를 높게 평가한다. 우리는 기독교인 임상가가 극치감 장애 또는 홍분장애를 겪는 여성을 어떻게 상담하고 치료할 것인지 탐구하기를 바란다. 그러한 여성의 신체적 · 정서적 · 관계적 · 영적인 필요를 어떻게 다룰 것인가? 그러한 필요를 개인적인 차원의 관심이 아니라 커플이나 커플을 돕는 데 필요한 것으로 다룰 것인가? 우리는 이러한 부부이 기독교인 전문 성치료사가 더 발전시키고 여성과 일할 때 활용할 수 있는 부분이라고 생각한다.

우리는 또한 치료 상황에서 민감한 문제를 다루고자 한다. 여러분은 홍분장애와 극치감 장애 치료가 어떤 여성, 특히 보수적인 가정에서 자란 여성이 거부감을 느낄 만한 활동을 포함한다는 것을 알고 있다. 특히 통제 자위는 논의가 필요한 부분일 수 있다. 성장 배경에 따라 어떤 여성은 성기 자가 검진이나 자기 자극을 해 본 적이 없을 수 있다. 우리는 임상가가 이 방법을 실제 치료 계획에 포함하는 것에 대해 판단해 보기를 바라고, 그러한 방법에 거부감을 보이는 내담자에게 어떻게 대응할 것인지 생각해 보기를 바란다.

몇몇 사람은 통제 자위 이론에 대해 반대하지만, 우리의 경험으로는 자신이 극치감을 한 번도 경험한 적이 없다고 고백하는 이들은 극치감 장애 치료를 위해 어떤 방법으로든지 극치감을 경험하는 데 도움이 되는 방법에 대해 열려 있다는 것을 발견했다. 우리는 결과가 과정을 정당화한다는 주장을 하고 싶은 것은 아니다. 동시에 우리는 이 방법이 단지 학문적인 것만은 아님을 인정한다. 어떤 기법이나 방법은 일부 사람에게 더 효과를 보이는 것으로 나타났다. 만약 주저하는 감정이 있다

자위

사람들이 성적인 문제를 탐색하도록 돕는 기독교인 임상가로서 자위에 대해 어떻게 생각하는가? 자위는 종종 도덕적으로 옳고 그른 것인지 또는 건강한 자기 진정 활동 또는 건강하지 않은 활동인지 논의된다. 커플을 상담하다 보면, 개인의 자위 또는 함께 자위하는 것이 그들의 성적 스크립트에 포함될 수 있는지의 여부와 방법에 대하여 질문을 받는다. 많은 기혼 여성은 음경 삽입으로 극치감을 느끼지 않는다. 그들은 배우자나 자기 자신에 의한 직접적인 자극을 통해 극치감을 느낀다.

우리는 자위라는 주제는 주의 깊게 논의되어야 한다고 생각한다. 제랄리(Gerali, 2003)는 자위와 관련하여 도움이 되는 의견을 냈다. 그는 자위가 "누군가에게는 죄가 될 수 있지만 다른 사람에게는 죄가 되지 않을 수 있다"(p. 179)고 했다. 제랄리는 성경 구절과 다양한 역사적 문맥, 현재의 문화적 요인에 비춰 보고, 기독교인들이 이런 영역에 있어서도 성경의 원리를 찾아내기를 바랐다.

우리가 경험한 바로는 내담자에게 자위가 옳고 그른가에 대한 질문이 어떤 종류의 방법이 극치감 가능성을 높이는 데 타당하고 믿을 만한 방법인가에 대한 질문보다 중요하지 않아 보였다. 그런 의미에서 커플의 성기능장애 치료에서 자위를 많이 제안하지는 않는다. 예를 들어, 여성이 한 번도 극치감을 경험해 본 적이 없는 경우에 극치감을 경험하고자 하는 욕구는 극치감의 옳고 그름을 강조하는 것보다 종종 더 우선한다. 이것은 특히 부부가 개인적으로나 상호적으로 자극하는 것을 배워서 그 경험을 서로 나누고, 이를 통해 성기능과 성적 친밀감을 향상하는 목표를 향해 가는 경우에 그러하다.

기독교인 상담사는 내담자가 직접 자위에 대해 질문하거나 논의하고 싶을 때 도움 받을 수 있는 자원이 된다. 이를 통해서 내담자는 영적으로 성장해 성령님께 지혜와 인도를 구하고, 그의 영적인 성장에 대한 욕구를 키울 수 있다.

면 상담에서 이야기되고 다뤄져야 할 것이다. 치료가 진행되면서 우리는 통제 자위는 목적지가 아니라 자기인식과 자신감을 키우고, 자기에 대한 지식을 제공하고, 자신의 파트너에게 알려 줘서 친밀감을 상승시킬 수 있는 중간 활동이라고 알게 할 수 있다. 통제 자위에 대해 확신과 편안함이 없는 여성들은 이것이 최종 도착지가 아니라 중간 다리 역할을 한다고 생각할 수 있다.

여성이 성 반응 주기의 상황에서 극치감과 성적 흥분에 대한 걱정을 드러내는 것은 흔한 일이다. 이 장에서 다루어진 다양한 문제의 원인에 대한 이론이 많지만, 또한 성적인 친밀감을 개선시키는 데 효과를 보이는 방법과 평가 방법도 존재한다.

참고문헌

American Psychiatric Association. (2013). *Diagnostic and statistical manual of mental disorders* (5th ed.). Washington, DC: American Psychiatric Publishing.

Basson, R. (2008). Women's sexual desire and arousal disorders. *Primary Psychiatry, 15*(9), 72-81.

Basson, R., McInnes, R., Smith, M. D., Hodgson, G., & Koppiker, N. (2002). Efficacy and safety of sildenafil citrate in women with sexual dysfunction associated with female sexual arousal disorder. *Journal of Women's Health & Gender-Based Medicine, 11*(4), 367-377.

Both, S., Laan, E., & Schultz, W. W. (2010). Disorders in sexual desire and sexual arousal in women, a 2010 state of the art. *Journal of Psychosomatic Obstetrics & Gynecology, 31*(4), 207-218.

Brotto, L. A., Bitzer, J., Laan, E., Leiblum, S., & Luria, M. (2010). Women's sexual desire and arousal disorders. *Journal of Sex Medicine, 7*, 586-614.

Davison, S. L., & Davis, S. R. (2011). Androgenic hormones and aging—The link with female sexual function. *Hormones and Behavior, 59*(5), 745-753.

DeRogatis, L. R., Laan, E., Brauer, M. Van Lunsen, R. H. W., Jannini, E. A., Davis, S. R., Fabre, L., Smith, L. C., Basson, R., Guay, A. T., Rubio-Aurioles, E., Goldstein, A., Pukall, C., Kellogg, S., Burrows, L., Morrison, P., Krychman, M., Goldstein, S. W., & Goldstein, I. (2010). Responses to the proposed DSM-V changes. *Journal of Sexual Medicine, 7*(6), 1998-2014. doi: 10.1111/j.1743-6109.2010.01865.x

Donahey, K. M. (2010). Female orgasmic disorder. In S. B. Levine, C. B. Risen & S. E. Althof (Eds.), *Handbook of clinical sexuality for mental health professionals* (2nd ed., pp. 181-192). New York: Routledge.

Ferguson, D. M., Steidle, C. P., Sing, G. S., Alexander, J. S., Weihmiller, M. K., & Crosby, M. G. (2003). Randomized, placebo-controlled, double blind crossover design trial of the efficacy and safety of Zestra for Women in women with and without female sexual arousal disorder. *Journal of Sex & Marital Therapy, 29*(5), 33-44.

Gerali, S. (2003). *The struggle.* Colorado Springs, CO: NavPress.

Graham, C. A. (2010). The DSM diagnostic criteria for female orgasmic disorder. *Archives of Sexual Behavior, 39*, 256-270.

Harris, J. M., Cherkas, L. F., Kato, B. S., Heiman, J. R., & Spector, T. D. (2008). Normal variations in personality are associated with coital orgasmic infrequency in heterosexual women: A population-based study. *Journal of Sex Medicine, 5*, 1177-1183.

Heiman, J. R. (2007). Orgasmic disorders in women. In S. R. Leiblum (Ed.), *Principles and practice of sex therapy* (4th ed., pp. 90-123). New York: Guilford Press.

IsHak, W. W., Bokarius, A., Jeffrey, J. K., Davis, M. C., & Bakhta, Y. (2010). Disorders of orgasm in women: A literature review of etiology and current treatments. *Journal of Sexual Medicine, 7*, 3254-3268.

Kelly, M. P., Strassberg, D. S., & Turner, C. M. (2004). Communication and associated relationship issues in female anorgasmia. *Journal of Sex & Marital Therapy, 30*, 263-276.

Kelly, M. P., Strassberg, D. S., & Turner, C. M. (2006). Behavioral assessment of couples' communication in female orgasmic disorder. *Journal of Sex & Marital Therapy, 32*, 81-95.

Kleinplatz, P. J. (2011). Arousal and desire problems: Conceptual, research and clinical considerations or the more things change the more they stay the same. *Sexual and Relationship Therapy, 26*(1), 3-15.

Komisaruk, B. R., Beyer-Flores, C., & Whipple, B. (2006). *The science of orgasm.* Baltimore: Johns Hopkins University Press.

Liao, Q. P., Zhang, M., Geng, L., Wang, X., Song, X., Xia, P., Lu, T., Lu, M., & Liu, V. (2008). Efficacy and safety of Alprostadil cream for the treatment of female sexual arousal disorder: A double-blind, placebo-controlled study in Chinese population. *Journal of Sex Medicine, 5*, 1923-1931.

McCabe, M. (2009). Anorgasmia in women. *Journal of Family Psychotherapy, 20*, 177-197.

McCabe, M. P. (2009). Anorgasmia in women. In K. M. Hertlein, G. R. Weeks & N. Gambescia (Eds.), *Systemic sex therapy* (pp. 212-235). New York: Routledge.

Meana, M. (2012). *Sexual dysfunction in women.* Cambridge, MA: Hogrefe.

Millner, V. S. (2005). Female sexual arousal disorder and counseling deliberations. *Family Journal, 13*(1), 95-100.

Nobre, P. J., & Pinto-Gouveia, J. P. (2008). Cognitive and emotional predictors of female sexual dysfunctions: Preliminary findings. *Journal of Sex & Marital Therapy, 34*, 325-342.

Penner, J. J., & Penner, C. L. (1993). *Restoring the pleasure*. Dallas: Word.

Penner, J. J., & Penner, C. L. (2005). *Counseling for sexual disorders* (2nd ed.). Dallas: Word.

Rosenbaum, T. Y. (2007). Pelvic floor involvement in male and female sexual dys-function and the role of pelvic floor rehabilitation in treatment: A literature review. *Journal of Sex Medicine, 4*, 4-13.

ter Kuile, M. M., Both, S., & van Lankveld, J. J. D. M. (2010). Cognitive behavioral therapy for sexual dysfunctions in women. *Psychiatric Clinics of North America, 33*, 595-610.

Ullery, E. K., Millner, V. S., & Willingham, H. A. (2002). The emergent care and treatment of women with hypoactive sexual desire disorder. *The Family Journal: Counseling and Therapy for Couples and Families, 10*(3), 346-350.

Wylie, K., & Malik, F. (2009). Review of drug treatment for female sexual dys-function. *International Journal of STD & AIDS, 20*, 671-674.

제7장

성교통증장애

당신이 가장 즐기는 활동은 무엇인가? 어떤 활동을 가장 자주 하는가? 당신은 독서를 즐기는가? 오래 산책하는 것을 좋아하는가? 여행을 즐기는가? 볼륨 댄스 수업이 재미 있는가? 스포츠는 어떤가? 골프, 축구, 농구 같은 것은 어떤가? 잠시 동안 당신이 가장 선호하는 활동을 하는 것을 상상해 보라. 이번에는 평소에 당신에게 즐거움을 주는 활동을 하려고 하는데 통증이 느껴진다고 상상해 보라. 그 통증은 급성으로 격렬할 수도 있고, 만성적으로 당신을 힘들게 하는 것일 수도 있다. 그 통증은 이제 당신이 예전에 즐겼던 활동을 할 때마다 나타난다.

당신이 선호하는 활동을 상상할 때, '평소에 당신에게 즐거움을 주는' 활동을 상상하는 것이 중요하다. 그런 활동은 평소에는 고통을 주지 않는다. 사실 그러한 활동을 하는 내내 통증에 대한 걱정 없이 즐길 것이다(신체 활동의 경우에는 약간의 통증이 동반될 수 있겠지만, 그것은 다른 문제다).

이번에는 당신이 가장 즐기는 활동을 하면서 통증을 느끼는 것을 상상해 보자. 그 통증은 격렬할 수 있다. 혹은 격렬하지는 않지만 지속적으로 욱신거릴 수도 있다. 대부분의 사람은 자신이 가장 선호하는 활동을 하더라도 통증이 동반되면 평소 같은 기쁨이나 즐거움을 경험하지 못한다. 결국 시간이 가면서 그런 활동은 피하게 된다.

이제 당신은 통증이 어떤 식으로 뭔가를 즐기는 것을 방해하는 것을 어느 정도 이해할 수 있을 것이다. 이것은 성적 친밀감에도 해당된다. DSM-5(APA, 2013)에 따르면, **'성기-골반통증/삽입 장애'**는 다음의 증상 중 한 가지 이상이 6개월 이상 나타날 때 진단된다.

- 삽입의 어려움
- 삽입 도중 외음부 혹은 골반의 현저한 통증
- 외음부 통증/골반통증이나 삽입에 대한 현저한 두려움이나 불안
- 삽입 시도 중 골반저근의 현저한 긴장 혹은 조임

이러한 증상은 평생형(성적으로 활동하기 시작한 이후 계속)일 수도 있고, 후천형(상대적으로 정상적인 성기능 기간 이후 발생)일 수도 있다. 이로 인한 개인적 고통이나 기능적 손상이 임상적으로 현저하다. 이것은 다른 정신장애로 설명될 수 없으며, 물질이나 치료약물의 효과나 다른 의학적 상태로 인한 것이 아니며, 심각한 대인관계 스트레스로 인한 것도 아니다.

성기-골반통증/삽입 장애가 항상 통증을 동반하는 것은 아니며, 골반저근의 불수의적 조임에 의한 질 조임(DSM-IV에서는 질경련증으로도 불림)에 해당한다. 이러한 상태는 불편함, 화끈거림 혹은 통증으로 이어질 수 있지만, 가장 큰 문제는 삽입이 어려워 성교가 불가능한 상태라는 것이다. 치골미골근이 수축되면서 경련이 일어나면 이런 문제가 생기는데, 삽입이 매우 힘들거나 아예 불가능해질 수 있다.

여성들은 다양한 형태로 삽입 장애 증상을 경험한다. 어떤 여성은 질에 아무것도 삽입하지 못한다. 또 어떤 여성은 탐폰을 삽입하거나 산부인과 진료를 받는 것은 가능하지만, 성기를 삽입하지는 못한다. 다른 여성은 성기 삽입은 하는데 그것이 고통스럽다. 초기 삽입이 그리 불편하지는 않지만 임박한 조임과 불편함 때문에 흥분 상태에서 극치감으로 진행되지 못하는 경우도 있다. 결과적으로 이들은 극치감 대신 불편함을 경험한다. 때로는 질 부위의 근육 경련으로 인해 다른 부분의 근육 경련이 심해지기도 한다. 수년간 성관계에서 불편을 감수하는 여성들도 있지만, 통증과 불편함이 서서히 증가하면서 결국 성생활이 힘들어진다. 이러한 어려움 또는 실패에 대한 두려움으로 인해 성관계 자체를 피하는 경우도 드물지 않다.

성기-골반통증/삽입 장애를 겪는 여성 중에는 첫 성관계를 시도하면서 자신의

장애를 발견하는 경우도 있다. 성관계 상대방은 삽입을 할 수 없다. 그녀의 파트너는 마치 질 입구에 삽입을 막고 있는 뭔가에 부딪힌 것 같은 경험을 하게 된다. 실제로 회음근이 수축(질경련증이라고 불리는 증상)되면서 외측 3번째 회음근에 막히는 것이다. 이러한 특정 성기-골반통증/삽입 장애로 인해 많은 결혼이 미수 상태(아직 성관계를 갖지 않은 결혼 상태)가 될 수 있다. 우리가 이미 논의한 것처럼, 이 장애를 가진 여성은 탐폰 삽입이나 산부인과 진료를 힘들어 하는 경우가 드물지 않다.

이러한 문제는 의학적 상태로 인한 골반통증, 정서적 스트레스, 골반통증에 대한 예기불안 등 다양한 요인 때문에 발생할 수 있으며, 때로는 전혀 그 원인을 찾을 수 없을 때도 있다. 인생의 어느 단계에 있는 여성이든 통증이나 삽입 관련 문제로 고민할 수 있다. 대부분은 요로 감염이나 질염, 폐경, 수술이나 출산으로 인한 통증과 같이 일시적인 골반통증으로 시작한다(Binik, Bergeron, & Khalife, 2007; Leiblum, 2000). 그런데 초기 의학적 상태가 치료된 후에도 삽입과 관련된 통증이나 문제가 지속될 수 있다. 그런 경우에는 조건화된 반응으로 인해 통증 및 삽입 관련 염려가 계속되고, 이로 인해 성교 시도 시 불수의적 질 조임이 나타날 수 있다.

통증/삽입 관련 문제를 치료하지 않고 방치하면 성교통증이 지속되면서 치골미골근의 수축이 강렬해지고 오래 지속되기 때문에 증상이 악화되는 경향이 있다. 고통스런 느낌이 흥분 경험을 방해하기 때문에 통증/삽입의 문제는 극치감의 경험을 억제시킬 수 있다.

마지막으로 **외음부 통증**은 질 입구 주변에 명확한 이유 없이 경험되는 만성 통증이다. 통증, 화끈거림 또는 염증 증상으로 인해 장시간 앉아 있는 것이 불편하며, 성교가 힘들게 느껴질 수 있다. 외음부 통증이 있으면 성교 동안에 화끈거림, 쓰라림, 따끔거림, 욱신거림, 지끈거림, 가려움, 통증 등을 경험하게 된다. 외음부 통증은 간헐적일 수도 있고 지속적일 수도 있다. 몇 달 혹은 몇 년 동안 지속될 수도 있다. 하지만 그와 같은 통증이 특별한 이유 없이 갑작스럽게 종료되기도 한다. 통증은 전체 외음부 영역으로 확장되기도 하고, 질 입구와 같이 특정 부위에 국한되기도 한다.

병인론

신체적 요인과 정서적 요인 모두로 인해 고통스러운 성교를 경험할 수 있다. 불쾌한 정서는 신체 증상을 동반하는 경향이 있기 때문에 어떤 것이 원인인지 식별하기가 어려울 수 있다.

골반기저근은 자율신경계와 감각 및 운동 신경계에 의해 활성화된다. 통각은 인지평가적 · 정동동기적 · 감각변별적 신경과 관련이 있다. 이러한 다차원적인 통증 경험은 신경망 활동에 의한 것일 수도 있고, 부상, 염증 또는 다른 병리와 같은 직접적인 감각 경험에 의한 것일 수도 있다(van Lankveld et al., 2010). 사람에 따라 통증이 부상이나 스트레스에 의한 신경성 염증에 의한 것일 수도 있다. 벤 란켈트와 그의 동료들(van Lankveld et al., 2010)의 연구에 따르면, "성기 통증 장애는 내부 자극과 외부 자극 모두에 대한 통증 과민성과 관련이 있어 보인다. 국부 과민성은 때로 진정 점막의 신경 자극 증가 그리고(또는) 통증수용체의 민감화에 의해 나타난다"(p. 617). 그런 경우에 유발성전정통(Provoked Vestibulodynia: PVD)[1)]은 통증으로 알려진 신경성 염증 때문에 발병할 수 있다(즉, 말초 조직의 손상은 염증전달물질을 방출한다). PVD는 말초감작화(즉, 신경성 통증은 유해수용성 통증의 역치를 낮춤)로 이어지며, 중추 감작화에서 절정에 이를 수 있다(즉, 전신 통증 반응이 강화됨).

삽입 통증에 기여하는 신체적 요인에는 다음과 같은 것이 있다.

- **불충분한 질액 분비** 여성은 전희가 제대로 이루어지지 않으면 질액을 충분히 분비하지 못해서 삽입에 어려움을 경험한다. 폐경 이후나 출산 이후, 모유 수유 중에는 에스트로겐이 감소하는데, 이것도 질액 분비의 부족에 영향을 미칠 수 있다. 항우울제, 혈압약, 진정제, 항히스타민제 및 특정 피임약과 같은 약물도 신체 체계에 작용하여 건조증을 일으켜 성관계를 고통스럽게 만들 수 있다.
- **상처, 외상 또는 피부 자극** 사고, 골반 수술, 회음절개, 기질적 기형 또는 포피 절제는 삽입 시 통증을 유발할 수 있다(Goldstein et al., 2009 참조).
- **염증, 감염 또는 피부 질환** 고통스런 성교는 성기 부분의 감염이나 요로 감염에

---

1) 역주: 질 입구의 소음순 내막과 처녀막 사이의 공간 부위에 압력이나 자극을 가할 때 타는 것 같거나 찌르는 것 같은 극심한 통증이 나타나는 것을 말한다.

의한 것일 수 있다. 습진 등의 피부문제도 통증에 기여할 수 있다. PVD에 기여하는 가장 흔한 요인으로는 감염, 호르몬의 영향, 심리성적 요인과 유전적 성향이 있다. PVD가 있는 많은 여성은 질염 병력을 보고했다. 외음부 피부염은 외음부와 점막에 자주 영향을 주는 만성 염증 상태로 분류된다. 젊고 성생활이 가능한 젊은 여성도 칸디다증, 헤르페스, 세균성 질염과 같은 성기 감염이 생기면 만성 통증을 경험할 수 있다. 인체유두종바이러스(Human Papillomavirus: HPV) 감염도 외음부 피부 및 점막을 자극할 수 있다(van Lankveld et al., 2010).

통증은 첫 삽입 시뿐만 아니라 특정 자세에서 깊게 삽입을 시도할 때에 경험되기도 한다. 심부 통증에 기여하는 **신체적 요인**에는 다음과 같은 것이 있다.

- **수술 또는 의학적 치료** 골반이나 성기 부분의 조직을 수술로 치료하면 상처가 남을 수 있고, 이로 인해 성교가 고통스러울 수 있다(예를 들어, 자궁절제술). 암치료를 위한 화학 요법과 방사선 치료도 이러한 변화를 일으켜 성교를 더욱 고통스럽게 만들 수 있다.
- **질병 및 유사 상태** 난소낭종, 치질, 자궁근종, 자궁탈출증, 골반염, 자궁내막증, 자궁후굴증 그리고 방광염으로 인해 성교통증이 경험될 수 있다.
- **여성 성기 절제** 여성 성기 절제(Female Genital Mutilation: FGM)는 여성의 성기능 부전 및 성적 쾌락의 상실에 기여한다. 성기 절제 수술을 받은 여성의 경우에 성교 시 질 건조, 성욕 결핍 및 극치감 횟수의 감소 문제가 흔히 나타난다. FGM에는 다음과 같은 네 가지 유형이 있다(van Lankveld et al., 2010, pp. 619-620).
  - 제1유형: 음핵 포피 제거
  - 제2유형: 소음순을 부분적으로 혹은 전체를 잘라 내어 음핵 포피 제거
  - 제3유형: 음문 꿰매기 또는 포경 수술(음핵의 대음순과 소음순을 제거하고 소변과 월경혈의 통과를 위한 작은 입구만 남기고 꿰매어 질 입구를 작게 만드는 것)
  - 제4유형: 음핵이나 음문을 바늘로 찌르거나 뚫거나 당겨서 질에 찰과상을 남기는 것

정서적 요인은 성적 활동에 복잡한 방식으로 관여하여 성교통증을 증가시킬 수 있

다. 정서적 요인에는 다음과 같은 것이 있다.

- **스트레스** 일반적으로 스트레스 사건은 전반적인 근육의 긴장을 증가시킨다. 이때 골반기저근의 긴장도 증가하여 성교가 고통스럽다.
- **심리적 문제** 불안, 우울, 친밀감이나 관계문제에 대한 염려 및 신체적 외양에 대한 염려 모두가 성교 시 흥분감을 억제하며 통증에 기여할 수 있다(van Lankveld et al., 2010).

정서적 요인은 신체 통증에 대한 불안, 회피 또는 두려움에 대한 조건화된 반응을 통해 성교통증에 기여하는 편이다. 통증을 처음 경험하고 나면 통증이 재발할까봐 두렵고, 이 두려움으로 인해 근육의 긴장과 추가적으로 통증을 경험하게 된다. PVD가 있는 여성은 자위를 할 때보다 파트너와 성행위를 할 때 성적 흥분과 질액 분비에 어려움을 경험한다. PVD가 있는 여성은 성교 동안 통증에 대해 파국적 사고를 하는 경향이 있다. 질경련증으로 불리는 문제를 가지고 있는 여성은 우울감은 증가하지 않더라도 불안감이 증가하는 경험을 할 수 있다. 이들은 성적 욕구와 흥분에 있어서 더 많은 어려움을 겪게 된다(van Lankveld et al., 2010).

비록 성교통증에 기여하는 실질적인 요인을 어느 정도 식별할 수는 있지만, 통증 경험 자체는 복잡한 현상으로 감각변별적 · 인지평가적 · 정동동기적 영역을 포함하는 다양한 체계가 관여한다. 따라서 이러한 다차원적인 경험은 "부상, 감염 또는 다른 병리로 인해 발생하는 감각 정보로 인한 직접적인 영향보다는 신경망 활동"에 의한 고통일 수 있으며, 이 고통은 "분명한 신체적 원인이 부재할 때에도 발생할 수 있다"(van Lankveld et al., 2010, p. 617). 성교통증을 경험하는 사람은 외부 자극에 의한 고통에 과민감성을 보이는 경우가 흔하다.

삽입의 어려움이나 불능을 삽입과 관련된 조건화된 반응으로 보고, 주로 인지행동적 이론과 치료를 통해 이 문제에 접근해 왔다. 인지적 차원에서 삽입 시 경험할 통증에 대한 기대 또는 예기(그리고 이와 관련된 불안 및 회피 행동)가 있으면 신체는 고통스러운 성관계로부터 자신의 몸을 보호하기 위해 치골미골근의 수축을 촉진한다. 치골미골근이 긴장하면 성관계 동안에 통증이나 화끈거림이 느껴지면서 남성 성기의 삽입을 막을 수 있다. 즉, 치골미골근의 긴장은 통증의 경험을 막는 것이 아니라 오히려 통증을 발생시킨다.

신체적 촉발 요인과 비신체적 촉발 요인이 연합되면서 신체는 성교통증을 예상하게 된다. 예기된 통증에 대한 반응으로 질 근육은 자동적으로 긴장되면서 몸을 보호하려고 한다. 성관계는 고통스럽거나 불편하며, 삽입은 근육 긴장으로 인해 어렵거나 불가능하다. 그럼에도 성관계를 계속 시도하면 방어적 반사 반응이 강화되어 통증 경험이 더욱 강렬해진다. 이것은 끊기 어려운 악순환이 된다.

비신체적 원인에는 두려움(예를 들어, 성교통증에 대한 두려움, 골반 외상이 치료되지 않은 것에 대한 두려움, 조직 손상에 대한 두려움, 임신에 대한 두려움, 의학적 문제에 대한 두려움), 불안이나 스트레스(예를 들어, 범불안, 수행에 대한 압박, 불쾌했던 과거의 성경험, 성에 대한 부정적인 태도, 죄책감, 외상), 파트너와의 문제(예를 들어, 학대, 정서적인 거리감, 관계에 헌신하는 것에 대한 두려움, 불신, 취약성을 보이는 것에 대한 두려움, 통제력을 잃어버릴 것에 대한 두려움), 외상 사건(예를 들어, 과거의 정서적 · 신체적 · 성학대 경험, 폭력이나 학대 목격) 그리고 어린 시절의 경험(예를 들어, 엄격한 양육, 성에 대한 부정적인 태도, 충격적인 성경험에 대한 노출, 빈곤한 성교육)이 있다. 라이싱과 그의 동료들(Reissing et al., 2003)의 연구에서 연구 참여자 중 질 삽입 문제(질경련증)를 가진 여성들은 그렇지 않은 여성들보다 성학대 과거력을 가진 경우가 2배 정도 많았다. 대부분의 통증 환자처럼, 만성적으로 성교통증이 있는 여성은 성교 시 통증 경험 및 그 통증이 관계에 미칠 영향에 대해 파국적 사고를 하는 경향이 있다(van Lankveld et al., 2010).

질 삽입의 어려움에 원인이 되는 신체적 요인에는 의학적 상태(예를 들어, 요로 감염, 질염, 성병, 자궁내막증, 성기나 골반 부위의 종양, 낭포, 암, 외음부 통증, 골반염, 습진, 건선, 자궁탈출증), 출산(예를 들어, 질을 통한 출산이나 출산 시 합병증 또는 제왕절개로 인한 통증), 노화로 인한 변화(예를 들어, 폐경, 호르몬의 변화, 질 건조, 질 위축, 부적절한 질액 분비), 일시적 불편함(예를 들어, 불충분한 전희, 불충분한 질액 분비), 골반 외상(예를 들어, 골반 수술, 힘들었던 내진 경험), 학대(예를 들어, 신체적 공격, 신체적 학대, 신체적 폭행, 강간, 성학대나 성폭력)가 있다.

외음부 통증에 영향을 미치는 요인으로는 외음부 주변 신경의 상해나 가벼운 염증, 질염 과거력, 피부 문제나 알레르기 및 호르몬 변화가 있다. 외음부 통증으로 인한 고통과 좌절감은 성생활을 방해하고, 정서적 어려움 및 관계적 어려움으로 이어질 수 있다. 외음부 통증에 영향을 미치는 기타 요인에는 불안, 우울, 수면문제, 성기능 부전, 신체상에 대한 염려와 기타 염려, 생활 스트레스 사건 등이 있다.

임상적 양상과 평가

제이든과 올리비아는 상담 첫 회기를 기다리고 있었다. 두 사람 다 정확히 어디서 시작해야 할지 알지 못하는 것 같았다. 일상적인 이야기거리가 떨어지자 제이든이 입을 겨우 떼며 "문제에 대해 어떻게 이야기해야 할지 모르겠지만, 우리는 힘든 시간을 보내고 있어요. 산부인과 의사는 우리가 선생님을 만나야 한다고 하셨어요. 아내가 여기에 대해 더 설명할 거예요. 아무튼 그래서 우리가 여기에 온 것입니다"라고 말했다. 때마침 올리비아는 눈물을 글썽이면서 "제가 문제예요. 몇 년 되었어요. 저는 성관계를 할 수가 없어요. 그게 제대로 안 돼요. 우리는 서로 애무를 할 때도 있지만, 진짜 섹스를 하지는 못해요. 제가 남편이 못 들어오게 막고 있는 것 같아요. 뭔가 막혀 있어요. 저도 잘 모르겠어요. 이 문제로 여러 해 동안 힘들었어요. 저는 나아질 줄 알았는데, 더 나빠지기만 해요. 이런 이야기를 하는 것조차 너무 당황스러워요. 누구한테 제대로 털어놓지도 못하겠어요"라고 말했다.

성기-골반통증/삽입 장애의 평가

성교통증/삽입 관련 문제를 평가할 때 내담자에게 예-아니요 질문지를 주고 평가하는 것이 훨씬 수월하다. 하지만 문제는 생각보다 훨씬 복잡하다. 라몬트(Lamont, 2001)에 따르면, 통증/삽입 관련 문제를 진단하려면 단순한 체크리스트보다 많은 것이 필요하다. 여성 성기능에 대한 지식(즉, 성 생리학의 이해)과 더불어 성 문제를 논의하는 것에 대한 편안함과 공감적 자세가 있을 때 복잡한 진단이 다소 용이해질 수 있다. 성적인 부분을 명확한 용어로 질문하되 온정적 자세로 접근하면 내담자는 자신의 성경험에 대한 염려를 표현하는 데 용기를 얻게 된다. 신체적 기능, 관계, 감정과의 상호작용에 대해 고려하는 것도 중요하다.

성기-골반통증/삽입 장애의 진단은 여성에게 내려지는 것이기는 하지만, 관련 증상은 커플의 문제가 된다는 것을 기억하는 것이 중요하다(Lamont, 2001). 성교통증의 증상은 커플 평가의 맥락에서 평가되어야 한다. 평가는 문제의 과거력을 조사하고, 시작 시기와 함께 어떻게 해서 현재 상태에 이르게 되었는지를 탐색하면서 시작된다. 평가 과정에서 성교통증/삽입 문제 해결에 대한 커플의 통찰과 동기를 평가하는 것이 매우 중요하다.

평가의 초기에는 성적인 요인과 비성적인 요인의 관점에서 개인과 관계를 평가한다. 평가 과정에서 고려할 개인적 요인으로는 대인관계, 성적 사회화, 성역할 사회화 및 생물학적 요인 등이 있다(Lamont, 2001).

대인관계적 요인으로는 자율성(분리 기능), 유능감(숙달감), 정동에 대한 편안함(정서를 경험할 수 있는 능력), 자존감(유능하고 사랑 받는 느낌), 정신 상태와 같은 측면을 고려할 필요가 있다.

성적 사회화를 평가할 때 내담자로 하여금 가족 내의 성 관련 태도, 금기, 기대, 명명 및 염려에 대해 스스로 개방할 수 있도록 촉진하면서 임상가는 내담자의 감정 및 행동에 대한 중요한 정보를 얻을 수 있다. 구체적으로 내담자가 가진 감각적이고 성적인 쾌락에 대한 태도와 성에 대한 지식 및 신화를 파악하는 것이 필수적이다. 평가가 진행되는 동안에 내담자는 성역할 사회화, 즉 학습된 혹은 문화적 맥락 내에서 여성을 어떻게 이해하는지에 대한 정보도 개방하게 될 수 있다. 성역할 사회화에는 남성과 여성에게 적절한 행동이 무엇인가에 대한 내담자의 이해도 포함된다.

마지막으로 생물학적 요인으로 성 반응 주기의 다양한 측면에 직접적으로 영향을 줄 수 있는 기질성장애가 평가된다. 여기에는 질과 그 입구 조직에 영향을 줄 수 있는 피부과적 상태, 고통스러운 궤양, 현재나 과거에 사용한 약물, 이전 수술 경험 등이 포함된다.

성교통증/삽입 관련 문제를 평가할 때, 임상가는 통증 정도, 통증과 성행위의 관계 및 개인의 안녕이 방해 받는 정도에 대해 세부적인 기술을 확보할 필요가 있다. 여성 성기능 단축 척도(Brief Index of Sexual Functioning for Women; Rosen, Taylor & Leiblum, 2011)와 같은 자가 점검 척노를 활용하는 것을 선호하는 임상가들도 있다. 이를 통해 내담자가 통증을 느끼는 부위, 통증의 성격과 강도, 유도인자, 예후(시작과 중간), 그리고 성교통증이 내담자에게 주는 의미 등을 파악하게 된다(Binik, Bergeron, & Khalife, 2000). 이러한 정보는 내담자의 경험에 대한 중요한 통찰을 제공하며, 내담자의 통증을 타당화한다. 심리성적 갈등, 관계의 어려움이나 개인적 스트레스는 통증의 원인이자 결과일 수 있다. 통증 경험은 주관적 경험일 뿐 아니라 신체적인 경험이기도 하다. 따라서 어떤 통증 사례이든지 유능한 산부인과 의사 및 통증전문가나 물리치료사가 함께 평가하고 치료해야 한다.

통증 묘사하기

평가가 진행되면서 통증의 성격 및 위치 등 통증에 대한 상세한 설명을 수집하고자 할 때 내담자에게 통증 일지를 쓰게 하는 것이 도움이 된다. 이것은 내담자 스스로가 자신의 경험에 대해 전문가가 될 수 있게 하는 방법이기도 하다. 내담자를 격려하면서 통증에 이르게 되는 상황 및 활동, 통증 직전과 진행 과정과 직후의 생각과 감정, 통증을 줄이기 위해 시도한 방법, 그러한 시도의 효과성 등을 추적하는 것을 통해 내담자의 역량을 증진할 수 있다. 개인은 일지 작성을 하면서 통증에 대한 이론, 설명, 측정 등을 발달시키게 되어 통증에 대한 이해의 틀을 갖출 수 있다는 점에서 도움을 받게 된다. 내담자는 이제 통증에 대해 무기력하게 느끼는 대신 통증에 대한 자신의 경험을 도식화할 수 있게 된다.

통증의 **위치**에 대해 질문할 때는 다음과 같은 단순한 질문을 활용한다. "정확히 어디서 통증을 느끼나요?"(Binik, Bergeron, & Khalife, 2000, p. 154) 외음부, 질, 골반 부위가 나오는 책을 활용하여 내담자에게 위치를 짚어 보도록 하는 것이 도움이 된다. 내담자가 구체적인 위치(혹은 제한된, 혹은 특정 영역으로 한정된)를 확인하면, 우리는 그 통증을 국부적인 것으로 여기게 된다. 내담자가 도표에서 한 곳을 특정하는 것을 힘들어 하면, 그 통증은 국부적인 것이 아니라 한 부위에서 다른 부위로 옮겨다니는 것일 수 있다.

이러한 측면에서 비닉과 그의 동료들(Binik et al., 2000)은 통증이 외음부(입구 쪽)인지 심부(질)인지, 혹은 몇 군데에서 동시에 경험되는 것인지를 물어보라고 제언하였다. 내담자는 이러한 정보를 통증 일지에 수록하면서 수 주 간에 걸쳐 통증 부위의 변화를 추적하게 된다.

통증에 대해 통찰을 얻게 하는 또 다른 질문으로 다음과 같은 것이 있다. "산부인과 의사가 진료하는 동안에 유사한 통증을 느낄 수 있는가?"(Binik et al., 2000) 이러한 질문에 대답할 수 없는 내담자라면, 위치를 확인하는 데 도움이 되는 자가 검진을 권할 수 있다. 목적은 내담자로 하여금 통증이 어디에서 나타나는지 확인하고 통증에 영향을 주는 요인이 무엇인지 찾아내도록 하는 것이다. 산부인과 진료를 교육의 기회로 사용할 수 있다. 민감화 반응을 방지하기 위해 면봉으로 외음부의 여러 부위를 무선적으로 툭툭 건드려 보면서 통증을 측정해 볼 수 있다. 압력-통증 민감성의 변화를 측정하는 기기인 외음통측정기(vulvalgesiometer)는 통증을 정량화하는 데 도움을 준다(van Lankveld et al., 2010). 연구자들은 다학제적 입장에서 점막, 골반기저, 성과 관계 기능, 통증 경험, 심리사회적 적응 그리고 여성 성기 절제 또는 성학대 경험이라는 6가지 영역에 주목해야 한다고 주장하였다.

내담자에 따라서는 질 가려움증(입구 부위이든, 통 부위이든)이 구체적이고 명확한 질병이 부재한 상태에서 통증을 일으키는 원인이 되기도 한다. 윤활제가 도움이 될 수 있지만(실제로도 자주 사용되는 편이고, 이전에는 이 방법이 추천되었다), 원인을 치료하는 것은 아니다. 통증은 노화로 인해 질 벽이 얇아져서 생긴 것일 수 있다. 내담자가 사용하는 다이어트약이나 피임약을 평가해 볼 필요가 있다. 내담자가 파트너의 정액에 반응하면서 그럴 수도 있다. 이런 경우에 파트너에게 콘돔을 사용하도록 하여 차이가 있는지 살펴보는 방법을 권한다(Penner & Penner, 2005).

날카로운 통증은 질이나 처녀막이 찢어졌거나 그 부위에 틈이 생겨서 발생할 수 있는데, 이 경우에는 질 입구 부위에 통증이 있다. 깊게 찌르는 것 같은 날카로운 통증의 경우, 내담자는 자궁후굴[2]로 인해 자궁경부가 깊게 당겨지면서 부딪히는 상태일 수 있다. 통증의 기타 원인으로는 자궁내막증, 난소낭종, 골반염, 잘못된 장소에 부착된 자궁 내 피임기구 등이 있다. 내담자는 출산 외상(즉, 회음절개, 출산 과정을 촉진하는 과정에서 이루어지는 질과 직장 사이의 절개로 인해 예민해진 상처 조직), 자궁이 제자리에 있도록 지탱해 주는 인대의 파열, 혹은 질 벽이나 질 입구에 위치한 인대의 파열에 의해서도 통증을 경험할 수 있다.

통증의 **성격**에 대해 물어보면 내담자들은 '화끈거림' '밋밋함' '날카로움' '쏘는 듯함' 등으로 기술한다(Binik et al., 2000, p. 159). 내담자는 자신만의 은유를 사용하여 임상가에게 자신의 통증의 본질을 이해시키려고 한다.

통증 **유발인자**와 시간에 따른 **예후**를 이해하려면, 치료사는 성교와 더불어 어떤 활동이 통증을 유발하며, 일단 통증이 시작되면 얼마나 지속되는지를 파악해야 한다(Binik et al., 2000). 수 초인가? 수 분인가? 몇 시간인가? 며칠인가? 삽화마다 다른가, 아니면 시간에 따른 예후가 일정한 편인가? 대부분의 사람은 나름대로 대처를 시도한다. 시도해 본 방법 중 통증을 완화시키는 데 효과적인 것이 있는가? 오히려 통증을 증가시키는 것 같았던 적이 있는가?

성교 동안의 통증 **강도**에 대한 내담자의 주관적 경험을 물어볼 수 있다(Binik et al., 2000). 내담자에게 10점 척도를 사용하여 1점은 '무통증'이고, 10점은 '살면서 경

2) 역주: 자궁후벽이 유착되어 뒤쪽으로 당겨지면서 생기는 자궁 위치의 이동

험한 최악의 통증'이라고 하고 다른 시기와 비교해 볼 때 성교통증의 강도가 어느 정도 되는지 매겨 보게 한다. 비닉과 그의 동료들은 내담자가 통증으로 인해 얼마나 괴로운지도 점수를 매기게 하였다. 1점은 '전혀 괴롭지 않다'이고, 10점은 '이제까지 경험해 본 것 중 가장 괴롭다'가 된다. 내담자는 이 정보를 자신의 통증 일지에 적고 치료 과정 내내 변화 추이를 기록한다.

성교통증의 **의미**에 대한 질문을 통해 내담자가 성에 대해 갖는 태도, 신념, 염려에 대한 중요한 정보를 얻을 수 있다. 성교 시 통증을 경험하게 되는 원인이나 의미에 대해 내담자는 어떻게 설명하는가?(Binik et al., 2000) 내담자의 신념을 지지하는 증거에는 어떤 것이 있는가? 임상가는 내담자의 설명을 반박하지 않는다. 오히려 내담자의 통증 경험을 의료 서비스 전문가들이 놓쳤을 수 있는 무언가로 보고 타당화한다. 우리는 경청하는 자세로 내담자가 과거에 어떤 식으로 자신의 경험을 이해했고, 어떤 식으로 대처해 왔는지에 대한 자신의 이야기를 편안하게 개방할 수 있도록 촉진한다.

커플 평가하기

임상가마다 각자 선호하는 평가 방식이 있다. 커플과 작업할 때 임상가는 보통 먼저 커플을 만나고, 이후에 개별 면담을 하고, 다시 커플로 만나 피드백을 제공한다. 이런 방식을 통해 커플관계의 맥락에서 내담자를 이해하고 그들의 상호작용 방식을 파악한다. 동시에 개인 회기를 통해 각자의 설명, 걱정, 정서 상태 등도 추가적으로 파악한다. 피드백 회기를 하면서 현재 문제에 대한 이해의 틀을 만들고, 현재 문제를 치료적 측면에서 개념화한 것과 문제를 해결하기 위한 과거의 노력과 앞으로 도움이 될 수 있는 치료 전략을 바탕으로 효과적인 치료 계획을 수립한다.

커플을 평가할 때는 관계 요인과 성적 요인을 모두 평가해야 한다. **관계 요인**에는 의사소통, 타협, 지지 등이 있고, **성적 요인**에는 성기능, 성행위의 범위, 만족도, 출산 경험 등이 있다(Lamont, 2001). 성교통증은 무료한 성생활, 성행위 기술, 타이밍, 성적 친밀함의 횟수, 관계의 우선순위, 피임, 불임치료, 가족의 규모 등에서의 갈등과도 관련될 수 있다. 커플 간 의사소통 문제는 앞의 요인들에 의한 갈등을 증폭시킬 수 있다.

이 장을 시작할 때 했던 시각화 연습을 기억하는가? 우리는 당신에게 가장 즐기는 활동을 떠올리고 그 활동을 하는 동안 급성 혹은 만성 통증을 경험하는 상상을 해 보라고 했다. 그런 상황이 되면 사람들은 이전에 즐겼던 활동을 꺼리게 된다. 성적 친밀함도 마찬가지다. 커플은 성교 및 기타 성생활을 회피하게 된다. 임상가는 커플이 성관계를 회피했던 것을 인정하게 하고, 통증이 성관계 기피에 기여했는지를 논의하게 하고, 효과적이지 않은 "통증과 성관계에 대한 신념, 지나친 절제, 부적응적인 태도"를 확인해 갈 수 있도록 도울 수 있다(Bergeron, Meana, Binik, & Khalife, 2010, p. 206). 감각 집중법과 같은 활동은 통증 없이 즐거운 성생활을 하도록 도와주는데, 이 내용은 다음 부분에서 더 다루도록 하겠다.

많은 커플은 자신만의 판단으로 서로를 비난해 왔다. 많은 경우, 비난의 대상은 주로 여성이 된다. 고통스러운 성교를 인과론적인 문제로 보고 '그녀가 가지고 있는' 문제 때문으로 여기는 경향이 있다. 사실 더 넓은 관점에서 보면 커플이 서로를 어떻게 대했는가와 고통스러운 성교의 원인이 될 수 있는 다양한 요인 그리고 커플이 고통스러운 성관계라는 도전에 어떤 식으로 반응해 왔는지에 대한 과거력도 모두 문제의 과정에 포함되어 있다. 사람들은 고통스러운 활동을 회피한다는 것은 이해할 수 있는 현상이기 때문에 임상가는 파트너 및 커플에게 비난이나 비판 대신에 건설적인 이해의 틀을 가지도록 촉진한다. 피드백 회기를 통해 임상가는 사례개념화를 바탕으로 치료 계획을 설명하면서 커플이 현재 문제를 새로운 방식으로 생각해 볼 수 있도록 그리고 건강한 방향으로 전진할 수 있는 사고방식을 가질 수 있도록 돕는다.

치료

밴 란켈트와 그의 동료들(van Lankveld et al., 2010)에 따르면, 더 나은 치료 성과는 다음의 요인과 관련이 있다.

- 성교통증의 심리학적 원인을 이해함
- 자신의 성기에 대해 긍정적으로 느낌
- 임신을 원함
- 성지식이 증가함
- 성치료에서 부여한 숙제를 성실히 수행함

- 성교통증이 있는 여성 파트너의 만족도가 증가함

다음의 요인은 부정적인 치료 성과와 관련이 있다.

- 성욕을 가식적으로 처리하는 문제
- 성병 관련 두려움
- 부모님이 가진 성에 대한 부정적인 태도에 노출됨
- 질경련증에 대한 이전 수술 경험
- 기질적 비정상성
- 파트너의 성기능 부전
- 성학대 과거력

성기-골반통증/삽입 장애의 치료는 현저한 증상을 고려할 뿐 아니라 개인과 커플에 대한 평가 및 신체 검사(즉, 골반 검사)의 결과에 기반하여 결정된다. 치료의 첫 번째 단계는 성기-골반통증 또는 삽입 문제에 대한 심리학적 교육으로 시작된다. 이때 임상가는 통증을 줄이면서 관계의 친밀성을 향상시키는 데 도움이 되는 단계가 있다는 것을 전달한다.

개인상담을 통해 성교통증에 기여하는 개인내적 염려, 두려움 및 기타 요인을 다룰 수 있다. 통증 주기를 유지시키는 회피 양상을 다룰 때는 주로 행동치료를 활용한다. 정서적 변화에는 통찰지향적 치료가 효과적일 수 있다. 의사소통 문제를 돕기 위해서는 커플 상담을 활용한다. 체계적 둔감화와 같은 행동 기법은 남성 성기가 질에 삽입되는 과정에서 특히 유용할 수 있다. 처음에는 확장기를 사용하거나 내담자의 손가락으로 삽입을 시도하면서 내담자는 질의 다양한 근육의 수축 및 이완에 대한 피드백을 얻을 수 있다.

치료는 의사 및 치료 서비스 종사자 간의 상호작용을 통해 이루어진다. 다학제적 접근을 통해 산부인과 의사, 임상가/성치료사, 물리치료사 또는 통증전문가 간에 자문을 주고받으면서 치료를 진행한다(Bergeron et al., 2010). 치료 목표는 통증 관리와 대처, 통증 후의 결과 다루기(개인적 차원과 커플 차원에서), 즐거운 성생활 영위하기 등이다(Binik, Bergeron, & Khalife, 2000).

첫 단계는 가장 덜 침습적인 형태의 치료가 권장된다(Binik et al., 2000). 성치료는 통증을 위한 인지행동적 전략을 포함하는 심리사회적 개입, 커플 상담, 최면, 이완, 바이오피드백 및 감각 집중법, 케겔운동 및 질 확대와 같은 개입을 조합하여 구성된다. 의학적 개입 및 수술에는 섭식 관리, 약물 사용, 국소 시술, 레이저 수술 및 전정 제거술 등이 활용된다.

통증 관리는 다양한 방법으로 접근할 수 있다. 커플관계에서는 통증이 한 사람에게만 영향을 주는 것이 아니기 때문에 의사소통이 필수적이다. 여성이 파트너에게 통증을 설명하여 자신이 통증을 느낀다는 것을 알리면 친밀감을 훼손하지 않으면서 성행위를 교정할 수 있다. 여성이 언제 통증이 오고, 얼마나 지속되며, 어떤 부위에 머물고, 그 순간 경험되는 통증의 종류가 어떠한지를 스스로 확인하면 자신에게 도움이 될 뿐 아니라(자기이해), 이것을 파트너에게 이야기해 줄 수 있기 때문에 성적 친밀감 증진에도 도움이 된다.

통증을 침묵으로 견디기보다는 관리를 하게 되면 내담자는 통증을 완화시키는 경험을 통해 통증을 다루는 데 자신감을 가질 수 있다. 약물이나 국부 시술도 통증을 완화시키는 방법이 될 수 있다.

커플이 치료 시간에 통증에만 관심을 두기보다는 신체적 · 성적 친밀감과 더불어 정서적 · 관계적 친밀감을 증진시키는 즐거운 활동들을 발견해 가면 치료 시간이 더욱 유익해질 것이다.

성기-골반통증/삽입 장애와 관련된 가장 큰 문제가 성교 시 질 삽입이라면, 이와 관련된 구체적 목표가 치료 계획에 포함되어야 한다. 구체적 목표에는 (1) 성적 친밀감을 방해하는 심리적 갈등 다루기, (2) 내담자와 파트너 사이에 성적 즐거움을 주고 받을 수 있는 신뢰감 쌓기, (3) 치골미골근에 통증을 유발하는 경련에 대한 성기 통제감 획득하기, (4) 성기-질 삽입 성공하기가 포함된다(Reissing et al., 2003).

내담자가 질 삽입 문제의 해결을 위해 **자가확장**(self-dilation)을 활용하고자 한다면, 내담자는 이에 대한 지식을 갖춘 산부인과 의사에게 진료를 받아야 한다. 최근 우리는 장기간 미확인된 낭포로 인해 고통을 겪는 젊은 여성을 치료한 적이 있는데, 서툴고 민감하지 않은 산부인과 진료 때문에 그녀의 문제가 악화되어 있었다. 이러한 상황에서는 신뢰를 다시 쌓는 것은 어려워질 수 있다. 따라서 주변에 해당 치료 영역에서 믿고 의뢰할 수 있는 민감하고 유능한 산부인과 의사를 잘 알아 두는 것이 중요하다.

임상가는 여성의 기대와 혐오를 다룰 때 파국화와 과각성에 개입하는 인지 전략을 가르치면서 심리치료를 시작할 수 있다. 여성이 어린 시절에 원치 않는 성경험을 했다면, 자신과 자신의 성에 대해 긍정적인 인지 표상을 발달시키기가 어려웠을 것이다(Reissing et al., 2003). 치료 기간 중 성관계를 금하는 것이 중요한데, 이 결정에는 파트너의 이해와 지지가 필요하다. 치료는 내담자뿐 아니라 배우자 그리고 그들 커플관계 모두에 대한 매우 든든한 지지처가 될 수 있다. 치료사는 내담자 및 파트너(만약 커플 상담을 한다면)와 동맹을 맺고, 치료 과정 및 다양한 치료 모델을 교육하고, 목표를 확인한다. 이 단계에서 핵심적인 치료 요인은 이완인데, 내담자는 대근육과 소근육을 의도적으로 이완시키면서 자신의 불안과 염려를 관리하는 것을 배운다. 이러한 기술의 숙달 과정에서 내담자는 지속적으로 지지를 받는다.

성기능 부전을 치료할 때 숙련된 물리치료사와 작업을 하는 것도 도움이 될 수 있다. 내담자가 질에 대한 통제감을 획득하는 목표를 달성하려면 골반기저근, 특히 치골미골근의 불수의 조임을 풀 수 있어야 한다. 숙련된 물리치료사는 이런 근육의 통증이나 조임을 주는 불수의 근육 반응을 제거하는 훈련을 도울 수 있다(Rosenbaum, 2007).

자가확장 프로그램을 시행하고자 할 때 너무 조기에 시도할 필요는 없다(Binik, Bergeron, & Khalife, 2007). 자가확장이 적절한 것 같으면 확장기를 활용할 수 있다. 내담자는 성치료사와 작업하고, 필요에 따라 산부인과 의사의 자문을 받으면서 자가확장 프로그램을 진행할 수 있다. 자가확장 프로그램을 실시하면 몇 가지 유익함이 있다. 우선 내담자는 자신의 신체에 대한 통제감을 얻게 된다. 파트너가 서툴거나 둔감하거나 인식이 부족한 경우에 자가확장 프로그램은 커플의 상호작용을 촉진하는 데 도움이 된다. 또한 실제 상황, 즉 상황이 벌어지는 그 순간에 탈민감화 기회를 제공한다(Meana, 2012).

성교 금지 기간에 체계적 둔감화를 할 때는 관계의 변화를 가르치고, 파트너의 인식을 증가시키기 위해 감각 집중법을 활용한다. 감각 집중법은 성기 접촉 없이 다른 신체 부위를 애무하는 것을 장려하는 것으로 시작된다. 이로서 커플은 성교 없이 친밀감을 증진하는 기회를 갖게 된다.

여성이 질을 충분히 확장시킬 수 있으면, 이제 치료는 파트너가 그녀의 지시에 따라 그녀의 질을 확장하는 단계로 넘어간다. 여성은 자신의 파트너에게 자신이 학습한 것을 가르쳐 준다. 내담자가 가장 큰 확장기를 손쉽게 넣을 수 있게 되면, 확장하면서 충분히 질액을 분비하고 상황을 조절하면서 서서히 삽입을 시도하는 식으로 성기-질 삽입을 시도하게 된다. 그때 여성은 성교에서 여성-상위 자세를 취하게 된다. 이 단계에서 남성은 자신의 성기를 수동적으로 가만히 두면서 여성이 그 다음 단계가 준비되었다고 느낄 때까지 기다린다. 비록 통증 없이 성기 삽입을 성공한다고 하더라도, 이후 몇 달 동안은 성교 전에 확장을 하는 것이 중요하다. 커플은 성공적인 치료에도 불구하고 차질을 흔히 경험한다. 임상가는 사전에 커플과 함께 이런 경우에 대해 소통하고, 문제를 예측하면서 합리적인 기대를 갖도록 하여 커플이 상황에 대비할 수 있도록 준비시킨다.

이에 대한 통제된 효과 연구는 별로 없지만, 성치료의 특정 시점에 삽입 훈련과 자가확장 훈련이 활용되는 편이다. 치료 효과를 향상시키기 위해 이완 훈련도 병행한다. 사람에 따라서는 상상기법을 포함하여 가장 작은 면봉에서 시작해서 가장 큰 남성의 성기까지 위계적 상황을 활용한 체계적 둔감화를 시행하면서 질 삽입을 시도하는 것이 효과적이다.

확장이 너무 빨리 되거나 기계적으로 이루어져서는 안 된다. 성적 친밀감을 증진하는 시간을 촉진하는 방식으로 큰 그림을 그리면서 치료를 잘 설계해야 한다. 서로를 위한 시간 만들기, 성욕과 흥분감을 쌓아 가기(평가적인 의사소통보다는), 피드백을 충분히 주고받는 의사소통하기 등은 성적 친밀감 촉진을 위해 면밀히 고려해야 할 요인이다(Meana, 2009).

전문가들은 최근 이 문제에 대한 논의에서 과거처럼 삽입의 성공과 통증의 제거를 성공적인 치료의 지표로 지나치게 강조하기보다는 전반적인 성적 친밀감과 성기능의 향상을 더 강조하는 편이다(즉, 자가확장에 대한 강조를 줄임; Bergeron et al., 2010). 베르주롱(Bergeron)과 그의 동료들이 언급했듯이, 임상가는 치료 과정에서 통증 감소와 성적 친밀감 증진을 함께 지속적으로 다루는 것을 치료 목표로 삼고 치료를 계획해 갈 수 있다.

외음부 통증

외음부 통증은 질 입구 주변의 통증을 의미하는데, 이것을 치료할 때는 증상 경감에 초점을 둔다. 증상 완화를 위한 다양한 선택지가 있을 수 있으며, 외음부 통증을 앓고 있는 여성 모두가 한 가지 치료 방법으로 효과를 보는 것은 아니다. 경우에 따라 몇몇 치료 방법을 조합하는 게 효과적일 수도 있다.

약물치료에는 만성 통증을 줄이려는 목적으로 삼환계 항우울제나 항경련제를 사용한다. 항히스타민제는 간지러움을 줄이는 데 효과적일 수 있다. 통증을 예상할 때 골반의 근육이 수축되면서 만성 통증이 증가하는 경향이 있는데, 바이오피드백 치료는 골반의 근육을 이완되게 함으로써 통증을 줄이는 데 도움이 된다. 리도카인 같은 연고는 성교 직전에 일시적으로 증상 완화를 도와준다(Goldstein & Burrows, 2008). 하지만 통증을 마비시키는 효과는 파트너에게도 영향을 줄 수 있다. 국소 코르티코스테로이드와 국소 항진균제는 대체로 외음부 통증의 증상을 완화하지 않는 것으로 보인다(Goldstein & Burrows, 2008). 국소 치료로 효과를 경험하지 못한 사람들의 경우에 트리암시놀론아세토니드(합성 코르티코스테로이드)나 부피바카인(마취제)의 병변내 주사가 도움이 된다고 보고되었다(Goldstein & Burrows, 2008). 물리치료사에게 골반기저근 치료를 받으면 외음부 통증과 관련된 자궁, 방광 및 창자를 지지하는 근육을 강화하는 데 효과적인 것으로 밝혀졌다. 이런 덜 침습적인 개입에 반응이 없는 사람들의 경우, 영향을 받는 피부와 조직을 제거하는 수술(진정 제거술)을 추가적으로 실시할 수 있다.

골반저근의 긴장을 줄이는 데 도움이 되는 개입으로는 골반 기저 물리치료, CBT, 케겔 운동 및 이완 훈련, 질 부위 근전도검사 바이오피드백, 경피적전기신경자극(Transcutaneous Electrical Nerve Stimulation: TENS) 및 국부 마취 신경 차단제(van Lankveld et al., 2010)가 있다.

예방

커플의 일상적인 성생활 방식을 바꾸는 것을 성교통증 관리에 효과적일 수 있다. 권장되는 방법 중 하나는 체위를 바꾸는 것이다. 여성은 남성의 성기가 삽입되면서 자궁경부에 부딪히거나 골반기저근에 압박을 주어서 성교통증을 경험할 수 있다. 여성이 성관계 동안 상위 체위로 바꾸면 통제감을 얻게 되어 삽입 정도를 조절하면서 편안하게 느낄 수 있다.

물리적 변화를 시도하는 것 외에도 성교통증을 경험하는 여성이 파트너에게 어떤 게 좋게 느껴지고, 어떤 게 좋지 않게 느껴지는지를 소통하는 것이 중요하다. 파트너가 좀 천천히 성관계를 하면서 전희 시간에 더 투자하도록 하여 질액 분비를 늘려야 할 필요를 느낄 수도 있다. 여성은 전희 시간을 늘려야 삽입 전에 충분히 흥분되는 경험을 할 수 있고, 그래야 통증의 가능성이 줄어들 수 있다.

윤활제를 사용하면 성교 동안의 불편함을 줄이는 데 도움이 된다. 윤활제는 피부 간지러움을 일으킬 수 있는 프로필렌글리콜을 함유하지 않은 것이어야 한다. 천연 오일(예를 들어, 올리브유)을 사용할 수도 있다. 전희 과정의 일부로 윤활제를 사용하면 윤활제 사용에 대한 수치심과 불편함을 줄일 수 있다.

외음부 통증 관리하기

골드스테인, 푸칼과 골드스테인(Goldstein, Pukall and Goldstein, 2011)은 일반화된 외음부 통증과 유발성전정통(Provoked Vestibulodynia: PVD)의 구분에 따른 효과적인 지침을 제시하였다. 일반화된 외음부 통증의 치료는 개인에 따라 맞춤형으로 진행할 필요가 있는데, 어떤 사람들은 특정 치료 방법으로 효과를 본다. 마취 연고와 크림(예를 들어, 리도카인) 같은 국부 치료제가 효과적일 수 있다. 국부 스테로이드나 국부 항진균제는 자주 처방되기는 하지만 아직까지 효과성이 입증되지는 않았다. 삼환계 항우울제(예를 들어, 엘라빌)나 선택적 노르에피네프린 재흡수 억제제(예를 들어, 이펙사 XR, 심발타), 항경련제(예를 들어, 뉴론틴) 같은 구강 약물은 통증을 완화시키는 데 효과가 있다. 통증을 일으키는 신경 부위에 마취제를 투여하는 것의 효과성은 연구되고 있는 중이다. 물리치료와 바이오피드백도 일반화된 외음부 통증을 앓는 많은 여성에게 도움이 되고 있다.

면 100% 속옷의 착용(세제나 섬유유연제를 사용하지 않음), 저자극 비누와 크림, 염색 방지 면, 냄새 없는 생리대나 탐폰, 윤활제(프로필렌글리콜 무함유), 소변 후 온수로 외음부 부위 닦기 등 다양한 다른 방법들도 도움이 될 수 있다(Goldstein et al., 2011).

PVD는 외음부전정염 또는 외음부전정염 증후군으로 불리기도 한다. 이것은 "일종의 접촉에 대한 반응으로 생기는 외음부 안쪽 연결 부위의 통증"을 일컫는다(Goldstein et al., 2011, p. 79).

맺음말

고통스러운 성교는 성관계가 없는 결혼 생활의 가장 일반적인 원인 중 하나로 지목된다. 성관계가 없는 결혼 생활을 하는 사람들은 수치심, 죄책감, 좌절감, 분노를 경험한다. 커플이 이 시기에 감정을 관리하도록 조력하면서 커플이 아직 할 수 없는 것(즉, 성교)보다는 함께할 수 있는 것에 초점을 두면 무료하고 침체된 것 같은 삶의 영역에서 친밀감이 향상될 수 있다.

어떤 커플들은 부지중에 미디어나 친구 등을 통해 성생활은 '어떠 해야 한다'는 기대에 노출되어 성적 친밀감과 성관계에 대한 신화를 고집한다. 이것은 성기-골반통증/삽입 장애를 가진 사람에게 과도한 압박감을 준다.

내담자 중에는 신과 거래하는 사람도 있다. 기본적으로 그들이 선하면 성적 어려움은 없어야 한다는 식이다. 성적인 문제가 개인이 신과 맺는 관계에 커다란 장해물이 되기도 한다. 예를 들어, 우리는 한때 젊은 기독교인 여성과 그 남편을 치료한 적이 있었다. 초기 평가 면담에서 그 여성은 자신이 얼마나 '착한 여자'로 살아왔는지를 이야기했다. 즉, 혼전 성관계를 갖지 않았고, 남편과 결혼 약속을 할 때까지 어떤 남성과도 키스를 하지 않았다고 했다. 그녀는 성교 시 질 삽입이 안 되는 문제로 너무나 실의에 차 있었다. 신혼여행 때부터 시작해서 3년이 지나 치료를 받으러 올 때까지 그들은 성관계가 없는 결혼 생활을 하고 있었다. 신앙이 있는 내담자들은 독특한 상황을 마주하면 때때로 하나님과 흥정을 하는 것처럼 보인다.

물론 우리는 스스로(또는 침묵 기도 속에서 여러 가정을 하며) "만약 제가 ______한다면 하나님께서 나에게 _______해 주실거야" 식으로 생각하고 싶은 유혹을 받는다. 이런 경험을 성, 성적 친밀감과 성행위의 영역에 적용하면 흥정대로 되지 않는 것에 대해 하나님을 향한 커다란 좌절, 분노, 원망을 느낄 수 있다. 이런 임상 사례는 인내심과 민감성을 가지고 오랜 시간에 걸쳐 개입하면서 상처 받은 모든 감정을 다루는 방식으로 개입해야 한다. 이러한 치료는 하나님과의 정서적 경험을 탐색하고 처리하는 기회가 되기도 한다(Moriarty, 2006 참조).

관계문제는 이런 식의 암묵적인 신앙 거래를 동반할 수 있다. 커플이 한 사람이 원했던 것보다 더 많은 것을 했거나 한 사람 혹은 두 사람 모두가 혼전 성생활에 대한 후회가 있다면 커플의 성문제가 처벌처럼 느껴질 수 있다. 이 부분 역시 논의가 필요하며, 함께 작업할 중요한 사안이 된다.

성기-골반통증/삽입 장애의 치료가 증상에 대한 신체 치료에 국한되지 않는다는 것을 기억하자. 이것은 통증뿐만 아니라 그와 관련된 정서적 · 신체적 · 관계적 문제로 고군분투하는 커플의 심장을 치유하는 일이다. 치료 시작 전과 과정과 이후에 은혜, 사랑, 인내, 친절, 신실, 기쁨, 평안, 선함, 절제를 격려하여 커플이 통증을 넘어설 수 있게 도와야 할 것이다.

참고문헌

American Psychiatric Association. (2013). *Diagnostic and statistical manual of mental disorders* (5th ed.). Washington, DC: American Psychiatric Publishing.

Bergeron, S., Meana, M., Binik, Y. M., & Khalife, S. (2010). Painful sex. In S. B. Levine, C. B. Risen & S. E. Althof (Eds.), *Handbook of clinical sexuality for mental health professionals* (2nd ed., pp. 193-214). New York: Taylor & Francis.

Binik, Y. M., Bergeron, S., & Khalife, S. (2000). Dyspareunia. In S. R. Leiblum & R. C. Rosen (Eds.), *Principles and practice of sex therapy* (3rd ed., pp. 154-180). New York: Guilford Press.

Binik, Y. M., Bergeron, S., & Khalife, S. (2007). Dyspareunia and vaginismus: Socalled sexual pain. In S. R. Leiblum (Ed.), *Principles and practice of sex therapy* (4th ed., pp. 124-156). New York: Guilford Press.

Goldstein, A. T., & Burrows, L. (2008). Vulvodynia. *Journal of Sexual Medicine, 5*, 1-15.

Goldstein, A., Pukall, C., & Goldstein, I. (Eds.). (2009). *Female sexual pain disorders*. Somerset, NJ: Blackwell.

Goldstein, A., Pukall, C., & Goldstein, I. (2011). *When sex hurts: A woman's guide to banishing pain*. Cambridge, MA: Da Capo Press.

Lamont, J. A. (2001). Dyspareunia and vaginismus. In J. J. Sciarra, S. Dooley, R. Depp, J. R. Lurain, A. Kaunitz, A. David & M. D. Eschenbach (Eds.), *Gynecology and obstetrics*. Baltimore: Lippincott, Williams & Wilkins. Retrieved from www.glowm.com/resources/glowm/cd/pages/v6/v6c102.html?SESSID=qsat754u3afo9ps5s1siuiofv4

Leiblum, S. R. (2000). Vaginismus: A most perplexing problem. In S. R. Leiblum & R. C. Rosen (Eds.), *Principles and practice of sex therapy* (3rd ed., pp. 181-202). New York: Guilford Press.

Meana, M. (2009). Painful intercourse: Dyspareunia and vaginismus. In K. M. Hertlein, G. R. Weeks & N. Gambescia (Eds.), *Systemic sex therapy* (pp. 237-262). New York: Routledge.

Meana, M. (2012). *Sexual dysfunction in women*. Cambridge, MA: Hogrefe.

Moriarty, G. (2006). *Pastoral care of depression: Helping clients heal their relationship with God*. New York: Routledge.

Penner, J., & Penner, C. (2005). *A clinician's guide to sex therapy* (2nd ed.). Dallas: Word.

Reissing, E. D., Binik, Y. M., Khalife, S., Cohen, D., & Amsel, R. (2003). Etiological correlates of vaginismus: Sexual and physical abuse, sexual knowledge, sexual self-schema and relationship adjustment. *Journal of Sex & Martial Therapy, 29*, 47-59.

Rosen, R. C., Taylor, J. F., & Leiblum, S. R. (2011). Brief index of sexual functioning for women. In T. D. Fisher, C. M. Davis, W. L. Yarber & S. L. Davis (Eds.), *Handbook of sexuality-related measures* (3rd ed., pp. 289-290). New York: Routledge.

Rosenbaum, T. Y. (2007). Pelvic floor involvement in male and female sexual dysfunction and the role of pelvic floor rehabilitation in treatment: A literature review. *Journal of Sex Medicine, 4*, 4-13.

van Lankveld, J. J. D. M., Granot, M., Weimjar Schultz, W. C. M., Binik, Y. M., Wesselmann, U., Pukall, C. F., Bohm-Starke, N. & Achtrari, C. (2010). Women's sexual pain disorders. *Journal of Sex Medicine, 7*, 615-631.

제8장
발기장애

당신이 협심증 치료를 받으려고 하던 차에 새로운 치료제로 개발 중인 UK92480의 임상 실험에 참여하기로 자원했다고 상상해 보자. 협심증은 심장 근육에 공급되는 혈액과 산소의 부족으로 인해 흉부 통증 또는 불편함을 동반하는 심장 상태다. 따라서 당신은 기분이 좋지 않다. 치료제는 영국의 샌드위치라는 동남주 해안에 위치한 작은 마을 근처의 파이자 실험실에서 개발되고 있었다. 당시에는 UK92480이 포스포디에스테라제 5유형 효소(Phosphodiesterase type 5 enzyme: PDE_5)를 차단할 것으로 기대했다. 즉, UK92480이 PDE_5를 차단시켜 심장 근육으로 가는 혈류를 증가시킬 수 있을 것으로 보았다. 실제로 UK92480이 PDE_5를 차단시킬 수 있었다. 하지만 협심증을 제대로 치료하지는 못했다. 흥미로운 것은 이 실험에 참가한 몇몇 사람은 UK92480을 복용하면서 일반적이지 않은 부작용을 보고했는데, 그 부작용이 발기였다. 이 이야기는 오늘날 우리에게 비아그라로 알려진 약물을 우연히 발견하게 된 배경이 된다.

당시에는 어느 누구도 비아그라가 사회에 지금처럼 큰 영향을 미칠 것으로 기대하지 않았다. 제4장에서 언급했듯이, 당시 상원의원이었던 밥 돌의 발기장애(erectile disorder: ED) 소식을 듣게 될지도 몰랐고, 다음 세대 사람들이 가족끼리 TV 앞에서 모여 앉아 하는 이야기의 소재가 될지도 몰랐다. 이제 우리는 주요 PED_5 억제제로 알려진 비아그라, 레비트라, 시알리스의 광고 확산을 논의하고 있다. 소위 가족 시간으로 생각하는 저녁 8~9시가 경이로운 이 치료제의 최신 광고를 보는 최적의 시간이 되었다. 광고에서 남녀 성인은 서로를 유혹하는 표정으로 성적 친밀감을 위해 '언제든' 준비되어 있다는 신호를 보낸다. 호기심 많은 아이들 때문에 가족 내에서는 흥미로운 대화들이 오가게 되었다. 발기부전 치료에 대한 대화가 이렇게 개방적이고 솔직한 적이 없었다. 오늘날처럼 발기부전의 치료 방법이 효과적이었던 적도 없었다.

발기장애(erectile disorder: ED)는 성행위를 위한 적절한 발기의 불능 혹은 발기 후 유지의 불능을 의미한다. DSM-5에서는 성행위 상황 내내 혹은 거의 모든 상황에서 다음의 3가지 증상 중 하나라도 있으면 ED 진단을 고려한다.

1. 성행위 중에 발기하는 데 심각한 어려움을 겪음
2. 성행위를 마칠 때까지 발기를 유지하는 데 심각한 어려움이 있음
3. 발기 후 단단함이 감소함(APA, 2013, p. 426)

추가적으로 ED는 평생형(성적으로 활동하기 시작한 때부터 지속됨) 또는 후천형(일정 기간 정상적 기능을 보인 후 나타남)으로 분류될 수 있다. 다른 성기능장애처럼 ED는 전반형(특정 상황에 자극, 상황 또는 파트너에 국한되지 않음)일 수도 있고, 상황형(특정 자극, 상황, 파트너에 한정됨)일 수도 있다.

ED는 남성 사이에 흔한 편인데, 특히 연령이 증가하면서 더 많아진다. 몇몇 연구에 따르면, 30세 이하의 남성 중 10% 미만이 발기부전을 보고하지만, 연령이 증가하면 이 문제를 보고하는 수가 증가하여 60세 이상 남성의 절반 정도가 발기부전을 보고하였다(Rosen, 2007). ED의 심각도는 경도에서 중등도, 고도에 이르기까지 연속선 상에 있다.

ED를 진단할 때 전문가들은 이것이 기질성(혈관이나 호르몬의 문제)인지, 심인성(기질적 요인보다는 심리적 요인으로 인한)인지를 고려한다. 많은 건강문제가 ED와 관련이 있는데, 특히 심혈관 질환, 고혈압, 당뇨와 관련이 있다. 이러한 건강문제를 치료하는 데 사용되는 약물들은 ED의 위험을 높일 수 있다. ED의 예측 변인으로는 비만, 흡연, 운동 부족 등을 들 수 있다.

병인론

오늘날 대부분의 전문가는 ED에 영향을 미치는 요인이 다양하다고 본다. 생물심리사회적 관점에서 생물학적 요인으로 혈관, 신경, 약리, 호르몬의 영향 등을 고려해야 하며, 심리학적 요인 중에는 특히 인지적 요인과 생활 습관을 살펴볼 필요가 있다. 사회문화적 요인으로 남성이 성적으로 남성답다는 의미를 어떻게 받아들이는지를 고려할 필요가 있다.

앞서 심혈관 질환, 고혈압, 당뇨와 같은 많은 건강문제가 ED와 관련이 있다고 언급했다. 사실 ED는 심혈관 질환을 예측하는 초기 경고 신호일 수 있다. 따라서 그들 간의 관계는 어떤 방향으로도 가능하다(Althof & Rosen, 2010). 건강문제를 치료하기 위해 사용한 약물이 성기능 부전에 기여할 수도 있다.

기타 의학적 상태도 ED와 관련이 있다. 전립선암(그리고 그에 대한 치료), 폐질환, 갑상선 문제, 뇌전증도 여기에 포함된다(Gambescia, Sendak, selective serotonin reuptake inhibitors, SSRIs & Weeks, 2009). 선택적 세로토닌 재흡수 억제제와 기타 항우울제, 호르몬 치료제, 혈압강하제, 항경련제와 같은 약물도 발기에 영향을 줄 수 있다(Gambescia et al., 2009).

ED에 영향을 미치는 심리학적 요인으로는 수행불안, 다양한 인지적 왜곡, 불충분한 자극, 관계 갈등 등이 고려되는데, 그중에서도 특히 수행불안이 중요하게 고려되어 왔다. **수행불안**은 원래 성치료사들이 소위 '관람하기', 즉 성적 사건의 관객이 되는 행위로 명명한 것으로, 행위자가 관람하는 상태에 있으면 실제 성행위에 적극적으로 몰입하기가 어렵다. 오늘날 우리는 수행불안을 관람하기 관점에서 이해하는 편이다. 그런데 수행불안은 남성이 적절한 발기를 하지 못할까봐 염려하는 것과도 관련이 있다. 따라서 수행불안은 단지 관람하는 행위를 넘어서서 실패에 대한 두려움으로도 이해될 수 있다.

주의 분산은 남성과 여성 모두의 성적 흥분감을 낮추는 역할을 할 수 있다(Rosen, 2007). 주의 분산은 ED를 보고하는 남성들의 특징인 '인식과 주의 과정의 변화'를 반영한다(p. 288). 여성의 성적 흥분 주기에 대하여 바송의 이론(Basson's theory, 2006)에서 설명하였듯이, 여성의 성적 흥분은 회사일이나 가사 같은 해야 할 일을 생각하느라 감소한다. 남성의 경우에는 낮 동안에 관찰한 시각적 자극과 관련된 환상이 파트너와의 성적 친밀감 중에 불쑥 떠올라 방해가 될 수 있다. 주의 분산의 소재에는 전화 소리, 노크 소리와 같은 사소한 자극도 포함될 수 있다.

남성 파트너가 적절한 **자극**을 받는지 살펴보는 것도 중요하다. 나이가 들면서 남성은 발기 유지를 위해 젊었을 때보다 많은 신체 자극을 필요로 하는 편이다.

관계 갈등도 ED에 영향을 미치는 요인이 될 수 있다. 물론 갈등 자체는 성적 흥분과 상관이 없다. 하지만 남성이 나이가 들면서 성적 반응성이 줄어들 때, 파트너는 그것이 정상적 노화가 아닌 다른 것 때문이라고 생각할 수 있다(Rosen, 2007). 그런 오해는 성적 친밀감과 반응성에 대한 의사소통을 방해하여 관계 갈등의 원인이 될 수 있다.

생물학적 요인과 심리학적 요인에 덧붙여 사회문화적 메시지도 성기능에 영향을 미칠 수 있다. 선행 연구들에서 자주 언급되었던 것으로 남성이라는 것이 의미하는 바에 대해 받아들인 사회문화적 메시지가 있는데, 예를 들어 '성에 대한 전통적인 남성적 태도' 같은 부분에 대해 고려할 수 있다(Rosen, 2007).

임상적 양상과 평가

앙투안은 39세의 아프리카계 미국인 남성으로, 아내 도나와 19년째 결혼 생활을 하고 있다. 그들은 슬하에 16세와 13세의 자녀를 두고 있다. 앙투안은 작년에 해군으로 은퇴하고 독립적인 컨설턴트로 일을 하고 있다. 그는 상담실에 들어와 교통 체증과 습하고 더운 날씨에 대한 이야기와 상담소를 찾기가 얼마나 어려웠는지에 대한 이야기를 한참 한 후에야 겨우 자신의 문제를 설명하기 시작했다. "저는 기능에 문제가 있어요… 어떻게 설명해야 할지 잘 모르겠지만, 제가 좀 힘들어요. 남성으로서 기능하는 게 힘들어요… 그러니까 제가 이전처럼 성생활을 하는 게 좀 어려워요. 무슨 일이 일어난 것인지 모르겠어요. 이런 부분에 문제가 있었던 적은 정말 없었거든요. 제 말은… 저희는 아이도 둘이나 있고, 결혼 생활도 행복하고, 서로 사랑해요. 그러니까 저는 아내를 사랑해요. 그게 문제가 되지는 않는 거죠. 적어도 제 생각에 그 문제는 아니에요. 그런데 제가 이전처럼 준비가 잘 안돼요… 그러니까 성행위가 말이에요. '준비가 되기'까지 오래 걸려요. 무슨 말인지 아시겠지요?"

앙투안과 도나는 발기부전 때문에 결혼 생활에 어려움을 겪고 있다. 앙투안은 그 문제에 대해 말하는 것조차 힘들어 하였는데, 물론 이런 경우는 성치료 장면에서 그리 드물지 않다. 남성이 개인적으로 부적절함을 느끼는 것에 대해 개방하는 것은 쉽지 않을 수 있다.

개인 평가

앙투안에 대해 평가할 때는 임상 면담과 함께 의학력과 성생활 과거력을 탐색하고, 신체 검사에 대한 의뢰를 염두해 두고 관상동맥성심질환과 같은 의학적 위험 요인을 고려하면서 감별할 필요가 있다(Rosen, 2007). 성기능 부전의 다른 경우에서와 마찬가지로 임상가는 ED 증상의 발병, 심각도와 지속 기간에 대해 다음과 같이 물을 수 있다. "발기와 관련된 염려가 시작된 시점은 언제입니까? 1~10 사이의 척도로 당신의 걱정을 평가한다면 처음에는 어느 정도였습니까? 지금은 어느 정도입니까? 얼마나 오랫 동안 걱정해 왔습니까? 그 동안 발기문제와 관련된 변화가 있었다면 설명해 주세요."

메스와 매카시(Metz and McCarthy, 2004, pp. 52-60)는 평가에 추가할 수 있는 일련의 유용한 목록을 제공하였다. 임상가가 이것들을 참고할 수도 있고, 내담자에게 책의 해당 장을 읽게 하면서 신체적 원인, 심리학적 요인, 관계 갈등 및 성관계 기술의 부족과 같은 ED의 다양한 원인을 함께 논의할 수 있다.

심리학적 · 관계적 · 기술적 결핍 영역에서 ED 문제와 관련 있는 영역을 확인해 보는 것이 중요하다. 여기에는 내담자, 파트너, 관계, 성적 스크립트, 친밀감 맥락 등과 관련된 다양한 요인이 관여될 수 있다(Althof & Rosen, 2010).

우리는 평가 동안에 내담자의 수행불안 신호(예를 들어, 관람하기, 실패에 대한 두려움), 우울증과의 공병 상태, 발기 및 수행에 대한 높은 기대와 같은 요인을 민감하게 경청할 필요가 있다. 남성의 자기가치감은 남성의 성과 성기능에 대한 문화적 메시지에 영향을 받기도 한다. 실제로 현대 사회는 성행위 시 남성의 주도적 역할을 강조해 왔다. 대중 매체도 이에 한몫하였고, 청소년기에서 성인기에 이르기까지의 동료 집단 내에서도 이러한 메시지가 회자되어 왔다. 이러한 메시지는 남성에게 영향을 미치고, 파트너가 남성을 보는 방식뿐 아니라 남성이 자신의 수행에 대해 갖는 기대에도 영향을 미친다. 치료 과정에서 이러한 기대가 내담자가 호소하는 문제를 악화시키는 본질적으로 무용한 신념은 아닌지 평가할 필요가 있다.

커플 평가

파트너와의 관계 요인을 평가할 때, 성에 대한 흥미 수준을 고려할 필요가 있다. 성에 대한 흥미 정도는 성기능 부전, 질병, 공병하는 우울, 약물, 폐경으로 인한 변화 등에 영향을 받을 수 있다. 관계 만족을 측정하는 것도 중요한데, 발기의 어려움이 관계문제에 기여할 수 있는 것과 마찬가지로 관계의 어려움도 발기부전에 영향을 미칠 수 있다. 그래서 발기부전이 언제 시작되었고, 현재와 과거의 관계 변화 속에서 발기부전이 어떻게 진행되어 왔는지를 살펴보면서 커플관계의 역사를 자세히 짚어 보는 것이 중요하다.

침실의 '유령들'이 미칠 수 있는 잠재적 영향에 대해 인식하는 것도 유용할 수 있다. 그 유령들은 옛 연인들과의 경험, 시댁 어른들, 처가 어른들 및 기타 다른 사람들일 수 있다. 때로는 성적 친밀감의 시간에 영향을 미치는 성적 스크립트, 환상의 활용, 기타 생각 등을 배우자와 자세히 논의하다 보면 이런 유령들이 정리될 수 있다.

커플의 성적 스크립트와 친밀감의 맥락도 평가되어야 한다. 이 부분은 개인 평가와 커플 평가 모두에서 다룰 필요가 있다. 임상가는 그 날의 맥락, 성관계의 시작, 전희를 위해 보내는 신호 등과 더불어 전체 성 반응 주기를 파악하도록 한다.

성적 스크립트에 대해 평가할 때, 커플 간 성행위에 대한 흥미 정도에 차이가 있는지, 과거의 외도나 신뢰의 문제가 있는지, 고용 상태나 직장 만족도, 자녀문제, 재정문제와 같은 맥락적 문제가 있는지도 탐색한다. 사회경제적 지위의 변화와 생활 스트레스도 남성의 자신감에 영향을 미칠 수 있는 사안으로 평가에 포함할 수 있다. 이런 부분은 성기능에 영향을 미칠 수도 있고 그렇지 않을 수도 있지만, 한번쯤 함께 탐색해 보는 것이 중요하다.

고용 상태 및 기타 자기가치감의 지표가 될 수 있는 것과 수행 사이에는 잠재적 관계가 있는데, 성기능 위주로만 평가를 하는 우를 범하면 위험할 수 있다. 평가는 '그 사람이 하고 있는 것'을 측정하는 것(그렇게 하면 마치 성생활에서 그 사람의 가치가 수행으로 평가되어야 한다는 생각을 강화할 수 있다)을 넘어서 커플로서 그들이 함께 만들어 가는 성적 친밀감에 대한 것이어야 한다. 우리는 커플에게 그들이 함께 만들어 가는 과정은 특별한 것이며, 그들이 함께 즐기고 기뻐할 수 있는 친밀감의 표현이자 친밀감을 증진시키는 요인이라는 것을 전달한다.

이러한 메시지는 평가 때 전달되고, 치료 과정에서 다시 언급된다. 이제 우리는 비아그라의 시대에 어떻게 효과적으로 치료에 접근할 수 있을지를 살펴보고자 한다.

치료

세계적으로 2천 5백만~3천만 명의 남성이 PDE_5 억제제(예를 들어, 실데나필/비아그라, 바데나필/레비트라, 타다라필/시알리스)를 복용하고 있으며, "추가적으로 5천만 명 이상이 치료 후보"로 추정되고 있다(Rosen, 2007, p. 278). 약물치료는 발기부전으로 힘들어 하는 남성 사이에서 선호되는 치료 방법이 분명하다.

PDE_5 억제제는 음경해면체의 근육을 이완시키는 약물이다. 남성은 근육이 이완되면 적절한 자극이 있을 때 순조롭게 정상적인 발기를 준비한다. PDE_5 억제제를 복용한 대부분의 남성(약 75%)은 발기를 회복하는 것으로 보고되어 왔다(Rosen, 2007). 물론 사람마다 선호하는 약물이 다르고 복용하는 약물(비아그라, 레비트라, 시알리스)에 따라 효과나 부작용도 다르다. 특정 PDE_5 억제제가 효과가 없을 때는 다른 종류의 PDE_5 억제제를 시도하는 경우도 드물지 않다.

PDE_5 억제제의 광범위한 사용을 고려할 때, 성치료의 역할에 대한 의문이 생긴다. 일반적으로 PDE_5 억제제와 같은 약물 복용만 추천하기보다는 약물치료와 함께 커플 성치료를 병행할 것을 추천한다(Aubin, Heiman, Berger, Murallos, & Yung-Wen, 2009). 이유는 약물치료가 개인적 심리문제나 관계문제를 치료해 주는 것은 아니기 때문이다.

현대의 많은 성치료사는 전통적인 치료에 다양한 요인을 첨가하며 강조점은 다소 상이하다. 하지만 심리학적 개입 시 일반적으로 마스터스와 존슨(Masters & Johnson, 1970)이 ED 치료를 위해 제안한 것과 유사한 원리를 따른다(Rowland, 2012). 여기에는 교육 제공하기(특히 생활 양식 변화 관련), 불안 및 주의 분산 다루기(인지 왜곡과 신화 포함), 관계 및 성기능 향상을 위한 다양한 훈련 처방하기가 포함된다.

교육 제공하기

교육에는 성 반응 주기에 대한 논의, 위험 요인에 대한 정보, 다양한 약물의 부작용, 기타 내담자의 이해가 필요한 문제들이 포함된다. 교육이 필요한 또 다른 영역은 생활 양식의 변화와 관련된 부분이다. 모든 심리학적 돌봄에서와 마찬가지로 치료의 첫 단계에서는 증상 완화에 도움이 되는 생활 양식의 변화를 검토하고 확인한다. ED의 경우에는 금연, 체중 감소, 전반적인 신체 건강의 긍정적인 변화와 같은 생활 양식의 변화가 ED의 진행을 지연시키고, 때로는 증상의 관해 상태를 이끌어 낸다(Hanash, 2008). 위험 요인으로는 과도한 알코올 사용 및 마약 사용이 있다(Gambescia et al., 2009).

불안 다루기

불안을 감소시키려면 치료 결과에 대한 기대는 보통 수준으로 유지하되 치료가 도움이 될 수 있다는 희망을 갖는 것이 중요하다. 첫 단계에서는 수행을 해야 한다는 남성 내담자의 기대를 낮춘다. 이를 위해 성교를 금할 수 있다. 이 방법이 극단적으로는 보일 수 있지만, 성치료에서 흔히 사용되는 방법으로 커플이 이제까지 효과를 보지 못한 방식을 고수하는 것을 멈추게 하는 데 효과적이다. 발기부전이 있다는 것을 계속해서 확인하거나 ED가 그 이유라는 것을 부정할 필요는 없다. 우리는 커플관계에 변화를 만들어 두 사람 모두 앞으로 더 만족스러운 성적 친밀감을 경험할 수 있기를 바란다.

또 다른 방안은 커플에게 **감각 집중법**을 지도하는 것이다. 감각 집중법은 비요구적인 애무를 의미한다는 사실을 상기해 보자. 이러한 훈련으로 남성은 관람하는 자세나 수행에 대해 느끼는 부담감에서 벗어날 수 있다. 감각 집중법은 또한 ED 문제를 보이는 남성에게서 전형적으로 발견되는 주의 분산을 다루는 데 도움이 된다. 그들은 자신의 감각, 파트너, 전반적인 경험 그리고 만남에 집중하는 것을 배우게 된다.

그렇다면 감각 집중법은 무엇인가? 다음은 카플란이 쓴 책 『**새로운 성치료**(The new sex therapy)』에 소개된 표준 스크립트다.

> 두 분 모두 침대에 들어갈 준비를 하세요. 옷을 벗고, 샤워를 하고, 마음을 편하게 하세요. 여성 분은 배가 아래로 가게 누우세요. 남성 분은 그녀의 등을 가능한 한 매우 부드럽게 애무하세요. 손을 아주 천천히 움직이세요. 그녀의 뒤쪽 목에서 시작해서 귀를 애무하고, 엉덩이, 허벅지, 종아리 부분까지 천천히 내려오면서 애

무해 보세요. 손과 입술을 함께 사용해 보세요. 그녀의 몸과 살을 만지는 것이 어떻게 느껴지는지에만 집중하세요.

그동안 당신[여성]은 파트너가 당신을 애무할 때 느껴지는 감각에 집중하시기 바랍니다. 마음을 다른 데 쓰지 마세요. 다른 것은 생각하지 마세요. 상대방이 피곤해질 것 같은지, 혹은 상대방도 좋아하는지 등은 신경 쓰지 마세요. '이기적'이어야 합니다. 당신의 감각에만 집중하고, 모든 것을 느낄 수 있도록 스스로에게 허락하세요. 파트너와 의사소통을 하세요. 다만 말을 너무 많이 하지는 마세요. 그러면 당신의 느낌이나 상대방의 느낌에 방해가 될 수 있거든요. 하지만 당신이 상대방에게 전혀 표현하지 않으면 상대방은 당신이 어떻게 느끼는지 알 수 없다는 것을 기억하세요. 파트너에게 어느 부위를 어떤 식으로 만지면 좋겠는지, 상대방의 애무가 특히 좋게 느껴지는 부위가 어디인지 알려 주세요. 또한 상대방의 애무가 너무 약하거나 세지는 않은지, 상대방이 너무 빠른지도 말해 주세요. 경험이 유쾌하지 않을 때는 그렇다고 말해 주세요. 너무 많이 말씀하지는 마세요. 말이 많아지면 당신의 감각과 상대방의 감각을 방해할 수 있으니까요. 스스로 자신의 신체에서 특히 민감하거나 반응적인 부위가 어디인지 확인해 보세요.

두 분 모두 충분히 작업을 했으면 당신[여성]은 이제 등을 아래로 대고 누우세요. 이제 당신[남성]은 그녀의 신체의 정면 부위를 애무할 수 있습니다. 얼굴과 목 부위에서 시작해서 발가락까지 가 보세요. 처음에 성적인 부위는 애무하지 마세요. 유두, 질, 음핵 부위는 건너뛰세요. 이제 다시 두 분 모두 애무하고 애무 받는 것이 어떻게 느껴지는지에만 집중하세요. 한 사람이라도 지겨워지면 멈추세요. 이제는 당신[남성]이 받을 차례입니다. 당신[여성]이 상대방에게 똑같이 해 주세요. 혹시 이 과정에 대해 질문이 있을까요? (p. 209)

감각 집중법은 세 단계로 이루어진다. 우리는 방금 1단계를 소개하였다. 커플은 최소 일주일 이상 기간을 두고 한 주에 몇 번씩 이 훈련을 하면서 그들의 경험이 어떠한지, 해결해야 할 문제는 무엇인지(예를 들어, 자신의 일정 속에서 시간 내기, 자녀 감독하기)를 확인하게 된다. 치료가 진행되면서 커플은 가슴과 성기에 비요구적인 성격의 애무를 한다(2단계). 커플은 감각 집중법 2단계를 한 주에 몇 차례씩, 문제는 없는지 점검하면서 진행한다. 그 후에 커플은 마지막 3단계로 이동한다. 이 단계에서 질 삽입이 시도된다. 어느 단계에서든 차질이 생길 수 있고, 그러한 점을 보완하면서 다음 단계로 진행한다.

불안 감소를 위해 성과 성행위에 대한 남성의 시각에 영향을 주는 **인지적 왜곡**을 다루는 개입이 필요하다. ED를 호소하는 남성들에게서 흔히 발견되는 인지적 왜곡으로는 다음과 같은 것이 있다(Althof & Rosen, 2010, p. 262).

1. 흑백논리: "발기 상태가 100% 단단하지 않으면 나는 완전한 실패자다."
2. 과잉일반화: "지난밤에 발기문제가 있었으니까 오늘 아침에도 발기를 할 수 없을 거야."
3. 긍정격하: "그녀가 나의 발기 상태가 괜찮다고 한 것은 내가 상처 받을까 봐 그냥 해 준 말이야."
4. 독심술: "물어볼 필요도 없지. 지난밤에 그녀가 어떻게 느꼈는지 나는 알아."
5. 예언하기: "오늘 밤에도 잘 안 될 게 뻔해."
6. 감정적 추론: "남자가 그렇다고 느끼면 그런 거야."
7. 당위적 진술: 사고 과정이 '~해야 한다'('shoulds' 'oughts' 'musts')로 가득함.
8. 파국화: "오늘 밤에도 실패하면 그녀는 나를 버릴 거야."

이와 같이 유익하지 않은 생각은 남성의 성과 커플관계에 대해 개인적으로 마음에 담게 된 신화 및 문화적으로 강화된 신화와 관련된 경우가 많다. 가장 흔한 신화의 예로 '여성을 만족시키는 게 남자의 일이다' '남자는 항상 성관계에 관심이 있고, 성관계를 할 준비가 되어 있다' 등이 있다. 커플을 상담할 때 성관계에 대한 이러한 신화를 다루는 것이 중요하다는 사실을 기억해야 한다. 임상가는 남성이 발기에 도달하고 그 상태를 유지하는 것이 중요하다는 점을 인정하지만, 동시에 발기가 성생활에 필수적인 것은 아닐 수 있으며, 여성은 성적 친밀감의 다양한 측면을 즐길 수 있고, 서로를 향한 연결감, 결단, 욕구는 발기 능력에 의해서만 측정되는 것이 아니라는 기본 전제를 명확히 전달해야 한다.

다양한 인지적 왜곡과 신화는 치료 회기에서 논의되기도 하고, 커플이 숙제를 하는 과정에서 검토되기도 한다. 상담에서 다음 회기를 준비하면서 주중에 수행할 구체적인 내용의 숙제를 부여하기도 한다. 앞서 언급했듯이, 불안 및 수행 부담을 완화하기 위해 감각 집중법 숙제가 일반적으로 부여된다.

특정 훈련 처방하기

교육 제공하기와 불안 및 주의 분산 다루기에 덧붙여 ED 치료에 특정 훈련을 포함시킬 수 있다. 예를 들어, **'스퀴즈' 기법**을 추가하는 경우가 많다. 해당 기법은 남성이나 여성이 남성이 발기가 될 때까지 자극을 준 후에 포피소대와 음경관 양쪽에 압력을 주면서 성기 귀두를 조이도록 한다(사정이 막 되려고 하는 시점 직전에). '스퀴즈' 기법의 사용 목적은 남성이 발기를 이루고, 상실하고, 다시 획득할 수 있다는 자신감을 증진하는 데 있다. 이것을 통해 발기에 도달할 수 없을 것 같은 두려움이나 발기를 한다고 하더라도 유지는 할 수 없을 것이라는 두려움에 직접적으로 도전한다. 유익하지 않은 사고 과정에 빠져 있으면 발기 상실이 재앙적 사건이 된다. 이러한 사고에 도전하면서 내담자는 발기를 유지할 때와 그렇지 않은 경우에 대한 통제감을 획득하게 된다.

'**잠잠한 질**(quiet vagina)'로 불리는 기법은 발기부전을 위해 CBT에서 사용되는 또 다른 기법이다. 남성은 등을 침대에 대고 눕는다. 여성은 상위 체위를 한다. 여성은 남성의 성기 쪽으로 몸을 내리고, 남성은 삽입 시도를 하지 않고, 여성도 움직이지 않는다. 나중에 동작을 추가하겠지만, 훈련 동안에 남성이 결과와 상관없이(즉, 이 시점에 성교를 완료해야 한다는 것에 초점을 두지 않고) 발기에 자신감을 갖게 되는 것이 중요하다.

심상 유도 기법을 사용하는 경우도 많다. 이 방법은 특히 실패에 대한 두려움을 호소하는 남성들을 대상으로 사용한다. 임상가들은 심상 훈련을 통해 남성이 발기를 상실하는 것에 대해 가지고 있는 걱정을 직면하게 하고, 그의 인지적 왜곡(예를 들어, 파국적 사고)을 평가하면서 발기를 이루고 유지하는 데 성공하도록 자세히 지도한다.

페너와 페너(Penner & Penner, 2005)가 제안한 기법으로 '**페인트 칠하기**(paint brushing)'가 있다. 이 훈련에서 남성은 성적 친밀감 증진을 위해 자신의 성기를 여성의 질 입구 및 음핵에 붓질 하듯이 부드럽게 움직인다. 이 과정에서는 발기나 삽입에 집중하지 않는다.

이제까지 논의한 개입은 커플관계에 어느 정도 신뢰와 이해가 있다는 가정을 전제로 이루어진다. 발기부전을 치료할 때, 임상가가 지속적으로 관계 요인을 평가하는 것이 중요하다. 커플관계에 변화가 있다면 이를 평가해야 한다. 또한 실직, 직장에서의 갈등, 기타 자존감을 저하시킬 수 있는 요인이 있을 때 그로 인한 영향도 평가해야 한다(Rosen, 2007).

남성의 발기부전으로 커플이 성적으로 친밀하기 어렵다면, PDE_5 억제제를 사용하거나 성치료를 하거나 둘을 병행하면서 성생활을 보다 의도적으로 시도하고, 그 변화의 과정을 잘 이해할 필요가 있다. 남녀가 당황스러운 감정이나 실패에 대한 불안 때문에 서로를 피하다 보면 그것이 하나의 습관이 될 수 있다는 점을 기억해야 한다(Rosen, 2007; Rosenau, 2002).

치료 과정에서 남성의 발기가 나타나는 일은 흔하다. 이때 상담에서는 그 결과 자체에 너무 의미를 두기보다는 과정을 격려하고 발기에 대한 기대를 줄이도록 개입한다.

메스와 매카시(Metz & McCarthy, 2004)는 다음의 3단계로 이루어진 프로토콜을 제안하였다. (1) 이완하고 안정감 갖기, (2) 흥분과 성애적 몰입 증진하기, (3) 자신감 있고 유연하게 성교 즐기기가 그것이다. 첫 단계 '**이완하고 안정감 갖기**'에서 커플은 시간을 내서 자신의 가정에서 성생활이 어떤 식으로 회자되었는지, 청소년기에 그들이 배우고 경험한 것이 무엇이었는지 등에 대해 이야기를 나눈다. 그들은 성에 대한 태도와 신념을 이야기한다. 첫 번째 단계에서 남성은 골반 근육을 찾아 조절하면서 심호흡 및 신체 이완 기법도 배우고 연습한다.

프로토콜의 두 번째 단계인 '**흥분과 성애적 몰입 증진하기**'에서 커플은 비요구적인 애무를 배운다(감각 집중법; Metz & McCarthy, 2004). 이를 통해 성적 즐거움에 대한 인지적 지도를 개발할 수 있다. 인지적 지도를 통해 커플은 각자가 즐기는 것이 무언인지를 보다 잘 인식하게 된다. 커플은 이제 감각 집중법에 성기 접촉을 포함시킨다(물론 비요구적인 방식으로). 이러한 훈련은 결국 발기를 자극하게 된다. 물론 발기 후에 단단함이 감소하는 것도 허용한다.

프로토콜의 세 번째 단계인 '**자신감 있고 유연하게 성교 즐기기**'에서 커플은 이제껏 학습한 다양한 기술을 성관계에 활용한다(Metz & McCarthy, 2004). 이완된 상태에서 비요구적인 쾌감을 한동안 경험하면, 커플은 발기 없이 골반 근육을 이완하면서 성교를 시작한다. 이러한 상태는 10분 정도 지속되는데, 그 사이에 발기가 될 수도 있고 그렇지 못할 수도 있다. 이때 초점은 발기가 아니라, 편안하게 성교를 시도하는 데 있다. 따라서 기초적인 기술을 활용하여 이완된 상태로 비요구적으로 즐기도록 한다. 그것이 이루어지면 다양한 자극을 시도하고, 성적인 놀이를 즐기고, 두 사람 모두에게 흥미로운 다양한 시나리오를 시도해 본다.

종합하면 심리학적 개입은 교육 제공하기, 불안을 다루고 줄이기, 구체적인 숙제의 활용이 중심이 된다. 과제를 수행하면서 커플은 발기나 성교를 목표로 하지 않고 친밀감을 쌓게 된다. 이제 커플은 결과보다는 과정에 비중을 두면서 비목적 지향적으로 성적 친밀감에 몰입하는 것이 '허락'된다(Rosen, 2007).

국소치료와 수술 고려하기

우리는 남성들이 대안적 접근이 매력적이지 않았기 때문에 PDE_5 억제제의 개발이라는 의학의 발전을 환영했다는 사실을 언급했다. 그런데 PDE_5 억제제가 효과적이지 않아서 다른 방법을 찾아야 하는 내담자들도 있다. 이럴 때 다양한 국소치료(예를 들어, 음경해면체 약물 주사)와 수술을 고려할 수 있다.

국소치료에는 음경해면체 약물주사와 진공압축기 사용 등이 있다. **음경해면체 약물치료**는 알프로스타딜(또는 바이믹스나 트리믹스 같은 복합제 형태)을 성기 부위에 투여하는 것으로, 약물 투여 시 약 5~20분 안에 발기가 촉진된다(Hanash, 2008). 치료는 약 70~80%의 내담자에게 효과적인 것으로 나타났지만(Rosen, 2007), 통증이나 지속발기증(혹은 오랜발기)과 같은 부작용이 나타날 수 있어서 꽤 높은 중단률을 보인다.

다른 국소치료로 **요도 내 알프로스타딜의 투여**가 있는데, 이 반고체 정제는 요도 내에 투여되어 발기를 돕는다. 보통 투여 후 15분 이내에 발기가 되지만, 경우에 따라서는 시간이 더 오래 걸리기도 한다. 이 방법은 약물치료에 반응하지 않는 사람들에게 효과적이며, 꽤 높은 성공률(약 65%)을 보인다. 하지만 중단률도 높으며, 통증, 지속발기증, 고혈압과 같은 부작용이 보고되었다(Rosen, 2007; Hanash, 2008 참조).

세 번째 국소치료는 **진공압축기의 사용**이다. 이것은 발기되지 않은 성기에 "부적 압력을 가하여 정맥혈이 성기로 가게 하는 방법으로, 성기의 아랫부분에 고무 수축 밴드를 묶어 발기 상태가 유지되게 한다"(Rosen, 2007, p. 296). 로젠(Rosen)의 관찰에 의하면, 이것은 60~80%의 사례에서 효과적인 것으로 나타났으나, 진공압축기의 사용으로 인한 통증과 사정지연 때문에 중단률이 높다는 문제가 있다.

음경해면체 약물 주사, 요도 내 알프로스타딜 투여, 진공압축기의 사용과 같은 방식의 치료 효과를 극대화하기 위해 치료의 이론 및 실제에 대해 구체적인 교육을 받고 실시해야 한다. 내담자들은 치료에 불만족하여 치료를 중단하기도 하는데, 이것은 적절한 절차가 잘 이루어지지 않았기 때문이다.

만약 내담자가 약물치료나 앞서 언급한 다양한 국소치료에 반응하지 않는다면 수술을 통한 개입을 시도해 볼 수 있다. 대부분의 남성은 덜 침습적인 방식으로 효과를 보는 편이기 때문에 오늘날 수술은 자주 사용되지는 않는 편이다. 하지만 수술이 정말 필요한 사람들에게는 **발기보조기**를 삽입하는 수술을 시행할 수 있다. 발기보조기의 보형물은 부풀게 하는 것이거나 반고정이다. 부풀게 하는 보형물의 가장 큰 장점은 숨기기 용이하다는 것이다. 하지만 기계적 작동이 실패할 수 있다는 면에서 위험 부담이 있다(Rosen, 2007). 반고정 보형물은 쉽게 숨길 수는 없지만, 기계적 작동문제 같은 위험은 덜하다. 수술을 받은 환자들의 자료를 보면 수술이 효과가 있는 편으로, 남성은 발기할 수 있다는 자신감을 얻게 된다.

예방

ED에 대한 예방은 성교육과 생활 양식의 변화 위주로 이루어진다. 그 일환으로 다양한 만성적인 건강 문제와 건강 상태를 치료하는 약물의 영향, 정상적인 노화 등에 대한 교육이 이루어진다.

생활 양식의 변화도 중요하다. 금연, 체중 감량 및 전반적인 신체 건강의 증진이 ED의 진행을 늦추거나 멈출 수 있는 것으로 나타났다(Hanash, 2008).

ED 예방 연구에서는 재발 방지를 다루기도 한다. ED로 진단 받은 후 성공적으로 치료된 사람들의 재발 방지를 위해 규칙적인 감각 집중법(비요구적인 성적 유희)을 계획하고, 발기에 이르지 못하거나 발기 상태가 유지되지 않을 경우를 예측하고 이에 대해 대처하는 인지적 반응을 연습하고, 성기-질 삽입에 국한된 협소한 스크립트보다는 확장적이고 포용적인 성생활 스크립트를 만들어 가는 것을 단계적으로 수행할 수 있다.

맺음말

기독교인으로 발기부전 연구에 참여하는 우리는 개방성과 투명성을 통한 ED에 대한 보다 진솔한 논의를 환영한다. 이것은 성을 논의해도 된다는 일종의 허락과도 같다. 개방성을 향한 변화의 일부는 PDE_5 억제제와 같은 파격적인 약물의 발견이라는 맥락에서 나타났다. 이것은 중요한 변화이며, 우리는 인간의 성과 성적 표현을 존중하고 이러한 변화에 감사한다.

하지만 개방적인 논의는 여전히 여성의 성보다는 남성의 성 위주로 이루어지고 있으며, 제3장과 제6장에서 언급했듯이 문화 전반적으로도 그렇고 특히 지역 교회는 여성의 성을 개방적으로 논의하는 것을 힘들어 한다. 남성의 성에 대한 논의도 제한적이다. 다양한 약물을 환영하면서 남성의 수행을 강조하는 분위기가 있는데, 어떤 면에서는 이러한 분위기가 성에 대한 남성 중심적인 문화적 메시지를 강화할 수 있다. 마치 남성이 '여성 만족시키기'에 책임이 있다는 식으로 말이다. 이러한 메시지는 우리가 오늘날 교회에 바라는 성적 친밀감에 대한 온전한 관점을 제공하지 않는다. 오히려 우리는 평생 지속되는 배타적인 결혼관계의 성적 친밀감을 장려하는 맥락에서 남성과 여성 모두의 성에 대한 논의를 원한다. 그러한 성은 수행 지향적이지 않고, 상호 배려하고, 지지하고, 표현적이고, 창조적이다.

성에 대한 광범위한 문화적 논의를 살펴보면 우리는 억압된 성을 극복하는 것보다는 그 반대의 문제를 마주하게 된다. 성적 행동의 출현이 뉴스 미디어와 연예계에 범람하는 만큼 문제는 성을 억압하는 데 있기보다는 성과 성적 행동을 개인이 자신을 위해 또는 성적 자기실현을 위해 선택하는 무언가로 환원하면서 의도적으로 가치 절하하는 데 있는 것으로 보인다.

우리는 성을 초월적 목적에서 분리하여 인본주의적 관점과 자연주의적 관점에서 이해하고 경험하는 경향이 있다. 이러한 세계관은 개인의 주관적 즐거움을 극대화하는 것(인본주의)을 강조하고, 성에 대한 환원주의적 이해(자연주의)를 강조한다. 이러한 관점은 대학 캠퍼스에서 볼 수 있는 소위 원나잇 문화를 양산하는 데 기여한다(Freitas, 2008, 2013). 캠퍼스의 젊은이들은 성을 단순히 체액의 교환 정도로 환원하기도 한다.

따라서 성에 대해 논의하는 것(우리는 이것을 환영한다)과 성과 성적 표현을 인간을 인간답게 하는 의미 있는 방법이자 초월적 목적에 이르게 하는 무언가로 가치를 부여하는 것은 별개의 일이다.

기독교 공동체가 성에 대해서 어떻게 논의할 것인가는 다음 차례가 된다. 성의 현주소와 하나님의 이미지를 가진 인간에게 부여된 매우 소중한 가치를 담은 경험으로서의 성 사이에 균형 있는 이해가 필요하다. 폭넓은 문화 개방성 속에서 성기능 향상을 논하는 것은 흥미로운 출발점이 되었다. 그것은 성기능에 대한 보다 열린 논의를 이끌어 냈고, 사람들이 도움을 청하고 도움을 얻을 수 있는 방식으로 성기능 부전을 타당화하였다. 이제 교회가 이러한 논의를 확장하고 궁극적으로 평생의 결합이라는 맥락에서 성, 성기능, 성적 친밀감에 대한 긍정적인 관점을 제공하는 데 선도적인 역할을 할 수 있기를 기대한다. 이것은 본질적으로 육체적이고 성적인 존재인 인간이 더욱 인간다워지는 것에 대한 이해를 제공하는 일일 것이다. 성기능을 넘어서 기독교인들이 좀 더 자신감을 가지고 다루어야 하는 친밀감의 영역에서 진보를 이루기를 기대한다.

참고문헌

Althof, S. E., & Rosen, R. C. (2010). Combining medical and psychological interventions for the treatment of erectile dysfunction. In S. B. Levine, C. B. Risen & S. E. Althof (Eds.), *Handbook of clinical sexuality for mental health professionals* (2nd ed., pp. 251–265). New York: Routledge.

American Psychiatric Association. (2013). *Diagnostic and statistical manual of mental disorders* (5th ed.). Washington, DC: American Psychiatric Publishing.

Aubin, S., Heiman, J. R., Berger, R. E., Murallo, A. V., & Yung-Wen, L. (2009). Comparing Sildenafil alone vs. Sildenafil plus brief couple sex therapy on erectile dysfunction and couples' sexual and marital quality of life: A pilot study. *Journal of Sex & Marital Therapy, 35*, 122–143.

Freitas, D. (2008). *Sex and the soul: Juggling sexuality, spirituality, romance, and religion on America's college campuses.* New York: Oxford University Press.

Freitas, D. (2013). *The end of sex: How hookup culture is leaving a generation unhappy, sexually unfulfilled, and confused about intimacy.* New York: Basic Books.

Gambescia, N., Sendak, S. K., & Weeks, G. R. (2009). The treatment of erectile dysfunction. In K. M. Hertlein, G. R. Weeks & N. Gambescia (Eds.), *Systemic sex therapy* (pp. 107–130). New York: Routledge.

Hanash, K. A. (2008). *New frontiers in men's sexual health: Understanding erectile dysfunction and the revolutionary new treatments.* Westport, CT: Praeger.

Kaplan, H. S. (1974). *The new sex therapy.* New York: Routledge.

Masters, W. H., & Johnson, V. E. (1970). *Human sexual inadequacy.* New York: Bantam

Books.

Metz, M. E., & McCarthy, B. W. (2004). *Coping with erectile dysfunction*. Oakland, CA: New Harbinger.

Rosen, R. C. (2007). In S. R. Leiblum (Ed.), *Principles and practice of sex therapy* (4th ed., pp. 277–312). New York: Guilford Press.

Rosenau, D. (2002). *A celebration of sex: A guide to enjoying God's gift of sexual intimacy* (Rev. ed.). Nashville: Thomas Nelson.

Rowland, D. L. (2012). *Sexual dysfunction in men*. Cambridge, MA: Hogrefe.

Wincze, J. P., & Carey, M. P. (2001). *Sexual dysfunction: Treatment manuals for practitioners*. New York: Guilford Press.

제9장
조기사정과 사정지연

영화 〈반지의 제왕: 반지 원정대〉의 시작 부분에 마법사 간달프와 호빗 프로도가 이야기를 나누는 장면이 나온다. 간달프는 샤이어에 사는 프로도의 삼촌 빌보의 111번째 생일 잔치에 늦어서 프로도에게 잔소리를 듣자 이렇게 말한다. "프로도 베긴스, 마법사는 절대 늦지 않아. 마법사는 일찍 가지도 않지. 마법사는 자신이 있어야 할 시간에 정확히 도착한다네." 대부분의 남성도 간달프처럼 말하고 싶을 것이다. 그런데 거의 모든 남성이 너무 일찍 도착할까 봐 걱정한다. 물론 너무 늦게 도착하는 문제를 호소하는 사람들도 있다.

남성의 성기능 부전 중에서 조기사정이나 사정지연은 다른 문제에 비해 상대적으로 관심을 받지 못했다. 조기사정이나 사정지연이 관심을 받은 것은 주로 오락물(〈반지의 제왕〉은 아니다)에서다. 영화나 TV 쇼에 젊은 남성이 조기에 사정해서 스스로 너무 당황스러워 하거나 파트너가 불쾌해 하는 장면이 나오기도 한다.

사정지연은 조기사정보다도 훨씬 덜 주목 받는다. 이 장에서는 두 성기능 부전 문제의 병인론, 임상적 양상과 평가, 치료 그리고 이에 대한 기독교적 관점을 논하고자 한다.

조기사정(rapid ejaculation)은 성적 자극이 별로 없어도 빨리 사정되는 것으로 인해 지속적인 어려움을 겪는 것을 의미한다. 사정은 삽입 직전, 삽입 동안, 또는 삽입 직후에 일어날 수 있다. 전문가들은 보통 일차적 혹은 평생형 조기사정과 이차적 혹은 후천형 조기사정으로 구별한다. 일차적이라는 것은 그 사람이 사춘기를 지나면서부터 문제가 지속된 경우를 의미하고, 이차적이라는 것은 사정에 대한 충분한 통제감을 경험한 적이 있으나 어떤 시점부터 문제가 생긴 경우를 의미한다. 진단 기준을 충족하려면 조기사정은 의학적 상태나 물질 사용으로 인한 것이 아니어야 한다.

조기사정은 남성들이 흔히 겪는 성문제에 속한다. 폴론스키(Polonsky, 2000)의 주장에 따르면, 대부분의 남성은 첫 경험에서는 너무 빨리 사정하지만, 그 이후부터는 성적 친밀감을 느끼는 동안에 사정을 통제하는 것을 배운다. 물론 이 기술을 습득하는 데 시간이 걸릴 수는 있다. 일차적 사정 문제가 있는 사람들은 시간이 지나도 사정에 대한 통제감의 증가를 보고하지 않는 경향이 있다(Waldinger, 2010). 조기사정의 유병률은 20~30% 정도로 추정된다(Althof, 2007; Polonsky, 2000).

DSM-5에서는 "파트너와의 성행위 시 질 내에 삽입을 하고 개인이 원하기 전에 대략 1분 안에 사정을 하는 반복적 또는 지속적인 양상"(APA, 2013, p. 443)이 있는지를 고려하여 조기사정을 진단한다. 약 6개월 동안 성행위를 할 때 '거의 언제나(대략 75~100%)'(p. 443) 증상이 나타날 때 진단한다. 이것은 평생형(개인이 성적 활동을 시작했을 때부터) 또는 후천형(일정 기간 동안 정상적으로 성기능이 이루어지다가 어떤 시점에서부터 문제가 됨)일 수 있다. 또한 문제가 특정 자극, 상황 또는 파트너에 국한된 경우(상황형) 또는 특정 자극, 상황이나 파트너에 국한되지 않는 경우(전반형)일 수도 있다.

치료와 동반이환의 측면에서 살펴보면 조기사정을 호소하는 대부분의 남성은 치료를 찾지 않으며, 또 치료를 찾는다고 해도 다른 성적인 문제는 보고하지 않는 것으로 알려졌다(Waldinger, 2010). 사람에 따라 발기부전에 대한 초기 진단으로 조기사정이 진단되기도 하는데, 불안을 동반하는 성기능 부전으로 인해 다른 성문제가 나타나는 경우도 그리 드물지 않다. 예를 들어, 어떤 사람이 발기가 힘들어서 좌절감과 굴욕을 느낀다면 이런 상태가 다른 방식으로 성적 수행에 영향을 미칠 수 있다.

사정지연(delayed ejaculation)은 충분한 자극에도 불구하고 사정이 불능인 경우를 의미한다. 이것은 사정 억제 또는 지루증, 남성 극치감 장애, 지연된 또는 억제된 극치감, 사정 부진증으로 불리기도 한다(Foley, 2009). 하트만과 월딩거(Hartmann

& Waldinger, 2007)는 사정지연을 "정상적인 상태라면 온전히 통합되어 있어야 할 사정과 극치감의 해리 상태"(p. 244)라고 설명하였다. 다른 연구자들[로즈노(2013년 6월 7일, Rosenau)와의 개인적 소통]은 사정지연을 흥분과 극치감 사이의 해리로 보기도 한다. 충분한 자극을 논할 때, 자극은 성기-질 성교 또는 자위 또는 파트너에 의한 자극일 수 있다.

현재의 진단명 체계인 DSM-5에 따르면, 다음의 두 가지 증상 중 하나가 '거의 항상 또는 항상' 있어야 한다.

- 현저한 사정지연
- 현저하게 드문 사정 또는 사정의 부재(APA, 2013, p. 424)

이러한 증상이 최소 6개월 이상 지속되며, 임상적으로 유의미한 고통을 초래할 때 진단될 수 있다. 조기사정과 마찬가지로 사정지연도 평생형(개인이 성적 활동을 시작했을 때부터) 또는 후천형(일정 기간 동안 정상적으로 성기능이 이루어지다가 어떤 시점에서부터 문제가 됨)일 수 있다. 또한 특정 자극, 상황 파트너에 국한된 경우(상황형) 또는 특정 자극, 상황이나 파트너에 국한되지 않는 경우(전반형)일 수도 있다.

성인 남성의 유병률은 연구에 따라 1~2%에서 8%까지 다양하게 나타났다(Harmann & Waldinger, 2007; Waldinger, 2010; Wincze & Carey, 2001). 월딩거(Waldinger, 2010)는 이러한 차이가 연구자의 질문하는 방식이나 임상가의 측정하는 방식이 다양하기 때문이라고 설명하였다. 사정지연이 있는 사람들이 가장 흔히 보이는 특징은 성교를 통한 사정은 잘 안 되지만, 자위나 파트너-자극을 통한 사정은 가능하다는 점이다(Harmann & Waldinger, 2007).

병인론

무엇이 조기사정이나 사정지연을 일으키는지에 대한 합의된 견해는 오늘날까지 부재한 상태다. 조기사정의 원인에 대한 초기 이론들에서는 초기 학습 경험(예를 들어, 서투른 첫경험과 이에 대한 죄책감), 여성과의 해결되지 않은 무의식적인 갈등, 관계 갈등 및 사정이 불가피한 시점에서 선행 신호에 대한 변별력 부족이 고려되었다

(Polonsky, 2000; Waldinger, 2010). 폴론스키에 의하면, 몇몇 이론에서는 전조 신호(premonitory signals)와 관련하여 **낮은 자극 역치**에서 극치감을 경험하는 **남성 신경계**의 작용을 언급했는데, 이 부분의 차이가 조기사정의 원인인지는 불확실하다.

신경생물학적 접근은 조기사정과 사정지연 모두의 원인을 통합적으로 설명하면서 최근 몇 년간 각광 받고 있다. 이 접근에서는 중추신경계와 사정 사이의 관계에 주목한다. 동물을 대상으로 한 실험연구에서 세로토닌 신경전달의 감소 또는 다양한 세로토닌 수용기에 대한 과민감성 또는 저민감성이 일차적 조기사정과 관련이 있는 것으로 시사되었다(Althof, 2007; Waldinger, 2010). 조기사정을 진단 받은 남성을 대상으로 이루어진 인간 유전자 연구에서는 **낮은 세로토닌 신경전달**의 역할을 지지하는 것으로 나타났다(Waldinger, 2010).

물론 정상 범위 내에서 사정하면서 주관적으로는 조기사정으로 느낄 수도 있다. 정상 범위는 2~6분(Waldinger, 2010) 또는 3~7분(Metz & McCarthy, 2004)으로 본다. 남편이나 아내는 다양한 이유로 정상적인 사정도 너무 빠르다고 느낄 수 있다. 예를 들어, 아내는 성교와 함께 극치감을 경험하고자 하고 이를 위해 삽입이 오래 지속되어야 한다고 느낄 수 있다. 월딩거는 이러한 '조기 같은' 사정이 관계문제나 다른 심리학적 문제와 관련이 있을 수 있지만, 이것이 조기사정은 아니라고 설명하였다.

신경생물학적 접근에서 보면 사정 전에 **중추신경계 역치의 조절점**이 작동하는 것으로 보인다(Waldinger, 2010). 조절점은 사람마다 다르다. 조절점이 낮은 사람은 자극이 낮아도 역치에 도달하거나 역치를 능가하여 사정이 발생한다. 따라서 조기사정을 경험할 가능성이 높다. 통제감이 높은 남성은 일반적으로 더 높은 조절점을 가지고 있다. 이 모델에서 보면 지나치게 높은 조절점은 사정지연이나 사정곤란에 기여할 수 있다.

조기사정의 경우와 마찬가지로 사정지연에 대한 많은 이론적 설명이 있다. 앞서 논의한 신경생물학적 접근에 덧붙여 사정지연은 불안이나 두려움(예를 들어, 여성을 임신시킬까 봐), 여성에 대한 적대감이나 수동공격성, 또는 관계문제가 원인으로 추정되기도 한다. 수행불안 및 발기 문제에 관여하는 **관람하기**가 기여할 수도 있다. 극치감 경험에 어려움이 있는 남성은 친밀감의 시간에 절정에 도달할 수 있을지에 대한 불안 때문에 흥분에 방해를 받을 수 있다. 나이가 들면서 충분한 자극의 결여 또는 주의산만 문제로 사정지연을 경험하는 경우도 있다. 사실 성치료에서는 심리학적 문제와 관계문제에 가장 집중하는데, 이는 다학제적으로 성기능 문제에 접근하는 경우에도 마찬가지다.

요약하면 오늘날 조기사정이나 사정지연의 병인론에 대한 합의는 아직 이루어지지 않았다. 물론 사람에 따라 다양한 요인이 다른 정도의 중요성을 가질 수 있다. 하지만 신경생물학적 접근은 보다 일관된 논리로 조기사정과 사정지연 모두에 적용 가능한 설명을 제공하고 있고 앞으로도 계속 연구될 모델로서 어느 정도 탄력을 받고 있는 것으로 보인다. 하지만 신경생물학적 접근도 조기사정이나 사정지연 문제를 가지고 있는 남성의 일부만을 설명하고 있는 것으로 보인다(Althof, 2007).

임상적 양상과 평가

하비에르는 첫 회기에 자신의 성기능에 대한 걱정을 털어놓았다. 그는 23세의 히스패닉계 남성으로 결혼한 지 1년도 되지 않았다. 그는 이전 성경험에 대해 그리 비중 있게 진술하지 않고 대학교 1학년 때의 연애 경험을 비중 있게 보고했다. 당시 성관계가 있었는데, 그때 여자 친구와의 경험이 현재 아내와의 경험과 비슷하다고 했다. 성관계는 짧게 진행되었고, 주로 삽입 전이나 삽입 직후에 그가 사정하면서 끝났다. "뭐가 문제인지 모르겠어요. 제가 정직해야겠죠. 아내는 화가 나 있어요. 저도 스스로에게 좀 화가 나요. 제가 왜 좀 더 길게 할 수 없는지 모르겠어요. 제 말이 무슨 말인지 아시겠어요? 저는 젊어요. 이보다는 잘할 수 있어야 해요. 이제 우리는 더 이상 노력하고 싶지 않은 지경에 이르렀어요. 아니 아내가 적어도 저에게 '진짜? 당신 다시 해 보고 싶어?'라고 하는 것 같아요. 이 문제로 우리 사이에 벽이 생기는 것 같아요."

웨인은 치료사를 쳐다보지 않고 상담실로 들어갔다. 그는 상담이 필요한 이유를 이야기하면서도 계속 눈맞춤을 피했다. "저는 어떻게 설명해야 할지 모르겠어요. 선생님이 어떻게 생각할지 모르겠지만, 아내와 침대에 있으면 제가 극치감을 경험해야 하는데 그 순간에 도달하지 못해요. 아니 적어도 아내처럼은 해야 하는데 말이죠. 저도 모르겠어요. 이상해요. 반대로 생각할 수 있을 것 같아요. 제 말은 사람들은 여성이 어떻게 '극치감을 경험한 척 하는지'를 이야기하는데, 제가 같은 식으로 하고 있어요. 때때로 끝내려고 제가 그런 척 하죠. 그렇게 하지 않으면 이 상하거든요. 제가 자연스럽게 끝내지 못하는 것 같아요.

조기사정과 사정지연을 평가할 때 문제는 내담자의 진술이 다소 주관적이라는 점이다. 어떤 시점에 남성은 자신이 조기사정 또는 사정지연이 있다고 결론을 내릴 수 있을까? 스스로의 생각인가? 파트너가 그렇게 말한 것인가? 다른 사람과 비교할 때 조기사정 또는 사정지연인가? 한 사람 혹은 두 사람 모두가 성관계 시간을 늘리고자 하는가? 그렇다면 '조기' 차원이 성기능 부전보다는 만남의 길이나 성격에 대한 선호의 문제일 수 있다. 바람직한 평가는 이러한 질문 등에 대한 답을 찾는 과정을 포함해야 한다.

조기사정에 대한 표준 임상 면담에서 성생활 과거력과 함께 흥분 단계의 지속 시간, 상황(또는 파트너)의 참신성, 성관계 빈도 등을 포함한 전체적인 성관계 스크립트를 측정하면 도움이 된다(APA, 2004). 질 삽입과 사정 사이의 시간 간격을 측정하는 것도 중요하다. 아쉽게도 단순한 질문만 해서는 대부분의 남성이 정확한 측정치를 대답하지 못한다. 월딩거(Waldinger, 2010)는 우선 내담자에게 그 시간이 어느 정도 되는지 물어볼 것을 권장하였다. 그 후에 내담자에게 시각화 훈련을 시키면서 파트너와의 전희를 상상하도록 요청한다. 다음으로 전희가 끝나고 질 삽입이 이루어지는 시점을 상상하게 한다. 내담자는 삽입을 반복하는 것을 상상하면서 그가 생각하기에(또는 상상하기에) 사정할 때라고 느껴지면 "예"라고 말하게 한다. 임상가는 스톱워치를 사용하여 삽입을 상상하기 시작할 때—임상가가 "지금"이라고 말할 때—와 내담자가 "예"라고 대답할 때(사정을 상상했을 때)의 시간이 얼마나 걸리는지를 측정한다. 그러고 나서 면담에서 보고한 시간과 시각화 연습을 통해 나타난 시간 사이에 차이가 있는지를 논의한다. 평가는 파트너에 의해서도 이루어질 수 있으며, 그 경우 파트너의 관점에서 시간을 측정한다.

메스와 매카시(Metz & McCarthy, 2004)는 내담자(그리고 임상가)가 겪고 있는 문제가 조기사정인지를 확인하는 몇 가지 유용한 질문을 제공했다. 이를 통해 신체 질환, 상해, 약물 부작용, 심리학적 문제 및 관계 갈등과 관련된 후천형 조기사정인지뿐만 아니라, 신경학적 체계, 심리학적 문제나 기술 기반의 염려와 관련된 평생형 조기사정인지도 확인할 수 있다(pp. 48-54 참조).

예를 들어, 조기사정이 기술 결여와 관련이 있는지를 알아보는 질문으로 다음과 같은 것이 있다. (1) "조기사정이 특히 한 파트너와 거의 모든 상황에서 발생했나요?" (2) "성관계 시 주의를 파트너에게만, 즉 그녀의 신체, 동작, 성적 반응에만 기울이나요?" (3) "사정을 조절할 때 골반 근육이 어떻게 사용되는지 인지하시나요?"(Metz & McCarthy, 2004, p. 50). 저자들은 조기사정의 심각도를 측정하는 데 도움이 되는 평가 질문도 제공했다(pp. 54-55 참조). 여기에는 조기사정이 문제가 되는 시간의 측정, 성행위 시 조기사정을 경험하는 비율 확인, 사정 시 신체 자극의 강도 측정, 내담자 커플이 조기사정 경험으로 고통스러웠던 정도 측정이 포함된다.

사정지연을 평가할 때, 표준 임상 면담을 실시하고 성생활 과거력을 확보하는 것이 중요하다. 조기사정에서 했던 것과 비슷하게 임상가는 성생활 과거력의 맥락에서 사정지연에 기여할 수 있는 다양한 상황적·관계적 변인을 고려하여 성 반응 주기 등을 평가할 수 있다. 임상가는 임상 평가를 잘 수행하고 성생활 과거력을 파악하여 개인이 일차적/평생형 또는 이차적/후천형 사정지연인지, 또한 그것이 전반형(모든 상황에서) 또는 상황형(특정 상황 및 관계에 국한해서)인지를 판단할 수 있다.

평가의 맥락에서 임상가는 많은 남성이 자신의 증상 관리를 위해 나름대로 노력해 왔다는 것을 기억할 필요가 있다. 예를 들어, 조기사정이 있는 남성들은 성교 시간을 늘리기 위해 나름대로 시도한 방법이 있을 것이다. 그들은 일반적으로 통증이나 주의분산 활용(예를 들어, 입술이나 입의 안쪽 깨물기), 자극 줄이기(예를 들어, 여러 개의 콘돔 사용), 성적 친밀감 회피 등의 전략을 사용한다(Polonsky, 2000). 이러한 전략은 보통 유용하지 않은 전략이어서 효과가 있기보다는 해가 될 수 있다. 내담자들이 이러한 방식을 사용한다고 개방할 때, 임상가는 수치심이나 죄책감을 불러일으키지 않도록 주의해야 한다. 그런 감정으로 인해 내담자가 조심하고 경계하면 평가에 방해가 될 수 있기 때문이다. 동시에 유익하기보다는 해가 되는 전략을 확인할 필요가 있으며, 내담자가 보다 효과적인 전략을 사용할 수 있도록 부드럽지만 분명하게 교육을 제공하고 안내할 필요가 있다. 우선 내담자가 사용하고 있는 전략을 확인하여 기본적으로 존중(또는 타당화)하는 것으로 시작하고, 그다음에 좀 더 유익한 다른 전략을 사용하도록 권유할 수 있다.

치료

조기사정

많은 성치료사는 조기사정이 치료될 가능성이 가장 높은 성기능 부전에 속한다고 본다. 이러한 신념은 마스터스와 존슨(Masters & Johnson, 1970)의 연구와도 관련이 있다. 그들이 치료한 조기사정 내담자 중 누구도 5년이 지난 시점에 같은 문제를 가지고 있지 않음이 보고되었다. 물론 후속 연구들에서는 이렇게 높은 성공률에 대해 의문을 제기하기도 하지만, 마스터스와 존슨이 논한 기본 모델(그리고 그것의 변형)이 오늘날에도 가장 널리 활용되고 있으며, 많은 사람은 그 방법을 조기사정 치료에 효과적이라고 여긴다.

마스터스와 존슨의 접근 방법은 교육, 비요구적 애무, 커플 간의 의사소통 및 성적 자극시 전조 신호 학습하기를 활용한다. 세먼스(Semans, 1956)는 원래의 접근 방법으로 **스톱-스타트 기법**을 소개하였다. 이 기법에서 여성은 남성이 사정이 불가피하다고 느낄 때까지 남성의 성기를 손으로 자극한다. 그리고 커플은 그 감각이 사라질 때까지 기다린다. 다음으로 여성은 다시 남성의 성기를 자극하기 시작한다. 이러한 방식은 사정이 불가피한 느낌과 관련된 감각의 통제와 자각을 학습하기 위해 직접적으로 자극을 시작하고 멈추는 것을 활용한다.

스퀴즈 기법은 남성이나 여성이 남성 성기의 귀두를 쥐어짜면서(사정이 불가피한 순간 직전까지) 포피 소대 및 음경해면각의 양쪽에 압력을 가하는 방법이다. 이 기법은 스톱-스타트 기법과 비슷한 방식으로 개입의 다양한 단계에서 활용될 수 있다.

스퀴즈 기법은 세월이 지나도 놀라울 정도로 원래 형태 그대로 사용되고 있다. 로버트와 자이스(Robert & Zeiss, 1978)의 치료 모델에서 그 예를 찾아볼 수 있다. 임상가는 커플에게 성 반응 주기를 교육하면서 사정이 불가피한 순간에 대해 특히 자세히 설명한다. 그리고 커플의 성교를 제한하거나 금지시킨다. 성교 금지 처방은 커플이 올바른 치료 모델을 따르면서 동시에 낙담되는 경험을 반복하는 것을 피하도록 하려는 목적에서 이루어진다.

커플은 스퀴즈 기법과 스톱-스타트 기법(스톱-스타트 기법은 멈추기 기법으로 불리기도 함)이라는 두 가지 기법을 배운다. 스퀴즈 기법과 스톱-스타트 기법 사이의 차이점을 교육하고, 남성이 세 번의 스퀴즈와 한 번의 스톱으로 스스로를 자극하도록 하고, 그 다음에 스퀴즈와 스톱을 두 번씩 더 해 보는 것을 숙제로 내준다. 커플은 다음 회기에서 이에 대해 논의하고 염려되는 사항이 있으면 해결한다.

다음 숙제는 남성이 파트너에게 이 두 과정을 모두 가르치는 것이다. 남성은 여성 파트너와 함께 매 회기마다 3~4번의 스퀴즈를 적용하면서 그 주에 3번의 회기를 갖게 된다. 이 숙제를 해 본 경험을 치료사와 다음 회기에서 논의하고 문제가 있으면 해결한다.

그다음 숙제는 지난주의 과제를 반복하되 스퀴즈 기법을 사용하기보다는 스톱 기법을 사용하는 것을 반복한다. 커플이 성교로 이동하면서 스퀴즈와 스톱-스타트 기법을 좀 더 조기에 사용하도록 지시한다. 남성이 성기를 빼는 행위가 음경관을 자극하여 사정으로 이어질 수 있기 때문이다. 이 과제의 수행도 다음 치료 회기에서 논의하고 문제가 있으면 해결한다.

다음으로 한 주 동안 3번에 걸쳐 파트너는 남성의 성기를 손으로 자극하면서 스퀴즈 기법을 두 번 사용하고, 남성의 성기를 질에 넣게 된다. 질에 넣었던 성기를 스퀴즈 기법을 사용하면서 빼게 된다. 이것도 다음 치료 회기 때 논의된다.

다음 숙제는 지난 회기에 내준 숙제를 반복하면서 스퀴즈 기법 대신에 **멈춤 기법**을 사용하는 것이다. 다음 회기에 치료사와 만나면 숙제를 논의하고 문제를 해결한다. 이러한 진행 과정이 너무 기계적이거나 환원적으로 느껴지면 위험할 수 있다. 치료사는 커플이 숙제를 하면서 함께하는 시간이 친밀감의 시간인 만큼 서로 함께하는 마음으로 대하기를 격려할 수 있다.

다음 숙제는 여성 상위 체위로 성교 시간을 최소 8분으로 늘리면서 스퀴즈 기법으로 하고 싶은 대로 하는 것이다. 숙제의 수행에 대해 치료사와 다음 회기에서 다룬다. 다시 말하지만 이것은 숙제이면서 동시에 훌륭한 친밀감의 시간이기 때문에 치료사는 커플이 절차를 따르면서도 서로에게 함께하는 느낌을 주고, 서로를 즐기도록 격려한다. 커플은 치료적 틀 안에서 다시 함께하는 것을 즐길 기회를 갖게 된다. 그들은 숙제를 일종의 친밀의 구조를 다시 세우는 발판으로 여길 수 있다. 그 발판을 통해 커플은 돌봄을 받는 시간을 갖고, 성적 친밀감의 시간을 다시 구축하는 데 필요한 안정적인 방법을 체득하게 된다.

마지막 숙제는 8분의 성교를 달성하기 위해 마지막 단계를 반복하는 것인데, 이때 스퀴즈 기법보다는 멈춤 기법을 사용한다.

커플은 이제 치료에서 다른 성관계 자세로 자신의 흥미에 맞게 성교를 연장하는 작업을 하게 된다. 그들은 또한 재발과 관련된 문제를 다루기도 하는데, 재발이 나타나는 게 그리 드문 일은 아니다. 커플은 재발에 대비하여 이 과정에 더 큰 어려움이 될 수 있는 판단이나 비난을 생각하지 않도록 예방할 필요가 있다.

이 접근 방법에는 다양한 모델과 변형이 있다고 앞서 언급한 바 있다. 카플란(Kaplan, 1989)은 자이스 부부(Zeisses)에 의해 개발된 프로그램에 덧붙여 스톱-스타트 기법을 활용하는 조기사정의 치료 모델을 발표하였다. 그녀는 남성의 통제력을 확장할 수 있게 하는 방식으로 더 낮은 역치에서 흥분을 유지하는 것을 강조하였다. 카플란에 따르면, 남성은 다양한 수준의 흥분을 학습하고, 흥분하면서도 조기사정이 될 만큼은 흥분하지 않는 행동을 선택하는 것을 통해 통제력을 발달시키는 것을 배울 수 있다.

기독교인 성치료사인 로즈노(Rosenau, 2000)는 조기사정을 다루는 데 있어 앞서 언급한 것과 유사한 접근 방법을 제안했다. 그는 남성에게 케겔 운동을 가르쳐서 치골미골근(Pubococcygeus muscles: PC 근육)의 강화 훈련을 하도록 했다. 소변을 볼 때 소변의 흐름을 시작하고 멈추는 것을 통해 PC 근육을 쉽게 확인할 수 있다. 남성은 케겔 운동을 통해 PC 근육을 움직이는 것을 배우고 하루 2회씩 PC 근육을 수축한다(회당 10번 반복). 매번 2까지 수를 센다. 다음 주에는 매번 3까지 세고 나서 이완한다. 다음으로는 남성은 자극을 시작하여 PC 근육을 수축하고, 자극을 멈추고 다시 수축을 시작하도록 지도를 받는데, 이 과정에서 자신의 흥분에 대해 많은 것을 배우게 된다. 로즈노는 초기에 파트너를 치료에 참여시킬 것을 권장하였다. 커플은 궁극적으로 잠잠한 질을 실시하거나 혹은 남성이 아무런 움직임 없이 여성에게 삽입하도록 한다. 나중에 필요할 때마다 이 훈련에 앞서 소개한 스톱-스타트 기법을 추가하여 더 느리고 더 얇게 삽입하기(즉, 얇게 담그기)를 시도한다. 그 후에 스톱-스타트 기법을 필요할 때마다 충분히 활용하면서 느리고 깊은 삽입을 시도하게 된다.

메스와 매카시(Metz & McCarthy, 2004)는 새로운 전략과 기술을 습득하고자 하는 사람들을 위해 스퀴즈 기법에 대한 대안을 제시하였다. 그들은 관계문제의 원천을 확인하고 개별성과 커플의 관계 응집성(Sells & Yarhouse, 2011; 커플로서 '우리'의 감각이라고 불렀던 것) 사이에 균형을 구축하기로 치료를 시작한다. 다음으로 남성에게 감정이 성적 친밀감에 얼마나 중요한지를 가르치면서 정서적 친밀감을 향상시키는 것에 초점을 맞춘다. 남성이 자신의 감정을 알아차리고 표현할 수 있도록 돕는 작업을 한다. 기술 습득을 위해 메스와 매카시는 다음의 4단계를 제안하였다. (1) 안

위과 이완, (2) 유희 용인(이완된 상태로 있으면서 성애적 자극 증가시키기), (3) 유희 포화(이미 익힌 기술을 성교에 통합하기), (4) 만족 지속(장기간에 걸쳐 기술을 관계의 여러 측면에 적용하여 친밀감 증진에 통합하기)이 그것이다.

'**안위와 이완**(comfort and relaxation)' 단계에서 남성은 신체 감각에 집중하면서 신체를 이완하고, 신체 이미지 훈련을 배우고, 커플 간의 의사소통을 향상시키고, 골반 근육의 통제를 배운다(Metz & McCarthy, 2004). 남성은 여러 가지 기술 훈련을 통해 골반 근육을 확인하고 이것을 이완하는 것을 배운다. 그들은 궁극적으로 흥분한 상태에서 이완에 도움이 되는 훈련을 활용할 수 있게 된다('조용한 발기를 찾아서(Finding Your Calm Erection)', p. 118).

'**유희 용인**(pleasure toleration)' 단계에서는 이완된 상태를 유지하면서 성애적 자극을 증가시키는 것을 배운다(Metz & McCarthy, 2004). 커플은 이완된 상태에서 성애적이지 않은 애무를 실시한다. 그 후에 서로의 성기 탐색까지 포함하여 애무를 한다. '유희 용인' 단계의 다음 훈련에서는 남성이 정신적 자극과 신체적 자극을 감소시키는(느리게 하는) 순간(멈춤)을 통합하는 자위를 통해 흥분감을 증가시킨다. 이제 남성은 이 지식과 훈련을 커플 훈련에서 활용하면서 멈추기, 속도 조절하기(또는 천천히 하기), 파트너에게 집중하기, 파트너에게 집중하면서 속도 조절하기(또는 천천히 하기)를 배우고 실천하게 된다. 베첸(Betchen, 2009)은 '느리고-빠른 성기 자극'(p. 143)이라는 용어로 속도 조절하기와 같은 훈련을 설명하였다. 이 훈련에서 "남성은 높은 수준의 성적 흥분감에 도달할 때까지 파트너에게 자신을 만지도록 한 후 완전히 멈추기보다는 속도를 늦추도록 한다"(p. 143).

메스와 매카시(Metz & McCarthy, 2004)의 프로토콜 세 번째 단계인 '**유희 포화**(pleasure saturation)'에서 커플은 그들이 학습한 전략을 조기사정 없이 성교에 통합하는 것을 배운다. 커플은 이완된 유희 회기(감각 집중법)를 진행한 후 자신의 감각에 집중하는 단계로 넘어간다. 이제까지 배운 기술을 성교에 적용하는 데 성공하면 커플은 더욱 자발적으로 성행위를 하는 방향으로 나아간다.

이러한 치료 훈련에 덧붙여 알토프(Althof, 2006)는 성기능 부전으로 힘들어 하는 남성들 사이에 존재할 수 있는 로젠(Rosen)과 그의 동료들이 발견한 몇 가지 인지적 왜곡을 언급하였다. 상담 과정에서 이러한 인지적 왜곡을 확인하고 다룰 수 있다. 이러한 왜곡은 제8장에서 발기부전의 치료에서 논했던 것과 유사하며, 조기사정이 있는 남성에게 맞추어져 있다.

1. 흑백논리: "빨리 사정하니까 나는 완전한 실패자다."
2. 과잉일반화: "지난밤 사정 조절에 문제가 있었으니까 오늘 아침에도 제대로 못할 거야."
3. 긍정격하: "그녀가 우리의 성관계가 만족스럽다고 말한 것은 내가 상처 받을까 봐 그냥 해 준 말이야."
4. 독심술: "물어볼 필요도 없지. 지난밤에 그녀가 어떻게 느꼈는지 나는 알아."
5. 예언하기: "오늘 밤에도 잘 안 될 게 뻔해."
6. 감정적 추론: "남자가 그렇다고 느끼면 그런 거야." (또는 "실패자처럼 느껴지니까 나는 실패자가 틀림없어.")
7. 당위적 진술: 사고 과정이 '~해야만 한다('shoulds' 'ought to' 'musts')'로 가득함.
8. 파국화: "오늘 밤에도 실패하면 그녀는 나를 버릴 거야."(p.184)

일반적인 치료 접근에서는 조기사정 치료에 사용할 수 있는 여러 가지 유용한 방법을 소개한다. 남성은 파트너가 원할 때까지 사정이 불가피한 시점을 지연하는 것을 배운다. 지연할 수 있다는 것은 흥분과 자극을 통제할 수 있다는 것이다. 이것을 통해 남성은 잠재기를 확대하고 자발적 통제력을 향상시킨다. 이러한 과정은 관람하기(남성의 입장에서)와 수행불안의 감소에도 효과적이다.

오늘날 많은 임상가는 관계 갈등이나 내담자 내에서 해결되지 않는 다른 문제도 함께 다루고자 한다(Rowland, 2012). 성치료 과정에서는 행동적 접근이 간명할 수 있기 때문에 이것을 중심으로 심리학적 요인, 관계 요인, 원가족 요인, 문화적 요인 및 다른 고려사항을 함께 탐색한다(Betchen, 2009).

기능적 성과학 치료(functional-sexological treatment)는 멈춤 기법과 스퀴즈 기법의 사용이 너무 기계적이어서 성적 친밀감의 흐름을 방해할 수 있다는 문제를 다루는 또 다른 심리학적 접근이다(de Carufel & Trudel, 2006). 기능적 성과학 치료에서 남성과 여성은 성 반응에 대해 교육 받고, 남성은 다음과 같은 것을 배운다.

> 자기동작의 시간적 · 공간적 · 역동적 차원에 초점을 두고 신체를 다양하게 움직이기, 다른 방법으로 근육 사용하기(예를 들어, 엉덩이 이완하기), 성교 전과 성교 동안에 성행위 속도 변경하기, 횡경막으로부터 숨쉬기, 근육의 긴장이 덜한 자세 사용하기를 포함한다(pp. 98-99).

초기 연구에 따르면, 기능적 성과학 접근은 성교 시간을 연장하고 성기능 및 성생활 만족도를 향상하는 데 기여하여 조기사정 치료에 효과적인 것으로 나타났다(de Carufel & Trudel, 2006).

남성이 수행불안을 겪고 있거나, 지름길을 찾으려고 하거나, 너무 빨리 숙제를 하면서 문제를 신속하게 해결하려고 시도하면 심리학적 개입이 성과를 내지 못할 수 있다(Althof, 2007). 문제에 너무 집중하고 숙제를 빨리 해치우려고 하면 치료가 어려워지고 훈련이 효과적이지 않다. 그렇다 보면 부적응적인 사고로 실패감이 쌓일 수 있다.

주어진 프로토콜대로 시도해도 성공하지 못하는 경우가 있다. 남성이 사정이 불가피한 순간에 지나치게 근접하여 너무 많은 위험을 감수하게 될 수 있다. 사정이 불가피한 느낌의 역치에 너무 바짝 다가간다는 것은 아직 언제 스퀴즈 기법 또는 스톱-스타트/멈춤 기법을 사용해야 하는지를 학습하지 못했기 때문일 수 있고, 치료 과정의 중요한 이정표를 잘 알아차리지 못했기 때문일 수도 있다.

많은 치료 프로토콜의 시행에서와 마찬가지로 내담자가 훈련에 충분한 시간과 에너지를 투자하지 않아서 실패하는 것일 수 있다. 임상가는 내담자가 이전에 비슷한 치료적 접근을 시도해 본 적이 있는지를 질문할 수 있다. 이런 질문을 통해 임상가와 내담자는 속도문제를 포함하여 치료 과정에서 생길 수 있는 문제를 확인하고, 어떻게 문제를 처리하고 해결하였는지, 어떤 기술을 사용했는지 등을 확인한다. 이 과정은 비슷한 다른 접근을 시도하기 전에 이루어져야 한다. 그렇게 할 때 내담자는 어떤 개입이 왜 효과가 없었는지를 더 잘 이해하여 적절한 교정적 절차를 밟게 된다.

앞서 논의한 병인론 중 신경생물학적 이해와 일관되게 선택적 세로토닌 재흡수 억제제(예를 들어, 설트랄린/졸로프트, 파록세틴/팍실, 플루옥세틴/프로작)를 처방 받아 사정을 지연하는 데 효과를 본 남성들도 있다. 세로토닌 신경전달의 감소가 조기사정과 관련이 있다고 했던 지난 논의를 기억하는가? 세로토닌 재흡수 억제제는 재흡수를 억제하여 세로토닌을 증가시킨다. 클로미프라민/아나프라닐과 같은 삼환계 항우울제도 조기사정을 치료하는 데 사용될 수 있다.

사정지연

사정지연에 대한 심리학적 치료는 내적 갈등과 관계 갈등을 해결하는 데 집중한다. 내적 갈등에는 불안, 두려움, 융통성 없는 자위 스크립트 및 기타 문제가 있다. 치료에서 마음챙김 기법과 쾌락 경험에 집중하기 등이 활용된다. 노화로 인한 문제인 경우에는 주의 분산 문제를 다루고 신체적, 정신적으로 흥분을 증가시키는 방법을 배우는 것이 도움이 된다(Rosenau, Childerston, & Childerston, 2004). 관계 갈등에는 권력 투쟁, 수동공격성 등이 있을 수 있다. 통찰 지향적 접근은 내적 갈등을 다루는 데 유용하며, 정서 중심적 접근은 자기표현의 촉진에 유용할 수 있다. 임상가는 한정된 자위 스크립트를 가진 남성의 성적 환상과 경험을 확장할 수 있도록 개입할 수 있다(Foley, 2009). 비요구적 애무에 방점을 두는 감각 집중법은 관계적 친밀감을 다루는 데 자주 사용되며, 소파 회기나 자기주장 훈련 같은 의사소통 훈련도 활용할 수 있다.

문헌에 등장하는 사정지연 관련 신화 중 하나는 파트너가 쉽게 사정하지 않는 남성을 선호한다는 인식이다. 신화에 따르면, 여성의 입장에서 그런 남성은 "오래 간다"고 할 수 있고, 그것이 마치 "성적 만족을 위한 표본"인 것처럼 언급된다(Foley, 2009, p. 156). 폴리(Foley)가 주장하였듯이, 이러한 신화는 성적 친밀감에서 남성의 역할에 관한 문화적 가정을 반영한다. 사실 임상 장면에서 남성은 부정적인 자기평가와 수치감으로 힘들어 할 때가 많고, 그 파트너는 거절감을 자주 보고한다.

임상가는 다양한 약물(예를 들어, 세로토닌 재흡수 억제제 계열의 약물들; Foley, 2009)이 사정지연에 기여할 수 있다는 것을 알아야 한다. 아쉽게도 아직 사정지연을 치료하는 약물은 없다. 하지만 호소문제에 기여하는 약물 사용을 모니터링하고, 약물을 처방하는 의사와 약물치료 결정 과정에서 성기능 관련 부작용을 고려하며 긴밀히 협력하는 것이 매우 중요하다.

이제 치료 개입에 대한 논의를 마치고자 한다. 생물학적 기저에 대한 이해는 계속 진보할 것이며, 이로 인해 미래에는 더 많은 개입 방법을 고려할 수 있게 될 것이다. 임상가가 하는 일의 상당 부분은 성기능을 향상시키는 치료 개입을 제공하는 것이다. 조기사정과 사정지연을 치료하는 데 있어 그 절차는 상당히 다르지만, 두 경우 모두에 대해 효과적이고 포괄적인 평가와 사례개념화를 할 수 있어야 할 것이다.

예방

예방에 대한 논의는 조기사정 및 사정지연과 관련된 위험 요인을 교육하는 것을 중심으로 이루어진다. 발기부전으로 진단 받은 남성은 조기사정의 위험이 높아질 수 있다. 조기사정의 원인을 설명하는 심리학적 이론들에서는 불안, 죄책감, 관계 문제가 지속적인 조기사정에 선행하는 요인들이기 때문에 먼저 다루어야 한다고 제안하기도 한다.

예방에 대한 교육의 상당 부분은 성기능 관련 부작용이 있는 약물을 중심으로 이루어진다. 예를 들어, 세로토닌 재흡수 억제제로 우울증을 치료하면 사정지연과 같은 부작용이 나타날 수 있다. 남성은 나이가 들면서 약물치료를 필요로 하는 만성적인 건강문제를 가질 가능성이 높다(Foley, 2009). 성인 남성은 생애 어느 시점에서든 사정지연을 경험할 수 있지만, 노화와 함께 특히 사정지연 문제가 증가하는 경향이 있다.

논의가 필요한 또 하나의 주제는 일반적인 스트레스로, 이것이 어떻게 남성의 삶에 영향을 미치는지 살펴볼 필요가 있다. 아마도 간접적인 방식이겠지만, 생활의 요구가 주는 스트레스로 인해 사람들은 성적 친밀감을 빨리 끝내고자 할 수도 있고(조기사정에 기여할 수 있다), 파트너와 충분한 시간을 가져도 친밀감을 경험할 수 없어서(사정지연에 기여할 수 있다) 성기능 부전의 위험이 높아질 수도 있다.

의사소통 문제나 관계문제가 조기사정이나 사정지연의 원인이나 유지 요인이 되기 때문에 관계를 돌보고 의식적인 의사소통을 하는 것이 예방적 측면에서 중요하다. 쌍방이 무엇을 선호하는지 논의할 수 있는 것과 함께 시간을 보내는 것(성관계 스크립트를 함께 짜거나 밖에서 함께 시간 보내기 등)은 비요구적 애무에 투자하는 것과 함께 건강한 성생활을 영위하는 데 기여한다.

맺음말

기독교인으로서 조기사정과 사정지연을 다루고자 할 때, 하나쉬(Hanash, 2008)가 사회문화적 맥락의 중요성에 대해 고찰한 글을 참고하면 흥미로울 것이다. 아프리카 일부 지역, 중동 및 극동과 같은 문화에서는 "남성의 성적 즐거움만을 중요시하기 때문에 남성은 조기사정에 별로 신경을 쓰지 않고 인정하지 않으려고 한다" (p. 185). 실제로 29개국 27,500명을 대상으로 성태도와 성행동을 조사한 국제적 연구에서 라우만과 그의 동료들(Laumann et al., 2006)은 앞서 언급한 지역의 사람들 중 성생활에 만족하는 사람들의 비율이 남성과 여성이 상대적으로 동등한 지위를 가진 다른 나라 사람들(예를 들어, 미국, 캐나다, 프랑스) 중 해당 비율보다 낮았다고 보고했다. 비록 특정 성기능 부전에 대한 연구는 아니지만, 사회문화적 맥락이 신체적으로, 성적으로, 정서적으로 만족스러운 성적 습관을 형성하는 데 기여한다는 점은 흥미롭다.

우리는 남편과 아내의 관계를 향상시켜 주는 방식의 성생활에 도움이 될 만한 기독교적인 가치관이 있다고 본다. 물론 이것이 역사 속에서 부각된 기독교적인 사고는 아닐 수 있지만, 기독교인이 오늘날의 사회문화적 맥락 속에서 어떻게 이 주제를 다루어 갈 것인지를 반영한다. 여성이 아닌 남성을 소중하게 여기는 환경, 여성의 쾌락이 아닌 남성의 쾌락이 중요하다고 가정하거나 노골적으로 그렇게 가르치는 것은 인간의 성과 성적 표현에 대한 기독교적 시각과는 맞지 않는다.

반면에 우리 문화에서 남성이 성적 수행을 할 때 얼마나 오래 지속해야 하는가에 집착한다는 점은 다른 극단에 있는 위험한 요인이다. 이것은 남성의 성에 대한 환원론적 모델(성을 성적 수행과 동일시함)일 수 있으며, 남성의 성에 대한 고정관념과 풍자를 반영하는 사고다.

특정한 목적을 성취하기 위해 성적 경험의 정상적 다양성을 병리화할 위험도 있고, 최상의 성경험을 우상으로 만들 위험도 있다. 그런 메시지는 세속적이고 쾌락적인 오락물에서 나올 수 있는데, 성적 친밀감에 대한 기독교적 시각과는 동떨어져 있다. 성적 만남의 가치를 격상시키는 것과 삶의 질을 향상시키는 것 사이에 균형을 가질 필요가 있다. 동시에 마치 성적 수행이 가치를 좌우한다는 듯이 성행위가 그 사람의 최종 가치가 되는 것인 양 성행위 자체를 부적절하게 격상시키는 메시지를 부채질해서는 안 될 것이다.

지속적으로 기독교 공동체가 인간의 성과 성적 수행에 대해 논의하고 가르칠 수 있도록 돕고, 조기사정이나 사정지연을 호소하는 커플의 문제를 타당화할 필요가 있다. 교회가 성을 인정하고 논의하는 데 실패하면 기독교인의 부부 생활에서 그런 걱정을 인정하고 논의하기가 어려워질 수 있다. 그렇게 되면 부부는 가용할 수 있는 대안이 있다는 사실과 지지가 되는 자원 및 문제를 다루고 해결하는 데 필요한 정보를 제공할 수 있는 자원이 있다는 사실을 모르고 지내게 될 것이다. 교회 공동체 내에서 조기사정, 지연사정 등을 논할 수 있는 자리가 있으면 성에 영향을 미치는 남성 혹은 남성적인 것의 개념에 대한 잘못된 신화를 수정할 기회를 가질 수 있다. 교회가 조기사정이나 사정지연에 대응할 수 있는 정직하고 확실한 자원을 제공한다면 얼마나 유익하고 위로가 되겠는가? 이를 통해 교회 공동체는 이 영역에서 친밀감과 투명성을 갖춘 공동체 의식을 함양할 수 있을 것이다.

참고문헌

Althof, S. E. (2006). Psychological approaches to the treatment of rapid ejaculation. *Journal of Men's Health and Gender, 3*(2), 180-186.

Althof, S. E. (2007). Treatment of rapid ejaculation psychotherapy, pharmacotherapy, and combined therapy. In S. R. Leiblum (Ed.), *Principles and practice of sex therapy* (4th ed., pp. 212-240). New York: Guilford Press.

American Psychiatric Association. (2013). *Diagnostic and statistical manual of mental disorders* (5th ed.). Washington, DC: American Psychiatric Publishing.

Betchen, S. J. (2009). Premature ejaculation: An integrative, intersystem approach for couples. In K. M. Hertlein, G. R. Weeks & N. Gambescia (Eds.), *Systemic sex therapy* (pp. 131-152). New York: Routledge.

de Carufel, F., & Trudel, G. (2006). Effects of a new functional-sexological treatment for premature ejaculation. *Journal of Sex & Marital Therapy, 32*, 97-114.

Foley, S. (2009). The complex etiology of delayed ejaculation: Assessment and treatment implications. In K. M. Hertlein, G. R. Weeks & N. Gambescia (Eds.), *Systemic sex therapy* (pp. 153-178). New York: Routledge.

Hartmann, U., & Waldinger, M. D. (2007). Treatment of delayed ejaculation. In S. R. Leiblum (Ed.), *Principles and practice of sex therapy* (4th ed., pp. 241-276). New York: Guilford Press.

Metz, M. E., & McCarthy, B. W. (2004). *Coping with premature ejaculation*. Oakland, CA: New Harbinger.

Polonsky, D. C. (2000). Premature ejaculation. In S. R. Leiblum & R. C. Rosen (Eds.), *Principles and practice of sex therapy* (3rd ed., pp. 368-422). New York: Guilford Press.

Rosenau, D. (2002). *A celebration of sex: A guide to enjoying God's gift of sexual intimacy* (Rev. ed.). Nashville: Thomas Nelson.

Rosenau, D., Childerston, J., & Childerston, C. (2004). *A celebration of sex after 50.* Nashville: Thomas Nelson.

Rowland, D. L. (2012). *Sexual dysfunction in men.* Cambridge, MA: Hogrefe.

Sells, J. N., & Yarhouse, M. A. (2011). *Counseling couples in conflict: A relational restoration model.* Downers Grove, IL: InterVarsity Press.

Semans, J. H. (1956). Premature ejaculation: A new approach. *Southern Medical Journal, 49,* 353-357.

Waldinger, M. D. (2010). Premature ejaculation and delayed ejaculation In S. B. Levine, C. B. Risen & S. E. Althof (Eds.), *Handbook of clinical sexuality for mental health professionals* (2nd ed., pp. 267-294). New York: Routledge.

Wincze, J. P., & Carey, M. P. (2001). *Sexual dysfunction: Treatment manuals for practitioners.* New York: Guilford Press.

Zeiss, R., & Zeiss, A. (1978). *Prolong your pleasure.* New York: Pocket Books.

제3부

추가적인 임상적 양상

제10장
변태성욕

리처드 프리돌린 조셉 프레이허 크래프트 본 페스텐베르크 오프 프론버그, 그난트 폰 에빙(Richard Fridolin Joseph Freiherr Krafft von Festenberg auf Frohnberg, gennant von Ebing)이라는 이름을 들어 본 적이 있는가? 이 이름은 『**싸이코페시아 섹슈얼리스**(Psychopathia Sexualis)』의 저자인 리처드 본 크래프트 에빙으로 알려진 독일의 신경학자이자 정신과 의사의 본명이다. 크래프트 에빙은 1840년 만하임에서 태어나 하이델버그 대학에서 의학을 공부하고, 비엔나 대학의 정신과 교수가 되었다. 그의 저서 『**싸이코페시아 섹슈얼리스**(부제: Eine Klinisch-forensische Studie)』는 영어로 『**성 정신병리: 임상적-법의학적 연구**』로 번역되었다. 이 책은 1886년에 출간되었는데, 당시 성 관련 정신병리를 정신의학적으로 치료할 때 사용하는 주요 참고 서적이 되었다. 크래프트 에빙은 12판까지 책을 수정하며 새로운 사례 자료를 소개하여 성 관련 정신병리의 지평을 넓혔다. 또한 현대 변태성욕의 이해에 기초가 되는 여러 개념과 함께 물품음란증, 가학증, 피학증, 여성성욕항진증과 같은 용어를 소개하고 보편화 하였다.

변태성욕은 일반적이지 않거나 비전형적인 성적 관심으로, 성적 일탈(정상에서 벗어남)을 의미한다. 따라서 이 장에서는 임상가나 수련생은 말할 것도 없고, 많은 일반인이 불쾌하게 느끼고 혐오하는 성행위를 다루고자 한다. 이 문제는 치료하고자 할 때 고무적이지 않은 주제일 수 있는데, 많은 치료사는 변태성욕을 호소하는 사람들과 공감적이고 건설적인 관계를 형성하는 것을 매우 힘들어 한다. 사실 변태성욕은 도덕적으로 거리끼는 행동과 상당 부분 겹치기 때문에 임상가는 이 분야의 치료 경력을 쌓아 가는 것이 도전이 된다고 느낀다.

진단적으로 이해할 때, 변태성욕은 강렬하고 비전형적인 성적 관심이다. 변태성욕은 물품, 아동, 동의하지 않은 사람, 상대방의 고통이나 굴욕감이 관여된다는 면에서 비전형적이다. DSM-5에서는 변태성욕을 "정상적인 표현형을 가진, 신체적으로 성숙한, 동의하는 인간인 동반자와 성기 자극이나 그 준비를 위한 애무를 하는 것 외의 다른 것에 강렬하고 지속적인 성적 관심을 가지는 것"으로 정의한다(APA, 2013, p. 685).

DSM-5에서는 변태성욕과 **변태성욕장애**를 구별한다. 전자는 규준에서 벗어난 성을 의미하지만 반드시 정신건강문제는 아니다. 이에 비해 변태성욕장애는 정신건강문제로 어떤 식으로든 개인이 고통스러워 하거나 기능 손상이 초래되었다는 것을 의미한다. DSM-5에 따르면, "변태성욕장애는 개인에게 현재 고통이나 손상을 일으키는 변태성욕이거나 성적 만족이 타인에게 개인적으로 위해나 위해의 위험을 수반하는 변태성욕"을 말한다(pp. 685-686). 손상은 주로 직업적 기능이나 관계의 측면에서 평가된다. 피학증이나 노출증은 대부분의 사람에게는 정상 범위에서 벗어난 성행위일 수 있지만, 성적가학장애나 노출장애는 그것으로 인해 손상이 있고, 개인적으로 고통을 초래하고, 타인에 대한 위해나 위해의 위험을 수반하기 때문에 정신건강문제가 된다.

이러한 변화는 성적 관심과 성행위가 다양한 관심의 범위로 확장될 수 있다는 이해와 정신건강 분야에서는 개인이 고통스러워 하지 않는다면 일련의 행동 양식을 정신건강 문제로 보지 않는 경향을 반영한다. 이 분야에서 일하는 대부분의 사람은 자신의 성적 관심 때문에 개인적으로 고통스러워 하는 사람은 매우 소수라고 증언할 것이다. 따라서 사회적 기능과 직업적 기능의 손상이 중요한 구별의 기준이 된다.

성중독(제11장에서 논의)과 변태성욕의 관계를 논하는 것이 도움이 될 수 있다. 레바인(Levine, 2010)은 **성중독**은 "진단명이 아니라 행위 콤플렉스"(p. 262)라고 설명하였다. 즉, 성중독은 "자기 자신, 배우자, 연인, 가족, 고용인 또는 사회와 같이 누군가를 대상으로 한 분명히 파괴적인 행위에 기반한다"(p. 262). 성중독 때문에 치료를 받는 내담자들은 변태성욕적 행위를 보일 수 있다. 버차드(Birchard, 2011)에 따르면, 성중독과 변태성욕은 다음과 같이 다양한 방식으로 연결된다.

- 두 행위 모두 수치심에서 비롯한 것이며, 둘 다 수치심을 일으킨다.
- 두 행위 모두 원가족에서 형성되었다.
- 행위들은 자기애적 손상에 대한 반응이다.
- 행위들은 고통스러운 정동을 완화하고 자기조절을 하는 수단이다.
- 행위들은 압박과 불안의 정도에 따라 심해졌다가 약화되었다가 한다.
- 행위들은 자주 해로운 결과를 초래한다(p. 184).

버차드(Birchard, 2011)는 "성중독은 아동기 외상에 대한 반응이자 부정적 정동에 대한 반응이 강렬한 성애화로 대체된 것이며 변태성욕도 비슷하게 아동기 외상에 대한 반응으로서 외상이 성애화된 환희가 된 것이다"(p. 184)라고 설명하였다. 버차드는 강렬한 성애화와 성애화된 환희 사이에는 차이가 있다면서 '환희'는 "아동기의 고통과 굴욕감이 유희와 환희로 전환된 것"(p. 175)으로 보았다.

사회학습의 관점에서 변태성욕은 "과거 어느 시점에 학습된 것"이 조건화되거나 강화된 것이다(Kaplan & Krueger, 2012, p. 292). 앞으로 살펴보겠지만, 개입은 본질적으로 정상 범위에서 벗어난 흥분을 줄이고 보다 적절한 흥분을 늘리는 것에 초점을 둔다.

변태성욕

다양한 변태성욕이 확인되었다. DSM-5에서는 관음장애, 노출장애, 마찰도착장애, 성적피학장애, 성적가학장애, 소아성애장애, 물품음란장애, 복장도착장애 등이 소개된다. 여기에 포함된 진단들은 다른 변태성욕에 비해 상대적으로 일반적인 경우이고, 몇몇은 "범죄로 분류되기도 한다"(APA, 2013, p. 685). 하지만 이 항목들이 포괄적인 것은 아니며, DSM-5에 따르면 "수십가지의 구별된 변태성욕이 확인되어 이름 붙여졌다"(p. 68).

아마도 임상 영역에서 가장 많이 연구 및 논의되었고, 미디어나 공중 건강 분야에서 많은 주목을 받은 것은 소아성애일 것이다. 그 밖에 임상 장면에서 언젠가 마주할 수 있는 변태성욕에는 노출증, 관음증, 물품음란증, 성적피학증과 성적가학증이 있다.

소아성애는 사춘기 이전의 아동에 대해 성적으로 흥분하는 환상을 갖거나 성행위를 하는 상태를 의미한다(Wylie, Ng, Chambers, Ward-Davies, & Hickey, 2008). DSM-5에서는 **소아성애장애**를 "사춘기 이전의 아동들(일반적으로 13세 이하)을 상대로 반복적이고 강렬한 성적 흥분이 성적 공상, 성적 충동 또는 성적 행동으로 발현되는 경우"(APA, 2013, p. 697)로 정의한다. 이러한 충동에 따라 행동하거나 이러한 충동이나 공상이 "현저한 고통이나 대인관계의 어려움"(p. 697)을 초래하면 소아성애장애로 진단된다.

사춘기 정도의 청소년(사춘기 시작 단계)에 대한 끌림은 **청소년애**(hebephilia)라고 부른다. 블랑샤르와 그의 동료들(Blanchard et al., 2009)은 이것을 "사춘기 아동(11세나 12세부터 14세 정도)에 대한 성애적 선호"(p. 335)라고 정의하였다. **영아성애**(infantophilia)는 주로 5세 이하의 아동에 대한 성적 관심을 일컫는다. 이들이 보이는 행동에는 성기 애무(성기 만지기), 남성이나 여성 성기에 구강성교, 물체나 손가락 또는 남성 성기를 통한 항문 삽입이나 질 삽입뿐만 아니라 자신을 아동에게 노출하거나 아동이 보는 데에서 자위하는 것이 포함된다.

소아성애의 진단 기준을 충족하는 모든 사람이 충동대로 행동하는 것은 아니며, 모든 아동 성범죄자가 소아성애인 것도 아니다(Seto, 2008). 하지만 소아에 대한 성적 선호가 있는 사람 중 절반 이상이 18세 이전에 이러한 선호를 보고하였으며, 평생 거의 꾸준하게 이러한 선호를 유지하는 것으로 보인다(Seto, 2008). 그렇지만 아동기의 성문제 행동이 성인기의 성범죄 행동으로 발전한다는 것은 사실이 아니다. 실제 연구 자료는 다음과 같이 보고하였다.

> 또래에게 성적 문제 행동(예를 들어, 상대방이 거부하는 데도 다른 아동의 성기를 만지는 등의 강압적인 성적 행동)을 보이는 아동 중 소수가 청소년기에 성범죄를 저지르며, 청소년 성범죄자 중 소수가 성인이 되어서도 성범죄를 지속하여 저지른다(Seto, 2008, p. 166).

여성 소아성애자도 생각했던 것보다는 많지만(Wylie et al., 2008), 소아성애적 충동을 가지고 있는 사람 대부분은 남성이다(약 90% 이상)(McConaghy, 1993; Seto, 2008). 소아성애 행동을 보이는 사람의 약 27%가 근친상간을 범했다(Hall & Hall, 2007). 물론 연구에 따라서는 더 많은 비율이 보고되기도 하였다. 소수의 사람(약 7%)은 소아성애적 충동만을 보고하였으나 대부분의 사람은 다른 성애도 함께 보고하였다(Abel & Harlow, 2001). "소녀가 피해를 입은 경우가 소년의 2배 이상"으로 추정되었다(McConaghy, 1993, p. 308). 세토(Seto, 2008)는 유병률 추정치에 대한 연구들을 요약하면서 "아동에 대한 성적 공상과 아동에 대한 성적 접촉은 흔하지 않으며, 소아성애는 남성 집단에서도 3% 미만으로 나타날 정도로 드물다"(p. 165)고 설명했다. 이 수치는 남성 중 3~5% 정도의 유병률을 보고하는 DSM-5의 하위 유병률과 일치한다(APA, 2013).

몇몇 전문가(예를 들어, Hall & Hall, 2007; McConaghy, 1993)는 동성애적 소아성애자와 이성애적 소아성애자 사이에 큰 차이가 있다면서 이들을 구별하였다. 예를 들어, 맥커너히(McConaghy)의 주장에 따르면 동성애적 소아성애자의 피해자가 많으며(수백 명까지; Hall & Hall, 2007; 평균 10.7명의 아동 피해자와 평균 52번의 행위가 보고됨), 주로 모르는 사람들이고, 범죄는 해당 피해자에게 한 번씩 일어나는 편이다. 또한 동성애적 소아성애자는 남성이든 여성이든 성인에 대해서는 성적 끌림을 보고하지 않고, 독신으로 지내며, 청소년기에 행위를 시작하는 편이다.

반면에 맥커너히(McConaghy, 1993)에 따르면, 이성애적 소아성애자에 의한 피해자의 수는 상대적으로 적다(Hall & Hall, 2007; 평균 5.2명의 아동 피해자와 평균 34번의 소아성애적 행위가 보고됨). 피해자는 아는 사람인 경우가 많고, 범죄는 같은 피해자에게 반복되는 편이다. 이성애적 소아성애자는 성인 여성에게도 성적으로 끌리며, 결혼도 하며, 성인기에 소아성애 행동을 시작하는 편이다. 다른 전문가들은 소아성애를 성적 선호로 개념화하고, 동성애적 소아성애와 이성애적 소아성애를 구별하지 않았다(Seto, 2008). 아동에 대한 성적 관심은 18세 이전에 주로 나타나며, 소아성애적 충동에 저항해도 약화되지 않는다.

> 소아성애자와 비소아성애자는 아동기에 다른 아동의 벗은 모습을 보는 것에 대해 동일한 호기심을 보일 수 있다. 하지만 소아성애자는 대부분의 다른 남성과 달리 이 단계에 고착되어 사춘기가 되어서도 사춘기를 지난 사람들에 대한 성적 관심이 발달하지 않는다(p. 166).

소아성애는 변태성욕 중에서 가장 많이 논의되는 주제이며, 소아성애적 행동에 대한 충동을 경험하는 사람들이 자신을 정당화하는 방식이 있다. 그들은 공통적으로 아동에게 '교육적 가치'가 있다거나(그들 생각에는), 아동도 유희를 경험한다거나, 어떤 식으로든 아동도 관심을 표현했다는 식으로 자신의 행위를 정당화한다.

상대적으로 흔한 다른 변태성욕에는 노출증, 관음증, 물품음란증, 성적피학증, 성적가학증 등이 있다. 임상 표본을 기초로 특정 변태성욕과 비교하여 상대적으로 얼마나 많이 발생하는지에 대한 추측은 할 수 있지만, 다양한 변태성욕에 대한 정확한 유병률을 파악하는 것은 어려운 일이다.

노출증은 "눈치채지 못한 사람에게 성기를 노출하는 것을 통해 성적 유희를 느끼는 병을 일컬을 때 붙이는 명칭이다(이들은 때로는 자위 행위를 동반한다)"(Wylie et al., 2008, pp. 121-122). **노출장애**는 DSM-5에서 "눈치채지 못한 사람에게 성기를 노출하는 행위를 통한 반복적이고 강렬한 성적 홍분이 성적 공상, 성적 충동 또는 성행위로 발현되는 것"(p. 689)으로 정의된다. 충동은 "동의하지 않은 사람에 대해" 행동화 되며, 사회적 또는 직업적 기능에서 "충동이나 성적 공상이 임상적으로 현저한 고통이나 손상을 초래한다"(p. 689). 분명한 유병률 추정치를 얻는 것은 어려운데, 아마도 꽤 과소 보고되고 있는 것 같기는 하다. 그래도 노출증은 치료를 받으려는 사람들 사이에서 다소 흔한 유형의 변태성욕 행위에 속한다(McConaghy, 1993). 미국 전국 표본에서 4~5%의 남성 성인과 2%의 여성 성인이 성적 유희를 위해 자신을 노출한 적이 있는 것으로 추정되었다(Murphy & Page, 2008). DSM-5에서는 남성의 평생 유병률을 약 2~4%로 보고하였으나 여성에 대한 수치는 제공하지 않았다(APA, 2013). 자신을 노출하는 사람들은 스스로를 부끄러움이 많거나 사회적으로 위축되어 있다고 보고하였다(McConaghy, 1993). 노출증으로 인한 피해자들은 많은 편이다. 잡힐 수 있다는 위험과 전율이 노출증을 가진 사람들의 성적 홍분에 기여하는 것 같다. 남성이 노출하는 경우가 여성보다 흔하며, 노출증을 가진 남성은 주로 여성, 아동, 청소년을 목표로 삼는다. 여성에게 노출증이 있으면 남성처럼 전율이나 위험을 즐기기 보다는 관심을 구하는 행동을 보일 가능성이 크다. 노출증은 18세 이전에 시작되며, 중년기쯤에 심각도가 감소하는 것으로 보고되었다(Murphy & Page, 2008).

관음증은 옷을 벗고 있는 중이거나, 벗은 상태로 있거나, 성행위에 몰입해 있어서 눈치채지 못하고 있는 사람을 관찰하는 행위다. **관음장애**는 DSM-5에서 "옷을 벗는 과정에 있거나, 성행위에 몰입해 있어서 눈치채지 못하고 옷을 벗고 있는 사람을 관찰하는 행위를 통한 반복적이고 강렬한 성적 흥분이 성적 공상, 성적 충동 또는 성행위으로 발현되는 것"(APA, 2013, p. 686)으로 정의된다. 이러한 충동은 "동의하지 않은 사람에 대해" 행동화되며, 사회적 또는 직업적 기능에서 "충동이나 성적 공상이 임상적으로 현저한 고통이나 손상을 초래한다"(p. 686). 전율과 잡힐 수 있다는 위험이 성적 흥분에 중요한 역할을 하는 듯하다. 관음증의 발병 시기는 다양하다. 라빈(Lavin, 2008)의 연구에 따르면, 청소년 범행자 표본의 50%가 15세 이전에 관음증에 대한 관심을 보고하였다. DSM-5에서는 남성의 평생 유병률을 12%, 여성의 평생 유병률을 4%로 보고하였다(APA, 2013). 그들은 부끄러움이 많거나 사회적으로 위축된 과거력을 가지고 있는 편이었다(McConaghy, 1993). 노출증이 있는 사람들은 관음증도 함께 보이는 경우가 많다(APA, 2013). 관음증이 있는 사람 중에는 이전에 노출증이 있었다고 보고하는 사람들도 있다. 관음증은 여성보다는 남성에게서 흔하게 나타나는 경향이 있다(Lavin, 2008).

물품음란증은 매우 다양한 무생물체를 사용하여 성적으로 흥분되는 생각과 공상 또는 행동을 하는 경우를 의미한다. **물품음란장애**는 DSM-5에서 "무생물체를 이용하거나 성기가 아닌 신체 부위에 상당히 특정한 집착을 함으로써 반복적이고 강렬한 성적 흥분이 성적 공상, 성적 충동 또는 성행위로 발현되는 것"으로 정의된다(APA, 2013, p. 700). 이러한 공상, 충동 또는 행동은 "임상적으로 현저한 고통이나 기능적 손상"을 일으키며, 물품 음란의 대상은 복장도착장애의 경우처럼 "옷 바꿔 입기에 쓰이는 의복에 국한되지 않는다". 이는 정신건강문제가 있는 사람 사이에서도 매우 드문 경우에 해당한다. 임상 집단의 약 1% 미만이 진단기준에 충족하며, 변태성욕이라는 특정 문제 때문에 서비스를 찾는 사람의 약 8% 정도가 물품음란증을 호소하였다(Darcangelo, 2008). 거의 모든 물체가 물품음란증의 대상이 될 수 있지만, 보편적으로는 의복, 고무, 신발이나 부츠, 신체 부위 및 가죽을 대상으로 삼는다. 음란 물품 중에는 관장제(enema)의 사용이나 옷 바꿔 입기 같은 행위가 대상이 되는 경우도 있다. 음란 물품이 있으면 음란자는 비비거나, 냄새를 맡거나, 그 물품을 안고 자위를 한다. 성관계 파트너가 있는 사람은 파트너에게 그 대상을 착용해 달라고 요청하기도 한다(McConaghy, 1993). 그들은 사람들이 그 물품을 안고 있거나 착용하고 있는 것을 보면 흥분하는 경향이 있다. 예를 들어, 공공도서관을 샅샅이 뒤져 특정 신발을 신고 있거나 맨발로 있는 여성을 찾아내는 사람들도 있다. 음란 물품을 응시하거나, 핥거나, 그 안에서 구르거나, 그것을 자르거나, 태우는 사람들도 있다. 음란 물품에 대한 과거력을 탐색해 보면, 어린 시절 해당 대상에 대해 강한 연대감을 갖고 즐거움을 느꼈다고 보고하는 경우가 드물지 않다. 물품음란증의 대상에 대한 정서적 경험은 아동이 특별한 담요 같은 전이대상에 대해 경험하는 것과 유사한 것으로 묘사된다(McConaghy, 1993). 물품음란증 행동은 사춘기 초반에 발병하여 청소년기에 시작되는 편이며, 그때의 대상은 지속적으로 성적 흥분을 일으킨다(McConaghy, 1993). 물품음란증도 대부분 남성에게서 나타나는 현상이다.

피학증과 **가학증**은 고통이나 굴욕감을 경험하는 것(피학증; Hecker, 2008; Wylie et al., 2008) 또는 파트너에게 고통을 주거나 굴욕감을 주는 것(가학증; Yates, Hucker, & Kingston, 2008)과 관련된 강렬한 성적 충동 또는 성행위를 일컫는다. **성적피학장애**는 "굴욕을 당하거나, 매질을 당하거나, 포박을 당하거나 기타 다른 방식으로 고통을 당하는 행위를 통한 반복적이고 강렬한 성적 흥분이 성적 공상, 성적 충동 또는 성행위로 발현되는 것"이다(APA, 2013, p. 694). 이러한 공상, 추동 또는 행동은 임상적으로 현저한 고통이나 손상을 초래한다. 반대로 **성적가학장애**는 "다른 사람의 신체적 또는 심리적 고통을 통해 반복적이고 강렬한 성적 흥분이 성적 공상, 성적 충동 또는 성행위로 발현되는 것"이다(APA, 2013, p. 695).

이러한 맥락에서 채찍질이나 신체 결박은 흔한 행위인 편이고, 신체 부위에 구멍을 내거나, 질식기호(또는 성적 질식), 면도날이나 칼의 사용, 전기 충격은 상대적으로 덜 흔한 행위다(Hucker, 2008). DSM-5(APA, 2013)에서는 유병률을 확인하는 데 어려움이 있다고 언급하면서도 오스트리아 연구에서 2.2%의 남성과 1.3%의 여성이 "지난 12개월 안에 포박하고 벌 주기, 가학피학증 또는 지배 복종 관계를 경험한 적이 있다"(p. 694)고 언급한다. 성범죄자 집단에서는 2-5%가 성적가학증을 보인 적이 있는 것으로 추정된다(Yates et al., 2008).

사실 다른 변태성욕의 종류도 상당히 많은 편이다. 여러 가지 방식을 통해 성적 흥분을 발견하고 경험할 수 있는 인간의 역량은 매우 놀랍다. 물론 심각해지면 문제가 된다. 추가적 변태성욕의 형태로 타인에게 자신의 성기를 문지르거나 접촉하는 것(마찰도착증), 혹은 시체(시체성애증), 동물(동물성애증), 분변(분뇨성애증), 관장(관장성애증), 구토(구토기호증) 그리고 소변(방뇨성애증)과 관련된 것도 있다.

병인론

우리가 기술하고 있는 주제의 광범위함과 매우 다양한 자극을 통해 성적 흥분을 경험할 수 있는 인간의 놀랄 만한 역량을 고려할 때, 변태성욕의 원인을 특정하기는 어렵다.

병인을 주제로 이루어진 대부분의 연구는 회고적 성격의 연구로, 변태성욕을 가진 성인이 연구자에게 자신의 어린 시절에 대해 이야기하는 방식으로 이루어진다(Wincze, 2000). 연구 결과는 변태성욕이 어린 시절의 환경적 경험(양육)과 관련이 있지만 타고난 위험 요인과 같은 보다 근본적인 원인도 있을 가능성을 제시하였다.

여러 해에 걸쳐 병인에 대한 수많은 모델이 소개되어 왔다. 변태성욕을 성적 흥분(sexual arousal) 그 자체(예를 들어, 노출증, 관음증) 보다는 단순한 흥분(excitement)을 반영하는 습관화된 행동으로 보는 관점들이 있다(McConaghy, 1993). 이론가들은 이것을 **강박성 모델**로 명명한다. 다른 관점들은 이 설명을 확장하여 "뇌의 일반적인 흥분 체계가 관여할 경우"에 발생하는 동기 수준과 복잡성을 고려한다(p. 332). 또 어떤 이들은 중독 모델과 다양한 인지 모델을 옹호한다.

진 아벨(Gene Able)은 변태성욕의 병인에 대해 **4단계 이론**을 제안했는데(Wincze, 2000), 이것은 초기에 영향력이 있다. 첫 단계에서 아동은 자신의 환경 내의 성적 자극에 노출된다. 그 노출은 이론적으로 직접적 또는 간접적으로 성애화된 자극에 대한 것일 수 있다. 두 번째 단계에서는 성애화된 자극을 긍정적 결과 혹은 부정적 결과와 함께 인지적으로 반복하여 연합시키게 된다. 세 번째 단계에서 아동은 그 행위를 행동화하고 실제(진짜) 결과를 경험하게 된다. 마지막 네 번째 단계에서 그 행위는 반복되고 다양해져서 결국 여러 모양으로 발현한다.

이러한 관점은 행동적 접근과 학습이론이 널리 수용되었을 때 특히 영향력이 있었다. 오늘날 우리는 이러한 임상문제에 기여할 수 있는 생물학적 선행사건과 관련된 정신병리 경험들에 더 관심을 갖는다.

우리는 아직 집단 혹은 개별 변태성욕의 원인은 모르지만, 소아성애와 같은 몇몇의 변태성욕은 지능, 잘 쓰는 손, 기억의 차이와 같은 신경해부학적 뇌구조 및 뇌기능과 관련성이 있다(예를 들어, Cantor et al., 2004; Hall & Hall, 2007 참조). 회고적 성격으로 이루어진 몇몇 연구에 따르면, 변태성욕은 관계적 결핍 및 성적 자극에 대한 연상뿐만 아니라 초기 노출과 모델링, 성학대(예를 들어, 아동을 대상으로 한 청소년 범죄자와 성인 범죄자 사이의 연관성, 아동기의 성학대 경험; Hall & Hall, 2007; Seto, 2008)와도 관련이 있다.

생물심리사회적 관점에서는 변태성욕에 대한 생물학적 성향에 대한 연구가 중요하다. 하지만 생물학적 소인의 영향력은 다소 간접적으로 보이며, 기질적 차이나 성격적 차이를 통해 나타나는 정도다. 여기에서 성적 억제와 성적 위험감수와 같은 경험으로 나타나는 성행위는 억제와 위험 감수에 대한 신경생리학적 기초를 갖는다(Wincze, 2000). 충동 조절의 차이와 높은 수준의 성호르몬도 "성적 목표를 명확하게 만들고, 이것을 추구할 가능성을 증가시키며, 개인의 삶에서 그 영향력을 강화하는" 역할을 하는 것으로 보인다(Ward & Beech, 2008, p. 25).

와일리와 그의 동료들(Wylie et al., 2008)은 변태성욕의 원인에 대해 다양한 이론을 소개하면서 아동기의 학대 경험(정서적 학대 혹은 성학대, 가족의 역기능), 세로토닌 전달의 불균형 및 신경학적 손상 등을 언급하였다. 이러한 요인들은 모두 다양한 정도의 지지를 받으며 독립적 연구가 고려되고 있다. 호르몬의 비정상성에 대한 연구 결과들은 테스토스테론 수준의 차이를 지지하지 않는 편이다.

성범죄에 대한 연구가 변태성욕을 주제로 하는 정신건강 연구와 같은 것은 아니지만 어느 정도 중복되는 부분이 있으며, 성범죄에 대한 통합적 관점을 강조한다(Ward & Beech, 2008). 이러한 관점을 요약하면 성범죄는 다음과 같이 발생한다.

> 성범죄는 다양한 요인이 얽히고설킨 결과인데, 원인이 되는 요인들에는 생물학적 요인들(진화, 유전적 변이, 신경생물학), 생태학적 요인들(사회적 · 문화적 환경, 개인적 상황, 물리적 환경), 핵심 신경심리학적 체계가 포함된다(Ward & Beech, 2008, p. 21).

이러한 통합 모델에 따르면, 선천적 요인들(특히 뇌발달)과 후천적 요인들(사회 학습 및 환경) 모두가 개인의 취약성에 기여한다. 워드와 비치(Ward & Beech, 2008)는 다음과 같이 설명하였다.

> 뇌발달(생물학적 유전에 영향을 받음)과 사회 학습은 상호작용을 통하여 개인의 심리적 기능 수준을 형성한다. 어떤 면에서는 빈곤한 유전, 생물학적 손상 또

는 발달적 역경 등의 영향을 받아 개인의 적응적 기능이 제한될 수 있다. 이로 인해 개인의 심리적 기능에 문제가 생기고 임상적 증상이 나타날 수 있다(p. 25).

어떤 종류의 변태성욕이든 그것에 영향을 미치는 요인들은 매우 다양하다. 이러한 요인들은 다양한 경로로 전달되어 독특한 임상적 양상으로 발현된다. 임상가들은 통합된 모델/이론 및 다양한 경로에 유념하면서 내담자를 평가할 때 이 경로 간의 상호작용을 고려할 필요가 있다. 병인에 대한 미묘한 차이를 이해할 수 있을 때 포괄적 평가와 초점화된 사례개념화가 가능하다.

임상적 양상과 평가

데니스는 48세의 백인 남성으로, 스스로를 보수적인 기독교인이라고 소개한다. 상담실에 들어오면서 그는 '성욕' 문제가 있다고 호소했다. 자세한 성생활 과거력은 다음과 같다. (1) 10세에 속옷을 입고 있는 여성을 보면서 자위, (2) 어머니의 속옷과 누나의 속옷을 보면서 자위, (3) 대학 때 여성의 속옷을 보면서 자위, (4) 자신의 자녀를 목욕시키거나 자신의 무릎에 앉히면서 성적인 생각, (5) 노골적으로 성적인 내용의 영화 시청, (6) 동물(예를 들어, 개, 염소)에 대한 성적 생각과 행위가 그것이다. 데니스는 아동보호서비스의 조사를 받을 때, 그 조사가 '사실 무근'이라고 주장하는 편지를 작성했다고 보고했다. 그는 폰섹스, 인터넷 채팅, 성매매를 부인했다.

데니스는 22세에 결혼을 했으며, 네 자녀의 아버지나. 결혼 생활은 힘들고 의사소통에는 문제가 있다고 보고했다. 예를 들어, 아내는 데니스와 정서적으로 '통하지 않아서' 자주 정서적 담쌓기를 하고, '위협적인' 눈빛으로 자신을 쳐다본다고 했다. 데니스는 사람들과의 친밀감에 문제가 있다는 것을 인지하고 있으며, 성기-질 성교를 즐기지 않는다고 시인했다.

데니스는 성문제가 있는 가족력을 보고했다(데니스의 아버지는 데니스의 누나와 오랫동안 근친상간적 관계를 가졌으며, 데니스의 사촌누나 두 명에게 부적절한 애무를 한 적이 있다). 그는 부친 쪽(할아버지)과 모친 쪽(외삼촌) 모두 알코올 의존 가족력이 있다고도 보고했다. 데니스는 7세 때 자기보다 나이 많은 남아들에 의해 성추행을 당한 적이 있으며, 9세 때 외삼촌에게 성학대를 받은 적이 있다고 보고했다.

단지 초기 면담 정보만 읽고도 많은 수련생들은 데니스 같은 사람을 치료하는 것은 아무나 할 수 없을 것이라고 생각할 것이다. 이러한 성적 친밀감과 성행위에 대한 왜곡은 임상가에게도 굉장한 도전이 된다.

변태성욕을 호소하는 누군가와 면담을 시작한다고 해 보자. 이때 내담자의 동기 문제를 우선적으로 다룰 필요가 있다. 데니스 같은 사람은 상담에 와서 양가감정을 보일 때가 많다. 한편으로는 상담 받는 게 좋을 것 같다고 인정하고 도움을 필요로 한다. 그렇지만 마음의 더 큰 부분에서는 현재 상태를 편안해 한다. 그들은 친숙한 것에서 벗어나 변화를 추구하는 것을 원하지 않는다. 친숙한 것이 어느 순간 만족스럽게 느껴지기도 해서 서비스를 찾을 의욕이 더욱 생기지 않는다.

게다가 변태성욕 문제가 있는 사람들은 자신의 행동이 자신이나 타인에게 해를 끼치지 않는다고 보는 경향이 있다. 그들 자신과 자신의 행동에 대해 이와 같이 인식하기 때문에 상담에 대한 동기가 저하된다

따라서 상담 초반에 내담자는 양가감정을 보일 것이다. 양가감정이 시간이 지나도 지속되면 상담이 별로 효과가 없고 치료가 실패로 끝날 수 있다. 그래서 양가감정을 우선적으로 다루어야 한다.

우선 변태성욕 문제가 있는 사람들 중 극소수만이 자발적으로 상담을 찾는다는 사실을 기억해야 한다. 보통 내담자는 상담사에게 다른 사람이 우겨서 자신이 상담에 오게 된 것이라고 이야기한다. 법적 의무사항(예를 들어, 법원 명령) 때문일 수도 있고, 배우자나 여자친구, 혹은 목사님이나 장로님 같은 종교적 권위자가 의뢰해서 상담을 받게 되는 경우도 있을 수 있다.

양가감정과 혼란스러운 동기 이면에는 수치심과 싸우는 자기(self)가 있다는 것을 이해하면 사례를 개념화하고 내담자를 공감하는 데 도움이 된다. 초기 면담을 하면서 그들에게 당신은 변태성욕을 호소하는 사람들을 상담하고 있으며, 그들에게 도움이 되는 자원을 제공할 수 있다는 메시지를 전달하는 것이 중요하다.

임상 면담을 통해 성생활 과거력을 조사하면서 평가를 진행한다. 성생활 과거력을 수집할 때 일반적인 내용도 포함하겠지만, 비전형적 성행위가 있었던 때에 초점을 맞춘다. 사회적 기능(예를 들어, 관계성 질문지; Bartholomew & Horowitz, 1991), 공

감(예를 들어, 대인관계 반응성 검사; Davis, 1983), 대처(예를 들어, 대처 전략으로의 성; Cortoni & Marshall, 2001), 인지 왜곡[예를 들어, 영(Young)의 스키마 질문지; Young & Brown, 2001], 성적 관심(예를 들어, 다면적 성 관련 검사; Nichols & Molinder, 1984), 물질 사용(예를 들어, 미시건 알코올 중독 스크리닝 검사; Selzer, 1971), 범죄 관련성(예를 들어, 범죄 태도 및 관련 척도; Mills & Kroner, 1999), 일반적인 정신건강문제(예를 들어, 미네소타 다면적 성격 검사; Hathaway, McKinley, & Butcher, 19990) 등은 질문지를 활용하여 평가할 수 있는 영역이다(Marshall et al., 2011). 평가에 필요한 정보는 배우자나 파트너 및 가족 구성원을 통해서도 얻을 수 있다.

추가적으로 평가 과정에서 초기에 임상적 문제가 될 수 있는 위험성 줄이는 부분을 고려해야 한다(Wincze, 2000). 위험성 줄이기는 두 가지 측면에서 다루어져야 한다. 첫째, 잠재적 희생자에 대한 위험을 줄여야 한다. 예를 들어, 피해를 입을 위험이 있는 아동이 있을 수 있다는 사실에 유념해야 한다. 경계를 설정하고 타인에게 위험이 될 수 있는 상황으로부터 내담자를 분리하는 것이 중요할 수 있다. 당신이 면허를 받은 주정부에서 규정한 구체적 의무사항이 있는 경우에는 그 규정에 따라 특정 조치를 취해야 할 것이다. 임상가는 서비스를 제공할 때 보고 의무에 대한 법률 및 제한 사항을 숙지해야 한다. 성욕을 줄이는 약리학적 개입도 고려할 필요가 있는데, 여기에 대해서는 다음에 설명하겠다.

두 번째, 내담자에 대한 위험을 줄여야 한다. 문제 행동 및 변태성욕이 밝혀진 경위에 따라 내담자는 우울, 자살사고, 자살의도를 보일 수 있다. 이들과 상담을 시작한지 얼마 안 된 초심 임상가인 경우에는 이 부분을 많이 간과하는 편이다. 초심 임상가들은 아동의 경우처럼 타인에게 해될 가능성에 주목하면서 변태성욕의 당사자가 스스로를 위험에 빠뜨릴 가능성을 간과할 수 있다. 자해의 위험은 반드시 평가되어야 한다.

치료

변태성욕을 호소하는 사람들에 대한 임상적 개입은 다각적 측면에서 이루어진다. 인지행동치료와 같은 개인심리적 개입과 집단 치료 및 정신약리학 등이 치료에서 활용될 수 있다. 최신 모델은 재발 방지보다는 **자기조절**을 강조한다.

심리학적 개입은 **인지행동적 접근** 위주로 이루어져 왔다(Wylie et al., 2008). CBT 초기 단계에서는 내담자에게 자신의 생각, 감정, 행동에 대한 일지를 작성하도록 한다. 꾸준한 일지 작성을 통해 내담자의 현재 생각, 감정, 행동에 대한 초기 기준치를 얻을 수 있으며, 이를 기준으로 하면 내담자의 변화를 평가하기가 용이하다. 일지 작성하기는 현재의 사고방식에 개입하려고 할 때에도 도움이 된다(Wincze, 2000).

초기 단계에서는 비디오, 잡지, 음란 물품 등 성적으로 자극이 되는 재료를 제거하고, 그러한 재료에 대한 접근을 제한한다. 이 단계를 내담자와 논의하면서 내담자가 성적인 자극 물품에 대한 접근 제한에 대해 감정이 있을 수 있음에 유념해야 한다. 이런 감정은 저항처럼 보일 수도 있지만, 포기해야 할 것을 걱정하고 두려워하는 내담자의 마음으로 개념화하여 이해할 수 있다. 그들은 본질적으로 여러 해 동안 자신에게 믿을 만한 친구 또는 파트너였던 행동 유형을 이제 포기해야 하는 것이다. 변태성욕이 그동안 내담자의 공허함을 채워 주었다는 사실에 비추어 볼 때, 그것을 치료하고자 하는 어떤 시도에 대해서도 내담자는 염려하는 마음이 생길 수 있다. 이런 내담자의 염려를 상담에서 다루도록 한다.

CBT 접근에서는 과거에 비전형적 성적 행동을 하도록 견인했던 무익한 생각을 확인하고 이에 대해 도전한다. 첫 단계에서는 내담자가 주어진 환경에서 행동화에 이르기까지의 생각을 기록하고 문서화하는 작업을 한다. 문제가 되는 생각은 주로 자신의 행동의 피해자가 될 수 있는 사람들에 대한 공감의 부재와 관련이 있다. 내담자는 타인을 관여시키지 않을 경우(모피 물품음란증의 경우)에 피해자를 인식하지 못하기도 하고, 상대방이 그 행위를 모른다고 인식하기도 하고(관음증), 피해자가 협조적이라고 여기기도 한다(소아성애적 행위를 하면서 아동이 '교육적 가치'를 가진 무언가를 '학습'하고 있다는 왜곡된 신념을 보임).

상담에서 왜곡된 생각에 도전하고 대안적 사고를 탐색해 볼 수 있다. 내담자의 과거력을 통해 내담자가 자신과 타인에 대한 관점을 어떻게 왜곡해 왔는지 이해하게 되면 보다 유익한 대안적 사고가 떠오를 수 있다. 내담자 자신과 타인에 대한 핵심 신념과 내담자를 둘러싼 세상과 성의 중요성에 대한 핵심 신념에 대해 통찰하는 것이 중요하다. CBT 접근에서는 타인의 경험에 대한 이해를 높이기 위해 일종의 피해자 공감 훈련을 실시하기도 한다. 그 일환으로 내담자는 자신의 비전형적 성행위로 한때 피해를 입은 사람들의 이야기를 읽기도 한다.

극치감 재조건화(또는 자위 행위 재훈련)는 극치감이 임박할 때 일탈적 공상을 적절한 성적 공상으로 바꾸도록 하는 것이다(McConaghy, 1993).

대안적 행동완료(alternative behavioral completion)는 우선 심상적 탈민감화를 활용하여 불안을 유발하는 성경험의 위계를 나열한 후 내담자가 상상 속에서 시나리오를 그리면서 그 장면에 대해 탈민감화되도록 유도하는 것이다. 그리고 상상으로 스크립트를 그려 보면서 적절한 대안적 행동을 하는 심상 훈련도 짝지어 수행하도록 한다(Maletzky, 2002; McConaghy, 1993).

다양한 형태로 시행되는 **혐오치료**는 오늘날 논란이 되고 있다. 고전적 조건화 모델에 기반한 혐오치료는 전기 충격, 불쾌한 냄새 또는 내재적 민감화(일탈 행동을 시각화한 후 그와 같은 행동을 한 것에 대한 혐오 결과를 시각화한다)를 활용할 수 있다.

집단치료는 성범죄자들의 치료에 자주 활용된다. 집단치료를 하면 내담자는 집단 구성원이 함께 지켜보는 상황 속에서 책임감을 더 가질 수 있고, 사회적 기술을 익히고 연습할 수 있다. 집단치료는 개인 행동치료 및 약물학적 개입과 함께 제공되는 편이다.

일반적으로 사용되는 CBT 접근은 주로 효과 유지와 재발 방지에 활용되며, 우울, 불안 등의 공병문제를 다루기도 한다. CBT 접근을 집단치료와 성욕을 낮추는 약물(메드록시프로게스테론 아세테이트와 시프로테론 아세테이트 같은 항 남성호르몬 물질)을 접목하여 실시할 수도 있다(Wylie et al., 2008). 선택적 세로토닌 재흡수 억제제는 “리비도의 감소, 사정문제, 극치감 장애”(p. 123)에 관여하는 세로토닌의 활동성을 높여 준다. 이러한 약물은 성적 욕구와 성적 흥분을 줄이는 데 효과적일 수 있다. 약물 중단은 재발에 기여할 수 있기 때문에 약물치료를 한동안 유지할 필요가 있다(Wincze, 2000).

자기조절 접근

최신 모델은 자기조절 접근에 기반한다. 이 모델은 비전형적인 성적 관심을 호소하는 내담자들의 변화 가능성에 대해 긍정적 관점을 취한다. 이 모델은 주로 성범죄자와의 작업 경험에 기초하여 개발되었으며(Marshall et al., 2011), 재발문제를 다루는 데 있어서 CBT 모델의 계승자로 여겨진다(Laws & O'Donohue, 2008).

예를 들어, **좋은 삶 모델**(Good Lives Model)은 일반적인 임상 장면에서 효과적였던 개입으로 구성되며, 긍정심리학에 기초한다. 이 모델은 범죄자도 한편으로는 좋은 삶을 원한다는 것을 가정한다. 즉, 그들도 이 영역에서 문제를 가지고 있지 않은 사람들과 다르지 않다는 것이다. 좋은 삶 모델은 그들이 영위하고자 하는 삶을 확인하고, 그러한 목적을 성취하기 위해 필요한 단계를 찾아가는 데 효과적인 방법을 제시한다.

긍정심리학의 적용에 있어서 제임스 하벤(James Haaven)은 '옛 나(old me)'와 '새로운 나(new me)'를 언급하였는데, 내담자로 하여금 무엇 때문에 범행에 이르게 되었는지, 그들이 책임을 져야 할 과거의 선택은 무엇이었는지를 탐색하게 한다(옛 나). 그리고 자신의 강점에 근거하여 미래를 계획해 보도록 한다(새로운 나; Marshall et al., 2011).

동기강화상담도 변태성욕으로 치료 받고 있는 사람들과 작업할 때 자주 사용된다. 이러한 종류의 면담은 임상가와 내담자 사이에 협력적 분위기를 구축하고, 통찰을 촉진하여 사건에 대한 현실적 평가 및 그들이 처한 상황을 고려하여 치료의 다음 단계로 이행하는 데 도움을 준다. 이때 임상가는 내담자가 이 주제에 대해 아는 것과 알지 못하는 것에 대해 요약해 줄 뿐 심리교육을 하지는 않는다. 이 방법은 "책임감에 대한 초대"(p. 23)로 불리며, 내담자를 자신의 행동에 대한 책임감을 갖는 내러티브(과거, 현재, 미래)로 인도한다.

자기조절 및 긍정심리학의 강조와 함께 최근 치료 프로그램에서는 범행을 예측해 주는 범행유발 요인, 즉 '기능적 결핍'을 확인하고 이것을 개입의 초점으로 삼는다(Marshall et al., 2011, p. 10). 기능적 결핍에는 태도, 신념, 자기조절 문제, 관계성 결핍 및 성 문제가 포함된다.

태도와 신념

태도와 신념은 광범위하다. 여기에는 반사회적 성격 특징 및 태도와 같은 적대적인 신념뿐만 아니라 재발할 위험이 낮다고 보는 생각이나 신념도 포함된다(Marshall et al., 2011). 성학대가 아동에게 교육적 가치를 갖는다거나 진정한 상호 애정의 반영이라고 보는 등 아동 학대를 지지하는 신념도 문제가 된다.

자기조절 문제

자기조절 문제는 복잡하며 광범위하다. 빈약한 행동 조절, 대처 및 문제 해결 관련 어려움, 정서 조절 어려움 등이 자기조절 문제가 된다(Marshall et al., 2011). 앞서 논의한 원인에 대한 통합 모델(Ward & Beech, 2008)에 따르면, 두 가지 신경심리학적 체계가 다양한 자기조절 결핍에 관여한다. 개인의 **동기적/정서적 체계**와 연결된 자기조절 문제는 감정의 문제로 이어질 수 있으며, **행동 선택/통제 체계**와 관련된 문제는 충동성 문제로 나타날 수 있다. 임상가는 치료 과정에서 두 경우 모두에 대한 내담자의 자기조절을 다루면서 부정적 정서 및 충동성을 다루는 작업을 하게 된다.

관계성 결핍

관계문제에는 타인과 친밀감을 형성하고 유지하는 것에 대한 어려움, 정서적 외로움, 관계 기술의 결핍이 포함된다(Marshall et al., 2011). 워드와 비치(Ward & Beech, 2008)의 통합 모델에서는 동기적/정서적 체계, 즉 변연계, 대뇌피질, 뇌간의 구조에 대해서 설명한다. 이러한 뇌영역에서의 문제는 제한된 범위의 목표 결여, 자신의 감정 상태에 대한 파악의 어려움, 대인관계를 형성하고 유지하는 기술의 부족으로 나타난다.

성문제

성문제는 성과 성기능에 대한 지식의 부족에서부터 비전형적인 변태성욕 취향과 태도까지 광범위하다. 비전형적인 변태성욕 취향과 태도 이면에는 성적 특권의식("나는 이런 성행동을 할 권리가 있어.")과 성에 대한 집착(성에 대한 지속적인 생각이나 공상)이 깔려 있다(Marshall et al., 2011).

행동과 태도를 다루고 발전시켜 가면 재범에 대한 위험 요인과 기능의 결핍을 해결해 갈 수 있을 것으로 기대된다.

추가적인 자기조절 전략

최신 모델들은 기능적 결핍보다 더 많은 것을 다룬다. 최신 모델에서는 자존감도 다루고 수치심을 줄이기 위한 작업도 한다. 자기가치감을 쌓는 것은 개인적 수치심을 다루는 하나의 방안이 된다. 예를 들어, **록우드 프로그램**(Rockwood Program)에서는 변태성욕이 있는 사람에게서 긍정적인 특징을 찾은 것을 강조하였다. 이 프로그램에서는 기본적으로 사람과 행동을 구별한다. 긍정적인 특징으로 충성심이나 선한 직업윤리 같은 것이 있다. 자존감에 대해서도 비슷한 관점에서 작업하며, 대처 및 기분 관리와 공감도 비중 있게 다룬다.

대처 및 기분 관리를 위해서는 문제 해결 기술과 자기주장 기술을 익히도록 한다. 유머의 적절한 사용도 치료의 일부가 될 수 있다.

공감은 자기조절 전략에서 중요하다. 대부분의 공감 훈련에서처럼 내담자는 조망하기와 역할놀이를 통해 타인의 감정을 파악하는 것을 배운다. 그 후에 임상가는 내담자와 변태성욕 행동의 피해자가 경험할 수 있는 다양한 결과에 대해서 이야기를 나눈다.

마지막으로 자기관리는 최신 치료 접근들에서 사용하는 또 다른 전략이다. 이것은 앞서 언급한 '좋은 삶' 모델의 목표를 활용한다. 임상가와 내담자는 좋은 삶, 즉 다른 사람들이 그런 것처럼 내담자가 살고자 하는 삶을 반영하는 구체적인 목표를 찾아낸다. 그리고 그 목표를 달성하기 위한 구체적인 단계를 함께 작업해 간다.

회피 계획도 세운다. 어떤 면에서 이것은 고전적 재발 방지 계획과도 비슷해 보이지만, 가정과 실천에서 차이가 있다. 재발 방지 계획은 주로 재발 위험이 있는 사람에게 광범위한 상황과 행동 목록을 작성하는 식으로 수립된다. 강점 기반 모델에서는 특정 변태성욕의 특징에 기초하여 제한된 수의 상식적 전략을 찾아 준다. 예를 들어, 소아성애증을 호소하는 내담자의 경우에 아동과 둘만 홀로 있는 상황을 만들지 않는 것이 자기관리 및 회피 계획에 포함된다. 동시에 임상가는 내담자와 함께 내담자의 삶을 증진시키는 목표를 찾기 위해 '접근 계획'을 찾아 발전시킨다 (Marshall et al., 2011, p. 158).

예방

변태성욕 관련 장애의 예방 분야에서는 그동안 별로 이루어진 게 없다. 특정 취약 영역에 맞춘 교육이 제안된 적은 있다. 예를 들어, 맥커너히(Mcconaghy, 1993)는 남성이 여아를 상대로 성적으로 흥분되는 경향이 있으면 해당 남성에게 이러한 경향성을 인지하도록 교육하고(학교와 미디어 프로그램을 통해 이미 이루어지고 있음), 상황을 피하도록 하거나 원치 않는 성적 끌림에 대처하는 기술을 가르쳐야 한다고 제안하였다. 맥커너히는 아동에 대한 첫 범행을 저지른 많은 사람이 "이전에는 자신이 그럴 수 있을지 몰랐는데 예상치 못한 기회에 흥분감에 휩싸여 범행을 저질렀다"고 보고하기 때문에 이 부분을 특히 중요하게 보았다(p. 362). 교육은 본질적으로 잠재적 범죄자가 일탈적인 성적 흥분을 조절하도록 돕는 것을 목표로 한다. 이러한 교육은 많은 비전형적인 성행위에 적용될 수 있다. 적절한 교육을 통해 예방적 기술을 익히면 비전형적인 성행위로 인한 낙인을 면할 수 있다.

재발 방지는 변태성욕에 대한 행동 개입이 특징적으로 나타나는 영역이다. 재발 방지를 위해 특정 대처 행동을 준비하도록 하고, 고위험 상황을 파악하고 회피하도록 한다. 또한 행동을 정당화하는 경향성이 있으면 재범의 위험이 높아지기 때문에 이들이 그런 경향성을 갖고 있는지 확인하고 행동화를 방지하는 노력도 필요하다.

인지행동치료 접근을 바탕으로 재발 방지 계획을 세울 수도 있다. 인지행동치료에 기반한 재발 방지 계획은 기본적으로 중독에 대한 말렛(Marlatt)의 접근을 각색한 것이다. 재발 방지 계획을 세울 때는 재발로 이어질 수 있는 자극에 노출되는 고위험 상황을 표적으로 삼는다. 재발 방지 계획에는 선호되나 건강하지 않은 성행위에 대한 건강하고 적응적인 대안을 발견하는 것도 포함된다. 또한 지지 체계, 즉 후원자나 믿을 만한 파트너를 통한 관계적 개입도 수반한다. 내담자는 재발 위험이 높아지면서 힘들다고 느낄 때 이들에게 연락할 수 있다. 재발 방지는 물질 남용 상담에서 볼 수 있는 '**절제 위반 효과**'도 다룬다. 이것은 한때 음주를 했던 사람이 조심하다가 갑자기 무너지는 경향성 같은 것이다. '**아무려면 어때**(what the hell)' **현상**이라고도 불리는데, 자기 자신에게 "난 이미 실수했어. 내가 또 선을 넘었다는 것을 인정하느니 차라리 _____을 즐기는 게 낫겠어"라고 말하는 것과 같다. 이런 생각을 하면 더 많은 시간을 자신에게 큰 쾌감을 주는 성행위에 투자하게 되어 이제껏 치료 과정에서 얻은 많은 치료적 효과가 약화된다.

자기조절과 강점 기반 접근에서는 그들의 개입을 '재발 방지'라는 틀로 제한하지 않지만, 앞서 언급한 회피 계획을 사용한다. 회피 계획에는 문제의 성격에 적합한 소수의 상식적 제안과 전략이 들어간다. 이러한 모델들은 좋은 삶 모델에서와 같이 목표를 찾아 추구하는 기본 원리를 반영한다(Marshall et al., 2011, p. 158).

맺음말

기독교인들이 변태성욕을 연구하려고 하면 수련 중인 학생들이 공부하기 꺼림칙해 하는 주제를 마주할 때와 같은 도전을 경험하게 된다. 많은 기독교인은 여기서 논의한 임상적 문제에 공감하기 힘들어 한다.

동시에 이러한 주제는 기독교인에게 많은 질문을 던진다. 예를 들어, 이러한 문제들 대부분이 비전형적이라고 했는데, 이것은 이 문제들이 흔하지 않거나, 사람들이 자주 행하는 것이 아니거나, 혹은 많은 사람이 행하는 것이 아니라는 의미일 수 있다. 통계적 수치를 근거로 일탈 행동을 정의하면 어떤 문제가 생길까? 즉, 대부분의 사람이 하는 행동에 대해 우리는 어떤 말을 할 수 있을까? 정신건강 분야는 주로 주관적인 고통과 기능에 근거하여 병리적이지 않은 성행위와 병리적인 성행위로 구분하는 방향으로 가고 있다. 이로 인해 우리는 변태성욕에 대한 적절한 개념적 모델을 찾는 데 실패하게 된다. 이 분야에서는 특정한 성행위가 일반적으로 사람들이 따르는 기준에 부합하지 않다는 것을 분명히 알려 주지만, 개념적 합의의 부족으로 인해 그 외에는 제공하는 바가 별로 없다. 정신건강 분야에는 도덕적 범주나 성 관련 윤리에 대한 언어가 부재하고, 우리에게는 대부분의 사람이 하는 것과 하지 않는 것 그리고 개인을 고통스럽게 할 수 있는 것에 대한 설명만 남아 있다. 이러한 개념적 진공상태는 문화적 맥락 안에 있는 사람들의 행동을 변화시킬 수 있다는 점에서 위험하다. 만약 더 많은 사람이 일련의 행동 유형을 보이면 어떻게 할 것인가? 그것이 전형적인 것이 되면 더 이상 정신건강문제가 아니라고 할 것인가? 이 문제를 사회문화적 관점에서 보면 성적 해방이 흥미로운 방향으로 나아가고 있다는 것을 알 수 있다.

우리가 살아가는 사회문화적 맥락에서 문화가 어떻게 비전형적인 행동을 병리화할 수 있는지에 대한 논의는 지속되고 있다. 예를 들어, 세토(Seto, 2008)는 성관계 동의연령에 대한 법이 사회(미국은 주마다 다르다)에 의해 제정되며, 문화적으로 상대적이라는 점을 지적하였다. 문화적 상대주의로 인해 역사적으로 게이, 레즈비언, 양성애자와 같은 특정 성소수자들을 사탄처럼 대하게 되었다고 주장하는 사람들도 있다. 로스와 오도노휴(Laws & O'Donohue, 2008)는 (하나의 운동으로) 성적 해방을 옹호하는 가장 최신의 집단은 소아성애를 선호하는 사람들이라고 언급하였다. 사람들과 집단들[예를 들어, 북미 남성/소년 사랑 연합, 르네 구욘 협회(Rene Guyon Society)]은 자신들의 주장을 지지할 만한 영향력 있는 성연구자들(예를 들어, 알프레드 킨제이, 존 머니)을 인용하였다(Laws & O'Donohue, 2008).

일반 대중이 소아성애에 대한 관점을 재검토하도록 하려면 기술적 언어 사용(예를 들어, '아동 성학대'보다는 '성인-아동 성관계')을 전략적으로 활용할 수 있다. 이러한 표현은 마치 아동이 성인과의 성관계에 동의할 역량이 있는 것처럼 암시하고, 아동에게 미치는 해에 대해 의문을 제기하고, 진단 매뉴얼에서 소아성애를 제거하려고 한다(Laws & O'Donohue, 2008).

비전형적 성행위를 보이는 사람들과 작업하기

비전형적인 성행위, 즉 떠올리면 역겹다고 느낄 수도 있지만 강력한 즐거움의 원천이었던 행위를 '포기하려는' 내담자를 공감하는 것이 당신에게는 어떤 식으로 도전이 될까? 이 장에서 우리는 노출증, 물품음란증(예를 들어, 다리, 모피), 소아성애를 포함한 변태성욕 분야를 논의했다. 이 주제에 대해 고민하는 것이 쉽지 않을 수 있다. 당신의 생각을 잘 조직화하여 일관성 있게 평가하고, 사례를 개념화하여 치료 계획을 수립하는 것은 더욱 어려울 수 있다. 아마 이 장에서 다룬 주제에 대한 당신의 반응을 다루다 보면 개인적 통찰과 성찰이 생겨나 이러한 사람들을 효과적으로 다룰 수 있는 능력이 증진될 수도 있을 것이다.

다음에 당신이 생각해 볼 만한 두 가지 질문이 있다.

- 비전형적인 성행위를 하고 있다고 밝히는 사람에게 당신은 어떻게 반응할 것 같은가?
- 상담에서 비전형적인 성행위를 호소하는 사람을 공감하고 그 사람과 치료적 관계를 형성할 자신의 능력에 대해 어떤 의문을 가지고 있는가?

일부 기독교인들은 이러한 논의가 '성해방 운동'의 연장선으로 종점 없는 비탈길과 같다고 볼 것이다. 다른 기독교인들은 현대의 정신건강 체계를 타락에 대한 추가 증거로 볼 것이다. 그들은 정신의학이나 심리학을 신뢰하지 않으며, 이러한 운동이 있나는 것을 자신들의 판단이 옳음을 지지해 주는 증거로 본다.

기독교적 관점에서는 모든 인간 경험에 대해 죄의 역할을 언급한다. 죄의 범위를 드러나는 행동만으로 제한할 필요는 없다. 우리의 타락한 상태, 사회의 타락한 구조, 함께 작업하는 내담자에게 미치는 죄의 영향에 대해서도 논의할 수 있다. 따라서 변태성욕이라는 주제에 대해 우리는 다음과 같이 질문할 수 있다. 죄는 변태성욕적 관심과 행위의 발현에 어떤 식으로 관여하는가? 만약 죄가 비전형적인 성행위에 영향을 미치는 동력으로 작용한다면 기독교인들은 다른 공병 요인(예를 들어, 우울, 불안, 결혼 스트레스)에 덧붙여 죄를 어떤 지점에서 다룰 것인가?

기독교 신앙을 가진 내담자의 동기 수준에 기여할 수 있는 것으로 어떤 것을 고려할 수 있을까? 우리는 앞서 개인의 동기 수준은 중요한 부분이어서 평가 과정에서 가늠할 필요가 있으며, 성공적인 치료에 기여한다고 언급했다. 동기에 대해 다룰 때, 기독교의 영적인 부분을 지속적 돌봄의 자원으로 활용하기에 앞서 하나님에 대한 내담자의 정서적 경험을 작업하게 되는 경우가 많다. 만약 내담자(그리고 좋은 의도를 가진 기독교인 임상가)가 조급한 자세로 이런 작업을 하게 되면 내담자는 기독교적 자원을 건강하지 못한 방식으로 경험하게 되어 수치심이 악화될 수 있다. 기독교인이면서 종교적인 요인을 통합한 치료 계획에 동의한 사람들을 치료할 때 기독교적 자원을 활용할 것을 권장한다. 상담에서 하나님의 이미지(개인이 정서적으로 경험한 하나님)를 다루고, 기도, 성경 읽기와 공부, 예배 공동체와 같은 기독교적 자원을 치료 목표를 저해하기보다는 촉진하는 방식으로 활용하게 되기를 바란다.

참고문헌

Abel, G. G., & Harlow, N. (2001). The Abel and Harlow child molestation prevention study. Excerpted from *The stop child molestation book*. Philadelphia: Xlibris. Retrieved from www.childmolestationprevention.org/pdfs/study.pdf

American Psychiatric Association. (2013). *Diagnostic and statistical manual of mental disorders* (5th ed.). Washington, DC: American Psychiatric Publishing.

Bartholomew, K., & Horowitz, L. (1991). Attachment styles among young adults: A test of a four-category model. *Journal of Personality and Social Psychology, 61,* 226-244.

Birchard, T. (2011). Sexual addiction and the paraphilias. *Sexual Addiction & Compulsion, 18*, 157-187.

Blanchard, R., Lykins, A. D., Wherrett, D., Kuban, M. E., Cantor, J. M., Blak, T., Dickey, R., & Klassen, P. E. (2009). Pedophilia, hebephilia and the DSM-V. *Archives of Sexual Behavior, 38,* 335-350. DOI: 10.1007/s10508-008-9399-9

Cantor, J. M., Blanchard, R., Christensen, B. K., Dickey, R., Klassen, P. E., Beckstead, A. L., Blak, T., & Kuban, M. E. (2004). Intelligence, memory, and handedness in pedophilia. *Neuropsychology, 18*(1), 3-14.

Cortoni, F. A., & Marshall, W. L. (2001). Sex as a coping strategy and its relationship to juvenile sexual history and intimacy in sexual offenders. *Sexual Abuse, 13*, 27-43.

Darcangelo, S. (2008). Fetishism: Psychopathology and theory. In D. R. Laws & W. T.

O'Donohue (Eds.), *Sexual deviance: Theory, assessment, and treatment* (2nd ed., pp. 108-118). New York: Guilford Press.

Davis, M. H. (1983). Measuring individual differences in empathy: Evidence for a multidimensional approach. *Journal of Personality and Social Psychology, 44,* 113-126.

Hall, R. C. W., & Hall, R. C. W. (2007). A profile of pedophilia: Definition, characteristics of offenders, recidivism, treatment outcomes, and forensic issues. *Mayo Clinic Proceedings, 82*(4), 457-471.

Hathaway, S., McKinley, J., & Butcher, J. (1990). Minnesota Multiphasic Personality Inventory.

Hucker, S. J. (2008). Sexual masochism: Psychopathology and theory. In D. R. Laws & W. T. O'Donohue (Eds.), *Sexual deviance: Theory, assessment, and treatment* (2nd ed., pp. 250-263). New York: Guilford Press.

Kaplan, M. S., & Krueger, R. B. (2012). Cognitive-behavioral treatment of the paraphilias. *Israel Journal of Psychiatry and Related Sciences, 49*(4), 291-296.

Lavin, M. (2008). Voyeurism: Psychopathology and theory. In D. R. Laws & W. T. O'Donohue (Eds.), *Sexual deviance: Theory, assessment, and treatment* (2nd ed., pp. 305-319). New York: Guilford Press.

Laws, D. R., & O'Donohue, W. T. (2008). Introduction. In D. R. Laws & W. T. O'Donohue (Eds.), *Sexual deviance: Theory, assessment, and treatment* (2nd ed., pp. 1-20). New York: Guilford Press.

Levine, S. B. (2010). What is sexual addiction? *Journal of Sex & Marital Therapy, 36,* 261-275.

Maletzky, B. M. (2002). The paraphilias: Research and treatment. In P. E. Nathan & J. M. Gorman (Eds.), *A guide to treatments that work* (pp. 525-558). New York: Oxford University Press.

Marshall, W. L., Marshall, L. E., Serran, G. A., & O'Brien, M. D. (2011). *Rehabilitating sexual offenders: A strength-based approach*. Washington, DC: American Psychological Association.

McConaghy, N. (1993). *Sexual behavior: Problems and management*. New York: Plenum.

Mills, J. F., & Kroner, D. G. (1999). *Measures of criminal attitudes and associates: User guide*. Bath, ON: Bath Institution.

Murphy, W. D., & Page, I. J. (2008). Exhibitionism: Psychopathology and theory. In D. R. Laws & W. T. O'Donohue (Eds.), *Sexual deviance: Theory, assessment, andtreatment* (2nd ed., pp. 61-75). New York: Guilford Press.

Nichols, H. R., & Molinder, I. (1984). *Multiphasic sex inventory*. Tacoma: Authors.

Selzer, M. L. (1971). The Michigan Alcoholism Screening Test (MAST): The quest for a new diagnostic instrument. *American Journal of Psychiatry, 127,* 1653–1658.

Seto, M. C. (2008). Pedophilia: Psychopathology and theory. In D. R. Laws & W. T. O'Donohue (Eds.), *Sexual deviance: Theory, assessment, and treatment* (2nd ed., pp. 164–182). New York: Guilford Press.

Ward, T., & Beech, A. R. (2008). An integrated theory of sexual offending. In D. R. Laws & W. T. O'Donohue (Eds.), *Sexual deviance: Theory, assessment, and treatment* (2nd ed., pp. 21–36). New York: Guilford Press.

Wincze, J. P. (2000). Assessment and treatment of atypical sexual behavior. In S. R. Leiblum & R. C. Rosen (Eds.), *Principles and practice of sex therapy* (3rd ed., pp. 449–470). New York: Guilford Press.

Wylie, K. R., Ng, E. M. L., Chambers, L., Ward-Davies, L., & Hickey, F. (2008). Sexual disorders, paraphilias, and gender dysphoria. *International Journal of Sexual Health, 20*(1–2), 109–132.

Yates, P. M., Hucker, S. J., & Kingston, D. A. (2008). Sexual sadism: Psychopathology and theory. In D. R. Laws & W. T. O'Donohue (Eds.), *Sexual deviance: Theory, assessment, and treatment* (2nd ed., pp. 213–230). New York: Guilford Press.

Young, J. E., & Brown, G. (2001). *Young schema questionnaire: Special edition.* New York: Schema Therapy Institute.

제11장
성중독

〈돈 주앙 테노리오(Don Juan Tenorio)〉는 스페인에서 가장 오래 공연된 연극이다. 이 연극은 스페인의 많은 극장에서 상영된 간판극으로, 한 세기 이상 매년 공연되어 왔다. 『돈 주앙 테노리오』는 1844년 호세 소리야(José Zorilla)가 돈 주앙에 대한 전설을 해석한 작품인데, 이것이 돈 주앙 전설에 대한 첫 번째 작품은 아니다. 사실 처음은 『돈 주앙 테노리오』보다 거의 200년 전에 출판된 작품인 티르소 데 몰리나(Tirso de Molia)의 『세비야의 난봉꾼과 석상의 초대(The Trickster of Seville and the Stone Guest)』일 것이다. 두 이야기는 악당이 젊은 여성을 유혹하지만 결국 악당은 그 여성의 아버지 유령에 의해 지옥에 끌려 간다는 내용이다. 어떻게 이런 이야기를 매해 기념하게 되었을까?

돈 주앙이즘(Don Juanism)은 오늘날 많은 전문가가 성중독이라고 부르는 현상에 대해 초기에 사용된 비전문 용어 중 하나였다(돈 주앙이 중독이라는 개념과 관련이 있는지는 명확하지 않지만, 돈 주앙은 스스로를 사탄 또는 악당이라고 표현하고는 했다). 오늘날 전문가들이 중독이라고 부르는 현상을 경험하는 사람들은 특정 행동 유형을 지속하고자 하는 욕구 때문에 갈등을 느껴 의지의 분열을 경험하기도 한다.

진단 매뉴얼은 한때 성적 일탈을 성격장애에 포함시켰지만(DSM-II, 1968), 중독이나 성욕 과다를 다루지는 않았다. 후에 변태성욕장애를 병리로 인정하는 움직임이 있었지만(DSM-III에서 '심리성적 장애'; APA, 1980, p. 283), 그때도 성중독은 여전히 진단 매뉴얼에 수록되지 않았다. 중독적 양상을 호소하는 사람들에게 서비스를 제공하는 임상가들 대부분은 성중독을 기존의 DSM 분류체계 내에서 달리 분류되지 않는 문제로 고려하는 것 같다.

1983년 콰들랜드(Quadland)는 우리가 여기서 논의하는 주제를 기술하기 위해 '**성적 강박증**'이라는 표현을 사용하였다. 강박적 성행위는 행동화하는 것을 통해 불안을 완화하거나 감소시키는 성격이 있다. 어떤 전문가들은 이 문제를 강박증으로 개념화하여 성적 관심이나 욕구의 고조보다는 불안 감소를 강조한다. 예를 들어, 콜맨(Coleman, 1987)처럼 이러한 관점을 가진 사람들은 이 문제를 강박적 특징, 즉 반복적인 행동을 하여 부정적 정동(예를 들어, 불안, 수치심; Kafka, 2010)을 줄이려는 시도로 이해한다.

오늘날 몇몇 학파는 여기서 우리가 다루는 것을 '**성중독**'이라고 부른다. 카프카(Kafka, 2000)는 성중독을 변태성욕 관련 장애로 개념화하면서 성중독이 변태적 특징을 가지고 있음을 암시하였다. 하지만 성중독 자체가 변태성욕은 아니다. 카프카는 변태성욕 관련 장애를 "문화적으로 정상적인 성적 흥분과 행위의 측면으로도 볼 수 있는 강렬하게 성적으로 흥분시키는 환상, 충동, 성적 행위"(p. 471)라고 정의하였다. 이러한 문제는 일반적으로 중독으로 개념화되기도 한다. 어떤 사람들에게 이것은 일종의 성 '추동'이며, 불안을 감소시키거나 대처에 도움을 주기 때문에 성중독 행동은 강화된다.

카프카는 성욕 과다의 개념에 대해 많은 글을 작성했는데, 이는 DSM 개정에 중요한 고려사항이 되었다. 그는 우리가 성중독이라고 부르는 것이 성적 욕구의 조절 문제의 일환으로, 식욕 조절의 문제로 고민하는 사람들의 경우와 비슷하다고 보기도 하였다(Kafka, 2010). 그러한 맥락에서 카프카는 다양한 개입 중에서도 세로토닌(도파민과 노르에피네프린과 함께)의 조절을 강조하였다.

칸스(Carnes, 2001, 2005)도 성중독 연구와 상담 분야의 권위자다. 그는 수년 동안에 성행위가 다양한 물질과 마찬가지로 중독적일 수 있다고 주장하였다. 그의 모델에 대해서는 나중에 보다 자세히 소개할 것이다. 여기서는 칸스가 중독 체계에 특히 중요한 영향을 미치는 핵심 신념을 확인하였다는 것만 언급하겠다. 이 신념으로 인해 부적응적이거나 손상된 사고가 생겨나 몰두나 집착, 의식, 행동화, 그로 인한 부정적인 정서로 이어지는 중독의 순환이 생겨나게 된다.

하지만 이 용어들 중 어느 것도 DSM에 수록되지 않았다. '성욕 과다 장애'와 '성중독'이라는 언어는 DSM 개정 위원회에서 거절되었다. 그 이유 중 일부는 성행위의 양상이 물질 중독과 비슷하다는 증거가 불충분하다고 보았기 때문이다.

많은 임상가는 성중독, 강박적 성 또는 성욕 과다로 개념화될 수 있는 문제를 호소하는 사람들에게 서비스를 제공해 왔다. 성중독의 일반적인 증상으로는 어떤 것이 있을까? 음란물, 강박적 자위 행위, 난잡한 성행위, 퇴폐 안마 시술, 매춘, 불륜(또는 강박적 관계) 및 사이버섹스나 섹스 채팅방과 같은 인터넷을 기반으로 한 성행위가 포함될 수 있다. 이러한 행위의 정확한 유병률을 알아내기는 어렵다. 칸스는 약 3~8%의 사람이 실제로 음란물에 중독된 것으로 예측하였다. 임상 집단(성 관련 클리닉을 찾는 사람들)의 절반 가량은 음란물 중독에 해당할 것으로 추정하였다(Kafka, 2010). 강박적 자위는 임상 집단의 약 70%에 의해 보고되었다(Kafka, 2010). '길들여진' 문란함이라고도 불리는 난잡한 성행위는 임상 집단의 절반 정도에 의해 보고되었다. 폰섹스와 사이버섹스는 임상 집단에서 각각 약 25%와 20%로 보고되었다(Kafka, 2010).

전문가들(Ferree, 2010; Ferree, Hudson, Katehakis, McDaniel, & Valenti-Anderson, 2012)은 성별에 따라 성관계와 성중독의 양상이 다르게 나타난다고 설명하였다. 여성은 남성보다 스스로가 성중독이 있다고 판단할 가능성이 훨씬 적다. 그들은 더 다양한 증상을 호소하는 편인데, 건강하지 않은 관계문제, 인정 욕구와 경계문제 등을 언급하거나 의존 양상 또는 피해자 역할과 같은 문제를 호소할 수도 있다(McDaniel & Valenti-Anderson, 2012, p. 41).

어떤 여성들은 많은 남성과 마찬가지로 음란물에 대한 고전적 중독문제를 호소한다. 페리(Ferree, 2010)에 따르면, 음란물 웹사이트 방문자 중 4분의 1에서 3분의 1은 여성이라고 한다. 관계 중독자 또는 애정 중독자로 불리며, 특히 건강하지 않을 수 있는 관계에 끌리는 여성들도 있다. 페리(Ferree, 2010)는, "기혼이든 미혼이든 상관없이 반복적으로 외도를 하거나 다중관계를 맺는 여성이 있다. 그녀가 맺는 관계는 때로는 순차적이며(빠르게 하나씩 번갈아 나타남), 때로는 동시다발적이다"(pp. 57-58)라고 설명한다.

또 다른 부류의 연애 중독자들이 있다. 그들은 초반의 연애 감정에 끌린다. 이 감정은 시간이 지나면서 장기적이고 지속적인 관계로 발전하면서 사라진다. 이들은 새로운 연애에서 느끼는 감정을 추구하거나, 현실을 망각할 정도로 낭만적 환상이

녹아 있는 연애 소설이나 영화에 끌린다(이런 사람들은 환상 중독자로 볼 수 있다).

페리(Ferree, 2010; Carnes et al., 2007과 비교)는 **성적 거식증자**라는 용어로 설명할 수 있는 경험에 대해 논의하였다. 이 용어는 연애관계에서의 친밀감에 대한 심각한 두려움을 갖는 사람을 지칭한다. 이 여성들은(혹은 같은 문제를 가진 남성들은) 결혼 생활에서 진정한 친밀감에 굶주려 있어서 혼외의 누군가를 만나 성행위를 한다. 여성 성중독의 다른 버전도 있는데, 관심이 있는 독자는 페리(Ferree, 2010, 2012)의 글이나 다른 연구들(예를 들어, Campling & Vermeire, 2012; McDaniel & Valenti-Anderson, 2012)을 참고하기 바란다.

병인론

성중독이 다양한 양상으로 나타나는 만큼 성중독의 원인을 정확히 찾아내는 것은 당연히 어려울 수 있다. 여기서 등결과성의 원리가 중요하다. 즉, 종점까지 다양한 도로가 있다는 것이다. 앞서 살펴본 것처럼, 남성이나 여성에게 성중독이 나타나기까지의 경로는 다양할 수 있다. 사메노우(Samenow, 2010, pp. 70-75)가 개관한 내용은 다음과 같이 요약된다.

생물학적 선행사건

생물학적 요인은 중독에 대한 연구에서 많은 관심을 받아 왔다. 지속적인 중독 행동은 뇌의 쾌락 중추에 변화를 일으킨다. 이때 뇌의 변화 양상은 물질 남용에서 시간 경과에 따라 나타나는 변화와 다르지 않다(Struthers, 2009).

그렇다면 성중독의 원인에 기여하는 생물학은 무엇일까? 생물학적 선행사건에 대한 연구는 주로 분자, 유전, 신체 질환 및 물질을 중심으로 이루어진다(Samenow, 2010). 중독에 대한 분자의 영향은 다른 중독 문제, 동물 연구, 뇌손상을 입은 사람, 신경 촬영 연구 및 사람들이 약물치료에 반응하는 양상에 대한 연구에서 확인되고 있다.

유명한 슈타인(Stein, 2008)의 충동 조절에 대한 **ABC 모델**은 성중독에도 적용된다. 슈타인에 따르면, 편도체(amygdala, A)는 정서적/정동적 조절문제에 기여하며, 행동적(behavioral, B) 강화는 측좌핵과 복부 선조체 회로에서 확인된다. 이에 따라 전전두엽에서 인지적(cognitive, C) 조절이 감소한다(Samenow, 2010). 사메노우에 따르면, "성욕 과다장애는 스트레스에 의해 촉발되는 정동장애에서 높은 비율로 관찰되는 현상이며, 성행위에 몰입하고 그 행위에서 보상을 받으며, 부정적인 결과에도 불구하고 행위를 지속하는 특징이 있다"(p. 71).

변태성욕에 대한 **'모노민 가설'**은 성중독까지 적용된다(Samenow, 2010; Kafka, 2010과 비교). 이 모델은 세로토닌, 노르에피네프린, 도파민과 같은 다양한 모노민 전달물질이 어떻게 성호르몬과 상호작용하여 성적 관심과 성행위에 영향을 미치는지를 설명한다. 적어도 다양한 동물 모델을 통해 이러한 가설을 확인하고 있다.

가족, 입양, 쌍둥이 연구와 같은 유전 연구는 아직 수행되지 않고 있다(Samenow, 2010). 물론 환경과 모델링이 성중독 행동에 영향을 미치는 부분도 있겠지만, 성중독에는 가족력이 주로 관여하는 것으로 본다(Kafka, 2010).

신체 질병에 대한 연구에 따르면, 성중독은 외상적 뇌손상(Traumatic Brain Injury: TBI), 시상 발작, 양극성장애, 알츠하이머 질환, 클레인-레빈 증후군을 가진 사람 사이에서도 확인할 수 있다(Samenow, 2010). 이런 연구들은 성행동에 영향을 미치는 뇌의 영역에 대한 후속 연구에서 설정할 수 있는 가설은 제공하지만, 병인에 대해서는 제대로 설명하지 못하고 있다.

정신약리학 연구도 중독에 대한 생물학적 접근을 지지한다(Kafka, 2010). 예를 들어, 뇌의 도파민을 증가시키는 물질은 성행위를 증가시키며, 세로토닌 재흡수 억제제는 성욕을 낮추는 것으로 확인되었다(Samenow, 2010).

앞서 언급한 내용을 요약하면, 성중독을 생물학적 입장에서 포괄적으로 설명하는 주류 연구는 없다고 볼 수 있다. 하지만 여러 연구는 기질 및 성격의 차이점을 반영하는 성적 행동화에 대한 간접적인 생물학적 경로의 가능성을 제시하고 있으며, 이러한 설명들은 성중독 증상을 보이는 특정 인물에게 적용될 수 있다.

심리학적 이론

심리학적 모델에서는 주로 신체적 또는 성 학대 과거력, 애착문제, 부적절한 성적 자극(예를 들어, 음란물)에 대한 조기 노출, 조기 첫 성경험, 성적 표현 및 친밀감에 대한 경직된 태도를 지적한다(Kafka, 2000; Marcus, 2010).

아동기에 신체적 학대 혹은 성 학대를 경험한 사람 대부분은 성욕 과다나 성중독을 보고하지 않는다. 하지만 중독문제를 경험하는 사람 중에 상대적으로 높은 비율의 사람이 신체적 학대 혹은 성 학대 과거력을 보고하였다(Carnes, 2005). 칸스에 따르면, "다양한 형태로 나타나는 중독은 불안과 외상 스트레스에 대한 해소 방법이 된다"(p. 1). 전문가들은 초기 외상과 성중독 사이의 관계를 설명하려고 시도해 왔으나, 여전히 이들의 관계를 설명하기는 어렵다. 어떤 사람들은 해결되지 않은 외상 때문에 각성 반응을 경험하며, 다른 사람들은 폭력이나 위협을 통해 쾌락을 추구한다. 또 다른 사람들은 수치심, 건강하지 않은 애착, 또는 외상 관련 마비/차단 반응을 경험한다(Carnes, 2005). 임상적 목적을 위해 임상 면담이나 성생활 과거력을 탐색할 때 신체적 외상과 성적 외상에 대해 묻는 것이 유용할 수 있다.

애착 이론과 관련하여 최근 발전된 감정 신경과학 분야의 연구들을 살펴보면 그 결과가 흥미롭다. **감정 신경과학**은 심리학적 이론을 신경학 및 관련 분야에 접목한 학문이다. 애착 이론의 관점에서 보면, 성중독은 "손상된 초기 애착 경험에 뿌리를 둔 친밀감 장애"다(Adams & Robinson, 2001, p. 23). '만성적 정서 단절'과 같은 아동기의 애착문제가 중독자의 아동기와 가족관계에서 특징적으로 나타나는 경우가 많은데, 이것이 성욕 과다에 기여한다(Katehakis, 2009, p. 2). **회피 애착**은 음란물의 사용과 같이 정서나 애정이 결핍된 성 관련 사건에 대한 선행요인일 수 있다(Samenow, 2000). 마찬가지로 **불안 애착**은 여러 명의 파트너 경험으로 이어질 수 있는 정서적 결핍에 영향을 미친다.

이중 통제 모델이라고 불리는 심리학적 이론도 있다. 그 이론은 성중독에 대한 신경생물학적 차원을 인정하며, "우울과 불안 같은 부정적인 정서와 난잡한 성행위 및 자위 사이에 관련성이 시사된다"고 주장하였다(Samenow, 2010, p. 73). 성욕 과다로 고민하는 사람들의 반응은 성중독 문제 없이 우울이나 불안을 경험하는 사람들이 욕구 감소를 경험하는 것과 반대로 불쾌감에 대해 반응한다.

인지행동 이론은 치료에 널리 사용되는 접근으로, 성중독자들이 기본적으로 가지고 있는 자신, 세계, 성관계 등에 대한 핵심 신념을 강조한다. "나의 성욕을 아는 사람은 아무도 나를 사랑하지 않을 거야"와 같이 왜곡된 핵심 신념 때문에 존재의 근간이 흔들리면 행동화를 촉진하는 비합리적인 사고가 따라올 수 있다. 예를 들어, 의미 축소("내가 겪는 문제는 나의 직장 동료가 겪는 것에 비하면 아무것도 아니야.")와 합리화("아내가 내 욕구를 채워 주지 않으면 다른 곳에서 채워야 해.")가 흔하게 나타난다. 물론 중독 행위가 뇌의 쾌락 중추를 자극하기 때문에 매우 강화될 수 있다는 점에서 고전적 조건형성의 원리도 작용한다.

사회문화적 고려사항

성중독의 원인으로 수많은 사회문화적 요인이 검토된다. 특정 이론을 지지하는 잘 설계된 연구는 상대적으로 적은 편이지만, 원가족(양육), 성교육, 인터넷 접근성과 음란물 사이트의 편재, 근본주의적인 종교적 신념, 가난이나 실업과 같은 사회경제적 문제 등이 다루어지고 있다(Samenow, 2010). 이 중 세 가지 정도를 논의해 보고자 한다.

원가족과 양육의 측면에서 가장 흥미로운 영역은 부모-자녀 관계의 성격, 부모의 방임과 아동의 조기 성애화 측면이다(Samewnow, 2010; Ferree, 2012의 제2장에서도 이러한 주제를 다루는 데 이와 비교하라).

종교적 신념의 측면에서 주요 초점이 되는 것은 **근본주의적인 신념**이다. 이러한 신념은 성에 대해 부정적인 관점을 제공하기 때문에 사람들이 자신의 성 및 성적 관심을 편안하게 수용하도록 도와주지 못한다. 수용 받지 못한 감정은 '샛길'로 나와 왜곡되거나 건강하지 않은 방식의 행동과 관심으로 다양하게 표출된다.

아무도 인터넷 자체가 성중독의 직접적 원인이라고 인식하지는 않는다. 하지만 사회문화적 영향의 관점에서 보면, 인터넷을 통해 노골적인 자극물에 쉽게 접근할 수 있어서 이전에는 거의 노출 경험을 하지 않았던 많은 사람에게 그러한 자극물에 대한 출입로를 제공하고 있다. 인터넷 접속은 치료 과정이나 치료 효과의 유지에도 악영향을 미칠 수 있는데, 이에 대해서는 환경 관리의 측면에서 더 논의할 필요가 있다.

영적 고려사항

관련 논의에서 영적 고려사항으로 플랜팅가(Plantinga, 1995)는 죄와 중독의 공통분모에 대해 언급하였다. "중독은 죄를 내포하는 경향이 있다. 다른 말로 하면…… 어떤 죄는 중독 증상으로 나타난다"(p. 144). 그는 죄와 중독의 공통분모에 대해 다음과 같은 항목을 나열하였다.

1. 쾌락적임. 그로 인한 습관형성적 행동이 반복됨. 내성이 생기면서 욕구 증가를 동반함.
2. 그러한 행위 이후에 금단 증상 및 자기비난을 포함한 불쾌감을 경험함.
3. 행위의 감소나 중단을 결심하지만, 재발이 뒤따름. 그에 대해 죄책감, 수치심,

괴로움을 경험함.

4. 이러한 고통을 새로운 중독적 행위(또는 동반자 중독)로 완화하려고 시도함.
5. 일이나 관계가 악화됨. 부인, 망상, 자기기만을 포함한 인지장애를 동반함.
6. 중독이 진행되면서 서서히 집착이 심해지고, 강박적 집착을 보이게 됨.
7. 중독 행위의 강박성: 개인의 의지가 적어도 부분적으로 분열되고, 약화되고, 노예화됨.
8. 일차적인 중독을 지지하고 가능하게 한 사람들을 중독의 망으로 끌어들이는 경향이 있음(p. 145).

이러한 항목들을 검토하다 보면 기독교인은 죄를 내적 갈등과 혼란의 상태로 본다는 것을 알 수 있다. 중독에 대해서도 마찬가지다.

기독교인은 성행위의 중독적 양상이 우리의 타락한 상태로 인해 가능하다고 본다. 성중독 문제는 그 자체로 음란한 것일 수도 있고, 하나님이 허락하신 성적 친밀감의 목적과 가능성에 도달하지 못한 상태일 수도 있다(Luaser, 2004).

요약

종합하면 성중독의 병인론에 대한 하나의 합의된 모델은 없다. 생물심리사회적 관점에서 아직은 생물학적 선행사건이 충분히 설명되지는 않았지만, 애착 및 관련 요인을 함께 고려할 수는 있다. 중독 행위 자체가 매우 강화적인 요인으로 역할을 하는데, 이 부분은 인지행동적 이론 및 뇌에 대한 신경생물학적 이해와 일관성을 갖는다. 사회문화적 맥락도 성중독에 기여하는 바가 있으며, 이 부분도 사례개념화 및 치료 계획 단계에서 평가되어야 한다.

임상적 양상과 평가

존(42)은 상담에 와서 PTSD 증상을 동반한 기분 부전 및 물질 의존(완전 관해), 그리고 성중독 과거력을 꺼내 놓았다. 그는 4년간 결혼 생활을 했는데, 결혼 3년 차부터 문제가 시작되었다고 보고했다. 배우자와 함께할 때 그는 '기능 불능'이었다. 존은 음란물에 대한 성중독, 강박적 자위(1년간 평균 하루 2회라고 보고함),

행동화를 '하지 않으면 안 될 것 같은' 기분 때문에 고심해 왔다. 아내에게 분노를 표현하기 위해 아내에 '대항한' 발기부전을 경험하기도 했다. 아내는 그가 언제 자위를 하는지 알고 있었으며, 그럴 때 성관계를 요구했다. 아내 입장에서는 그때가 아니면 그가 성적으로 기능하지 못할 것으로 보였기 때문이다.

존은 혼합가정에서 이복 누나 및 남동생과 함께 자랐다. 그는 보육시설에서 성 학대를 경험한 것으로 믿고 있다. 또래와 다툰 적도 있다. 15세가 되기 전까지 그는 고립과 폭력 성향이 있었다. 십대 시절(15~23세)에 그는 스스로를 고립시켰으며, 폭력적이었고, 또래와 싸웠고, 음란물을 사용하면서 성적 공상을 했고, 자기파괴적 행동(알코올과 마약)을 하였다.

존은 마약상에게 성교육을 받았는데, 마약상은 존의 십대 후반 기간에 도덕적 잣대가 되어 주었다. 마약상은 그에게 두 가지 충고를 하였다. "여성이 많은 돈을 가지고 있을 필요는 없지만, 너보다는 많아야 된다" 그리고 "사랑에 빠지지 마라" 였다.

우리는 존 같은 사례에 유념하면서 평가에 대한 논의를 진행하고자 한다.

훅과 그의 동료들(Hook et al., 2010)은 성중독 척도를 종합적으로 개관하면서 성중독 척도로 자기보고 평정 척도(예를 들어, 질병 스크리닝 질문지의 성중독 척도; Carter & Riuz, 1996), 자기보고 점검 목록(예를 들어, 성중독 스크리닝 검사; Carnes, 1989), 임상 평정 척도 같은 몇 가지 도구를 확인하였다. 강박적 성행위 결과 척도와 같은 성행위 결과에 대한 자기보고 척도도 있다(Muench et al., 2007). 성욕 과다 행동 목록(Reid, Garos, & Carpenter, 2011)은 이 분야에서 표준적으로 사용되는 척도다. 포괄적 성의존 목록도 진단적 시금석으로 고려되는데, 이것은 자격을 갖춘 성중독 치료사만 사용할 수 있는 목록이다.

자기보고 평정 척도는 손쉽게 시행할 수 있으며, 치료를 받는 개인이 스스로를 어떻게 보는지에 대한 어느 정도의 정보를 제공해 준다는 장점이 있다. 물론 사람들이 자기보고 평정 척도에서 자신에 대해 보고하는 것이 솔직하지 않을 수도 있는데, 그 부분은 고려사항이 된다.

임상가 평정 척도도 장점이 있다(Hook et al., 2007). 평정 척도가 보다 객관적인 증상 발현에 초점을 두기 때문에 전반적으로 객관적인 편이며, 임상가가 척도를 시행하기 때문에 내담자가 솔직하지 못할 수 있는 위험성을 줄일 수 있다. 임상가가 내담자에게 혼란스러운 문항이나 표현에 대해 설명해 줄 수도 있다. 임상가에 의한 면담과 평정 척도는 자가 평정 척도나 점검 목록보다 시간이 많이 든다는 단점이 있다.

성중독과 직접적으로 관련이 있는 자기보고 및 임상가 평정 척도와 더불어 애착 평가 도구도 활용할 수 있다. 성인 애착 검사가 주로 사용된다(George, Kaplan & Main, 1996; 다양한 성인 애착 척도를 검토하고자 한다면 Shaver, Belsky, & Brennan, 2000 참조).

특정한 자기보고 평정 척도나 임상가 평정 척도의 사용 여부와 상관없이 표준 임상 면담을 하고 성생활 과거력을 확인하는 절차를 밟는 것은 도움이 될 수 있다. 성생활 과거력을 탐색할 때 일반적인 성생활 과거력을 검토한 후 성문제 과거력(구체적 성문제 또는 중독 양상에 대한 과거력)을 자세히 탐색하는 것이 효과적이다.

카프카(Kafka, 2007)는 중독 수준을 보여 주는 행위를 잘 찾아내기 위해 다음의 평가 질문을 제공하였다. 이러한 측면의 평가는 통제되지 않는 행위에 대한 증거로 사용될 수 있다.

- 당신은 성행위를 통제하는 데 반복적인 어려움을 경험한 적이 있습니까?
- 당신의 성행위가 지속적으로 개인적 고통을 야기하거나 관계의 상실, 법적인 문제, 직업 관련 문제, 성병이나 원치 않는 임신 등의 의학적 문제와 같은 심각한 결과를 초래한 적이 있는가?
- 비밀로 해야 한다고 느끼거나 수치심을 느꼈던 성행위를 반복한 적이 있는가?
- 너무 많은 시간을 성적인 공상, 자위 또는 기타 성행위를 하는 데 보낸다고 느껴서 괴로웠던 적이 있는가?
- 당신은 성적 욕구가 높다고 느낀 적이 있는가? 예를 들어, 청소년기 이래로 적어도 6개월 동안에 한 주에 7번 이상 성관계를 시도해 본 적이 있는가? 그게 언제였는가? 그런 경험이 6개월 이상 지속되었는가(Kafka, 2007, p. 452)?

질문의 목적은 성행위의 범위를 결정하는 데 있다. 많은 임상가는 칸스의 제안에 따라 개인이 자각하고 있고 과거에 실제 행동화로 이어졌던 예측 가능한 일련의 사건(의식)을 중독 주기로 개념화한다. 바람직한 평가는 그 순서를 확인하면서 시작되며, 이를 통해 임상가는 내담자가 특정 행동에 집착하는 독특한 강박과 그 집착의 정도를 효과적으로 파악할 수 있는 경우가 많다. 강박과 집착을 이해하면 임상가는 내담자의 사고 과정에 접근할 수 있게 된다.

성중독 문제를 호소하는 사람들은 일반적으로 일종의 위기 직후에 치료에 입문한다는 사실에 유념하기 바란다. 내담자는 음란물을 보면서 자위를 하는 등의 성행위를 하다가 배우자나 자녀들에게 들켰을 수도 있고, 직장에서 문제가 되어서 고용주에 의해 치료에 의뢰되었을 수도 있다. 내담자가 경찰에 체포되어서 의뢰되었을 가능성도 있다.

평가에서는 개인의 **중독 체계**에 대한 이해도 이루어져야 한다. 이 용어는 칸스(Carnes, 2001)에게서 나온 것이다. 칸스는 중독문제로 씨름하는 사람의 경험을 이해하는 데 널리 사용될 수 있는 모델을 제안하였다. 중독 체계는 개인의 핵심 신념 체계에서 시작된다. 개인의 마음 깊숙이 자리잡고 있는 핵심 신념은 가족 메시지나 개인의 가치에 대한 신념이나 가정, 개인의 필요와 경험, 무엇보다도 그의 삶에서 성이 차지하는 위치, 가치, 역할에 대한 개인의 이해와 관련이 있다. 우리는 중독문제를 겪고 있는 사람이 낮은 자존감을 가지고 있다는 사실을 자주 확인하게 된다. 개인은 **수치심**, 즉 자신에게 근본적으로 잘못된 무언가가 있다는 감각을 경험할 때가 많다. 그리고 다른 사람이 그의 중독문제를 포함하여 정말로 그를 안다면, 자신을 사랑하거나 수용하지 않을 것이라고 느낀다(Carnes, 2001; Lasser, 2004, McDaniel & Valenti-Anderson, 2012와 비교하라). 시간이 지나면서 성은 신실한 친구가 된다. 성은 언제나 그가 필요로 할 때 함께 있어 준다. 이 영역에서 씨름하는 사람에게 성은 그 사람의 시간을 요구하지 않는다. 그를 비난하지도 않는다. 결국 성은 그에게 가장 필요한 동반자가 되고, 정서적 고립감을 견딜 만한 것으로 만들어 준다(Carnes, 2001).

> 일반적으로 중독자는 자신을 가치 있는 사람으로 여기지 않는다. 그들은 중독을 포함하여 자신에 대한 모든 것이 알려지면 다른 사람들이 자신에게 관심을 갖거나 자신의 필요를 채워 줄 리가 없다고 믿는다. 마지막으로 그들은 성관계가 삶에서 가장 필요한 것이라고 믿는다. 성관계는 고립을 견딜 수 있게 해 준다. 사람을 신뢰할 수 없다고 느낄 때 성관계, 알코올, 음식, 도박, 위험에 대해 확실한 점은 그것이 적어도 그 순간에는 약속한 것을 지킬 것이라는 점이다. 따라서 중독의 정의에서 관계는 섹스와 갖는 것이지 사람과 갖는 것이 아니다(Carnes, 2001, p. 16).

핵심 신념은 수많은 생각과 정보 및 경험을 처리할 수 있게 한다. 칸스는 도움이 안 되는 생각을 **손상된 사고**라고 명명하였다. 손상된 사고의 예로는 부인, 합리화, 망상, 의심/편집 및 비난 역동 등이 있다. 도움이 안 되는 생각은 핵심 신념과 중독 주기 사이의 관계를 매개한다. **중독 체계**는 우리가 중독으로 이해하는 전반적인 경험을 의미한다. 여기에는 기본 정서에 근접해 있는 핵심 신념과 손상된 사고가 포함된다. **중독 주기**는 성에 대한 집착과 그 집착을 강화시켜 중독에 이르게 하는 의식(rituals)과 관련된 일련의 행동화 경험이다.

도움이 되지 않는 생각들은 중독 행위의 기반이 된다. 성에 대한 초기 집착이라는 관점에서 중독 주기를 이해하는 것이 유용할 수 있다. 칸스는 이것을 최면 같은 상태 혹은 기분으로 기술하였는데, 그 말은 사람의 마음이 성 관련 생각에 매우 몰입되어 있음을 의미한다. 이러한 몰입의 시간이 지속되면 강박적인 형태의 성자극 추구로 나타날 수 있다.

중독문제로 씨름하는 사람은 행동화와 관련된 자신만의 일상을 가지고 있는 편이다. 이러한 일상을 칸스는 **의식**(rituals)이라고 불렀다. 의식은 성에 대한 몰입을 강화한다. 의식은 쾌감과 흥분을 증가시킨다.

중독 주기의 다음 부분은 성행위다. 이것은 실제 성행위에 해당하는 것으로, 음란물에 대한 자위일 수도 있고 매춘부와의 만남일 수도 있다. 실제로 성중독으로 발전한 사람은 이 시점이 되면 자신의 행위를 통제하지 못하게 되는데, '무력감(powerlessness)'이라고 기술되는 중독의 증상이다. 우리가 치료를 논할 때 이 부분을 고려하는 것이 중요하다.

성적 행동화 속에서 개인은 자신의 행위가 통제를 벗어난 것이거나 관리할 수 없는 것이라고 확신하게 되며, 이로 인해 우울이나 절망 같은 부정적인 정동을 경험할 수 있다.

평가를 통해 임상가는 구체적인 의식을 확인하고, 성적 행동화를 촉진하는 촉매적 사건이나 환경을 광범위하게 파악할 수 있다.

평가는 행동화를 정당화하는 합리화를 찾아내는 것에서 시작할 수도 있다. 예를 들어, 남편은 아내가 자신에게 매주 충분한 성적 만남을 제공하지 않는다고 비난할 수 있는데, 그의 마음에는 자신의 행위가 아내가 충족시킬 욕구를 대신 충족시켜 주는 하나의 방법이 되는 것이다. 이러한 질문을 통해 개인의 행위가 의미 있는 관계에 미치는 영향도 살펴볼 수 있다.

많은 성중독자는 자신의 행위가 파트너에게 해가 되지 않는다고 보는데, 임상가가 이러한 사실을 인지하는 것도 도움이 된다. 그들은 특히 자신의 행위가 자위이거나 음란물 사용이면 별 문제가 되지 않는다고 생각한다. 그들은 행위를 매우 축소하려는 경향이 있다. 하지만 연구에 따르면, 설문에 응한 사람 중 40% 이상이 파트너의 음란물 사용으로 인해 자신이 불안정하고 덜 매력적이라고 느낀다고 보고하였다. 설문에 응한 사람의 3분의 1은 파트너가 단지 다양한 불법 이미지만 사용한 경우라도 파트너의 음란물 사용은 자신을 성적 대상처럼 느끼게 한다고 보고하였다(Bridges & Bergner, 2003).

래서(Lasser, 2004)는 성중독자에 대한 세 가지 영적 질문을 제시하였는데, 이는 평가 장면에서 유용하게 사용될 수 있다. 양가성의 측면에서 성중독자가 치료에 접근하는 것을 어떻게 느끼는지 물을 수 있다. 래서는 "당신은 더 나아지길 원합니까?"라고 묻는 것을 제안하였다. 그는 기독교적 관점에서 우리가 "두 마음을 품을 수 있다"(야고보서 1:8)는 점을 지적하였다. 두 번째로 도움이 될 수 있는 질문은 "당신은 무엇에 대해 목마른가?"다. 래서는 중독적 성격의 성행위는 사람을 만족시키지 못하며, 오히려 그러한 행위들은 그것을 더 원하게 만든다고 보았다. 성중독 문제를 호소하는 사람들은 하나님의 용서와 은혜를 원하지만, 자신이 그것을 받을 자격이 없다고 믿으면서 수치심에 빠져있을 수 있다. 이러한 질문을 통해 개인은 자신에게 무엇이 가능한지를 생각해 볼 수 있다. 마지막으로 래서(Lasser, 2004)는 "자신에 대해 죽고자 하는가?"라고 묻는 것을 제안했다. 자기없음(selflessness)과 이기심(selfishness)을 대조하면서 래서는 성중독자에게 무엇을 위해 죽고자 하는지를 고민해 보도록 하였다. 성중독과 싸우는 사람들은 죄로 가득한 자기중심성과 대조되게 "무엇인가에 대해 또는 누군가를 위해 죽고자 하는가?"라는 질문에 대해 고민하게 된다(p. 125).

평가의 맥락에서 래서(Lasser, 2005)와 칸스(Carnes, 2010)는 성중독자의 공상에 대한 질문 목록을 제공하였다. 래서는 내담자가 공상으로부터 거리를 두게 하기보다는 그것이 의미하는 바가 무엇인지를 이해하기를 요청하였다. 이를 위해 내담자는 공상에서 스스로를 분리시켜서는 안 된다(공상은 결국 돌아온다). 오히려 초반에는 공상에 가까이 다가가면서 그것이 의미하는 바(예를 들어, 공상 속의 인물의 특징이나 성격이 '중독자를 가장 심각하게 버린 사람을 상징할 수 있다', p. 158)가 무엇인지 깨닫도록 한다.

평가에 대한 논의를 마치기 전에 평가 시 우울을 비롯하여 물질중독에서 PTSD에 이르기까지 수많은 공병 장애도 고려해야 한다는 것을 강조하고자 한다. 핵심 신념과 중독자의 자존감에 대해 논의했듯이, 중독자들은 이 시점에 함께 치료되어야 할 우울장애를 동반할 위험성이 있다. 한 연구(Yoder, Virden, & Amin, 2005)의 표본에서 흥미롭게도 외로움에 대한 주요 예언인자는 인터넷 음란물을 보는 데 사용하는 시간인 것으로 나타났다.

하나님이 중독 체계의 일부가 될 수 있는가

종교적인 내담자와 작업을 할 때는 어떻게 종교가 중독 주기의 일부가 되는지를 고려하는 것이 중요하다. 페너와 페너(Penner & Penner, 2005)에 따르면, 중독문제로 씨름하는 사람들에게 하나님은 중독 체계의 일부가 될 수 있다. 사회 또는 부모님과 함께 하나님은 그들에게 죄책감이나 수치심을 불러일으킬 수 있다. 물론 이것이 하나님에 대한 정확하거나 유익하거나 건강한 관점은 아니다. 하지만 중독 체계의 맥락에서 종교적인 중독자는 하나님을 '커다란 회초리'를 든 하나님으로 경험한다. 하나님은 그들의 잘못을 처벌할 준비가 되어 있는 분이신 것이다. 많은 기독교인에게 위로의 원천이 되는 성경은 자신을 감시하고 내적 갈등을 일으키는 또 다른 원천이 된다. 많은 기독교인에게 참 위로자인 성령은 죄를 꾸짖는 존재로 경험되기도 한다. 종교적인 성중독자를 상담할 때, 기독교인 임상가는 신앙에 기반한 자원을 활용하고자 하는 의도로 기도나 성경을 의지하는 실수를 범하기도 한다.

하지만 페너와 페너(Penner & Penner, 2005)가 주장한 대로, 매우 종교적인 사람들을 상담할 때는 하나님에 대한 정서적 경험을 재작업하는 것이 필요할 때가 많다. 이것은 하나님의 이미지에 대한 다양한 훈련과 개입을 통해 이루어질 수 있다(Moriarty, 2006 참조). 중요한 것은 내담자가 경험하는 하나님에 대한 정서적 경험을 충분히 다루어 하나님이 내담자들에게 죄를 책망하는 원천이기보다는 자원이 될 수 있도록 하는 것이다. 고린도전서 14장 3절에 나타난 하나님의 음성은 입덕(사람 세우기), 권면(사람에게 경고하고, 도전하고, 고무하는 것), 안위(위로, 평안)의 특징이 있다는 것을 기억하자. 어떤 사람들은 환경 때문에 하나님의 음성을 입덕, 권면, 안위로 듣는 것이 어려울 수 있다. 중독 체계에 갇혀 있으면 하나님에 대한 정서적 경험의 작업이 충분히 이루어지기까지 힘들 수 있다. 또 다른 어떤 방식으로 종교적 자원이 중독 체계를 지지하는 역할을 할 것인지 당신은 상상할 수 있겠는가? 어떻게 하나님에 대한 개인의 정서적 경험이 회복에 위협이 되거나 회복을 방해할 수 있을까?

치료

성중독의 치료는 다면적이고 포괄적으로 이루어진다. 상담(개인, 부부 또는 가족), 지지 집단, 관리 파트너, 후원자, 일반 의사 또는 정신과 전문의가 핵심적인 측면이 된다.

상담사는 치료의 다양한 측면을 감독하고 조정하는 것을 조력한다. 개인상담에서 임상가는 중독 주기에 대한 심리교육을 제공하고, 환경 관리, 부정적인 정서 처리, 통찰 증진, 정서 조절, 사회적 기술 증진 등의 여러 가지를 내담자와 작업할 수 있다. 치료는 하나의 순수한 이론적 모델을 토대로 이루어질 수도 있지만, 우리는 병인에 대한 생물심리사회적 이해에 기초하여 다이론적 접근의 서비스를 제공한다.

상담사는 포괄적이고 일반적인 성생활 과거력과 구체적인 성문제 과거력을 탐색하면서 평가를 철저하게 해야 한다. 일반적인 성생활 과거력은 내담자의 성문제 과거력을 포함하지만, 개인의 성생활 과거력이라는 맥락 안에서 그 정보를 파악하는 것이 중요하다. 또한 개인의 성적 발달과 가정에서, 동료 집단에서, 학교 및 더 넓은 맥락에서 성과 성행동에 대해 어떤 교육을 받았는지도 포함해야 한다.

치료사는 내담자의 성장 과정에서 (부모님, 형제자매, 교사, 종교 지도자 등에 의해) 성에 대해 전수받은 태도를 알게 된다. 가정에서 노출 상태를 어떻게 다루었는지 또한 절제가 모델링이 되었는지를 아는 것이 도움이 될 수 있다. 특히 사춘기의 경험, 자위 및 성애적 자극/음란물 노출에 대해 물어보는 것이 중요하다. 이 모든 질문이 일반적인 성생활 과거력의 일부가 된다.

상담에서 다음과 같은 질문을 하면 성문제 과거력을 얻을 수 있다. 이러한 행위들이 문제가 되었던 시점은 언제인가? 어떻게 그 행위들이 발전하였는가? 얼마나 오랫동안 그 행위들이 문제가 되었는가? 내담자는 문제 행위를 다루기 위해 어떤 조치를 취했는가? 이러한 개입이 지금까지 어떤 도움이 되었는가?

일반적인 성생활 과거력과 성문제 과거력이 잘 평가되면, 이는 사례개념화와 치료 계획 수립에 유용한 정보가 된다. 내담자의 환경 관리에 활용될 수 있는 정보는 특히 유용하다.

치료적 목적을 향하여 나아갈 때, 오늘날의 음란물 및 기타 성적 자극에 대한 접근은 20년 전과 비교할 때 훨씬 용이하다는 것을 기억해야 한다. 인터넷 접근의 용이성, 사이트나 콘텐츠를 차단하는 소프트 프로그램의 사용, 페이지를 보는 것에 대해 개인의 책임감을 높이는 소프트 프로그램의 사용을 고려해 볼 필요가 있다. 상담사는 다른 형태의 음란물이나 문제가 되는 성적 자극이 내담자의 집이나 직장에서 쉽게 이용이 가능한지를 고려하고, 다양한 선택지에 대해 내담자와 함께 작업해 볼 수 있다.

환경 관리를 할 때 내담자의 상담 목표를 저해하는 음란물을 사용하거나 기타 성 행위가 주로 이루어지는 방을 재상징화하는 시도를 해 볼 수 있다. 배우자의 요청으로 상담에 온 한 남성은 집 안에서 자신의 사무실을 다른 방으로 옮겼다. 그의 사무실은 인터넷 음란물과 채팅방을 통해 성적 행동화가 많이 일어나는 장소였다. 이사 조치로 인해 그는 두 방을 재상징화하면서 그 방들을 적당한 목적을 위해 사용하기로 결단할 수 있었다.

내담자의 정서 상태에 대해 이러한 조치의 영향을 과소평가하지 말아야 한다. 내담자는 과거에 위로처이자 믿을 만한 지지처였던 물품 및 자료에 대한 접근을 제거하고 있다는 것을 기억해야 한다. 그 과정에서 상담사는 내담자의 후회, 죄책감, 상실, 분노, 혼란, 우울 같은 정서에 대해 함께 작업한다. 또한 상담사는 내담자가 정서적 욕구를 만족시킬 다른 방법, 즉 내담자의 회복 목표와 일관된 건강하고 적응적인 재연결 활동을 찾을 수 있도록 돕는다. 운동, 친구와의 대화, 기도, 예배, 일지 작성, 독서 등은 재연결 활동의 예가 된다.

상담사는 내담자가 일지 작성을 시작하도록 돕는다. 일지 작성을 할 때, 그날의 일상, 정서 상태, 다양한 자극에 대한 노출 등을 의식이 흐르는 대로 돌아보는 방식으로 할 수도 있고, 보다 구조화된 방식으로 할 수도 있다. 우리는 일반적으로 보다 구조화된 방식의 일지 작성을 선호하는데, 이에 대해서는 나중에 논의하겠다.

무엇인가를 쓰는 행위를 힘들어 하는 사람도 있지만, 우리는 그것이 치료에 대한 기저선을 제공하고, 시간에 걸친 치료 효과의 증거가 된다는 것을 알게 되었다. 치료 과정에서 차질이 생기거나 치료 후에 증상이 재발할 때에도 일지는 유용할 수 있다. 내담자는 그들이 마주하는 상황, 그 순간의 생각, 감정 및 정서 상태, 그리고 그들의 대처 방식을 기록한다. 우리는 내담자에게 하루를 돌아보는 방식으로 저녁에 일지를 작성하도록 요청하는 편이다. 내담자는 일지를 상담 회기에 가져와 상담사와 함께 살펴보면서 도움이 안 되는 생각을 확인하고, 그 생각이 어떻게 부정적인 감정을 유발하는지, 어떻게 유익하지 않은 생각과 부정적인 정서가 성적 행동화의 위험으로 이어지는지를 파악해 본다. 보다 구조화된 일지 작성을 통해 내담자는 일상의 상황과 사건에 대해 다른 방식으로 기록하며, 상담과 회복을 위한 그들의 목표에 보다 부합하는 건설적인 생각과 대안적인 행동을 생각해 볼 수 있게 된다.

성중독자에게는 일상적인 사고 과정이 유익하지 않을 수 있는데, 일지 작성의 부가적인 혜택은 기록하는 행위가 그런 일상적인 사고 과정을 방해한다는 점이다. 일상적인 사고 과정에는 합리화, 과잉 축소 등이 반영되는 경향이 있다. 일지 작성을 통해 내담자는 자신이 일상에서 어떻게 비합리적인 사고 방식으로 상담 목표와 상반되는 행동을 정당화하는지에 대한 귀중한 정보를 얻게 된다.

심리교육 역시 포괄적 치료 모델의 중요한 부분이다. 상담사는 내담자에게 설명 및 읽을거리(독서치료)를 제공하면서 중독 체계에 대해 교육을 할 수 있다. 내담자가 자신의 중독에 대한 전문가가 되는 것이 중요한데, 이것은 손상되고 무익한 생각이 내담자의 과거력에서 독특하게 나타나는 핵심 신념과 어떻게 연결되는지, 또한 그 사고가 몰입과 의식을 어떤 식으로 강화하여 성적 행동화에 이르게 하는지를 진정으로 이해하게 되는 것을 의미한다.

우리가 상담했던 한 사람은 채팅방에서 만난 사람들에 대해서만 행동화했다. 그는 업무차 떠난 여행을 하는 동안에 노트북 컴퓨터로 연결을 시도하고는 했다. 그의 의식은 업무 회의를 마치고 호텔에 가서 아내와 아이들에게 전화를 걸어 '그들을 잠들게 하고,' 노트북 컴퓨터의 전원을 켜서 성적 만남을 위해 여성들을 만나는 것으로 마무리했다. 그는 다른 수단, 즉 다른 컴퓨터나 전화기 등을 사용하여 성적 만남을 시도한 적이 전혀 없었다. 그는 성적 경험을 강화하는 구체적인 의식을 가지고 있었다.

평가에 대한 논의에서 언급했듯이, 치료에서는 관계적 결핍이나 기타 문제를 확인하면서 친사회적 기술을 가르칠 뿐만 아니라 수치심과 자존감을 다룰 때가 많다. 애착 이론에 대한 관심이 높아지는 만큼 내담자의 애착 유형을 확인하거나 초기 방임, 외상, 폭력 목격이 애착을 손상시켰을 가능성을 고려하는 것이 도움이 된다. 부정-회피형과 두려움-회피형 애착을 가진 성중독자들은 자신의 감정을 부인하고 (자신의 감정으로부터 거리를 두고) 다른 사람에게 감정을 표현하는 것을 거부한다 (Katehakis, 2009, p. 17). 임상가는 내담자가 자신의 감정을 알아차리고 감정을 다른 사람과 소통하는 방식을 배울 수 있도록 돕는다. 반면에 불안-집착형 애착의 성중독자들은 상담 목표와 일관되게 건강한 자기진정 행동을 통해 정서 상태를 조절하는 것이 필요할 수 있다(Katehakis, 2009).

카테하키스(Katehakis, 2009, pp. 19-22)가 제공한 정서 조절을 돕는 단계를 요약하면 다음과 같다.

1. 불안으로 인한 신체 증상을 관찰하라.
2. 불안 증상이 어떻게 부정적인 정서에 대한 방어로 기능하는지를 추적해서 내담자가 알아차릴 수 있도록 하라.
3. 구체적인 신체 기능을 확인하라(예를 들어, 가슴이 답답함, 입마름).
4. 정서/정동을 모니터링하고 추적하라.
5. 임상가의 언어 특징(예를 들어, 말하는 억양, 리듬, 속도)에 주의를 기울이라.
6. 전이와 역전이, 수치심 등에 대한 통찰을 촉진하라.

우리가 앞서 언급한 것처럼, 성중독자의 정서 상태에서 매우 어려운 부분인 수치심을 줄일 수 있는 방법을 찾는 것이 중요하다. 그럴려면 수치심의 근원과 그것이 중독 체계에서 차지하는 위치를 이해하고, 수치심과 죄책감을 구별하고, 부정적이거나 고통스러운 감정으로부터 자신을 보호하는 방어가 무엇인지를 확인하고, 치료 내내 수치심을 줄이는 구체적인 개입을 하고, 수치심을 지지하는 핵심 신념이나 근본 신념을 다루는 것이 필요하다(Adams & Robinson, 2001, p. 25).

수치심을 줄이는 전략으로는 바람직한 치료적 관계를 수립 및 유지하기, 수치심과 중독 주기에서 수치심이 차지하는 위치에 대해 심리교육하기, 감정(예를 들어, 부적절감, 외로움, 분노) 직면하기, 부정적인 감정을 대처하고 조절하는 방법 찾기, 죄책감에 대해 책임감 있게 반응하기(예를 들어, 타인에게 잘못한 행위에 대해 보상하기) 등이 있다(Adams & Robinson, 2001, pp. 28-30).

또한 내담자는 자조 집단이나 상호 지지집단[예를 들어, 성중독자 익명 모임(Sex Addicts Anonymous), 성관계 중독자 익명 모임(Sexaholics Anonymous), 성강박 익명 모임(Sexual Compulsive Anonymous), 성과 사랑 중독자 익명 모임(Sex and Love Addicts Anonymous)]에 참여하면서 도움을 받을 수 있다. 여기에는 다양한 신앙 기반의 자조 집단[예를 들어, 회복 축하 집단(Celebrate Recovery)]도 포함될 수 있다. 지지 집단들은 성격이 다양할 수 있다. 내담자는 집단에 방문해 보고 구성원이 꾸준히 출석하는지, 회복을 위한 단계나 접근에 질서와 구조가 있는지, 책임을 규칙적으로 잘 주고받는지 등을 고려할 수 있다(Carnes, 2010).

알코올 남용에서 회복하고자 하는 사람들은 금주동맹에서 알코올 회복을 견인하기 위해 '90일 내에 90번 모임'을 목표로 하는 경우가 많다는 것을 기억하면서 내담자는 적어도 처음 몇 주 동안은 일주일에 두세 번 모임에 참석할 필요가 있다. 집단에서 강조하는 것은 신에게 항복하는 것이다. 즉, 그들은 신(또는 12단계 집단의 언어로 하면 더 높은 힘)에게 항복하지 않고는 변화를 만들 수 없다고 인정한다. 자조 집단 역시 회복을 위해 작업을 하는 일정 기간 동안 참가자들이 금욕(절제)할 수 있도록 돕는다. 이 기간 동안에 개인은 적어도 몇 주간은 성행위를 하지 않는다. 절제 기간에는 자위, 배우자와의 성교, 음란물 시청과 같은 성행위가 금지되고, 행동화로 이어질 수 있는 상황을 확인하고 피해야 한다. 내담자는 성관계 없이 살수 있다는 것을 배운다. 그들은 그 기간을 이겨 내고, 정서적인 욕구를 만족시키는 다른 건강한 방식을 발견한다. 회복 집단이나 지지 집단 환경에서 내담자는 후견인 및 다른 사람들과 연락을 유지하면서 회복에 대해 격려 받고, 책임감 있게 회복 목표를 이루어 가는 데 필요한 도움을 받는다.

성중독자 익명 모임과 같은 상호 지지 집단에서 자주 사용되는 공통된 도구는 세 가지 원형으로 구성된 틀이다. 각 원형은 다른 종류의 행동을 상징한다. 바깥쪽 원형(또는 외부 원형 행동)은 정상적인 행동, 즉 개인의 일상에서 양호하고 건강한 부분에 해당하는 행위를 나타낸다. 우리가 함께 작업한 한 내담자는 "교회에서 안내자로 봉사하고, 영화를 보러 가고, 운동을 하고, 기타를 연주하고, 역기를 한다"라고 적었다. 다음의 원형(중간 원형 행동)은 행동화로 이끄는 행동에 해당한다. 여기에 해당하는 것으로는 서점 돌아다니기, 매춘부에게 돈을 주는 것에 대해 상상하기, 실화를 다룬 범죄 서적이나 TV 프로그램 보기, 애인 구인 광고 보기 같은 것들이 있다. 안쪽 원형(내부 원형 행동)에는 새발을 의미하는 행동들이 들어가는데, 이 원형에 속하는 내담자의 경우에는 음란물을 보고 자위하기, 아동 포르노 사이트에 들어가기, 기타 행위 하기를 한다.

이 논의의 목적 중 하나는 알코올 의존 문제를 이겨 내려고 하는 사람이 자신의 회복이 평생에 걸친 작업이라는 것을 배우는 것과 마찬가지로, 성중독 내담자도 치료 과정을 평생에 걸쳐 이루어 갈 과정으로 편안하게 수용하도록 하는 데 있다. 겉으로 보면 이러한 사실이 낙담될 수 있다. 하지만 사람마다 인생에서 대표적인 투쟁이 있다(Mangis, 2008). 우리 삶에서 달랐으면 하는 것이 있는데, 그것이 욕망과 자기중심성과의 투쟁일 수도 있고, 분노와 자만심과의 투쟁일 수도 있다. 욕심에 더 취약한 사람도 있고, 우울, 불안, 섭식장애와 같은 정신건강 영역에 더 취약한 사람도 있다. 중독문제를 호소하는 내담자가 동시에 아주 다른 문제로 고민하기는 쉽지 않다. 중독은 그의 삶의 일부다. 내담자가 중독문제와 주변 환경에 대해 훨씬 의식적으로 자각하게 되어 같은 길을 또다시 갈 위험성이 줄었다고 하더라도 중독은 여전히 삶의 일부일 수 있다.

자조 집단의 성격은 참석하고 있는 사람들, 그들 간의 상호 관계 양상, 그들이 회복 단계에서 도달한 지점 등에 따라 다르게 나타난다. 어떠한 형태이든 지속적인 상담에 건강한 상호 지지 집단이 추가되면 그 치료는 더욱 효과적일 것이다.

중독문제를 다루는 내담자들에게는 책임감이 필요하다. 우리는 주로 **책임감 파트너**를 갖는 것을 언급한다. 책임감 파트너는 내담자가 힘들어 할 수 있는 질문을 하고, 내담자가 재발의 위험이 있는 결정을 하는지를 감시하는 역할을 하는 식으로 관계를 맺는 사람이다. 일반적으로 성중독자의 배우자를 책임감 파트너로 지정하지 않는 것을 권장한다. 배우자는 내담자의 외도나 일련의 불성실한 행위에 대한 자신의 정서 반응을 처리하는 작업을 해야 한다. 배우자가 책임감 파트너 역할을 하면 성중독자의 진척 상황을 감독하게 되면서 커플관계에 불균형을 초래한다. 배우자는 파트너를 신뢰하는 역량을 회복해야 하는데, 성중독자의 행동을 감시하면 그것이 쉽지 않다. 부부간 신뢰는 남편이 치료와 회복의 틀 안에서 작업하고 있다고 믿는 배우자의 능력이 성장할 때 가장 잘 조성된다.

종교적인 내담자는 예배 장소를 통한 지지 집단이나 책임감 집단에 참여하는 데 관심을 가질 수 있다. 이러한 집단 역시 성격이 다양할 수 있으며, 상담에 보조적으로 활용하면 도움이 된다. 남성 지지 집단에서도 내담자가 성적 행동화에 대해 특히 취약하다고 느낄 때 연락할 수 있는 책임감 파트너를 제공한다.

회복을 위해 일반 의사 또는 정신과 전문의의 자문도 필요하다. 우울, 자살가능성, 충동 조절 및 기타 문제를 다루기 위해 약물치료를 병행할 수도 있다.

제2장에서 우리는 최신 기술이 성중독이나 음란물 문제를 다루는 사람들을 보조하는 지렛대 역할을 할 수 있다고 언급했다. 책임감과 환경 관리를 도와주는 수많은 웹사이트와 관련 자료가 있으며(xxxchurch.com 참조), 내담자가 취약한 시간을 모니터링하고 보다 건강한 성을 위한 훈련 및 전략 개발을 돕는 스마트폰 앱도 있다[예를 들어, 개인 청렴성(Private Integrity); www.privateintegrity.org].

내담자는 상담사와 함께 재발 방지 계획을 세울 수 있다. 이를 통해 내담자는 자신의 환경을 면밀히 살펴보고, 유혹이 될 수 있는 자극 등을 제거하는 데 도움을 받을 수 있다.

예방

성중독을 예방할 수 있는 방법은 별로 개발된 것이 없다. 일반적으로는 적절한 성교육, 성별에 대한 신화 수정하기, 미디어 및 오락물에서 성애화 장면 줄이기, 포르노 산업 축소하기 또는 음란물 사이트에 대한 접근 줄이기 등이 언급된다. 사실 예방에 대한 대부분의 노력은 성중독을 호소하는 사람들을 대상으로 한 재발 방지 영역에서 이루어져 왔다.

알코올에 대한 **재발 방지 모델**(Marlatt, 1982)은 인지행동 이론에 기반하며, 성중독을 포함한 기타 중독 행동에 맞추어 각색되어 왔다. 여기에는 절제에 대한 개인의 결단을 본질적으로 위협하는 고위험 상황을 파악하는 것이 포함된다. 임상가는 성중독을 호소하는 사람과 작업하면서 관리 불가한 상황 및 생활 방식에 불균형을 초래하는 상황을 확인하고, 재발의 위험을 높이는 결정을 탐색할 수 있다. 성중독자는 성적 행동화와 관련된 쾌락을 떠올리면서 양가성을 경험하기 시작할 수 있다. 쾌락을 기대하고 실수로 이전 행위를 하게 되면 개인의 자기효능감이 저하되어 전면적 재발로 이어질 수 있다. 실수를 경험하는 많은 사람이 첫 번째 실수를 인정하면서 자신의 행위를 합리화하다 보면 전면적 재발이 나타날 수 있기 때문에 절제-위반 효과(abstinence-violation effect)에 대한 교육이 중요하다.

자기조절 모델은 재발방지 모델과 대조되는 노력을 강조한다(Ward & Hudson, 1998). 자기조절 모델은 몇 가지 단계로 구성되는데, 사고와 감정을 이끌어 내는 생활 사건을 평가하는 것으로 시작한다(1단계). 다음은 부정적인 정서를 경험하고 여기서 벗어나고자 중독 행위를 하고 싶은 욕구가 나타난다(2단계). 개인은 이제 성행위에 참여하고자 계획을 한다(3단계). 이때 개인은 다양한 회피 전략(예를 들어, 개인이 행동화하지 않으면 못 견딜 것 같다고 느낄 때 사용하는 회피-수동 전략) 중 행동화를 위한 특정 전략을 선택한다(4단계).

그 다음으로는 고위험 상황에 들어간다(5단계). 이 단계에서는 행동화에 대한 위험성을 높이는 장소를 선택한다(또는 행위를 한다). 실수가 뒤따르고, 이것은 재발의 직접적인 신호가 된다(6단계). 그 후에는 중독적 행위가 나타나며(7단계), 행위에 대한 중독 후 평가(예를 들어, 죄책감, 수치심)가 이루어진다(8단계). 마지막 단계(9단계)에서는 미래의 중독 행위에 대한 태도(예를 들어, 절제에 대한 재결단, 기존의 목표 재평가)가 형성된다(Ward & Hudson, 1998).

맺음말

이 장에서 성중독 문제로 상담을 찾았던 존을 소개한 적이 있다. 존은 성중독자 익명 모임과 치료에 참여하면서 자신의 문제에 대해 많은 것을 알게 되었다. 그는 1년간 성관계와 자위를 절제했고, 데이트를 시작하게 되었다. 자신의 상태에 대한 통찰을 얻었으며, 궁극적으로 범죄 실화를 다루는 TV 시청하기, 서점 돌아다니기, 공상하기와 같이 재발의 발단이 되는 행동을 관리하는 방법을 배우게 되었다. 다음으로 그는 원가족에 대한 분노, 다음을 기약하는 행동(스스로를 위험에 빠뜨릴 수 있는 행위나 행동에 대한 여지를 남기는 것), 버림 받음의 주제(어머니에 의한 정서적 유기)를 탐색하였다. 치료가 진전되면서 그는 한 여성을 만나 데이트하고 결혼할 수 있었다. 그는 인지 왜곡과 수행에 대한 불안에 대해 작업했다. 친밀한 관계를 통해 그는 중요한 주제들을 재방문하여 지금-여기서의 효과를 강화하는 기회도 가질 수 있었다.

존은 기독교인이다. 그는 회복과 치료를 돕는 자원을 신앙에서 찾기를 원했다. 우리는 이 부분에서 고려할 수 있는 사항을 논의하고자 한다. 우선 어떤 면에서는 기독교인들은 성중독의 세계를 이해하는 데 특별히 유리한 지점에 있다는 것을 인정할 필요가 있다. 우리 모두는 한때 죄의 노예였다(로마서 6: 20). 우리는 타락한 상태에 놓여 있다. 이러한 상태(죄성) 때문에 우리는 하나님의 거룩함의 기준에 맞지 않는 방식으로 행동하고, 반응하고, 생각한다. 종종 우리 내면에서 의지력의 분열을 보게 된다. 우리의 일부는 하나님이 우리 자신과 우리의 관계를 위해 의도하신 대로 살고자 하지만, 다른 일부는 자기만족적 관심을 충족시키고자 한다. 플랜팅가가 말했듯이, 죄와 중독 모두에서 우리는 예속된 상태에 있다. 우리가 하는 행위는 우리의 상태의 연장이다. 행동적 변화, 즉 우리가 행하는 수준에서 이룬 변화는 시간이 지나면 효과적이지 못할 때가 많다. 문제 행동은 근본적으로 변하지 않는 핵심 상태에 대한 증상이기 때문에 행동적 변화를 유지하지 못할 때가 많다.

기독교인들은 어떻게 죄가 습관을 만들고, 수치심과 자기비난을 불러일으키며, 계속된 실패 후에 행위를 멈추기 위한 말을 만들어 내고, 죄책감이나 수치심 같은 부정적인 정동을 다루기 위한 방안으로 더 많은 죄를 짓는지에 대해 너무나 잘 알고 있기 때문에 중독 양상을 공감하는 데 유리한 입장에 놓이게 된다. 모든 죄가 중독적 증후군으로 나타나는 것은 아니지만, 기독교인은 자신의 죄에 대해 고민하면서 중독에서 나타나는 특징적인 문제를 이해할 수 있다.

우리는 상담 장면에서 중독을 다루면서 내담자가 고군분투하는 것에는 공감하지만, 내담자에게 자신의 행동에 대해서 책임을 지도록 한다. 책임감은 줄어들 수 있지만, 모호해지지는 않는다. 우리는 앞선 글에서 다음과 같이 논하였다.

> 중독에 대한 기독교적 설명은 인간이 자신의 선택에 책임을 져야 하는가에 대한 질문을 진지하게 제기한다. 기독교인들은 의사결정의 시점에서 사람들이 자신이 무엇을 하고 하지 말아야 하는지의 원리를 이해할 수 있다고 가정한다. 또한 인간은 부정적인 상황에 직면할 때조차도 바람직한 방향으로 의지를 발휘하며, 바람직한 행동을 실천할 수 있다고 가정한다(Yarhouse, Butman & McRay, 2005, pp. 199-200).

성중독 논의에서 자주 제기되는 질문은 성중독의 발생과 유지에서 죄가 어떤 역할을 하는가에 대한 것이다. 만약 죄가 하는 역할이 있다면 어떤 시점에 기독교인 임상가는 우울, 불안 등과 같은 공병 요인과 함께 죄를 언급할 것인가?

죄와 중독의 병행을 이해하면 아마 초심 임상가도 성중독자가 마주하는 장해물에 대해 다소 수월하게 공감할 수 있을 것이다. '죄의 징표'와의 싸움에서 어떤 장해물을 만나게 되는가(Mangis, 2008)? 장해물은 자신의 성장 배경, 관계의 형성, 현재의 상황 등에 기반하여 개인에게서 독특하게 나타나는 죄의 성향 군집이다. 두 사람이 죄의 군집의 일환으로 자신의 욕망과 싸운다고 할 때, 그들은 수많은 요인 때문에 각자 다른 방식으로 욕망과 싸우게 된다. 이러한 복잡성으로 인해 임상가는 중독을 포기하려는 사람들에게 접근할 때 겸손해야 한다. 내담자가 아무리 건강하지 않다고 하더라도, 그는 자신의 수많은 정서적 욕구를 만족시켰던 강력한 쾌락의 원천이었던 중독 유형을 포기하고 있는 것이다. 임상가로서 당신은 그런 내담자에게 공감할 때 어떤 점에서 힘든지 잘 살펴보아야 한다.

죄와 중독의 유사성을 이해하면 기독교인 임상가가 성중독을 호소하는 내담자를 공감하는 데 도움이 된다는 점 외에 기독교가 신앙이 있는 내담자의 동기적 수준에 무엇을 기여할 수 있을까? 치료를 시작할 때 동기에는 여러 마음이 섞여 있는 편이다. 의지가 분열된 상태에서 사람들은 돌봄을 받는 것에 대해 양가적으로 느끼는데, 이것은 다루기 어려운 부분이다. 성문제로 고민하는 종교적 내담자는 하나님에 대한 왜곡된 정서 경험을 할 때가 많다. 하나님에 대한 개인의 정서 경험을 **하나님 이미지**라고 부른다(Moriarty, 2006). 이것은 임상 문헌에서 나오는 하나님에 대한 이해('머리 이해' 또는 하나님 개념)와 대조되는 개념이다. 개인의 하나님 개념은 그들이 생각하기에 하나님이 어떤 분이신지를 반영한다. 예를 들어, 하나님은 선하고, 친절하고, 사랑이 많으며, 은혜롭다와 같은 것이다. 성중독자를 포함한 많은 사람에게 도전이 되는 것은 그들이 이러한 것들을 **생각은 하지만 느끼지 못한다**는 것이다.

존과 같은 기독교인과 작업할 때, 기독교인 임상가는 당연히 기도나 성경 읽기 같은 신앙 기반의 자원을 활용하고자 할 것이다. 그때 성문제를 호소하는 내담자의 하나님 개념(그들이 하나님에 대해 생각하는 바)과 하나님 이미지(하나님에 대한 정서 경험) 사이에 차이가 있는지 확인하고, 차이가 있다면 그 간격을 좁히는 데 도움이 필요한지 여부를 고려하여 종교적 자원을 활용하는 시기를 고민할 필요가 있다.

스페인에서 가장 장수한 연극이 〈돈 주앙 테노리오〉라는 것을 상기해 보자. 가공적 인물인 돈 주앙에 대한 많은 해석이 있다. 이러한 해석에서 설명하는 여성에 대한 유혹은 계속 확장되는 현실을 반영하며, 중독은 그 근처에 머무는 모든 사람을 유인할 잠재력이 있다. 실수하지 않도록 조심하라. 성중독은 질투심 많은 연인이다. 오늘날 성중독은 개인을 파괴하는 것을 즐기는 것 같다. 성중독에 이르기까지 많은 것을 약속하지만 그 후에는 더 많은 것을 요구한다. 개인이 가장 아끼는 관계를 요구하면서 더 많은 것을 주겠다고 홍정할 수도 있다. 연극에서 악당은 결국 자신이 유혹한 젊은 여성 중 한 명의 아버지 유령에 의해 지옥에 끌려 간다. 우리는 중독에 맞서고 회복에 도움을 줄 구제적 공동체의 지원이 필요한 사람이 무엇을 직면하게 되는지를 엿볼 수 있다.

참고문헌

Adams, K. M., & Robinson, D. W. (2001). Shame reduction, affect regulation, and sexual boundary development: Essential building blocks of sexual addiction treatment. *Sexual Addiction & Compulsivity, 8*, 23-44.

American Psychiatric Association. (2013). *Diagnostic and statistical manual of mental disorders* (5th ed.). Washington, DC: American Psychiatric Publishing.

Bridges, A. J., & Bergner, R. M. (2003). Romantic partners' use of pornography: Its significance for women. *Journal of Sex & Marital Therapy, 29*(1), 1-15.

Campling, S., & Vermeire, J. (2012). Special populations and treatment issues. In M. C. Ferree (Ed.), *Making advances: a comprehensive guide for treating female sex and love addicts* (pp. 215-254). Royston, GA: Society for the Advancement of Sexual Health.

Carnes, P. (1989). *Contrary to love: Helping the sexual addict.* Minneapolis: CompCare.

Carnes, P. (2001). *Out of the shadows* (3rd ed.). Center City, MN: Hazelden.

Carnes, P. (2005). *The making of a sex addict.* Retrieved from www.iitap. com/documents/ARTICLE_The%20Making%20of%20a%20Sex%20Addict_PCarnes.pdf

Carnes, P. (2010). *Facing the shadow: Starting sexual and relationship recovery* (2nd ed.). Carefree, AZ: Gentle Path.

Carnes, P. , Delmonico, D. L., & Griffin, E. (2007). *In the shadows of the net: Breaking free of compulsive online sexual behavior* (2nd ed.). Center City, MN: Hazelden.

Carter, D. R., & Ruiz, N. J. (1996). Discriminant validity and reliability studies on the sexual addiction scale of the disorders screening inventory. *Sexual Addiction and Compulsivity, 3,* 332-340.

Coleman, E. (1987). Sexual compulsivity: Definition, etiology, and treatment considerations. *Journal of Chemical Dependency Treatment, 1*, 189-204.

Ferree, M. C. (2010). *No stones: Women redeemed from sexual addiction.* Downers Grove, IL: InterVarsity Press.

Ferree, M. C. (Ed). (2012). *Making advances: A comprehensive guide for treating female sex and love addicts.* Royston, GA: Society for the Advancement of Sexual Health.

Ferree, M. C., Hudson, L., Katehakis, A., McDaniel, K., & Valenti-Anderson, A. (2012). Etiology of female sex and love addiction: A biopsychosocial perspective. In M. C. Ferree (Ed.), *Making advances: A comprehensive guide for treating female sex and love addicts* (pp. 44-66). Royston, GA: Society for the Advancement of Sexual Health.

George, C., Kaplan, N., & Main, M. (1996). *The adult attachment interview*. Berkeley: University of California Press.

Hook, J. N., Hook, J. P. , Davis, D. E., Worthington, E. L., & Penberthy, J. K. (2010). Measuring sexual addiction and compulsivity: A critical review of instruments. *Journal of Sex & Marital Therapy, 36*, 227-260.

Kafka, M. P. (1991). Successful antidepressant treatment of nonparaphilic sexual addictions and paraphilias in males. *Journal of Clinical Psychiatry, 52*, 60-65.

Kafka, M. P. (2000). The paraphilia-related disorders: Nonparaphilic hypersexuality and sexual compulsivity/addiction. In S. R. Leiblum & R. C. Rosen (Eds.), *Principles and practice of sex therapy* (3rd ed., pp. 471-504). New York: Guilford Press.

Kafka, M. P. (2007). Paraphilia-related disorders: The evaluation and treatment of nonparaphilic hypersexuality. In S. R. Leiblum (Ed.), *Principles and practice of sex therapy* (4th ed., pp. 442-476). New York: Guilford Press.

Kafka, M. P. (2010). Hypersexual disorder: A proposed diagnosis for DSM-V. *Archives of Sexual Behavior,* 39, 377-400.

Katehakis, A. (2009). Affective neuroscience and the treatment of sexual addiction. *Sexual Addiction & Compulsivity, 16*, 1-31.

Lasser, M. (2004). *Healing the wounds of sexual addiction* (expanded ed.). Grand Rapids: Zondervan.

Mangis, M. (2008). *Signature sins: Taming our wayward hearts*. Downers Grove, IL: InterVarsity Press.

Marcus, I. D. (2010). Men who are not in control of their sexual behavior. In S. B. Levine, C. B. Risen & S. E. Althof (Eds.), *Handbook of clinical sexuality for mental health professionals* (2nd ed., pp. 383-399). New York: Routledge.

Marlatt G. A. (1982). Relapse prevention: A self-control program for the treatment of addictive behaviors. In R. B. Stuart (Ed.), *Adherence, compliance, and generalization in behavioral medicine* (pp. 329-378). New York: Brunner/Mazel.

McDaniel, K., & Valenti-Anderson, A. (2012). Definition and understanding of female sex and love addiction. In M. C. Ferree (Ed.), *Making advances: A comprehensive guide for treating female sex and love addicts* (pp. 27-43). Royston, GA: Society for the Advancement of Sexual Health.

Moriarty, G. (2006). *Pastoral care of depression: Helping clients heal their relationship with God*. New York: Routledge.

Muench, F., Morgentstern, J., Hollander, E., Irwin, T., O'Leary, A., Parsons, J. T., Wainberg, M. L., & Lai, B. (2007). The consequences of compulsive sexual behavior: The preliminary reliability and validity of the compulsive sexual behavior consequences scale. *Sexual Addiction and Compulsivity*, *14*, 207-220.

Penner, J., & Penner, C. (2005). *A clinician's guide to sex therapy* (2nd ed.). Dallas: Word.

Reid, R. C., Garos, S., & Carpenter, B. N. (2011). Reliability, validity, and psychometric development of the Hypersexual Behavior Inventory in an outpatient sample of men. *Journal of Sexual Addiction & Compulsivity, 18*(1), 30-51.

Samenow, C. P. (2010). A biopsychosocial model of hypersexual disorder/sexual addiction. *Sexual addiction & Compulsivity, 17*, 69-81.

Shaver, P. R., Belsky, J., & Brennan, K. A. (2000). Comparing measures of adult attachment: An examination of interview and self-report methods. *Personal Relationships, 7*, 25-43.

Struthers, W. (2009). *Wired for intimacy: How pornography hijacks the male brain.* Downers Grove, IL: InterVarsity Press.

Ward, T., & Hudson, S. M. (1998). A model of the relapse process in sexual offenders. *Journal of Interpersonal Violence, 13*(6), 700-725.

Yarhouse, M. A., Butman, R. E., & McRay, B. W. (2005). *Modern psychopathologies: A comprehensive Christian appraisal.* Downers Grove, IL: InterVarsity Press.

Yoder, V. C., Virden, T. B., & Amin, K. (2005). Internet pornography and loneliness: An association? *Sexual Addiction & Compulsivity, 12*, 19-44.

제12장
성정체성 갈등

TV 시리즈 및 영화로도 상영된 〈섹스 앤 더 시티〉에서 미란다 역할을 했던 여배우 신시아 닉슨이 『뉴욕타임스』와의 인터뷰에서 자신은 성적 지향을 선택했다고 말하면서 게이, 레즈비언 공동체에 파장을 일으켰다. "저에게는 선택이에요. 많은 사람이 그렇지 않다는 것을 이해하지만, 저에게는 선택이에요. 다른 사람이 저의 성적 지향을 정의할 수는 없어요"(Witchel, 2012, p. MM24). 나아가 자신이 스스로에 대해 발견하고 있는 생각에 대해 다음과 같이 언급했다. "사람들은 제가 구름 속을 헤매며 스스로가 동성애자라는 것을 깨닫지 못한다고 하시는 것 같은데, 그런 생각은 정말 불쾌합니다"(p. MM24).

주류 게이, 레즈비언, 양성애자, 성전환자 공동체의 비평가들은 닉슨이 잘못된 메시지를 보냈다고 보았다. 성적 지향이 의지에 의한 것이라는 생각은 보다 광범위한 문화 전쟁에서 반대자에 의해 사용될 수 있기 때문이다. 게다가 선택에 의한 성적 지향에 관한 주장은 순진하고 취약한 동성애 청소년들을 치료하고자 하는 사람들에 의해 인용되는 편이다. 어떤 이들은 닉슨이 자신이 했던 말을 취소했다고 주장했고, 다른 사람들은 그녀의 언어와 용어를 바로잡아 주고자 했다. 그들은 닉슨이 양성애자라고 주장하면서 닉슨의 성적 지향은 동성과 이성 모두에 대해 홍분 반응을 일으킬 수 있지만, 많은 다른 성소수자가 같은 역량을 발휘할 수 있는 것은 아니라고 주장했다.

용어를 명료화하는 것이 도움이 될 것이다. 이 장은 성정체성 갈등에 초점을 두고자 한다. **성정체성**은 성적 선호에 대해 스스로를 명명한 것이고, 현대 서구 문화에서 통용되는 성정체성 분류명에는 동성애, 이성애, 양성애가 있다. 기타 성정체성 분류로 바이큐리어스(bicurious)[1], 퀴어(queer)[2], 퀘스처닝[3](questioning) 등이 있다(물론 여기에만 국한된 것이 아니다). 성인의 약 3.5%가 게이, 레즈비언 또는 양성애 정체성(게이나 레즈비언 1.7%, 양성애 1.8%; Gates, 2011; Egan, Edelman, & Sherrill, 2008 참조)을 보고한다.

성정체성은 성적 끌림과 관련된다. 실제로 우리가 제시한 것처럼, 성정체성 명칭 대부분이 개인의 끌림을 반영한다. **성적 끌림**은 다른 사람에 대한 성적 또는 정서적 관심의 감정을 의미한다. 다른 사람에 대한 끌림 혹은 관심은 성욕을 반영한다. 5~11%의 성인이 동성에 대한 끌림을 적어도 약간은 경험해 본 것으로 추정된다(Gates, 2011; Laumann, Gagnon, Michael, & Michaels, 2000).

성적 지향을 논할 때, 우리는 개인의 성욕에 기초한 지속적인 끌림의 유형을 고려하는 편이다. 우리 문화에서는 성적 지향에 대한 많은 논의가 진행되고 있는데, 특히 성적 지향의 원인과 그것이 불변하는지에 대한 논의가 활발히 이루어지고 있다. 우리의 문화적 맥락에서 성적 지향은 이성애(반대 성에 대한 끌림과 성욕), 동성애(같은 성에 대한 것), 양성애(양쪽 성 모두에 대한 것)로 구분된다. 성인 동성애 지향 유병률은 약 2~3%로 추정된다(예를 들어, Laumann et al., 2000).

기본 용어를 정리해 보면 당연히 신시아 닉슨의 진술에 문제가 있다고 볼 수 있다. 끌림, 지향, 정체성을 논할 때 수많은 용어와 개념을 고려해야 한다. 원인과 변화에 대한 설명은 우리가 사용하는 용어에 상당히 영향을 받는다.

동성애(동성애적 지향을 갖는 경험)는 주요 정신건강 기관에서 더 이상 정신 장애로 간주하지 않지만, 여전히 많은 사람은 동성에 대한 끌림, 지향, 정체성에 대한 갈등 때문에 전문적 치료 및 종교적 도움을 찾고 있다. 이러한 문제들을 포괄적으로 '**성정체성 문제**'라고 부르고자 한다. 동성에게 끌림을 경험하는 사람 중에는 이것을 문제로 경험하지 않는 사람들도 있다. 하지만 동성 연애를 시작하거나 동성애

---

1) 역주: 양성애에 대해 호기심이 있는 사람들 혹은 자신이 양성애자일 수 있다고 생각하는 사람들
2) 역주: 성소수자를 모두 포괄하여 지칭하는 말
3) 역주: 자신의 성정체성이나 성적 지향에 의문을 가지고 있는 사람들

정체성을 수용하면서 주변 사람들이 보이는 반응 때문에 고민이 생길 수 있다. 어떤 경우이든 우리는 끌림, 지향, 정체성에 대해 구체적으로 논의하고자 한다. 이 장에서는 병인론과 함께 치료와 예방을 살펴보고, 생물학적 요인, 사회문화적 요인, 임상 문제와 관련하여 이제까지 밝혀진 연구 결과에 대한 기독교적 관점에서의 이해를 제공하고자 한다.

병인론

성정체성 문제를 일으키는 원인에는 어떤 것이 있을까? 질문은 성적 끌림, 지향 또는 정체성의 원인에 대한 것이며, 그 질문 자체가 도전적인 연구 과제가 된다. 하지만 무엇 때문에 끌림, 지향, 정체성이 문제가 되어 누군가는 상담을 찾게 되는가? 이는 또 다른 질문으로 임상 유형에 대해 논의할 때 우리는 이 문제를 다루고자 한다. 물론 많은 사람은 동성에 대한 끌림, 지향 또는 정체성을 임상문제로 경험하지 않는다.

동성애적 끌림과 지향의 원인에 대한 논의는 정치적 논쟁에서 벗어나기 어렵다. 동성애에 대한 입장은 성적 지향에 대한 문화 전쟁이라고 불리는 현상의 양측에 있는 이야기/내러티브 속에서 확인할 수 있다. 한쪽에서는 천성, 생물학, 본인에게 자연스러운 것에 대한 내러티브를 작성한다. 그러면 게이나 레즈비언이라는 성정체성의 명칭은 마치 눈 색깔이나 머리 색깔의 경우처럼 개인에게 내재된 성적 지향의 반영이 된다.

문화 전쟁의 반대 측에 있는 사람들은 양육과 자유의지 위주의 내러티브를 발전시키면서 동성애와 환경적 요인 사이의 연관성을 제기한다. 환경이 핵심적 원인이라면 선택의 역할이 더욱 중요해진다. 이러한 관점을 가진 내러티브는 문제 있는 부모-자녀 관계, 성역할의 불안정성 또는 어린 시절의 원치 않았던 성경험의 역할을 강조한다. 동성애를 '선택'에 의한 것으로 보고, 그 안에서 무엇이 의지에 의한 것인지에 대한 열린 질문을 한다.

원인에 대한 양측의 이야기나 내러티브가 완벽하게 맞는 것은 아니다. 진실은 중간 어디쯤에 있다. 원인에 대한 첫 번째 내러티브와 관련하여 동성애에 대한 생물학(천성)의 역할을 지지하는 수많은 연구가 수행되어 왔다. 실제로 다른 곳(Jones

& Yarhouse, 2000; Yarhouse, 2010b)에서 더 자세히 논의한 바 있는데, 동성애의 기원에 대한 생물학적 가설은 20년 이상 진전되어 왔다. 이를 지지하는 수많은 연구가 발표되었는데, 그중에는 쌍둥이 연구(예를 들어, Langström, Rahman, Carlström, & Lichtenstein, 2008), 형제의 출생 순위와 잘 쓰는 손 연구(예를 들어, Blanchard, 2008; Blanchard, Cantor, Bogarert, Breedloe, & Ellis, 2006; Blanchard & Lippa, 2007; Bogaert, Blanchard & Crosthwait, 2007), 동물 모델(동성애 행동이 천성인지, 유전과 호르몬 및 기타 조작의 결과인지 관찰됨)(예를 들어, Demir & Dickson, 2005) 등이 있다. 최근에는 유전자 촬영(예를 들어, Mustanski, Dupree, Nievergelt, Bocklandt, Schorks & Hamer, 2005), 두뇌 대칭성, 뉴런 연결(예를 들어, Savic & Lindstrom, 2008)에 대한 연구들이 수행되고 있다.

생물학(천성)과 성적 지향의 관계는 앞서 제시한 내러티브를 그대로 따르지는 않는다. 이것은 눈 색깔이나 머리 색깔 같지 않다. 인종 같은 것도 아니다. 그렇게 정확하게 병렬관계가 되는 것은 아니지만, 동성애적 끌림과 성적 지향에 대한 성향이나 추동을 가지고 태어난 사람들도 있는 것으로 보인다. 어떤 사람들은 다른 사람들보다 선천적 성향의 비중이 큰 것 같다. 하지만 그러한 추동이 결정적이거나 확정적인 것은 아니다. 기타 요인들도 역할을 하는 것으로 보이는데, 기타 요인들은 찾아내기도 어렵고 사람마다 다르게 영향을 미치는 것으로 보인다.

환경/양육도 성적 지향의 기원에 역할을 하는 것으로 보이며, 이것은 다른 측의 입장을 지지한다. 아쉽게도 대부분의 연구는 부모-자녀 관계와 어린 시절의 성학대에만 집중되어 왔는데, 연구 결과는 어느 쪽 이론도 일관성 있게 지지하지 않는다. 환경적 영향력을 지지하는 것처럼 보이는 연구들은 광범위한 요인을 언급하지만, 해당 연구 자체가 구체적인 환경 변인을 적절하게 확인하도록 설계되지는 않았다.

선택에 대한 질문도 제기된다. 선택은 성적 끌림에 대한 최초 감정 및 우리가 지향이라고 부르는 것보다는 성정체성과 성행위에 해당하는 것으로 보인다. 정체성의 형성, 즉 특정 성정체성을 선택하는 결정을 인생 초기에 한 사람들은 개인적인 성정체성에서 이 부분을 보다 현저하게 느끼고 이를 개인 내에 강력하게 통합할 수 있다.

종합하면 우리는 동성애적 끌림이나 지향의 원인을 정확히 알지는 못한다(마찬가지로 우리는 이성애의 원인에 대해서도 알지 못한다). 오늘날 대부분의 전문가는 성적 지향이 천성(광범위하게 이해)과 양육(역시 광범위하게 이해)에서 나온 수많은 가능한 요인의 결과로 본다. 각 요인의 중요성은 사람마다 다를 수 있다.

미국 심리학회에는 다음과 같이 연구 결과를 요약했는데, 이것은 신빙성 있는 설명이다.

> 개인이 동성애, 양성애, 게이, 레즈비언의 성적 지향으로 발전하는 정확한 이유에 대해서는 학자들 사이에 합의가 이루어지지 않았다. 많은 연구가 유전, 호르몬, 발달, 사회적 영향 및 문화적 영향 등을 검토해 왔으나, 성적 지향이 특정 요인에 의해 결정된다고 결론을 내릴 만큼 강력한 결과는 나오지 않았다. 많은 사람은 천성과 양육이 보다 복합적으로 작용하는 것으로 경험하였으며, 성적 지향을 그리 선택으로 느끼지는 않는다고 보고했다.

미국심리학회의 설명은 성적 지향과 성정체성을 합쳐 놓았다. 사실 둘을 구분하는 것은 실제 임상에서 의미 있는 일이기 때문에 앞으로 논의하는 부분에서는 둘을 구별하도록 하겠다.

동성에 대한 끌림을 경험하는 사람 대부분은 그 경험을 선택하지 않았고, 동성애 지향을 갖는 것도 선택하지 않았다. 그들은 자신이 동성에게 끌린다는 것을 발견하게 된다. 하지만 그들 앞에 선택의 여지는 있다. 그들은 성행위와 성정체성을 선택할 수 있다. 이러한 선택 때문에 사람들은 정신건강 전문가를 만나러 가는 것이다.

임상적 양상과 평가

성적 지향과 성정체성 문제를 둘러싼 임상 유형은 매우 다양하며 광범위하다. 다음은 단지 소수의 예에 불과하다.

> 에바는 24세 여성으로, 3년간 사귄 여자친구와 정말 힘들게 헤어진 후에 상담을 받으러 왔다. 그들은 대학 스포츠 팀에서 함께 선수로 활동했고, 커플관계는 좋았다. 에바는 그리워하는 것과 잊고 살아간다는 것의 의미를 이야기하면서 자주 눈물을 흘렸다. 그녀는 스스로를 기독교인이라고 했고, 그 관계가 옳지 않은

것 같아서 어렵지만 선을 긋고 헤어지려고 했다고 얘기했다.

알렉산더는 26세 남성으로, 남성들과 일련의 성적인 만남을 가진 후에 걱정이 되어서 상담을 찾았다. 그는 십대 때부터 지속적으로 동성에 대한 끌림을 경험해 왔다고 보고했다. 그는 온라인을 통해 자신이 사는 지역 근처에서 성적인 만남의 기회를 찾는 습관이 있었다. 성적 만남은 주로 운동을 잘하는 매력적인 대학생들과 이루어졌고, 그들과 함께 시간을 가지면 자존감이 높아지는 것 같았다.

케브는 18세 남학생으로, 부모님의 요청으로 상담에 오게 되었다. 케브의 가족은 모두 기독교인이며, 부모님은 케브가 최근에 게이라고 정체성을 밝히자 비난하는 반응을 보이고 있다. 현 시점에서 그는 다른 선택지를 탐색하는 데 관심이 없다. 하지만 기독교인이라는 종교적 정체성과 게이 남성이라는 성정체성 사이에 갈등을 느끼고 있다.

이반은 45세 남성으로, 여성과 결혼하여 20년간 결혼 생활을 해 왔다. 그들에게는 두 자녀가 있다. 그는 청소년기부터 동성에 대한 끌림을 경험했다. 이반은 그 사실을 숨겼고, 사랑하는 여성과 결혼하면 이러한 끌림이 절제될 수 있을 것이라고 생각했다. 결혼하고 처음 4~5년간은 실제로 동성애적 성향이 줄어드는 것 같았다. 하지만 그 후에 복수라도 하듯이 그 성향이 되돌아왔고, 그는 계속 그러한 끌림과 싸우고 있다.

이러한 예들에서 알 수 있듯이, 호소하는 문제의 범위는 다양하다. 이에 대해 평가를 잘할 필요가 있다. 사람들은 성정체성에 대해 다양한 문제를 호소한다. 내담자가 마주하는 문제의 성격을 파악하는 것이 중요하다.

우리가 언급했듯이 주요 정신건강 기관들은 동성애 지향 자체는 정신질환이 아니라고 본다. 하지만 동성에 대한 끌림으로 인해 가족 및 종교 공동체와 갈등을 경험하는 등 여러 문제를 겪게 되면서 사람들은 전문적 서비스를 찾는다. 임상 면담을 통해 성생활 과거력을 포함하여 유용한 정보를 얻을 수 있다. 우리는 성정체성 연구 기관(Institute for the Study of Sexual Identity)에서 나온 워크북 『**성정체성 클리닉**(*The Sexual Identity Clinic*)』(Yarhouse, 2010c)에 실린 질문들을 임상 면담에서 활용하기도 한다.[4] 여기에는 삶의 질, 서비스를 찾는 동기, 성정체성 발달 관련 질문뿐만 아니라 성적 끌림, 성행위, 성적 지향, 성적 환상에 대한 척도도 실려 있다.

성정체성 발달을 연구하는 사람들은 게이나 레즈비언의 성정체성 형성 과정에 이정표가 되는 사건들에 주목한다. 이정표가 되는 사건들을 평가하는 것은 중요하다. 발달적 이정표에 대한 연구들을 개관하면서 사빈-윌리엄과 다이아몬드(Savin-Williams & Diamond, 2000)는 동성에게 끌리는 것을 처음 알아차리는 연령은 약 9~11세 정도이고, 처음 동성애 행위를 보이는 연령은 평균 13~16세라고 하였다. 게이, 레즈비언, 양성애자라고 스스로를 명명하는 것은 평균 14~16세였다. 다른 사람에게 공개하는 것은 평균 16~17세 정도였다. 연구에 참가한 대부분의 참가자(86~95%)는 동성애 행위를 하고 있는 것으로 보고되었으며, 이것은 성정체성 형성에서 표준적으로 나타나는 양상이다(Savin-Williams & Cohen, 2004 참조).

동성에게 처음으로 끌리는 경험, 동성애를 통한 첫 극치감 경험, 자신을 처음으로 게이, 레즈비언, 양성애자로 명명하는 것, 다른 사람에게 그것을 처음으로 공개하는 것과 같은 일들이 성소수자 사이에서 성정체성 발달의 중요한 이정표로 여겨진다. 따라서 평가 시 이러한 이정표들과 각 사건에 대한 개인의 경험에 대해 질문할 필요가 있다.

하지만 모든 성소수자가 이러한 각각의 사건을 이정표대로 경험하는 것은 아니라는 것을 기억하는 것도 중요하다. 이것은 성소수자 중 기독교인 표본에 대해 연구할 때 특히 중요하다. 예를 들어, 기독교 대학 캠퍼스의 성소수자에 대한 첫 번째 연구(Yarhouse, Stratton, Dean, & Brooke, 2009)에 따르면 이러한 이정표 사건을 경험하는 평균 연령은 비슷했지만, 정말 소수의 사람만 발달적 이정표대로 진행하고 있었다(36%가 동성애 행위를 하고 있다고 보고했고, 15%가 스스로를 게이, 레즈비언, 양성애자라고 불렀고, 20%가 현재 진행형의 동성애 관계를 가지고 있었다). 이러한 결과는 최근 같은 연구 팀(Stratton, Dean, Yarhouse, & Lastoria, 2011)에 의해 재확인되었다. 후속 연구에서는 동성과 이성에 대한 끌림 정도뿐 아니라 내재적 종교성(종교 자체에 가치를 둠)에서 높은 점수를 받은 사람인지 아닌지에 따라 성정체성 이름 붙이기와 동성애 행위에 대한 태도에서 차이가 나타났다. 보다 보수적이고 전통적인 기독교적 성가치관을 지닌 사람들이 상대적으로 동성에게 끌림을 덜 경험하고, 이성에 대

4) www.sexualidentityinstitute.org/resources/sexual-identity-clinic-for-clinicians.

한 끌림을 더 많이 보고하는 것으로 나타났다.

성정체성 이름 붙이기에 영향을 미치는 것으로 보이는 동성애적 끌림의 경험에 있어서 남성과 여성 사이에 차이가 있는 것으로 알려졌다. 남성 성소수자 중에는 약 3분의 2가 자신을 게이라고 보고하고, 3분의 1은 양성애자라고 밝혔다. 여성 성소수자들은 반대로 3분의 2가 양성애자이고 3분의 1만 레즈비언이라고 하였다(Egan et al., 2008). 이러한 사실은 여성이 남성보다 성적 유동성을 경험한다고 보는 관점과 일관되며, 다이아몬드(Diamond, 2006)의 종단 연구 결과와도 일치한다. 다이아몬드는 10년 이상에 걸쳐 89명의 성소수자 여성을 추적한 결과, 여성은(심지어 스스로를 레즈비언으로 보는 사람들도) 남성과 여성 모두에게 끌림을 느끼고 남성과 여성 모두와 성행위를 하며, 주어진 시점에서의 관심에 따라 성정체성 이름을 바꾸는 경우도 흔했다고 밝혔다.

따라서 우리는 동성애를 경험하는 사람 사이에도 다양성이 있다는 것을 강조하고자 한다. 성행위와 성정체성 이름 붙이기에 대한 결정을 할 때, 단지 종교적 배경을 가진 사람과 신앙을 중요시하는 사람 사이에는 중요한 차이가 있을 수 있다. 동성애에 대한 남성과 여성의 경험에도 의미 있는 차이가 있어 보인다. 이 모든 차이를 평가와 치료에서 고려할 필요가 있다.

치료

성적 지향의 원인만큼 논쟁이 되고 있는 주제는 적절한 치료에 대한 것이다. 동성애가 정신질환으로 여겨졌을 때에도 이 부분에 대한 의견이 분분했는데, 주요 정신건강 기관이 더 이상 동성애를 정신질환으로 분류를 하지 않는 상황에서 개인의 성적 지향을 바꾸려는 시도, 즉 재지향 치료 또는 전향 치료는 상당한 비난을 받고 있다(Yarhouse et al., 2013).

재지향 치료는 동성애를 이성애로 바꾸는 것을 목표로 한다. **회복치료**(reparative therapy)는 정상적 추동을 회복하는 것을 강조하는 형태의 재지향 치료로, 지지자들은 동성애가 개인의 삶에서 성적 추동이 잘못된 방향으로 흘러간 결과라고 믿는다.

성적 지향이 바뀔 수 있을지의 여부에 대한 의견은 분분하고, 이러한 의견의 불일치는 우리가 범주적 변화를 논하는가 또는 연속선상의 변화를 논하는가에 따라서도 생길 수 있다. 연속선상의 변화는 사람에 따라 가능할 수 있다. 물론 정확히 얼마나 자주 그런 일이 있는지, 그것이 자연스러운 유동성을 반영하는 것인지, 그러한 변화가 전문적 서비스나 사역에 의해 촉진되는지에 대해 정확히 대답하기는 어렵다. 범주적 변화는 훨씬 일어나기 어렵다. 현재는 전문적 개입을 통한 변화가 가능한지에 대한 연구가 더 필요하기 때문에 이러한 언급들이 아직은 적절하지 않을 수 있다.

내담자가 상담에 와서 성적 지향이나 성행위에 대한 변화를 요구하고 성정체성 갈등을 해결하고자 할 때, 공통적으로 걱정하는 것은 특정 성적 지향을 바꾸는 치료나 사역이 해가 되는지의 여부다. 해가 될 수 있다고 보는 견해는 연구에서 거의 입증되지 않았다. 하지만 '엑스, 엑스, 게이(ex-ex-gay)' 현상, 즉 한때 일종의 변화 프로그램을 시도했으나('엑스 게이'가 되려고 했음) 변화의 노력에서 성공을 경험하지 못했다고 느낀 사람들의 사례에 근거하여 해가 된다고 주장하기도 한다(Shidlo & Schroeder, 2002 참조).

존스와 야하우스(Jones & Yarhouse, 2011)가 수행한 변화에 대한 후속 연구에서 사람들은 평균적으로 해를 보고하지 않았다. 변화가 있었던 경우는 해가 되었기보다는 심리적 기능이 향상된 경우였다.

변화의 시도가 해가 되었는지에 대한 질문에 덧붙여 변화의 시도가 긍정적인 결과를 가져왔는지도 중요한 질문이다. 이 역시 대답하기 어려운 질문이다. **'성적 지향에 대한 적절한 치료적 반응'**이라는 제목의 미국 심리학회 대책위원회의 최근 문서에서는 심리학자들은 성적 지향의 변화를 '약속하거나 촉구하지' 않아야 한다고 권고하였다. 해당 보고서는 변화의 노력의 효과성을 지지하는 '증거가 불충분하다'고 결론을 내렸다(APA, 2009).

우리는 대책위원회의 보고서의 결론 중 일부에 대해서는 동의하지 않는다. 또한 변화의 가능성과 해가 될 가능성에 대해 다른 기준을 적용해 보면 동성애가 "인간의 성적 지향 관련의 긍정적 변이"(APA, 2009, p. 119)라는 주장에 동의하지 않게 된다. 하지만 기독교인들은 변화 방법의 효과성에 대해 정직해야 한다. 변화 방법의 효과성에 대한 기존 자료를 살펴보면 대부분의 동성애자는 재정향 프로그램에서 '치유'를 발견하지 못하는 것으로 보인다. 많은 사람은 동성애적 성향, 자기혐오, 죄책감을 가지고 힘들게 살아간다. 재정향이나 성행위 수정을 받은 사례들에서 많은 사람은 성적인 생각과 동성애적 추동 때문에 계속 유혹을 경험한다. 치료를 현실적이지 않게 계획하거나 치료 효과를 지나치게 낙관적으로 예상하는 것은 윤리적으로 문제가 될 만하다.

내담자-긍정 접근의 출현

최근 미국심리학회 대책위원회의 보고서 배경 문서는 정체성 중심이자 내담자 중심 접근인 **내담자-긍정**(게이-긍정 아님) **접근**에 대한 근거를 제공한다. 종교적 이유로 성 관련 문제에서 갈등하는 사람들을 포함하여 성소수자들을 상담할 때, 게이-긍정 치료 또는 게이-통합 치료만을 수용할 만한 유일한 상담의 형태인 것처럼 강조하는 것이 오랫동안 문제가 되어 왔다. 다행히 최근에는 보다 내담자 중심 접근을 선호하는 움직임이 생겨나고 있다.

> 우리는 긍정 접근(affirmative approach)을 내담자가 자신의 성적 지향을 어떻게 받아들이고 표현할지에 대한 선험적 치료 목표 없이 내담자의 정체성 발달을 지지하는 접근으로 정의한다. 따라서 긍정 접근은 다문화적으로 유능한 접근으로, 내담자에게 미치는 다양한 개인적 영향과 문화적 영향을 이해하고 내담자로 하여금 (a) 정체성 과정의 궁극적 목표, (b) 성적 지향의 행동적 표현, (c) 공적 영역과 사적 영역에서의 사회적 역할, (d) 성역할, 성정체성, 성적 표현, (e) 파트너의 생물학적 성과 사회적 성, (f) 그들의 관계 형태를 결정할 수 있도록 촉진한다(APA, 2009, p. 14).

내담자-긍정 접근은 개인의 성적 끌림과 변화의 가능성에 대해 현실적으로 고려하도록 격려하면서 자신의 성정체성과 성적 지향을 탐색할 때 다양한 가치와 신념, 가능한 결과에 대해 포괄적으로 살펴볼 수 있게 한다. 미국심리학회(APA, 2009)에서는 자신의 정체성에 대해 갈등을 느끼는 내담자를 상담할 때 다음의 요인을 포함하도록 권장하였다. (1) "내담자에 대한 무조건적인 긍정적 존중과 공감"과 "내담자의 문제 이해를 위해 내담자의 관점에 대한 개방성"을 포함한 수용과 지지, 내담자의 긍정적인 자기개념 발달 격려, (2) 내담자의 삶에 미친 낙인의 영향력과 내담자 특유의 과거력 및 다양한 사회적·문화적 맥락에 대한 포괄적 평가, (3) 그들이 경험하는 고통을 감소시키는 데 도움이 되는 행동적·인지적·정서적 대처 전략 교육, (4) 다양한 사회적 지지에 대한 장려와 구축, (5) 성정체성 탐색과 발달(APA,

2009, p. 86)이 그것이다. 성정체성 탐색은 다음과 같이 설명된다.

> 성정체성 탐색은 개인의 성정체성을 탐색하고 평가하는 것으로, 내담자의 성적 지향이나 성행위 방식에 대한 선언적 치료 목표 없이 성정체성 갈등을 다루어 내담자가 통합적인 성정체성을 가질 수 있도록 하는 적극적인 과정이다. 이 과정에는 위기, 애도, 재평가, 성정체성 파괴 그리고 성장을 위한 시간이 포함된다(APA, 2009, p. 86).

이렇게 내담자 특유의 경험을 수용하고 긍정하며, 그들이 기존의 목표나 결과와 상관없이 성정체성을 탐색하여 일치성과 긍정적인 자기개념을 성취할 수 있도록 성정체성을 탐색하는 과정에서 다문화적 개념과 긍정적인 개념이 주로 활용된다. 이 부분에 대한 강조가 성소수자들, 특히 자신의 성정체성에 대해 갈등 중인 사람과 작업을 할 때 이제까지 이루어졌던 주류 접근에서 변화된 부분이다. 이는 개인-긍정 치료와 재정향 치료 사이의 스펙트럼에서 중간점을 향한 움직임으로 볼 수 있으며, 치료 과정에서 양측 모두에 대해 문제를 제기해 볼 수 있게 한다. 이러한 방향성을 가진 임상가는 동성애적 끌림에 대해 갈등을 경험하는 종교적 내담자를 포함하여 다양한 배경과 가치를 가진 성소수자를 민감하게 상담할 수 있다. 미국 심리학회 대책위원회(APA, 2009)에서는 성정체성 치료를 포함하여 내담자 중심 모델에 맞는 치료의 예를 제공하였다(Throckmorton & Yarhouse, 2006; Yarhouse, 2008).

성정체성 치료

성정체성 치료(Sexual Identity Therapy: SIT)는 성소수자들이 걱정하는 문제에 대한 내담자 중심, 성정체성 중심의 접근이다(Yarhouse, 2008). SIT는 성적 지향을 덜 강조하고, 성정체성과 일치성을 보다 강조하여 내담자가 자신의 신념과 가치와 일관되게 살아갈 수 있도록 돕는다.

스록모튼과 야하우스(Throckmorton & Yarhouse, 2006)는 SIT가 **평가, 사전 동의, 심리치료, 성정체성 통합**의 4단계로 진행된다고 설명하였다.

평가 단계에서는 내담자의 호소문제에 대한 논의를 확장한다. 내담자가 동성애적 끌림이나 행동 때문에 괴로워하면 이에 대해서 평가한다. 상담을 찾는 내재적 동기와 외재적 동기를 고려하는 것이 중요하다. 미성년자와 상담할 때, 상담사는 반드시 부모나 후견인에게 동의서를 받고 당사자인 미성년자에게는 치료 승인서를 확보할 필요가 있다.

사전 동의는 논쟁이 되는 사항을 고려하여 몇 단계에 걸쳐 이루어진다(Yarhouse, 1998). 예를 들어, 주요 정신건강 기관들은 동성애를 정신질환으로 보지 않는다는 것을 알릴 수 있다. 사전 동의에는 동성애의 원인에 대한 논의와 연구의 한계가 포함되며, 가용 가능한 전문적 개입(현재까지 재정향 치료, 게이 긍정 치료, 또는 성정체성 치료의 효과성에 대하여 잘 설계된 연구가 없었다는 것도 알린다)과 전문적 치료에 대한 대안이 될 수 있는 보조치료나 사역에 대한 안내도 포함된다.

SIT의 **치료** 단계에서는 일치성 함양에 초점을 두고, 내담자가 동성애적 끌림이나

기독교인들은 무엇을 바꾸어야 하는가

성정체성 변화에 대한 논쟁에서 어떤 목사님들은 기독교인들이 그리스도와의 관계를 통해 성적 지향의 의미 있는 변화를 경험할 수 있는 것처럼 이야기한다. 주장의 요지는 변화를 시도하지 않는 것은 믿는 자에게 문제가 되기 때문에 기독교인들은 변화를 시도할 책임이 있다는 것이다.

어떤 사람들은 금욕이 몇몇 사람에게만 가능한 선택지이지만, 스스로를 '게이'라고 불러서는 안 되며, 자신의 정체성의 핵심이나 부분을 성적인 영역에 한정시켜서는 안 된다고 주장한다.

또 다른 사람들은 성정체성을 그리스도를 중심으로 다시 정립하는 것이 옳은 일일 수 있지만, 게이라는 명칭을 통해 다른 사람들에게 자신이 동성애적 끌림을 가지고 있다는 것을 훨씬 쉽게 전달할 수 있기 때문에 자신을 여전히 '게이'라고 부르고자 한다.

물론 이렇게 세 가지 선택지만 있는 것은 아니다. 어떤 사람들은 게이와 레즈비언이 '그렇게 태어난 것'이며, 변화시키려는 노력은 어떤 것이든 개인에게 본질적으로 해롭다고 믿는다. 그들은 성기를 통한 성행위를 이성애 결혼으로 한정하는 전통적인 성윤리에 대해서도 동의하지 않는다.

당신은 어떻게 생각하는가? 동성애적 끌림에 대해 무언가 해야 한다고 믿는 사람들을 위해 기독교인은 어떤 변화를 추구해야 하는가? 성정체성에서는 무엇을 추구해야 할까? 게이라는 단어를 중심으로 성정체성을 형성하면 무엇을 얻게 되고 무엇을 잃게 될까? 게이라는 말을 성정체성보다는 형용사로 사용하는 기독교인에게 무엇이라고 말하겠는가?

지향에서 변화를 경험하는 여부와 상관없이 자신의 신념과 가치와 일관된 방식으로 스스로를 정립하고 살아갈 수 있도록 돕는다.

이것을 달성하는 한 가지 방법(자세한 내용은 Yarhouse, 2008 참조)으로 동성애적 끌림이나 지향, 성정체성을 구별하여 내담자가 정체성 이름 붙이기(예를 들어, "나는 게이다.")를 하도록 하기보다는 좀 더 기술적인 언어(예를 들어, "나는 동성에 대한 끌림을 경험한다.")를 사용하여 자신을 설명하도록 한다. 이 과정에서 내담자는 자기 이해에 있어서 성역할 정체성, 생물학적 성, 행동, 신념, 가치와 같이 한 인간으로서 자신의 다양한 측면을 고려하기보다는 성적 끌림에 대해 상대적으로 무게를 두었던 것을 깨닫게 된다. 내담자는 상담사와 함께 성정체성 형성에 기여한 요인들을 탐색하면서 결국 일치성을 경험하게 되는데, 이것이 SIT의 마지막 단계인 **성정체성 통합**이다.

물론 성적 지향의 변화를 강조하며 성정체성에 대해 종교적 접근을 선호하는 내담자와 임상가도 있을 것이다. 이러한 접근은 점점 더 정신건강 서비스의 변두리에 있는 것(또는 정신건강 돌봄의 주요 흐름과 갈등 관계에 있는 것)으로 여겨질 것이다. 그런 서비스를 제공하는 사람들은 접근의 효과성을 증명하는 잘 설계된 연구를 수행하면 자신의 입지를 강화할 수 있을 것이다. 물론 우리가 논의한 모든 영역에서 잘 설계된 효과성 연구가 필요하다.

예방

동성애를 예방한다는 생각도 논란의 여지가 있다. 성역할 비순응은 이성이 주로 선호하는 게임, 취미, 의복에 관심을 보이는 것을 의미한다. 성인 동성애자들은 아동기를 회상하면서 성역할 비순응을 보고하는 경우가 많았다(Bailey & Pillard, 1995). 실제로 성역할 비순응은 성별 불쾌감을 경험하는 아동들과 동성애적 지향을 보고하는 성인들이라는 두 집단에서 주로 관찰되고 회상된다. 제13장에서 논의하겠지만 성별 불쾌감의 예방을 지지하는 연구가 있다(물론 이에 대해서도 논쟁이 있지만 말이다). 하지만 동성애의 예방을 지지하는 같은 수준의 연구는 없는 실정이다.

다르게 설명하자면 성별 불쾌감을 예방하는 데 사용되는 개입을 통해 동성애를 예방하지는 못할 것으로 보인다. 실제로 성정체성장애로 진단 받은 아동 대부분은

독신과 성소수자

리사 그레이엄 맥민(Lisa Graham McMinn)은 자신의 기독교 통합 서적인 **『성과 거룩한 동경(Sexuality and Holy Longing)』**의 독신에 대한 장에서 동성애 주제를 함께 다루었다. 독신인 기독교인들은 다양한 이유에서 독신일 수 있다. 10대 후반이나 20대에 동성애였다가 현재 결혼하지 않고 지내는 경우도 있을 수 있고, 이성애이지만 거의 50대, 60대가 되도록 결혼을 하지 않는 경우도 있다. 결혼을 했지만 이혼이나 배우자의 죽음 때문에 독신인 경우도 있다. 성소수자 기독교인들은 동성애 관계를 가지면 안 된다고 믿거나 또는 혼합 성지향 결혼(즉, 동성애자가 이성애자와 결혼하는 것)을 선택하지 않아서 결혼을 하지 않는 경우도 많다.

성소수자에 의한 독신 상태가 다른 독신과 비슷할까, 다를까? 한 가지 실용적 차이라고 한다면 독신 이성애자들은 이성과 데이트하고 애무(포옹, 키스)를 시도하면서 그것이 부도덕한 행위로 보일 수 있다는 염려를 하지 않는다. 같은 시도가 교회의 성소수자에게는 허용되지 않는다. 이것은 중요한 차이점인데, 성소수자의 금욕 생활과 독신생활을 논하는 사람들이 이점을 충분히 고려하지 않을 수 있다. 매우 염려스러운 부분은 교회에 있는 성소수자 성인들이 정서적으로나 신체적으로 자신의 욕구를 충족시키려고 시도하면(예를 들어, 애무) 그것은 부도덕한 행위가 되어 '죄를 짓는 것'일 수 있기에 조심해야 한다는 메시지가 전달된다는 점이다. 어떤 사역자는 동성애 성향을 가진 사람들은 죄악된 성관계에 '빠질까' 하는 두려움을 가지고 있기 때문에 함께 동거해서는 안 된다고 주장한다. 어떤 사람들에게는 이것이 건전한 조언일 수도 있지만, 기독교인 동성애적 성향의 사람들에게는 자신이 지나치게 성적이기 때문에 자신의 성적 욕구와 끌림을 두려워해야 한다는 말이 된다.

유사성의 측면에서 독신을 지지할 수 있는 그리스도의 몸의 확장이 필요하다. 지역 교회 프로그램은 상당 부분 결혼한 부부와 가족에 초점이 맞추어져 있다. 독신자를 위한 프로그램은 결혼을 돕는 방향으로 이루어지는데, 의도치 않았더라도 마치 독신 상태가 '불완전'하고 '부족'하다고 보는 메시지를 전달하게 된다. 그리스도의 몸을 금욕도 하나의 괜찮은 대안으로 보고 독신자들에게 정서적 지지와 영적 지지를 충분히 제공할 수 있을까라고 질문해 보면 어떨까? 누가 실패의 짐을 함께 짊어질 것이며, 오늘날 지역 교회에서 어떻게 이것을 실질적으로 구현할 수 있을까?

자라면서 동성애나 양성애를 지향하는 것으로 보고되었다. 동성애를 예방할 수 없다고 이야기하려는 것이 아니다. 예방책은 주로 병인론과 관련이 있기 때문에 앞서 논의한 것처럼 우리는 동성애적 끌림이나 지향에 영향을 미치는 다양한 요인을 살펴보고 있다. 여러 요인은 사람마다 다른 비중의 중요성을 갖는 것으로 보인다.

양육(환경적 영향)과 천성이 성적 지향에 영향을 미치는 것이 확실하기 때문에 성별 불쾌감에 대한 예방 연구에서 찾아볼 수 있는 지침이나 원리를 따르기로 결심하는 부모들도 있다. 여기에는 동성 부모와 자녀 간의 관계 증진하기, 가정에서 명확한 경계 세우기, 성관계 · 성 · 성행위에 대한 정확하고 건강한 지침과 교육 제공하기, 가정에서 그리고 또래와 건강한 관계 만들기가 포함된다(Yarhouse, 2010b).

이 과정의 어떤 지점에서 임상가들은 부모가 스스로 무엇을 하고 있고, 왜 그렇게 하고 있는지를 검토해 보도록 도울 수 있다. 이러한 조치들을 통해 부모는 건전한 자녀 양육을 도모할 수 있다. 이러한 노력으로 동성애를 예방할 수도 있고 못할 수도 있다. 부모는 그 과정에서 자신들이 동성애에 대해 가지고 있는 감정을 이해하고, 어떻게 무조건적인 사랑을 표현할 수 있을지를 생각해 보며, 동성애적 끌림과 지향 및 성정체성 사이의 차이점에 대해서도 고민해 보게 된다.

예방을 논할 때는 동성애적 끌림이나 지향, 게이나 레즈비언의 성정체성을 경험하는 사람들이 주로 보고하는 공병문제까지 범위를 확장할 수 있다. 공병문제에는 우울장애, 불안장애, 물질사용장애, 니코틴 의존, 자살 생각과 의도, HIV 및 에이즈 같은 성병 및 기타 문제와 같은 정신건강문제와 신체건강문제가 포함된다(Cochran, Sullivan, & Mays, 2003; Cochran & Mays, 2007; de Graaf, Sandfort, & ten Have, 2006; Lewis, Derlega, Griffin, & Krowinski, 2003).

최근 가장 많은 관심을 받는 영역은 초등학생, 중고생 대상의 또래 집단에서 나타나는 학교폭력을 줄이는 부분일 것이다. 임상가는 학교폭력을 줄이기 위해 위험요인을 인식하고 가족 및 지역 학교 체계와 협력할 필요가 있다. 효과적인 반폭력적 개입을 위해 학교폭력 목격자들의 역량을 강화하여 학교폭력 현장(또는 사건이 일어나는 것을 본 사람들)을 집중적으로 다루는 경향이 있다.

맺음말

기독교적 환경에서 동성애에 대한 두 가지 주요 질문이 등장한다. 그것은 "무엇이 성적 지향의 원인인가?"와 "성적 지향이 바뀔 수 있는가?"다. 이 장이 두 질문을 답하는 데 도움이 되기를 바란다. 우리는 두 질문에 내재된 몇몇 가정을 검토해 보고자 한다.

동성애의 병인론과 관련하여 동성애적 연합을 축복할 것인가, 동성애 행위에 참여하는 사람들에게 목사나 사역자 같은 공식적인 성직을 부여할 것인가 등이 교회에서 논쟁이 되고 있다. 기독교 성윤리에서 벗어나 변화를 옹호하는 사람들은 동성애는 천성의 문제이고, 동성애 행위는 그 사람이 누구인가에 대한 자연스러운 표현일 뿐이라고 주장한다. 사람들이 동성애 행위를 일부러 선택한 것이 아니라면, 그것은 성과 성적 표현에 있어서 하나님이 창조하신 선하심을 나타내는 것이라고 본다. 그렇다면 하나님은 인구의 3~4%의 사람을 동성에 끌리도록 혹은 동성애 지향을 갖도록 창조하신 것일까?

일단 우리는 개인이 동성애적 끌림이나 지향을 경험한다는 사실이 하나님으로부터 온 것인지 아닌지를 알려 주는 척도는 아니라고 본다. 만약 하나님이 개인을 위해 또는 온전한 성기에 기초한 성적 표현에 대해 의도하신 바가 있다고 볼 때, 자연에는 하나님으로부터 온 것이 아닌 많은 것이 존재한다. 더 광범위한 차원에서 성정체성의 신학, 즉 신정론에 대한 질문을 제기할 수 있다.

> 그것은 타락의 결과일 수 있는 경험을 어떻게 이해하느냐에 대한 질문이다. 우리가 우울이나 불안의 선천적 경향성을 두고 하나님이 사람을 우울하게 혹은 불안하게 창조하셨다고 보지 않는 것처럼, 경험이나 상태의 존재가 그 사람을 향한 하나님의 의도라고 결론 내리는 것에 대해서 주의할 필요가 있다. 정상적인 인간의 기질이나 성격은 다양하며, 그 안에 병리적이지 않은 문제가 존재한다는 점을 고려할 때, 사람들을 향한 하나님의 뜻을 생각해 볼 수 있다. 사람들은 신경증적 성향(또는 정서적 불안정성)을 가지고 있지만, "하나님이 나를 이렇게 만드셨어"라는 생각에서 나아가 "하나님은 어떤 식으로 내가 그리스도를 닮는 모습으로 성장하여 나의 삶과 관계 속에서 성령의 열매를 나타내기를 원하실까?"를 질문해

보아야 한다(Yarhouse, 2010a, p. 5).

원인에 대한 질문과 더불어 우리는 성적 지향이 바뀔 수 있는지에 대한 질문을 자주 받는다. 더 정확히 말하자면 정말 열심히 노력하거나 예수 그리스도의 치유의 힘을 진심으로 믿는다면 변화될 수 있다고 가정하는 기독교인들을 만나게 되는데, 그 가정을 검토해 볼 필요가 있다. 야하우스(Yarhouse, 2010b)는 냉소적 비관주의와 거만한 낙관주의의 차이를 구분하였다. **냉소적 비관주의**는 동성애에 대한 자신의 끌림이나 지향이 전혀 의미 있게 변하지 않는다고 보는 관점이다. 이 견해는 성적 지향에 있어서 불역성을 고수하는 주류 LGBT의 관점이자 주요 정신건강 기관의 입장이다(여성 성소수자들의 경우에는 선천적 유동성을 보이는 경우가 흔하다는 예외사항을 덧붙이기는 한다).

거만한 낙관주의는 몇몇 보수적인 기독교인 사이에서 볼 수 있다. 이것은 누구이든 충분히 노력하거나 충분한 믿음을 가지면 자신의 성적 지향을 바꿀 수 있으며, 그 변화는 완전할 수 있다(동성애에서 이성애로의 범주적 변화)고 보는 견해다.

우리는 **책임감 있는 성경적 희망**이라고 불리는 중도를 추천한다(Yarhouse, 2010b). 이것은 의미 있는 변화나 우리가 성적 끌림의 연속선상의 이동이라고 부르는 것을 경험하는 사람들도 있지만, 대부분은 범주적 변화(완전한 동성애적 끌림에서 완전한 이성애적 끌림으로의 변화)를 경험하지 않는다고 보는 입장이다. 연속선상의 변화가 의미 있을 수 있으며, 행동적 변화와 정체성 이름 붙이기의 변화는 진정성 있게 느껴질 수 있고 통합성 수준을 반영하는 것일 수 있다. 그렇다고 해서 개인의 동성애적 끌림이 완전히 없어지는 것은 아니다. 사실 변화를 시도하는 사람 대부분은 동성애적 끌림을 지속적으로 보고하는 편이다(Jones & Yarhouse, 2007, 2011).

우리는 이것을 변화를 시도한 개인의 실패로 보지 않는다. 하나님의 실패로도 보지 않는다. 사람들은 많은 문제를 가지고 하나님께 기적 같은 도움을 청하며 살아간다. 때로는 하나님께서 기적적으로 역사하시지만, 많은 경우에 하나님은 우리가 기대하지 않은 방식으로 응답하신다. 하나님이 개인 내의 다른 경험이나 성품을 '예스(Yes)'라고 만들어 가기 위해 동성애적 행위에 대해서 '노(No)'라고 하면서 인내하게 하실 수도 있다.

서서히 **끌림**의 변화(성적 끌림의 연속선에서 의미 있는 변화)를 보고하는 사람들도 있지만, 많은 사람은 **성행위**와 **성정체성**을 변화 가능한 영역으로 경험한다. 그들은 자신이 해 왔던 일련의 행위를 그만두기로 결심할 수 있다. 그들은 종교적 성정체성의 기준에서 자신의 경험을 보다 잘 반영하는 성정체성 이름을 결정할 수도 있다. 동성애 행위를 절제하기로 선택한 기독교인들은 스스로를 게이나 레즈비언으로 정의하지 않기로 선택할 수 있다(Chambers, 2009). 그들은 게이 정체성을 선택하는 것이 그리스도를 따르는 사람으로서 살아가는 자신에게 최선이 아니라고 본다. 동성애 행위를 삼가는 기독교인 중에는 매일 자신이 경험하는 현실, 즉 동성에게 끌린다는 것을 빠르게 전달하기 위해 게이 정체성을 선택할 수도 있다(Hill, 2010).

게이 정체성을 해체하는 사람들도 있다. 이들에 대해 '게이 스크립트'를 소개하는 책에 논의되어 있다(Yarhouse, 2010b, p. 48).

스크립트는 행동과 관계에 대한 문화적 기대를 반영한다. 우리는 언제 결혼할지, 언제 아이를 가질지, 어떻게 층계를 걸어 올라갈지, 어떻게 수업을 경청할지 등 많은 활동에 대한 스크립트를 가지고 있다. 우리는 거의 인식하지 못하지만, 그것들은 우리의 문화적 경험의 일부다. 그러한 맥락에서 다음의 '**게이 스크립트**'는 동성애적 끌림의 경험을 이해하는 하나의 방식이다.

- 동성애적 끌림은 자연스럽게 발생하는 또는 '하나님께서 의도하신' 동성애, 이성애, 양성애가 서로 구분된다는 것을 알려 주는 신호다.
- 동성애적 끌림은 당신이 한 사람으로 당신이 '진짜 누구인지'를 알아가는 방식이다(**발견**을 강조함).
- 동성애적 끌림은 한 사람으로서 당신이 누구인가의 핵심에 해당한다.
- 동성애적 행위는 그 핵심의 연장선이다.
- 성정체성에 대한 자기실현(당신이 '진짜 누구인지'에 맞는 행동)은 전반적인 자기실현에 결정적인 역할을 한다.

일련의 연구들은 사람들이 개발하고 따르는 많은 다른 대안적 스크립트가 가능하다고 주장한다. 그중에 '**그리스도 안에서**'로 불리는 스크립트도 있는데, 거기서는 그리스도 안에서 개인의 정체성이 매우 의미 있다고 본다. 스크립트 내용은 다음과 같다.

- 동성애적 끌림은 사람들의 유형에 대한 범주적 구별을 의미하지 않으며, '원래 그래야만 하는 것이 아닌' 많은 인간 경험 중 하나일 뿐이다.

- 동성애적 끌림이 당신의 경험 중 일부일 수는 있지만, 당신의 성정체성을 정의하는 결정적 요소는 아니다.
- 당신은 동성에게 끌리는 경험을 게이 정체성에 통합하는 것을 선택할 수 있다.
- 반대로 당신은 생물학적 성이나 성별 정체성 등을 포함한 다른 경험을 중심으로 자신의 정체성을 선택할 수도 있다.
- 기독교인의 사람됨에서 가장 중요한 것은 예수를 따르는 자가 의미하는 것의 핵심이자 정의인 그리스도 안에서의 정체성이다(p. 51).

기독교인 인류학자인 패리스(Paris, 2011)는 게이 정체성의 해체에 대한 논의를 확장하면서 '게이'와 '이성애자'라는 이름 모두에 문제가 있다고 주장하였다. 두 가지 이름 모두 역사적으로 성정체성 명명하기에 대한 비교적 최근 경향을 반영한다. 패리스는 다음과 같이 말했다.

> 성정체성은 인간이 무엇을 의미하는지에 대한 19세기 서구의 개념이다. 이것은 개인의 성욕의 방향이 개인의 성정체성을 구성하고, 이름(게이, 레즈비언, 이성애자 등)과 사회적 역할을 부여할 수 있다는 신념에 기반한 것이다(p. 41).

> 패리스는 기독인들에게 필요하다면 '게이'와 '이성애자'라는 성정체성 이름 붙이기를 해체하라고 도전하였다. 믿는 자에게 이런 이름 붙이기는 적절하지 않다. 우리의 성적 끌림과 성행위를 바탕으로 성정체성을 형성하여 스스로를 이름 붙이기 틀에 가두어서는 안된다.

> 동성애가 치료될 수 있는 질병이라면, 동성애자는 일종의 아픈 사람일 것이다. 하지만 우리의 중심을 치료가 아닌 돌봄에 맞출 때, 성은 있는 그대로 수용될 수 있으며, 인간 욕구의 갈등을 표현하는 삶의 소중한 부분이자, 은혜의 통로가 될 것이다(p. 109).

성정체성 문제는 정신건강 전문가 사이에서 계속해서 논란이 될 수 있는 부분이다. 기독교인 심리학자와 상담사는 이 영역에서 고민하며 답을 찾는 내담자들에게 명쾌한 서비스를 제공할 수 있는 특별한 위치에 있으며, 성적 끌림이나 지향, 성정체성에 대해 우리가 아는 것과 알지 못하는 것을 명료화하여 기독교 지역사회에 자원을 제공할 수 있다. 교회는 이 문제를 그리스도의 몸 안에서 해결하고, 기독교 신앙과 과학을 통합한 임상 서비스를 개발하며, 나아가 더 넓은 문화에 대한 증인으로서 기독교인들이 무엇을 믿으며 왜 그것을 믿어야 하는지에 대한 목소리를 내야 할 것이다.

참고문헌

American Psychological Association. (2008). *Answers to your questions for a better understanding of sexual orientation and homosexuality*. Washington, DC: American Psychological Association. Retrieved from www.apa.org/topics/sexuality/sorientation.pdf

American Psychological Association. (2009). *Appropriate therapeutic responses to sexual orientation*. Washington, DC: American Psychological Association.

Bailey, J. M., & Pillard, R. C. (1995). Genetics of human sexual orientation. *Annual Review of Sex Research, 6,* 126–150.

Blanchard, R. (2008). Review of theory and handedness, birth order, and homosexuality in men. *Laterality, 13*, 51–70.

Blanchard, R., Cantor, J. M., Bogaert, A. F., Breedloe, S. M., & Ellis, L. (2006). Interaction of fraternal birth order and handedness in the development of male homosexuality. *Hormones and Behavior, 49*, 405–414.

Blanchard, R., & Lippa, R. A. (2007). Birth order, sibling sex ratio, handedness, and sexual orientation of male and female participants in a BBC internet research project. *Archives of Sexual Behavior, 36*, 163–176.

Bogaert, A. F., Blanchard, R., & Crosthwait, L. E. (2007). Interaction of birth order, handedness, and sexual orientation in the Kinsey interview data. B*ehavioral Neuroscience, 5*, 845–853.

Chambers, A. (2009). *Leaving homosexuality: A practical guide for men and women looking for a way out*. Eugene, OR: Harvest House.

Cochran, S. D., & Mays, V. M. (2007). Physical health complaints among lesbians, gay men, and bisexual and homosexually experienced heterosexual individuals: Results from the California quality of life survey. *American Journal of Public Health,* 97, 2048–2055.

Cochran, S. D., Sullivan, J. G., & Mays, V. M. (2003). Prevalence of mental disorders, psychological distress, and mental health services use among lesbian, gay, and bisexual adults in the United States. *Journal of Consulting and Clinical Psychology 71*, 53-61.

de Graaf, R., Sandfort, T. G. M., & ten Have, M. (2006). Suicidality and sexual orientation: Differences between men and women in a general population-based sample from the Netherlands. *Archives of Sexual Behavior, 35*, 253-262.

Demir, E., & Dickson, B. J. (2005). Fruitless splicing specifies male courtship behavior in drosophila. *Cell, 121,* 320-326.

Diamond, L. M. (2006). *Sexual fluidity: Understanding women's love and desire.* Cambridge, MA: Harvard University Press.

Egan, P. J., Edelman, M. S., & Sherrill, K. (2008). *Findings from the Hunter college poll of lesbians, gays, and bisexuals: New discoveries about identity, political attitudes, and civic engagement.* New York: City University of New York.

Gates, G. J. (2011, April). *How many people are lesbian, gay, bisexual, and transgender?* The Williams Institute, UCLA School of Law.

Hill, W. (2010). *Washed and waiting: Reflections on Christian faithfulness and homosexuality.* Grand Rapids: Zondervan.

Jones, S. L., & Yarhouse, M. A. (2007). Ex-gays? *A longitudinal study of religiously mediated change in sexual orientation.* Downers Grove, IL: InterVarsity Press.

Jones, S. L., & Yarhouse, M. A. (2011). A longitudinal study of attempted religiouslymediated sexual orientation change. *The Journal of Sex and Marital Therapy, 37*, 404-427.

Långström, N., Rahman, Q., Carlström, E., & Lichtenstein, P. (2008). Genetic and environmental effects on same-sex sexual behavior: A population study of twins in Sweden. *Archives of Sexual Behavior, 39*(1), 75-80.

Laumann, E. O., Gagnon, J. H., Michael, R. T., & Michaels, S. (2000). *The social organization of sexuality: Sexual practices in the United States.* Chicago: University of Chicago Press.

Lewis, R. J., Derlega, V. J., Griffin, J. L., & Krowinski, A. C. (2003). Stressors for gay men and lesbians: Life stress, gay-related stress, stigma consciousness, and depressive symptoms. *Journal of Social and Clinical Psychology, 22*, 716-729.

McMinn, L. G. (2004). *Sexuality and holy longing: Embracing intimacy in a broken world.* San Francisco: Jossey-Bass.

Mustanski, B. S., Dupree, M. G., Nievergelt, C. M., Bocklandt, S., Schork, N. J., & Hamer, D. H. (2005). A genomewide scan of male sexual orientation. *Human Genetics, 116*(4), 272-278.

Savic, I., & Lindström, P. (2008, July 8). PET and MRI show differences in cerebral asymmetry and functional connectivity between homo-and heterosexual subjects. *Proceedings of the National Academy of Sciences of the United States of America, 105*(27), 9403-9408.

Savin-Williams, R. C., & Cohen, K. M. (2004). Homoerotic development during childhood and adolescence. *Child and Adolescent Psychiatric Clinics of North America, 13*(3), 529-550.

Savin-Williams, R. C., & Diamond, L. M. (2000). Sexual identity trajectories among sexual-minority youths: Gender comparisons. *Archives of Sexual Behavior, 29*(6), 607-627.

Shidlo, A., & Schroeder, M. (2002). Changing sexual orientation: A consumers'report. *Professional Psychology: Research and Practice, 33*(3), 249-259.

Stratton, S., Dean, J., Yarhouse, M. A., & Lastoria, M. (2011). Sexual minorities in faith-based higher education: A national survey of attitudes, milestones, identity, and religiosity. *Journal of Psychology and Theology, 41,* 3-23.

Throckmorton, W., & Yarhouse, M. A. (2006). *The sexual identity therapy framework.* Available online at: www.sitframework.com.

Williams, J. W. (2011). *The end of sexual identity: Why sex is too important to define who we are.* Downers Grove, IL: InterVarsity Press.

Witchel, A. (2012, January 22). Life after "sex." *New York Times*, MM24.

Yarhouse, M. A. (1998). When clients seek treatment for same-sex attraction: Ethical issues in the "right to choose" debate. *Psychotherapy, 35,* 248-259.

Yarhouse, M. A. (2008). Narrative sexual identity therapy. *American Journal of Family Therapy, 36,* 1-15.

Yarhouse, M.A. (2010a). At the intersection of religious and sexual identities: A Christian perspective on homosexuality. Monograph for the Gospel Coalition's Christ on Campus Initiative. Don A. Carson (Ed.). Retrieved from http://thegospelcoalition.org/cci/article/at_the_intersection_of_religious_and_sexual_identities_a_christian_per.

Yarhouse, M. A. (2010b). *Homosexuality and the Christian: A guide for parents, pastors, and friends.* Minneapolis: Bethany House.

Yarhouse, M. A. (2010c). *The sexual identity clinic: Modules for informed consent, assessment, and intervention.* Virginia Beach: Institute for the Study of Sexual Identity.

Yarhouse, M. A., Kays, J., & Jones, S. L. (2013). The sexual minority client. In R. K. Sanders (Ed.), *Christian counseling ethics* (2nd ed.). Downers Grove, IL: Inter-Varsity Press.

Yarhouse, M. A., Stratton, S. P. , Dean, J. B., & Brooke, H. L. (2009). Listening to sexual minorities on Christian college campuses. *Journal of Psychology and Theology, 37*(2), 96-113.

제13장
성별 불쾌감

조지 조겐슨 시니어(George Jorgensen sr.)와 그의 아내 플로렌스(Florence)는 덴마크계 미국인으로 1922년에 결혼했다. 조지 시니어는 연안 경비대에서 일하다가 나중에는 아버지가 경영하는 건설 회사에서 근무하면서 목수로도 일하였다. 1926년 5월 30일에 조지 시니어와 플로렌스는 아들을 낳아 조지 윌리엄 조겐슨(George William Jorgensen)이라고 이름을 지었다. 조지 주니어는 몇 주 후에 덴마크계 루터 교회에서 세례를 받았다.

조지 주니어는 뉴욕에서 자랐고, 브롱크스의 크리스토퍼 콜럼버스 고등학교를 졸업했다. 또래에 비해 허약한 편이었고, 친구 관계에서는 수줍음이 많고 내성적이었다. 그는 보통 남아들이 즐기는 신체 활동, 스포츠, 경쟁 등은 피하려는 경향이 있었다. 그는 유티카에 있는 모호크 대학에서 사진학을 공부했고, 1945년에 징병되어 짧게 군복무를 했다. 그 후에는 맨하튼에서 의치과 조무 학교를 다녔다.

그는 자신이 일종의 성장애와 정서장애를 가지고 있다고 자주 느꼈다. 그는 자신의 상태를 이해하기 위해 집 근처에 위치한 뉴욕 메디컬 아카데미 의학 도서관을 자주 찾았다. 남성에 대한 끌림 때문에 조지 주니어는 자신이 동성애자일까 봐 걱정이 많았다. 그는 에스트라디올이라는 여성 호르몬을 가지고 실험을 시작했다. 이 실험은 스웨덴에서 에스트라디올이 만족스러운 결과를 가져올 수 있다는 연구가 수행되어 치료의 가능성에 대한 소식을 접하면서 시작된 것이다. 그는 외국으로 여행을 다니면서 도움을 구한 끝에 결국 내분비학자인 크리스찬 햄버거(Christian Hamburger) 박사를 만나게 되었다. 햄버거 박사는 호르몬 대체 요법을 시행해 줄 수 있는 사람이었다. 시간에 걸쳐 조지 시니어는 고환과 성기를 제거하는 수술을 받았고, 나중에는 질 성형 수술도 받았다. 조지 주니어는 크리스찬 햄버거 박사를 기리려고 1952년에 크리스틴 조젠슨(Christine Jorgensen)으로 개명했다. 그가 걸어온 삶의 여정은 1950년대 미국에 큰 반향을 일으켰다. 뉴욕 데일리 뉴스는 신문 1면 제목으로 '옛 군인이 금발의 미녀가 되다: 수술로 브롱크스 젊은이가 탈바꿈했다'라고 게시했다. 크리스틴은 당시 가장 잘 알려진 성전환 수술 사례가 되었다(Jorgensen, 1967).

크리스틴 조젠슨이 보이는 성정체성 문제는 1950년대 당시에 논란거리였다. 오늘날에는 문화적으로 보다 다양한 성정체성 및 성별 정체성이 존재하고, 인터넷으로 클릭 한 번만 해도 연결되는 공동체들이 형성되고 있지만, 여전히 성정체성 문제는 논란이 되고 있다.

지속적이고 유의미하게 이성과 동일시하는 사람은 성별 불쾌감을 경험하는 것으로 진단된다. DSM-5에서는 아동, 청소년, 성인이 보이는 **성별 불쾌감**을 "최소 6개월 동안 자신의 경험된/표현되는 성별과 할당된 성별 사이의 현저한 불일치"라고 설명하였다(APA, 2013, p. 452). 아동이 성별 불쾌감으로 진단되려면 8개 증상 중 6개 이상을 보이면서 이성이고자 하는 강한 욕구를 경험하거나 자신이 이성이라고 주장해야 한다. 이는 복장도착에 대한 선호나 이성의 옷을 입고 흥분을 경험하는 식으로 나타날 수 있다. 다른 가능한 증상으로는 "자신의 성적 해부학에 대한 강한 혐오" 및 이성과의 우정 및 이성이 주로 선호하는 게임을 선호하는 것이 있다(p. 452).

청소년과 성인은 6개 증상 중 최소 2개를 보이면서 "자신이 경험하는 성별 및 표현된 성과의 현저한 불일치로 인한 일차 또는 이차 성징을 제거하고자 하는 강한 갈망" "이성이 되고 싶은 강한 갈망" "이성으로서 대우 받고 싶은 강한 갈망" "자신이 이성의 전형적인 느낌과 반응을 가지고 있다는 강한 확신"을 동반한다(APA, 2013, p. 452). 청소년과 성인은 성별 불쾌감의 경험을 보다 잘 설명할 수 있는 편이다. 그들은 호르몬 치료와 수술을 요청하거나, 외모를 바꾸기 위한 방안을 찾는다.

DSM-5에 실린 성별 불쾌감에 대한 내용은 성별 불쾌감이나 성별 불일치감을 보다 넓게 이해하는 이론가들(예를 들어, Carroll, 2000)의 의견과 일치한다. 그들은 진단명을 단지 진단 기준을 충족시키는 사람이나 성별을 바꾸고자 하는 사람 이상으로 많은 사람을 지칭하는 포괄적 용어로 본다. 물론 호르몬 치료나 수술에 대한 욕구가 없는 성별 불쾌감도 존재할 수 있다.

트렌스젠더 공동체는 트렌스섹슈얼, 제3의 성, 두 개의 정신, 남장 여성/여장 남성, 복장 도착자, 이성 복장을 한 사람 등 다양한 용어로 성별 불쾌감을 경험하는 사람들을 표현한다(Carroll, 2007). 따라서 **트렌스젠더**는 “성별 정체성이 남성이나 여성이라는 분류를 넘어서서 다양한 방식으로 경험되는” 성별을 의미하는 용어다(p. 479). 이러한 표현은 미국 원주민들의 경우와 본질적으로 ‘두 개의 정신’으로 스스로를 정의하는 사람들의 경우처럼 문화적 이해를 반영한다. 어떤 이론가들은 복장도착증은 이성의 의복에 관심이 있지만 이성으로 전환하는 데 특별히 관심이 있는 것이 아니기 때문에 성정체성 문제가 아니라고 보았다(McConaghy, 1993).

유병률 추정치에 대해 11,000명의 성인 남성 중 1명, 30,000명의 성인 여성 중 1명 정도가 성별 불쾌감의 공식 진단 기준을 충족할 것으로 추정하는 전문가들이 있는데, 이 수치는 네덜란드에 있는 특수 클리닉을 찾은 사람들을 기준으로 나온 것이다(Zucker & Bradley, 2005). DSM-5(APA, 2013)에서는 성인 남성의 0.005~0.014%, 성인 여성의 0.002~0.003% 정도로 유병률을 추정하였다. 하지만 성별 불쾌감의 연속선상에 있으면서 공식 진단 기준을 충족하지 않고 특수 클리닉을 찾지 않는 아동, 청소년, 성인을 포함하면 유병률이 더 높을 것으로 예상된다. 성별 불쾌감 증상은 청소년기나 성인기보다는 아동기에 더 흔하게 나타나는 편이라서 특화된 치료를 찾는 성인을 대상으로 한 연구를 통해 정확한 유병률을 얻기는 더욱 힘들다.

병인론

성별 불쾌감 또는 성별 불일치성의 원인은 불명확하다. 캐롤(Carroll, 2000)은 부분적으로는 트렌스젠더 공동체의 다양성에서 원인을 찾아볼 수 있다며 다음과 같이 설명하였다. “어려움의 일부는 병인론이 복장도착, 남성애[1], 자기여성애[2]의 남

1) 역주: 남성에게 성적으로 끌림

2) 역주: 생물학적으로 남성인 사람이 자신이 여성이 되는 것을 상상하며 흥분을 느낌

성이 자신을 여성으로 경험하는 성별 불쾌감과 남장 여성이나 여성애 여성이 자신을 남성으로 경험하는 성별 불쾌감과 같이 다양한 현상을 설명해야 하기 때문에 발생한다."(p. 378)

초기 이론은 **각인론**(Money, 1986)으로 발전하였는데, 각인론에 따르면 아동은 발달 초기에 성정체성을 학습하게 된다. 이 이론은 본질적으로 행동적 이론을 확장하여 아동이 학습하는 성정체성은 "남성적 또는 여성적으로 분류되는 성에 기초한 행동, 자신이 소속되고자 하는 생물학적 성에 대한 바람, 성적으로 끌리는 사람의 성"을 포함한다고 제안하였다(McConaghy, 1993, p. 163).

해당 분야의 이론가들은 행동주의와 학습 이론을 넘어서서 생물학이 성별 불쾌감의 원인으로 작용하는지, 그렇다면 어떤 식으로 작용하는지에 대해 연구하기 시작했다. 몇몇 연구는 간성(intersex)/양성(hermaphrodite) 조건에 대한 연구에 의해 촉진되었다. 처음에는 성인들 사이에 호르몬의 차이를 고려하였는데, 연구 결과는 이를 지지하지 않았다.

오늘날 연구자들은 성별 불쾌감의 원인을 이해하기 위해 성적 지향의 원인에 대해 연구할 때 살펴보는 영역들을 연구하는 경향이 있다. 특히 태아기의 호르몬 노출, 유전, 동물 모델, 신경해부학적 뇌구조에 대한 연구가 이루어지고 있다. 몇몇 영역(예를 들어, 뇌의 신경해부학적 영역, 잘 쓰는 손)에서는 차이가 보고되기도 하였으나, 다른 영역들(예를 들어, 유전, 출생 직후의 호르몬의 수준)에서는 차이가 없었다. 보고된 차이들 중에는 치료(호르몬 개입이 사용되었을 때)에 의해 설명될 수 있는 것도 있기 때문에 모든 사례를 트렌스젠더와 트렌스젠더가 아닌 사람 간의 차이라고만 볼 수는 없다(Carroll, 2000, 2007).

천성을 반영하는 영역과 더불어 양육에 대한 연구도 이루어져 왔다. 몇몇 모델은 학습 이론에 기초하여 성별 정체성이 "성역할 행동에서 나와서 외부 체계에 의해 만들어진다"고 보았다(Carroll, 2007, p. 483). 이 생각에 따르면, "아동의 성별 범주와 행동"은 출생 시부터 사회화되기 때문에 "이성의 행동과 정체성이 강화되고 성별 부합적 행동은 처벌된 것이 틀림없다"(p. 379). 비슷한 맥락에서 주커와 브래들리(Zucker & Bradley, 1995)는 성별 불쾌감을 가진 아동은 이성의 행동이 용인되고, 전형적으로 무반응적인 부모님에 의해 양육되는 경우가 많다고 주장하였다. 어떤 경우에는 부모님이 그러한 행동에 대해 혼내기보다는 격려했을 수 있다. 다른 이론가들도 비슷한 가능성을 제기하였으며, 성별 불쾌감을 가진 남아의 어머니를 대상으로 표현된 정서(비난과 과잉 관여 포함)와 같은 요인에 대한 연구(예를 들어, Owen-Anderson, Bradley, & Zucker, 2010)가 꾸준히 수행되고 있다.

성별 불쾌감의 원인은 여전히 의문으로 남아 있다. '트렌스젠더'라는 포괄적 범위의 경험을 고려할 때, 천성과 양육의 다양한 요인이 우리가 아직 이해하지 못하는 방식으로 상호작용하는 것 같다.

임상적 양상과 평가

6세 백인 남아의 어머니가 상담을 요청했다. 그녀는 아들의 매너리즘과 음성 변조 문제를 호소하면서 아이의 목소리가 여성스러우며, 그로 인해 아이가 학교에서 놀림을 당할까 봐 걱정된다고 했다. 가족과 공원에 가면 사람들이 아들의 매너리즘에 대해 사람들이 말하는 것을 듣게 된다고 했다.

아이의 어머니와 아버지는 아들이 3세에 긴 머리 스타일을 하고 수건이나 이불을 사용하여 드레스처럼 입기 시작하였으며, 친구 집에 가서도 여자처럼 옷을 입고 놀고는 했다고 보고했다. 5세쯤에는 여성스런 몸짓과 매너리즘(예를 들어, 엉덩이, 팔목에 손을 얹음)이 목격되었다. 그리고 아동의 주요 놀이 집단은 여자아이들이라고 했다.

아동의 부모는 아들이 하나님이 자신을 여아로 만드셨으면 좋았을 것이라고 말하는 것을 들었다. 아동은 엄마와 지속적으로 동일시하면서 엄마처럼 되고 싶어 하고, 아빠나 형하고는 별로 동일시하지 않았다.

성별 불쾌감을 호소하는 아동을 평가할 때는 그들이 또래로부터 소외되는 경우가 많으며, 이로 인해 자존감 문제도 나타날 수 있다는 것을 기억하는 것이 중요하다. 어떤 경우에는 학교를 혐오하고 중도탈락할 위험성도 높아지는데, 이 부분도 평가해야 한다(Carroll, 2000). 성별 불쾌감을 호소하는 아동들은 공병하는 불안장애나 우울장애도 함께 호소할 수 있다(Carroll, 2000).

청소년기가 되면서 사춘기의 변화에 대해 부정적으로 반응하며, 부모 및 또래 집단에 대한 부담감을 보고한다(Di Ceglie, Freedman, McPherson & Richardson, 2002). 십대들은 우울과 자해 사고, 자해 시도의 위험성도 높다(Carroll, 2000).

이성이 보이는 취미와 행동을 보이기 시작하는 시점은 주로 2~4세 사이이지만, 이 연령 시기에 상담을 받으려고 아동을 데려오는 가족은 별로 없다. 아동이 유치원이나 초등학교에 입학할 때 평가나 상담에 의뢰되는 경우가 많은데, 그 때가 아마도 가족 내에서는 이해될 수 있는 것이 또래 집단에서는 놀림거리가 되는 시점이기 때문일 것이다. 시간이 흐르면서 그들은 한때라고 생각했던 것이 지나가지 않고 지속되는 것을 보고 염려가 깊어진다(Carroll, 2000).

성별 정체성 문제를 뚜렷하게 보이는 아동들 중 소수만이 청소년기나 성인기까지 공식 진단명에 부합하는 증상을 지속적으로 보인다는 것도 기억할 필요가 있다(APA, 2000).

발달에 따른 변화

다른 성적 문제와 비교할 때 성별 불쾌감에 대한 연구는 상대적으로 극소수다. 하지만 지속적으로 증상을 보이는 사람들(성별 불일치 경험이 지속되는 사람, 지속자)과 증상이 중단되는 사람들(성별 불일치감을 지속해서 경험하지 않는 사람, 중단자)을 대상으로 발달에 따른 변화를 살펴보는 몇몇 예비 연구가 수행되고 있다(Steensma et al., 2010).

이 두 집단을 비교하면 사춘기의 변화에 따라 보이는 반응도 다르지만 이성과 동일시하는 동기가 다르다는 점이 흥미롭다. 이성과 동일시하는 동기에 대해 한 **지속자**는 다음과 같이 말했다. "어린 시절부터 저는 남자로 태어났다고 느꼈어요. 저는 여자가 되기를 '원하지' 않았어요. 저에게 저는 남자'였어요'. 사람들이 나를 여자로 대하면 기분이 상했어요. 물론 저도 제가 여자라는 것을 '알아요'. 하지만 제 생각에 저는 여자가 아니었거든요"(Steensma et al., 2010, p. 6). 이와 반대로 **중단자**는 다음과 같이 말했다. "저는 제가 여자라는 것을 잘 알고 있지만 남자이고 싶었던 여자였죠. 어린 시절에 저는 남자아이들이 더 좋았어요. 여자아이들은 늘 까탈스러웠거든요[옹졸하고, 성가시고]. 저는 강인했고, 남자아이들처럼 강인하고 싶었어요"(p. 6).

연구자들은 사춘기에 나타난 반응들을 살피면서 성별 불일치성이 지속되는 사람들은 이러한 변화에 강한 거부감을 보인다는 것을 발견하였다. 한 지속자는 다음과 같이 말했다. "끔찍했어요. 제가 벌써 사춘기가 된 것인지 늘 궁금했어요… 가슴이 나오는 것은 정말 싫었어요. 가슴이 커지면 없애 버리려고 했어요. 저는 정말 가슴을 원하지 않았거든요!"(Steensma et al., 2010, p. 8).

이와 반대로 중단자는 다음과 같이 말했다. "사춘기가 되기 전에는 가슴이 나온다는 것을 상상하면 싫었어요. 가슴이 커지는 것도 별로였죠. 하지만 진짜로 가슴이 나오기 시작하니까 기분이 괜찮더라고요. 제가 여자로 보이는 게 좋았고, 제 몸이 점점 더 여성스러워져서 기분이 좋았어요"(Steensma et al., 2010, p. 12).

두 집단 모두 여섯, 일곱 살 정도의 어린 나이에는 이성과 동일시를 했다는 것을 기억하라. 스틴스마와 그의 동료들(Steensma et al., 2010)에 따르면, 중단자들은 10~13세 사이에 성별 불쾌감이 약화되는 경험을 하는데, 지속자들의 경우에는 그 시기에 성별 불쾌감이 증가하는 경험을 하는 것으로 보인다.

지속자들은 10~13세 사이에 자신의 성향을 드러내고 변화를 위한 계획을 세우는 반면에 중단자들은 13세 이상이 되면서 자신의 생물학적 성과 동일시하는 편이다.

평가에서는 이러한 보고의 차이도 살펴본다. 평가 과정에는 부모와의 면담 및 아동과의 면담(또는 주로 3~8세 사이의 아동의 경우에는 관찰)이 포함된다. 부모 면담 시 아동이 보이는 이성의 행동, 이성의 매너리즘, 음성 변조 및 몸짓, 또래와의 놀이 등에 대해 회상 정보를 얻는다.

아동이 동성의 아이들이 주로 즐기는 놀이 활동에 관심을 보이는지를 관찰해 볼 수 있다. 관찰은 아동이 혼자 방에 있는 상황에서 주로 이루어진다. 부모가 방에 함께 있거나 임상가가 방에 함께 있으면서 관찰하는 경우도 있다. 성별 정체성 질문지(Gender Identity Questionnaire; Johnson et al., 2004)를 부모에게 실시할 수 있다. 임상가는 가정이나 학교 장면에서 평가를 수행할 수도 있다.

성인기 성별 불쾌감

성인기 성별 불쾌감의 양상은 다양하여 어떻게 개념화할지에 대한 논란이 있다.

한 분류체계에 따르면, 일반적으로 (1) 여성에서 남성으로 가는 성별 불쾌감, (2) 남성에서 여성으로 가는 성별 불쾌감(남성애 유형), (3) 남성에서 여성으로 가는 성별 불쾌감(자기여성애 유형)이라는 세 가지로 분류한다(Blanchard, 1990a).

생물학적으로/유전적으로 출생 시 여성이었으나 자신의 성별 정체성이 남성이라고 느끼는 사람들(여성에서 남성으로 가는 성별 불쾌감, 또는 FtM[3]이라고 부름)은 오랫 동안 스스로를 남성으로 느껴 왔고, 여성 의복을 입고 싶어 하지 않았다. 그들은

3) 역주: FtM(Female to Male): 생물학적으로 여성으로 태어났으나 남성으로 느끼거나 전환한 경우

남자가 되고 싶다(또는 자기가 남자다)고 자주 말했고, 신체가 사춘기에 겪는 변화에 대해 부정적으로 반응했다. 블랑샤르(Blanchard, 1990b)는 다음과 같이 기술하였다.

> 사춘기에 동성애적인 여성 성별 불쾌자들은 커다란 정서적 혼란을 경험하는 편이다. 그들은 생리를 혐오하는데, 생리는 자신의 신체가 여성이라는 것을 상기시키기 때문이다. 가슴이 커지는 것도 싫어하는데, 가슴의 발달도 같은 사실을 바깥 세상에 선언하기 때문이다. 다른 여성에 대한 성적인 관심을 깨달으면서 남성의 성기를 갖지 못한 것에 쓰라림을 느낀다. 또래 청소년들이 데이트를 시작하고 연애관계를 만들어 가는 것을 보면서 사랑이 좌절된 자신의 현실과 비교하게 된다(p. 81).

FtM 내담자는 남성에게 별로 끌리지 않는다. 그들은 속으로 남성으로 느끼기 때문에 동성 관계를 시도하기도 한다. 하지만 이러한 관계는 그들에게 별로 만족스럽지 못하다. 그들이 추구하는 것은 여성이 남성으로서의 자신에게 매력을 느끼는 것이다(Carroll, 2007).

태어날 때 생물학적으로/유전적으로 남성이지만 성별 정체성은 여성(남성에서 여성으로 가는 성별 불쾌감 또는 MtF[4])인 내담자들은 남성애 유형과 자기여성애 유형으로 나눌 수 있다. MtF 남성애 유형을 보이는 사람은 앞서 논의한 FtM과 거의 병렬적 양상을 보인다. 남성애 유형의 사람은 어릴 때부터 여성처럼 보였다(Carroll, 2007). 남아이면서도 신체적으로 거친 놀이를 피하는 편이었고, 여성 의복을 입는 것을 선호했고, 놀이나 게임에서 여성 역할을 맡았고, 여성의 이름으로 불리고자 했다(Blanchard, 1990a). 이러한 남아는 어머니에 대한 강한 애착을 갖는 경우가 많다. 이들에게 의복 도착 행위는 성적인 흥분을 일으키는 것이 아니다(이 점에서 자기여성애와 대조된다). 만약 연애 관계를 시도한다면 남성과의 연애인데, 자신을 여성으로 느끼고 매력을 느끼는 남성을 찾기 때문에 동성 연애관계가 정서적으로 만족스럽지 못한 편이다. 블랑샤르(Blanchard, 1990a)는 다음과 같이 설명하였다.

> 동성애적인 성별 불쾌자들은 그들이 다른 남성에게 보이는 성적 관심은 사실

---

4) 역주: MtF(Male to Female): 생물학적으로 남성으로 태어났으나 여성으로 느끼거나 전환한 경우

이성애적인 것이라고 주장한다. 왜냐하면 그들은 '속으로' 진짜 여성이기 때문이다. 그들은 스스로를 이성애자로 보고, 자신을 '진짜' 여자로 보면서 트랜스젠더의 자기평가에 동의하는 파트너를 선호한다. 그래서 성전환자는 남성의 성기에 관심을 보이는 애인을 거부한다. 그들은 누군가 자신의 남성 성기를 만지는 것을 혐오할 뿐 아니라 그런 남성들은 동성애자라고 (아마도 적절하게) 판단하기 때문에 거부하는 것이다. (p. 71).

MtF 자기여성애 유형인 사람은 문헌에 따라 일종의 도착으로 보이는 이성애 또는 의복도착을 표현하는 것으로 설명된다. 블랑샤르(Blanchard, 1990)에 따르면, 이런 사람의 초기 발달력은 의복도착을 호소하는 사람과 그리 다르지 않다. 그들은 대부분 남아들이 전형적으로 선호하는 활동에 관심을 보이고, 이성의 의복을 입을 때 흥분을 경험하며, 남성 위주의 직업을 갖는 경향 등을 보인다. 캐롤(Carroll, 2000)은 이성애 유형의 아동은 보다 남성적이었을 것이라고 보았다. 이성애 유형의 아동은 주로 사춘기 전에 엄마 옷(또는 누나 옷)을 입고 흥분감을 경험한다. 그들은 주로 여성에게 매력을 느끼고, 역도 선수, 범집행자 또는 군인 같이 거의 극단적으로 남성적인 역할을 하고는 한다. 그는 이성과 결혼하는 편이다. 시간이 지나면서 그는 여성으로 바뀌고 싶은 욕구를 느끼는데, 이것이 호르몬 치료와 성전환 수술을 찾는 생물학적 남성들 중 가장 일반적인 양상이다. 이러한 현상의 심리학은 자신이 여성이라는 생각과 상상에 대해 흥분감을 느끼며 도착적 모습을 나타내는 것이다. 이러한 내담자는 여성에게 성적으로 끌릴 가능성이 높으며, 자신을 여성으로 상상하기도 한다. 캐롤(Carroll, 2000)은 자기여성애를 "자신이 여성이 되는 것에 성적 흥분을 경험하는 현상을 나타내는 용어"(p. 377)라고 설명하였다.

자기여성애를 경험하는 사람들의 개인적 내러티브로 구성된 가장 완성도 있는 자료 중 하나에서, 로렌스(Lawrence, 2013)는 그들의 경험을 "남성의 몸에 갇힌 남성"(p. 2)이라고 칭했다. 그녀는 이러한 표현을 통해 자기여성애 경험이 MtF 남성애 유형의 "남성의 몸에 갇힌 여성" 경험과 대조된다고 강조하였다. 자기여성애 유형인 사람의 경험은 "여성이고 싶은 욕구를 동반하는 성욕"을 반영한다(p. 3).

블랑샤르(Blanchard, 1990a)는 MtF 자기여성애 유형인 사람들(이성애 유형 또는 의복도착 유형)은 이성의 의복에 대한 관심 때문에 갈등을 경험하는 경우가 많다고 설명하였다.

> 많은 사람은 여성으로 '통과'할 자신의 능력에 대한 현실적 두려움을 경험한다. 어떤 사람들은 가족, 친구, 직장 동료에게 자신의 이상 상태가 발각될까 봐 두려워한다. 그들이 흔히 하는 타협은 여성의 옷을 입고 혼자 산책하거나 운전을 하는 것인데, 주로 주변에 사람이 별로 없는 늦은 저녁 시간을 택한다.
> 공개적으로 이성의 옷을 입고 나가는 것에 대한 두려움을 극복을 하든 안하든, 이성애적인 성별 불쾌자는 더욱 심각한 문제를 마주하게 된다. 그것은 여성으로 살고 싶은 자신의 소망과 아내, 자녀, 직업을 포기하고 싶지 않은 마음 사이의 갈등이다. 내담자들이 치료를 찾는 것은 이 갈등이 너무 힘들게 느껴지는 시점이다. (p. 58)

블랑샤르는 자기여성애적인 흥미(행동, 환상)가 "의복도착적으로(여성의 의류를 착용하는 것과 관련됨), 해부학적으로(여성의 해부학적 특징을 소유하는 것과 관련됨), 생리적으로(여성의 생리적 기능을 갖는 것과 관련됨), 행동적으로(전형적으로 여성적인 행동을 하는 것과 관련됨)" 다양하게 나타날 수 있다고 가정했다(Lawrence, 2013, p. 95).

블랑샤르는 성별 불쾌감의 기타 임상적 유형으로 양성애적 성별 불쾌감 유형(동성과 이성에게 성적 흥분을 경험한 적이 있음)과 무성애적 유형(성적 흥분이 거의 없음)의 경우를 기술했다(Blanchard, 1990a). 하지만 이러한 유형들은 앞서 살펴본 일반적인 유형에 비해 흔하지는 않은 편이다.

표준적 돌봄

성별 불쾌감 사례에 대해 가장 널리 알려진 표준적 돌봄은 세계 트렌스젠더 건강 전문가 협회(World Professional Association for Transgender Health: WPATH)에서 제시하는 절차[이전에는 해리 벤자민 국제 성별 불쾌감 돌봄 표준(Harry Benjamin International Gender Dysphoria Standards of Care)으로 불림]다. 그 내용은 업데이트되어 현재 wpath.org에서 확인할 수 있다. 내분비학회에서는 호르몬 치료의 지침을 발표하였다.

호르몬 치료나 성전환 치료를 고려할 때, 이 분야의 전문가에 의해 심리학적 평가가 이루어진다. 우선 정신적 · 정서적 건강과 성별 정체성이 측정된다(Carroll, 2000, 2007). 그 후 일정 기간 심리치료를 받거나 선호하는 성별로 살아보는 시간(최소 3개월)을 갖는다. 다음으로 이성의 호르몬 사용을 위한 평가를 받는다. 이번에는 더 긴 기간 동안(최소 1년) 원하는 성별로 실생활에서 온전히 살아가는 시도를 한다. 그 후에 개인은 다른 전문가를 통해 성전환 수술을 위한 준비도를 평가 받는다.

WPATH 표준은 성인에게 돌봄을 제공할 때 임상가가 몇 가지 책임감을 가져야 할 사항을 제시한다. 우선, 표준을 따라야 한다. 또한 성별 불쾌감과 다른 공병 상태를 정확히 진단해야 한다(그리고 공병문제에 대한 치료도 제공한다). 임상가는 다양한 선택지와 각각이 의미하는 바에 대해 정확한 정보를 제공해야 한다. 내담자에게 이에 대한 염려가 있으면 그 염려도 치료적으로 다루어야 한다. 임상가는 호르몬 치료와 수술에 대한 내담자의 준비도를 결정하고, 어느 시점이 되면 의학 및 수술 분야에 있는 동료들에게 공식 의뢰서(내담자의 발달력을 잘 정리한 문서와 함께)를 보내야 한다. 임상가는 이제 내담자 돌봄의 다음 단계를 위해 협력하는 다학제간 팀의 중요한 구성원으로 참여하게 된다. 가족 구성원, 고용인, 신앙 공동체 및 기타 다른 사람들에게 심리교육이 제공되면 돌봄이 더 효과적으로 이루어질 수 있다. 다음으로 임상가는 내담자가 필요로 할 때 추수회기를 제공한다.

내담자가 간성 상태(때로는 자웅동체로 불림)인 경우도 많은 평가와 치료 문제가 우리가 이제까지 논의한 바와 겹치기 때문에 임상가는 성전환 수술에 대한 내담자의 준비도를 측정한다. 하지만 출생 시 특정 성별을 가지고 태어나 주어진 성역할 속에서 양육되었다가 나중에 다른 현상학적 경험을 하게 될 때 경험하는 심리학적 문제에 있어서는 중요한 차이점이 있다. 간성 상태에 있는 사람 중에는 성전환 수술을 원하는 사람도 있지만 스스로를 간성으로 정의하는 사람들도 있다. 또한 다양한 이유로 수술 없이 스스로가 느끼는 심리학적 성으로 살기로 선택하는 사람들도 있다(Carroll, 2007).

우리는 표준적 돌봄을 소개하면서 치료적 함의를 논하고 있다. 이제 치료에 대한 논의로 넘어가고자 한다. 치료에서는 심리사회적 치료와 예방에 대한 질문 및 연령 관련 질문과 문제를 언급하며, 관심과 비난을 불러일으키고 있는 호르몬 차단제의 사용도 다루게 된다.

치료

성별 불쾌감에 대한 심리사회적 치료는 점점 더 논란이 되고 있다. 일반적으로 행동적 접근과 정신역동적 접근이 활용되는데, 최근에는 제3의 치료적 접근도 제시되고 있다. **행동적 접근**에서는 동성 부모(또는 조부모나 멘토)가 아동과 더 많은 시간을 보내면서 아동을 비난하지 않고 긍정적 놀이 경험을 공유할 것을 권장했다. 부모는 전형적인 이성의 행동은 가능하면 무시하고 아동이 자신의 성에 부합하는 행동을 하도록 재지도하는 전략을 지도 받는다(Zucker, 2001; Zucker & Bradley, 1995 참조). 조작적 조건형성 원리에 따라 부모는 아동이 성역할 부합적 행위나 놀이를 하면 칭찬해 준다.

대상관계, 자기심리학 및 기타 개념화에 따른 **정신역동적 접근**(정신분석, 심리치료, 정신분석적 심리치료)은 발달적 관점을 취하여 동성 및 이성과의 동일시를 탐색하고, 아동의 '내면'(환경을 통해서보다는)에 개입한다(Zucker, 2001; Meyer-Bahlburg, 2002 참조).

오늘날 유사한 서비스를 제공하는 사람들은 앞서 제시된 접근의 측면들을 혼합하거나 **'제3의 노선' 모델**로 통합한다(Meyer-Bahlburg, 2001; Zucker, 2001). 그들은 단순한 행동 강화를 넘어서 아동의 성별 정체성을 '내면에서부터 밖으로' 다루어 간다. 동시에 한계를 설정하고 '외부로부터 안으로'의 관점에서 성별 정체성을 다루는 교육도 제공한다(Zucker, 2001; Zucker, 2004). 부모가 성별 정체성을 촉진하는 활동을 찾아낼 수 있도록 조력하며, 동성 또래와 함께하는 시간(환경 프로토콜)을 유의미하게 늘린다. 연구에 따르면, 이러한 방법은 '전형적인 성별 부합적 행동'을 촉진하는 데 효과적인 것으로 나타났다(Meyer-Bahlburg, 2001, p. 365).

이러한 개입의 근거는 사회적 분위기와 또래 집단에 대한 반감이 초중고 시절의 성별 변이 정체성 및 행동과 관련이 있다는 점이다(Zucker, 2001). 또 다른 근거는 개입이 있을 때는 청소년기와 성인기까지 성별 불일치성이 지속되는 사람의 수가 상당히 줄어드는 것으로 보인다는 점이다(APA, 2013; Meyer-Bahlburg, 2002; Zucker, 2001, 2004).

청소년을 대상으로 한 치료에 있어서 임상적 의사결정에 도움이 될 만한 연구 결과가 발표된 것은 별로 없다. 일반적인 원리로 호르몬 대체 요법 및 성전환 수술 같은 침습성 처치에 대한 대안을 탐색해 보게 한다(나중에 중요한 예외사항을 논할 것이다). 치료 장면에서 성별 불쾌감 자체와 함께 성적 지향, 불안이나 우울처럼 동반되는 정신건강문제를 탐색한다(Zucker, 2001). 성별 불쾌감을 탐색할 때는 내담자가 성전환 수술에 부여하는 의미와 "생활 방식 적응"이 실행 가능한지도 함께 살펴보도록 한다(p. 2085). 성별 불쾌감이 실제 자신의 생물학적 성을 바꾸고자 하는 바람이기보다는 동성애에 대한 부정적인 반응에서 나온 것인지를 확인하는 것도 중요하다. 사춘기에 접어들면서 성전환을 간절히 바란다고 표현하는 사람들은 동성애에 대한 부정적인 반응 때문에 그런 경우가 많다(Zucker, 2004). 이때는 동성애에 적응하는 것이 가능한지 탐색할 필요가 있다. 물론 동성 연애를 하는 것이 문제라고 느끼는 사람들에게는 이것이 실행 가능한 선택지가 아닌 것처럼 보일 수도 있다.

사춘기 억제

후기 아동과 청소년을 대상으로 한 최근의 논의는 **사춘기 억제** 또는 **호르몬 차단제**(생식선 자극 호르몬 유사체) 사용을 통해 사춘기를 지연시키는 치료를 시도하는 방향으로 이루어지고 있다. 10~13세 사이의 아동에게 생식선에서 에스트로겐이나 테스토스테론을 생성하지 못하도록 호르몬 차단제를 투여하면 사춘기 진입을 차단할 수 있다. 그러면 사춘기에 기대되는 변화가 억제된다. 예를 들어, 여아는 가슴이 커지지 않고 생리를 시작하지 않는다. 남아는 몸과 얼굴에 체모가 자라지 않고, 목소리가 굵어지지 않는다. 이를 통해 아동은 시간을 갖고 청소년기에 진입하면서 십대(약 16세)에 자신의 생물학적 성과 맞는 성별 정체성을 발달시킬 것인지, 자신이 선호하는/심리적인/현상적인 성과 맞는 성별 정체성을 발달시킬지를 최종 결정할 수 있게 되는 것이다. 만약 현상적인 성, 선호하는 성을 추구하기로 하면 그 시점에서 이성의 호르몬을 투여받기 시작한다.

지지자들은 이러한 조치가 개인의 성을 바꾸지는 않지만, 신체적 변화와 외모가 이성으로 이행하는 과정을 보다 순조롭게 해 줄 수 있다고 주장한다. 하지만 이행 과정을 갖는 것이 정신선상 기능을 향상시키거나 공병하는 정신건강문제를 해결해 줄 수 있는 것은 아니다.

우리는 전략의 양면을 각각 지지하는 연구 결과들을 확인하였다. 전미 공공 라디오 방송에서는 포트만 클리닉에서 1989년부터 124명의 아동을 치료하면서 이 주제에 대한 연구 결과를 보고했다(Spiegel, 2008). 포트만 클리닉의 접근 방식은 아동이 생물학적 성과 일치하는 방식으로 살게 하는 것이었다. 치료에 참여한 아동의 80%가 성인이 되어서 자신의 생물학적 성과 일치하는 성별 정체성을 유지하는 것으로 나타났다.

네덜란드의 연구가들은 호르몬 차단제 치료를 받았던 아동들을 추적연구하였다(Spiegel, 2008). 100명의 환자를 치료했는데, 모두가 성인이 되었을 때 현상적인 성, 느껴지는 성 또는 심리적인 성(생물학적 성보다는)으로 삶기로 결정했다(deVries, Steensma, Doreleijers, & Cohen-Kettenis, 2011; Kreukels & Cohen-Kettenis, 2011 참조).

사춘기 억제에 대한 반대 의견은 뼈의 성장이 두뇌 발달에 미치는 영향의 문제부터 공병하는 정신건강 문제가 해결되지 않는 문제까지 다양한 이유를 근거로 한다(Kreukels & Cohen-Kettenis, 2011). 비평가들은 청소년들이 심리성적으로 완숙하게 발달하는 것을 선호한다. 사춘기 억제에 대한 지지자들은 심리성적으로 완숙하게 발달하는 것이 무엇인지에 대한 합의가 부족하다고 지적하면서, 그러한 조언이 어떻게 성별 불일치성의 임상적 딜레마에 대한 대응일 수 있는지에 대한 의문을 제기하였다(Kreukels & Cohen-Kettenis, 2011). 그들은 두뇌 발달에 미치는 영향에 대한 더 많은 연구가 필요하다고 인정하였지만, 이러한 문제들이 개입을 미룸으로써 나타날 위험성보다 더 큰 문제일 수 있음이 증명되어야 한다고 주장하였다.

성인의 치료 효과

캐롤(Carroll, 2000)은 성별 불쾌감을 경험하는 성인을 대상으로 한 치료 효과가 대체로 다음의 4가지 결과로 나타난다고 설명하였다. (1) 해결되지 않음, (2) 생물학적 성에 부합하는 성역할을 선택함, (3) 간헐적으로 이성의 행동을 함, (4) 성전환을 통해 이성의 성역할을 선택한다.

'해결되지 않음'은 단순히 높은 중단률을 반영한다. 상담을 찾는 내담자 중 절반 정도가 중도 탈락을 하는데, 이유는 개인적 양가감정이나 긴 개입 과정에 대한 좌절감 때문일 수 있다(해리 벤자민 국제 성별 불쾌감 돌봄 표준에서 볼 수 있듯이; Carroll, 2000, 2007).

생물학적 성과 성역할을 수용하는 사람들도 있다. 그들은 성별 불쾌감을 느끼기도 하지만, 생물학적 성으로 살면서 그것을 반영하는 생활 방식을 선택한다(Carroll, 2000).

세 번째 결과는 이성의 행동을 간헐적으로 하는 것이다(Carroll, 2000). 생물학적 남성의 경우에는 머리를 기르고, 가끔 화장을 하고, 주말에 이성의 의복을 입거나 불쾌감을 느끼는 날에 여성의 속옷을 입는 식이다. 의복 도착 행동의 정도는 불쾌감의 정도를 반영하는 경우가 많으며, 개인의 내적 긴장감 경험이 성공적으로 감소하는 정도에 비례한다.

마지막 결과는 이성의 성역할을 채택하는 사람들에게서 나타난다. 그들은 호르몬 치료와 성전환 수술을 받는다. 성전환 수술을 받은 사람의 약 4분의 3 이상은 새로운 정체성에 대한 만족을 보고하고, 약 8%만이 불만족을 보고하였다(Carroll, 2000; Gijs & Brewaeys, 2007; Kuiper & Cohen-Kettenis, 1988). 이 시점에서 우리가 아는 바는 개인 편차가 크기는 하지만, 평균적으로는 FtM 전환을 한 사람들이 MtF보다 잘 적응한다는 것이다. 성전환을 시도하는 사람들 중 연령이 높은 사람들은 연령이 낮은 사람들보다 결과가 좋지 않은 것으로 보고되었다(Carroll). 자기여성애 성향의 성전환자는 남성애적 성전환자에 비해 성전환을 후회하는 경우가 많다. 자기여성애 성향의 사람들은 '진정한 트렌스젠더보다 성별 불쾌감이 덜한' 경향이 있기 때문으로 보인다(Blanchard, 1990a, p. 59). 로렌스(Lawrence, 2013)는 성전환까지 가지 않는 선택지들이 있다고 설명하였다. 물론 자기여성애적 표현은 복잡해서(예를 들어, 그들 모두가 이성으로 늘 살고 싶은 것은 아니다) 현재의 규준적 돌봄을 그대로 따르기가 어려울 수 있다.

생물학적 남성이 전환을 하고자 할 때 가장 흔하게 취해지는 조치는 질 성형 혹은 질 조형물 넣기(음경절제술 또는 남근 제거와 고환절제술 또는 고환 제거도 함께 실시)이지만, 수술 관련 선택지들은 다양하다. 남성의 체모를 제거할 수 있고, 후두 교정 수술도 가능하다. 가슴 수술(유방 확대 수술)도 할 수 있다.

생물학적 여성은 가슴, 자궁, 난소를 제거할 수 있다. 음경 성형이나 새 음경 조형을 요청하는 환자들도 있다. 환자가 확장된 음핵(때로는 남성 호르몬을 투여한 결과로도 나타남)을 가지고 있으면 그것이 느슨해지면서 남근처럼 느껴질 수도 있다.

예상할 수 있듯이, 성전환 수술을 받은 사람 중에 결과에 만족도가 있는 사람들은 주로 호르몬을 지속적으로 사용하고, 수술 결과가 좋은 사람들이다(Carroll, 2007).

호르몬 치료와 성전환 수술에 대한 전문적 지원이 가능하지만, 성별 불쾌감에 대응하는 이러한 방향에 대해 비판이 없는 것은 아니다. 맥휴(McHugh, 1992)는 우리가 그런 수술을 **할 수 있다**고 해서 그런 수술을 **해야 한다**는 의미는 아니라는 것을 지적하면서 성전환 수술을 강하게 비난했다.

> 우리의 성형 기술 중 비뇨생식기 수술 기술은 특히 인상적이다. 하지만 그러한 기술은 성별 정체성 문제를 치료하려고 나온 것이 아니라, 타고난 결함이 있거나 손상을 입었을 때, 혹은 신체 부위에 암 같은 파괴적 질병문제가 있을 때 복구하

기 위한 용도로 나온 것이다(p. 502).

실제로 맥휴(McHugh, 1992)는 정신의학이 개인의 선호와 "클리닉에 침입하는 1970년대 유행"이라는 문화적 압력에 순응하고 있다고 주장하였다(p. 503). 그는

무엇을 변화시켜야 하는가, 정신인가 아니면 신체인가

이 영역에서 기독교인에게 가장 도전이 되는 질문은 아마도 "당신은 치료에서 심리적 정체성을 신체에 맞춰 변화시키고자 하는가, 아니면 신체를 정체성에 맞추어 변화시키고자 하는가? 각 방향에 도움이 되는 치료적 접근이 있다는 기존의 지식을 우리는 어떻게 사용할 것인가?"일 것이다.

스메데스(Smedes, 1994)는 다음과 같이 주장하였다.

> 자연과 하나님이 한 성에 의도한 것을 다른 성도 경험하는 것으로 나타났다. 따라서 이것은 비정상성이다. 하지만 어느 누구도 이렇게 고통스러운 경험을 의식적으로 선택하지는 않을 것이 분명하다… 남성이 여성의 성기로 바꾸고자 하는 결정이 도덕적 문제인가? 이것이 지극히 중요한 결정이라는 것은 틀림없다. 건강한 성기를 제거하고 이성의 성기로 대체한다는 것에 대해 괴혈병으로 팔이나 다리를 절단하는 것과 같은 순수한 의학적 결과를 기대할 수는 없을 것이다. 성기관은 우리가 성적인 존재로서 어떤 사람인가와 매우 밀접한 관련이 있기 때문에 우리는 성기관을 훼손하는 것에 대해 민감하게 반응한다… 수술로 개인의 외적인 성을 내적인 성에 맞추는 것이 더 나쁠까, 아니면 여성의 몸 안에 남성의 영혼으로 사는 게 더 나쁠까(p. 46)?

정체성을 신체에 맞추어 바꿀지, 신체를 정체성에 맞추어 바꿀지의 질문에 대한 대답을 생각해 보면서 당신은 자신의 결정을 논리적으로 설명할 수 있겠는가? 다시 말해, 정체성을 신체에 맞추어 바꾸는 치료를 왜 해야 하는가? 만약 당신이 다른 방향으로 결정 한다면 신체를 정체성에 맞추어 바꾸는 치료를 왜 해야 하는가? 기독교인이 이 질문에 답할 때, 과학, 개인적 내러티브, 신앙/신학(신학적 인류학)이 자신의 반응에 미친 영향을 고려해 보는 것이 도움이 될 수 있다. 이렇게 도전이 되는 질문에 대해 최선의 답을 찾으려고 할 때, 다양한 권위의 원천을 어느 정도씩 고려하겠는가? 만약 당사자가 개인적으로 괴로워하거나 성별 불쾌감 때문에 기능이 손상되었다면 당신은 그 사실을 얼마나 비중 있게 고려할 것인가?

성전환 수술을 신경성 거식증인 사람들을 위해 지방흡입 수술을 하는 것에 비유하였다.

> 내담자가 남자의 몸에 갇힌 여자라고 느끼는 것이 신경성 거식증 환자가 비쩍 말라 쇠약해지는 상태에 있으면서도 자신이 뚱뚱하다고 느끼는 것과 어떻게 다른지 명확하지 않다. 우리는 거식증 환자에게 지방흡입 수술을 하지 않는다. 이 불쌍한 남성들의 성기를 왜 절단하는가? 사실 문제는 마음에 있는 것이지 몸에 있는 것이 아니다.

마지막으로 성별 정체성 문제에 대해 성전환 수술을 선택하는 것을 비판하는 사람들은 성별 불쾌감을 예방하고 관리하는 데 더 많은 노력을 기울여야 한다고 주장하며 다음과 같이 말한다. "우리가 성별 불쾌감을 예방하지 못할 때는 정신장애를 관리하는 방법을 배워야 한다"(McHugh, 1992, p. 503).

예방

예방을 위한 대부분의 노력은 성정체성장애로 진단 받은 아동에 대한 조기 개입에 맞추어져 있다. 논란이 있기는 하지만, 앞서 언급했던 심리사회적 개입이 예방적 차원의 개입으로 가장 먼저 고려된다.

DSM에서는 아동기의 성정체성장애 대부분의 사례에서 해당 아동이 청소년기나 성인기가 되면서 해결된다고 언급하였다. 성별 불쾌감 경험이 중단되는 사례는 최근 연구에서도 많이 나타나고 있다(Steensma et al., 2010).

스스로 노력하면 자연스럽게 해결되는 것인지, 성별 불쾌감의 감소를 돕는 치료가 필요한 것인지에 대해서는 논란이 있다. 성별 불쾌감의 감소를 위한 치료적 접근들을 가장 강경하게 비판하는 사람들(그리고 그 치료를 제공하는 전문가들)은 그러한 치료는 일종의 성전환 치료로 성적 지향을 바꾸려는 시도나 마찬가지라며 평가절하한다. 성전환이나 재정향 치료를 거침없이 비판하는 사람들은 그러한 치료를 흑인이 자기혐오나 인종적 낙인 때문에 피부색을 표백하는 것과 마찬가지라고 말하기도 한다.

우리는 임상 문제에 대한 다양한 개입이 양호한 결과를 낼 가능성을 잘 설계된 연구를 수행하여 해결하기를 바란다. 물론 연구는 우리가 무엇을 할 수 있을지에 대한 정보는 제공하지만, 우리가 무엇을 해야 할지에 대한 답은 주지 않는다. 이것은 결국 철학적 윤리와 신학의 문제인 것이다.

맺음말

성별 정체성 문제는 여전히 이해하기 어려운 문제 중 하나다. 우리는 원인과 최상의 치료 과정에 대해 별로 아는 바가 없다. 대부분의 사람은 직관적으로 마음에 대한 해결(또는 심리학적 해결책)을 선호하는 것 같다. 그것은 성별 불쾌감이 개인의 생물학적 성과 조화를 이루도록 해결하는 것이다. 하지만 심리사회적 개입에 대한 대규모 연구는 거의 없는 실정이며, 개인이 성인이 된 이후에 그 개입을 시도하는 것은 별로 도움이 되지 않는다. 아마도 그런 이유로 이 분야는 호르몬 치료와 성전환 수술을 받고자 하는 사람들을 지지하는 방향으로 가고 있는 것 같다.

기독교인은 어떻게 반응해야 하는가? 성정체성 문제의 복잡성을 해결할 수 있는 매우 특별한 하나의 기독교적 반응이 있을 것 같지는 않다. 다만 기독교인들이 해당 주제를 다룰 때 활용할 수 있는 방법들을 소개하고자 한다.

신체 해부학, 호르몬/내분비계, 사회적 역할, 성, 성정체성과 같이 성에는 독립된 다양한 차원이 있다(Carroll, 2007). 성별 불쾌감에 대해 논할 때 이러한 요인 중 어떤 요인이 더 중요하거나 비중이 높을까? 우리가 보기에 이성이라는 심리적 감각을 이해하고자 애쓰는 사람들은 성이나 성역할의 다른 측면보다 신체적 측면에 무게를 두는 편인 것 같다.

기독교인의 경우에는 '성은 근본적으로 이분법적이다'라는 신념을 갖는 편이다. 어떤 사람들은 이것을 "성역할도 이분법적이다. 여성과 남성의 정신과 영은 기본적으로 서로를 보충해 주고 완성해 준다"라는 가정으로 더욱 확대된다(Looy & Bouma, 2005, p. 166).

기독교인들은 성과 성정체성 질문에 대한 답을 시도하면서 **성**(sex)이 염색체, 생식선, 성기관, 성 관련 이차적 특징과 같은 생물학적 요인을 지칭하는 것이라는 것을 알게 된다. 성정체성 관련 논의에서 **성별**(gender)은 성정체성(개인이 스스로를 얼마나 남성적으로 혹은 여성적으로 느끼는가), 성적 지향(동성 또는 이성 또는 양성에 대한), 성역할(남성스러움과 여성스러움에 대한 문화적 스크립트 채택)을 의미한다(Jones, 출판 중). 성과 성별에는 너무나 다양한 측면이 있기 때문에 "수많은 요소가 일관성 있게 7개의 요인으로 정리되고, 여성 또는 남성이라는 완전하고 복잡하지 않은 척도로 경험된다는 것은 놀랄 만한 일이다"라는 존스의 주장에 우리는 동의한다. 하지만 사람들은 수많은 경험과 조건에서도 그렇듯이 이러한 영역 각각에서 편차를 경험한다. 존스가 주장하였듯이, "부조화는 다양한 형태로 해결될 수 있고, 우리는 복잡한 선택을 해 가는 겸손한 사람이 되어야 한다".

성별(gender)은 성(sex)보다 유동적이지만, 우리가 성별 불쾌감을 경험하는 사람들의 사례를 다룰 때 어떤 것이 최선의 진행 방향이 될까? 비록 그리스도의 몸은 성별에 대한 경직된 고정관념에 반대하지만, 우리는 성과 성별을 둘러싼 더 큰 불확실성에 기여하는 문화적 변화에도 주목하고자 한다. 이 방향으로 나아갈 때 성별 불쾌감을 경험하는 사람들이 자신의 생물학적 성과 일치하는 방식으로 불쾌감을 해결하도록 격려하는 것의 가치를 알게 된다. 그런 전략들이 성공적이지 못할 때는 가장 비침습적인 방법(수술은 개인의 내적 정체감의 표현에 있어서 가장 침습적인 방안임)을 통해 불쾌감을 관리하는 것이 갖는 잠재적 가치를 보게 된다. 문제와 관련된 복잡성 및 다양한 양상을 고려할 때, 목회적 감수성을 갖는 것이 가장 우선적으로 필요할 것이다.

다른 고려사항은 여성자기애 성향을 가진 사람들에게 최상의 돌봄을 제공하는 것과 관련이 있다. 그들은 성전환 수술에 대한 결정을 후회할 가능성이 높아 보인다. 성별 불쾌감이 성전환 수술을 요청하는 원동력이 아닐 수 있다는 것을 고려할 때, 가장 침습적인 치료를 결정할 때는 보다 완전한 평가와 세분화된 결정 단계가 있어야 하지 않을까? 로렌스(Lawrence, 2013)는 반대로 더 세분화된 평가를 통해 자기여성애인 남성도 성전환 수술을 받을 수 있어야 한다고 주장하였다. 그는 자기여성애인 남성은 여성의 모습으로 계속 있을 수 없기 때문에 자기여성애적인 동기가 더 강해지는 것이라고 보았다.

이 장을 마무리하면서, 우리는 MtF 트렌스젠더 기독교인들에 대해 출판된 연구가 있다는 것을 언급하고자 한다(Yarhouse & Carr, 2012). 그들은 개인적 신앙에 있어서 성정체성과 종교적 정체성 사이에서 갈등한다고 보고했다. MtF 트렌스젠더 기독교인 중에는 성별 불쾌감 덕분에 신앙이 강해졌다고 보고하는 사람들도 있었다. 그런가 하면 신앙으로 인한 **지난날의 갈등**을 보고하는 사람들도 있었고, 자신이 자라난 종교 기관을 떠났다고 보고하는 사람들도 있었다. 어떤 사람들은 당면한 도전 때문에 하나님과 더 가까워졌다고 했지만, 다른 사람들은 성별 불쾌감 때문에 하나님과의 관계가 멀어졌다고 했다. 공통적으로 나온 주제로는 과거에 지역 교회나 이러한 조직을 대표하는 사람들이나 지도자와 갈등이 있다.

아직 우리는 모두를 만족시킬 수 있는 하나의 해결책을 알지 못한다. 강력한 결론을 내릴 수 있을 만큼 적절한 연구가 이루어진 경우는 매우 드물며, 성별 불일치를 너무 심하게 느껴서 자신의 정신과 삶이 피폐해졌다고 믿고 있는 사람들이 있다는 것을 알고 있다. 그들은 해결책을 매우 간절히 찾았다. 그렇다고 해서 그들이 가장 침습적인 치료를 받아야 한다는 것은 아니지만, 우리는 그렇게 힘든 결정을 하는 것에 대해 이해하고 공감할 수 있다. 기독교 공동체는 그러한 갈등을 마주하는 사람을 거부하기보다는 갈등을 알아 주고, 개인이 불쾌감을 관리하는 데 도움이 되는 가장 비침습적인 방법을 찾도록 함께 힘쓸 필요가 있다. 지금은 답을 찾기 매우 어려워 보이는 영역이지만 후속 프로그램 연구를 통해 더 큰 통찰과 명료함을 제공할 수 있기를 기대한다.

참고문헌

American Psychiatric Association. (2013). *Diagnostic and statistical manual of mental disorders* (5th ed.). Washington, DC: American Psychiatric Publishing.

Blanchard, R. (1990a). Gender identity disorders in adult men. In R. Blanchard & B. V. Steiner (Eds.), *Clinical management of gender identity disorders in children and adults* (pp. 49-75). Washington, DC: American Psychiatric Publishing.

Blanchard, R. (1990b). Gender identity disorders in adult women. In R. Blanchard & B. V. Steiner (Eds.), *Clinical management of gender identity disorders in children and adults* (pp. 77-91). Washington, DC: American Psychiatric Publishing.

Carroll, R. A. (2000). Assessment and treatment of gender dysphoria. In S. R. Leiblum & R. C. Rosen (Eds.), *Principles and practice of sex therapy* (3rd ed., pp. 368-422). New York: Guilford Press.

Carroll, R. A. (2007). Gender dysphoria and transgender experiences. In S. R. Leiblum (Ed.), *Principles and practice of sex therapy* (4th ed., pp. 477-508). New York:

Guilford Press.

deVries, A. L. C., Steensma, T. D., Doreleijers, T. A. H., & Cohen-Kettenis, P. T. (2011). Puberty suppression in adolescents with gender identity disorder: A prospective follow-up study. *Journal for Sexual Medicine, 8*, 2276-2283. doi:10.1111/j.1743-6109.2010.01943.x

Di Ceglie, D., Freedman, D., McPherson, S., & Richardson, P. (2002). Children and adolescents referred to a specialist gender identity development service: Clinical features and demographic characteristics. *International Journal of Transgenderism, 6*(1), 1. Retriered from www.iiav.nl/ezines/web/ijt/97-03/numbers/symposion/ijtvo06no01_01.htm

Gijs, L., & Brewaeys, A. (2007). Surgical treatment of gender dysphoria in adults and adolescents: Recent developments, effectiveness, and challenges. *Annual Review of Sex Research, 18,* 178-224.

Johnson, L. L., Bradley, S. J., Birkenfeld-Adams, A. S., Radzins Kuksis, M. A., Maing, D. M., Mitchell, J. N., & Zucker, K. J. (2004). A parent-report gender identity questionnaire for children. *Archives of Sexual Behavior, 33*, 105-116.

Jones, S. L. (forthcoming). Is sex or gender a choice? In Holman Worldview Study Bible. Unpublished draft in development.

Jorgensen, C. (1967). *Christine Jorgensen: A personal autobiography*. San Francisco: Cleis Press.

Kreukels, B. P. C., & Cohen-Kettenis, P. T. (2011). Puberty suppression in gender identity disorders: The Amsterdam experience. *Nature, 7*, 466-472.

Kuiper, B., & Cohen-Kettenis, P. (1988). Sex reassignment surgery: A study of 141 Dutch transsexuals. *Archives of Sexual Behavior, 17*(5), 439-457.

Lawrence, A. A. (2013). *Men trapped in men's bodies: Narratives of autogynephilic transsexualism*. New York: Springer.

Looy, H., & Bouma, H., III. (2005). The nature of gender: Gender identity in persons who are intersexed or transgendered. *Journal of Psychology and Theology, 33*, 166-168.

McConaghy, N. (1993). *Sexual behavior: Problems and management*. New York: Plenum.

McHugh, P. R. (1992). Psychiatric misadventures. *American Scholar, 61*(4), 497.

Meyer-Bahlburg, H. F. L. (2002). Gender identity disorder in young boys: A parentand peer-based treatment protocol. *Clinical Child Psychology and Psychiatry, 7*(3), 360-376.

Money, J. (1986). *Lovemaps: Clinical concepts of sexual/erotic health and pathology, paraphilia, and gender transposition in childhood, adolescence, and maturity*. New York: Irvington.

Owen-Anderson, A. F. H., Bradley, S. J., & Zucker, K. J. (2010). Expressed emotion in mothers of boys with gender identity disorder. *Journal of Sex & Marital Therapy, 36*, 327-345.

Spiegel, A. (2008, May 8). Parents consider treatment to delay son's puberty: New therapy would buy time to resolve gender crisis. *NPR.org*. Retrieved from www.npr.org/templates/story/story.php?storyId=90273278

Steensma, T. D., Biemond, R., deBoer, F., & Cohen-Kettenis, P. T. (2010). Desisting and persisting gender dysphoria after childhood: A qualitative study. *Clinical Child Psychology and Psychiatry, 16*(4), 1-18. doi:10.1177/1359104510378303

Yarhouse, M. A., & Carr, T. L. (2012). MTF transgender Christians' experiences: A qualitative study. *Journal of LGBT Issues in Counseling, 6*(1), 18-33.

Zucker, K. J. (2001). Gender identity disorders in children and adolescents. In G. O. Gabbard (Ed.), *Treatments of psychiatric disorders* (pp. 2069-2094). Washington, DC: American Psychiatric Press.

Zucker, K. J. (2004). Gender identity development and issues. *Child Adolescent Psychiatri Clinics of North America, 13*, 551-568.

Zucker, K. J., & Bradley, S. J. (1995). *Gender identity disorder and psychosexual problems in children and adolescents*. New York: Guilford Press.

Zucker, K. J., & Bradley, S. J. (2005). Gender identity and psychosexual disorders. *Focus, 3*(4), 598-617.

제4부

앞으로 나아갈 방향

제14장
기독교와 성치료

그레고리 핀커스(Gregory G. Pincus)는 1994년에 우스터 실험 생물학 재단이라고 불리는 메사추세츠 주 슈루즈베리에 개인 실험실을 창립하였다. 저녁 파티에서 그는 마가렛 싱어(Margaret Sanger)에게 소개되었는데, 마가렛은 당시 72세였고, 경구 피임약을 개발할 사람을 간절히 찾는 중이었다. 핀커스는 피임약 개발에 마음이 열려 있었고, 특히 호르몬을 사용한 피임약을 고려하고 있었다. 하지만 그는 어떤 종류의 연구를 하더라도 연구수행을 지원할 돈이 필요했다. 싱어는 기금을 조성할 수 있었다. 그녀는 우선 미국 가족 계획 연맹과 연계하고, 나중에 다른 기관을 통해 결국 '그 알약'을 개발하는 연구 프로그램에 투자를 유치했다. 첫 인간 실험은 1995년에 수행되었다. 식품의약국은 해당 약이 배란을 방해할 수 있다는 경고 문구를 붙이는 조건으로 생리 관련 장애가 심각한 사람들의 치료에 에노비드를 사용하는 것을 승인하였다(www.pbs.org/wgbh/amex/pill/timeline). 1970년대까지 그 알약은 미국에서 가장 선호하는 피임약이 되었다.

이러한 개발은 역사에 남는 발자국일 수 있으며, 성을 연구하고 성치료를 하는 사람들에게 있어서 피임약의 발전이 의미하는 바를 평가 절하하기는 어렵다. 물론 이러한 개발이 논란이 되었던 적도 있다. 몇몇 기관은 가족 계획 연맹이 약을 저소득 지역에 보급하였기 때문에 '흑인 집단 학살'이라고 비난했다. 1968년 교황 바울 6세는 '**인간의 생명에 관하여**(Humanae Vitae)'[1]에 가톨릭 교회는 인공적 산아 제한의 어떤 형태도 반대하는 입장을 고수해야 한다고 적시했다(www.pbs.org/wgbh/amex/pill/timeline).

하지만 이러한 문화적 이정표와 과학의 발전은 현대 서구 문화에서 성을 둘러싼 사회문화적 지형과 성과 성행위에 대한 우리의 경험을 놀랍게 바꾸어 놓은 사건이다. 기존의 지배적인 표준은 성은 근본적으로 출산과 관련이 있기 때문에 섹스를 결혼에 한정하는 입장이 대체로 지지 받았다. 물론 그렇다고 해서 혼외 성관계나 혼전 성관계가 없었다는 말은 아니지만, 다양한 이유와 혜택 때문에 결혼관계 내에서의 성관계를 지지하는 편이었다. 예를 들어, 새생명의 창조도 중요했고 혼외자를 가졌을 때 얻게 되는 사회적·경제적 불이익도 고려했던 것이다.

변화들은 매우 극적인 결과를 가져온 것으로 보인다. 오늘날에도 느낄 수 있는 파급 효과는 특정 사건보다는 여러 사건과 발견이 복합적으로 작용한 결과다. 1969년 스톤월 항쟁(Stonewall Riots, 많은 사람은 이것이 현대 게이 권리 운동의 시작이라고 본다)을 포함한 1960년대 후반과 1970년대에 나타난 성혁명은 이런 저런 방식으로 오늘날 우리가 문화 속에서 성과 성적 표현을 대하는 방식에 영향을 미쳤다. 사실 주류 LGBT 학자들은 역사의 발달 속에서 성관계를 출산으로부터 안전하고 효과적인 방법으로 분리하지 않았다면 성소수자의 내러티브, 게이라고 이름 붙이는 것 및 공동체의 발달—여기에는 게이, 레즈비언, 양성애자, 트렌스젠더, 퀴어, 퀘스처닝 등 포함됨—은 불가능했을 것이라고 주장한다(Herdt, 1996). 또한 충동과 끌림은 개인의 자기감과 자기실현의 가능성에 의한 것이라고 주장한다.

과학과 기술의 발전으로 오늘날 우리는 놀라운 현상을 목격하고 있다. 인터넷 도래 이전의 문화를 회상하기가 어려울 정도로 우리는 성관계에 대한 지식과 경험 관련 정보에 쉽게 접근할 수 있다. 동시에 커다란 수익을 창출하면서 웹에서 30% 이상의 정체를 일으키는 음란물 사이트와 산업의 확산도 가능해졌다(Defalco, 2012).

미래의 사회적 변화와 과학적 발견이 앞으로 다가올 시대의 성과 성행위의 실세계를 어떻게 구현할지를 예측하기는 어렵다. 우리는 인간의 성에 대한 연구와 성치료에 관심이 있는 기독교인들이 마주하는 도전과 기회를 검토하고, 기독교인들이

1) 역주: 인위적인 산아 제한에 대한 반대를 확인하는 회칙

이 분야에서 일하고자 할 때 무엇을 기대할 수 있을지를 언급하면서 이 책을 마무리 하고자 한다.

끊임없이 변하는 분야에 대한 도전

생물학적 환원주의에 대한 도전

지난 10년 동안 진행된 정신건강 문제의 생물학적 기초에 대한 연구의 영향력을 과소 평가하기는 어렵다. 이러한 연구들은 정신병리 및 성을 많이 다루었고, 그 연구 결과가 성행위 및 성치료에 당연히 영향을 미쳤다. 의학 분야와 정신약리학, 신경심리학, 인지과학의 발전은 심리학과 상담의 지형에 지대한 영향을 미쳤으며, 성과 성치료에까지 그 영향력을 확장하였다. 다양한 성기능 문제에 도움이 되는 약리학적 자원과 '의학적 관리'에 대한 관심과 함께 변태성욕 및 관련 문제의 의학적 치료에 대한 관심도 계속 증가할 것으로 보인다.

PDE_5 억제제를 우연히 발견한 경우처럼, 특정 영역에서의 약진으로 인해 약물치료가 발전했을 뿐만 아니라 다양한 성문제의 발생에 대한 생물학적 가설을 더 많이 검증할 수 있었다. 관련 임상문제를 다루는 연구들이 충분한 투자를 받게 되면서 생물심리사회적 모델에서 심리내적인 역동적, 체계적, 관계적, 혹은 심리학적 설명을 추구하기보다는 생물학적인 부분을 계속 강조하고 비중 있게 다루게 될 것이다. 연구는 당연히 신경해부학, 유전학, 내분비계 및 관계 분야에 초점을 두고 이루어질 것이다.

이때 우리가 편협하게 생물학과 생리학에만 집중한다면 환원주의에 빠질 가능성이 있다. 의학적 모델이 진단과 치료를 강조하기 때문에 약리학적 환원주의는 개인주의를 촉진하는데, 약리학적 서비스도 그러한 영향을 받게 된다.

약리학은 약물이 약속하는 효과를 선호하는 많은 내담자에게도 매력적으로 느껴진다. 심리학자들, 상담자들, 그리고 기타 정신건강 전문가들은 성치료 및 관련 임상 개입이 내담자의 기능 향상에 어떻게 기여하는지, 또한 이러한 접근들이 약물치료 효과의 향상에 어떤 기여를 할 것인지를 파악할 수 있도록 잘 설계된 연구를 수행할 필요가 있다.

개념화에 대한 도전

현재 널리 사용되고 있는 『**정신질환의 진단 및 통계 편람**(DSM)』은 논쟁 속에서 계속 개정되어 갈 것으로 예상된다. DSM에 대한 지난 논의에서 우리는 다음과 같은 사항을 지적하였다.

> DSM 시리즈는 현재 사용되는 분류적 체계로 정신병리학 분야에서 광범위한 인간의 기능과 역기능을 분류하고 해석하는 틀을 대표하고 있지만, 그것은 전혀 완벽하지 않다. DSM 시리즈 저자들은 동반이환, 이질성, 비일관성, 예외성, 잘 정의되지 않은 경계 등 수많은 문제를 만나게 된다(Yarhouse, Butman, & McCray, 2005, p. 433).

이 책에서 논의한 성기능 부전 및 기타 성문제를 고려할 때, 이러한 비평은 타당하다(Yarhouse et al., 2005, pp. 420-432 참조).

덧붙여 DSM은 다양한 정신질환의 병인론에 대해 설명하려는 노력을 멈춘 지 오래 되었다. DSM은 오히려 탈이론적이려고 노력해 왔으며, 이는 의학적 모델 및 생물학적 환원주의와 잘 부합한다.

불행하게도 탈이론적이려고 애쓰면서 생물학적 이해를 강조해 온 이론가들, 연구가들, 임상가들은 생물학적 설명이 정신건강문제, 성기능장애 및 기타 성 관련 문제를 이해하는 데 어떤 영향을 미치게 되었는지를 검토하지는 못한 것 같다.

우리는 주관적 고통 및 기능의 손상에 초점을 맞추어 성적 표현의 다양성과 정신건강문제를 구별하는 것에 대한 관심이 높아진 상황도 다루었다. 일탈적 행위(예를 들어, 소아성애)라고 여겨왔던 것을 정상화하려는 목소리가 있다. 이들은 그 행위가 개인적으로 고통스럽거나 중요한 기능 영역의 손상을 가져오는 것이 아니라면 병리로 여기지 않으려고 한다. 이러한 원리가 다양한 성적인 관심에 모두 적용되어야 한다고 주장하면서 그러한 변화가 DSM-5의 출간과 함께 나타났다고 보기도 한다(APA, 2013). 하지만 앞서 언급한 것처럼, "정상적인 심리 기능과 비정상적인 심리 기능을 일관성 있게 구별할 수 있는 명료성이 아직은 더 필요하다"(Yarhouse et al., 2005, p. 423). 명료성의 부족은 인간인 것, 성적인 것 등이 의미하는 바에 대한 응집력 있는 이해에 대한 분열로 이어질 수 있다. 문화적 공감대의 부재로 인해 건강한 성과 성적 표현이 무엇인지에 대해 긍정적으로 말하려는 노력이 계속 위축될 것으로 보인다.

제한된 훈련 기회

성문제에 대한 심리학적 설명을 덜 강조하면서 대학원 과정과 졸업 이후에 성교육과 성치료 분야의 훈련을 받을 기회가 점점 더 줄어들 것으로 예상되는데, 이 또한 도전이 되는 부분이다. 성교육과 성치료의 자격증을 부여하는 전문 기관은 있지만, 적어도 심리학적 설명 틀에 기반한 곳은 없는 실정이다. 이러한 상황에서 성 문제를 특화한 인턴십이나 레지던트 프로그램의 성장을 기대할 수는 없다.

훈련은 1차 진료 및 성문제와 관련된 건강문제에 초점을 둔 다학제적 성격으로 이루어질 것으로 예상된다. 비록 훈련에 관심이 있는 사람들을 대상으로 한 제한된 수의 인턴십 기관과 박사후 훈련 과정이 있지만, 훈련에 관심이 있는 수련생 대부분은 자격증을 위한 전문 기관을 찾을 것이다. 주요 일반 기관으로 미국 성 관련 교육자 · 상담사 · 치료사 연합(American Association of Sex Educators, Counselors, and Therapists: ASSECT)과 성치료 및 성연구 협회(Society for Sex Therapy and Research, SSTAR) 두 기관이 있다. 기독교적 관점에서 떠오르는 대안적 훈련 기관으로는 온전한 성협회(Institute for Sexual Wholeness)가 있는데, 이곳은 미국 기독교 성치료자 위원회(American Board of Christian Sex Therapists: ABCST)와 성교육자 기독협회(Christian Association of Sex Educators: CASE)의 인증을 받았다.

주 정부 규정 위원회 중에는 인간의 성에 대한 수업 이수를 요구하는 곳도 있지만, 그렇지 않은 곳들도 많다. 하지만 이러한 집단을 상담하는 대부분의 임상가는 인간의 성 또는 성치료와 관련된 필수 교육(또는 대부분의 경우에 선택 교육) 이상을 갖출 필요가 있다.

성치료에 대한 학습과 상담에 관심이 있는 기독교인들은 두 가지 부가적인 도전을 피할 수 없을 것으로 예상된다. 하나는 역할 통합에 균형을 갖는 것이고, 다른 하나는 개인적 가치와 전문적 가치의 갈등을 다루는 것이다.

가치 갈등

인간의 성과 성치료 영역에는 가치 갈등의 가능성이 있다. 기독교인들은 잘 수행된 연구에 따라 심리학과 상담이라는 보다 광범위한 영역의 기여자이자 참여자로 존중 받으면서, 동시에 자신의 기독교 신앙에 부합하는 방식으로 서비스를 제공해야 하는 도전에 직면한다.

최근에는 기독교인 정신건강 전문가들이 동성 관계를 옹호하는 서비스를 찾는 게이 및 레즈비언 내담자들과 작업할 때 경험하게 되는 가치 갈등이 가장 주목 받고 있다. 우리 예상에는 기독교인들이 보다 넓고 다양한 문화적 환경에서 상담할 방법을 찾고 있고, 동시에 게이 공동체는 개인적 가치 갈등이 별로 없는 영역에서만 서비스를 제공하려는 기독교인들을 도전하고 있기 때문에 이러한 갈등은 더욱 증가할 것이다.

물론 다른 갈등도 가능할 수 있다. 기독교인 정신건강 전문가 중에는 동거하는 커플, 낙태를 고민하는 여성, 성전환 수술을 고려하는 사람, 독신이지만 성관계가 있고 성치료를 받고자 하는 사람 등과 상담을 할지 말지를 고민하는 사람들이 있을 것이다. 이러한 가치 갈등은 전문적 서비스가 제공되는 장면에서 면허가 있는 정신건강 전문가들이 문화적 논의 속에 개인적 가치를 어디에 두어야 할지에 대해 고민할 때 생기는 긴장감을 상징적으로 나타내는 것이 아니다. 가치 갈등은 실제 하는 것이다. 이 시점에서 가치 갈등으로 인한 긴장감은 주로 게이, 레즈비언, 양성애 문제 중심으로 나타나며, 성정체성과 트렌스젠더 문제도 갈등을 일으키는 것으로 보인다.

이러한 영역에서 기독교인의 역할은 무엇인가? 기독교인은 인간의 성에 대한 연구와 임상에 무엇을 기여하는가? 기독교인이 기독교인만을 대상으로 상담을 하는 자리로 내몰리는 것을 바라지 않는다. 우리는 기독교인이 서비스 제공에서 지속적인 연구까지, 또한 정신건강 연합에 대한 규제기관에서 그 이상에 이르기까지 정신건강 분야의 모든 수준에 관여하는 것이 중요하다고 본다. 기독교인들이 각 상황에 대해 어떻게 반응해야 할지는 답하기 어려운 문제다. 우리는 상담과 심리학 분야에서 기독교인들이 보인 반응 범위에 깊은 인상을 받았다. 그들 중에는 자격을 갖춘 비기독교인 임상가가 제공하는 서비스와 같은 수준에서 모든 종류의 전문적 서비스를 제공하는 사람들이 있다. 서비스 영역에서 선을 넘으면 스스로가 상담사나 심리학자로서 참된 기독교인이 아니라고 느끼는 사람들도 있다. 물론 대부분의 기독교인은 양극단의 중간 어디쯤 자리하고 있다.

인간의 성에 대한 연구에서 기독교인에게 주어진 기회

우리는 기독교가 독특한 세계관과 인간의 성에 대한 통합적 이해를 통해 성치료의 연구와 실제에 동기를 부여하고, 앞으로의 연구와 임상적 노력을 위해 필요한 겸손한 자세를 기르는 데 기여할 것으로 본다.

세계관 고려사항

이 책에서 우리가 제안한 것과 같이 기독교적 세계관은 자연주의, 인본주의, 다원주의의 가정과 대조된다. 해당 분야의 기독교인들과 훈련 중인 수련생들이 다양한 세계관을 알고 그것이 성과 성행위에 대한 가정 속에 어떻게 반영되어 있는지 인식하는 것이 중요하다. 논의조차 되지 않거나 분명하게 설명되지 않는 미묘한 가정들이 많다. 그러한 가정들은 연구를 수행하고 임상 서비스를 제공하는 풍토에 반영된다. 지배적인 세계관과 가치는 인간의 성과 성행위라는 주제를 이해하는 렌즈를 굳이 정당화하지 않는다. 그들은 무엇이 건강하고 적응적인지, 무엇이 심리적 안녕을 증진시키는지에 대해 단순하게 진술할 뿐이다. 그들은 초월적 현실, 신학적 윤리, 기독교의 미덕과 같은 기독교 세계관의 관심사를 고려하지 않는다.

제1장에서 우리가 설명했듯이, 기독교의 역사를 보면 성에 대한 균형 있는 성경적 관점을 유지하는 데 어려움이 있었다. 성에 대해 부정적으로 보고, 신체적이고 성적인 것은 인간적인 것의 일부가 아닌 것처럼 기술하기도 했다.

하지만 기독교는 성에 대한 전인적 관점을 제공한다. 이 말은 성을 자기실현의 상태로 높이려는 것도 아니고 체액의 교환으로 환원하려는 것도 아니다. 성은 넓게 이해되어야 한다. 성은 우리의 성별의 성, 성애적 성(다른 사람의 완성에 대한 갈망), 생식기적 성(행동적 표현)에 반영된다(Jones, 1999). 기독교는 우리에게 성이 중요한 방식으로 초월적 현실과 연결되어 있다는 것을 상기시킨다. 성적 표현이라는 맥락, 즉 남편과 아내 사이의 일부일처 관계는 그리스도와 그리스도의 몸 사이의 관계를 상징한다.

기독교인들은 성문제와 관련하여 다양한 문화를 다룰 때 은혜와 사랑의 자세를 가질 필요가 있다. 이를 통해 기독교를 간접적으로 경험하는 사람들에게 그리스도와 같은 마음으로 대하기를 바란다.

기독교의 비전은 주로 윤리나 도덕의 관점에서 논의되는 편이기는 하지만, 기독교 공동체가 성과 성적 표현에 대한 비전을 분명히 밝히고 있는 만큼 그 비전은 사회적 · 문화적 · 경제적 현실의 영향을 인식해야 한다는 것을 명심해야 한다(Garland, 1999). 그렇게 할 때 다양한 영향력이 성과 성행위를 둘러싸고 상호작용하는 방식을 민감하게 알아차리고 고려할 수 있을 것이다.

기독교 공동체가 보다 넓은 사회가 성과 성행위를 인식하는 방식을 극적으로 바꿀 수는 없을 것이다. 하지만 교회는 문화를 다루면서 사람들이 현재 있는 그 지점에서 그들을 만나는 방법을 찾을 수 있다. 예를 들면, 교회가 성중독 익명 모임을 위해 만날 장소를 제공하고 책임감과 투명성을 격려하는 관계 향상을 위한 사역을 도모할 수 있다.

신념 있는 시민성

마우(Mouw, 1992)는 마틴 마티(Martin E. Marty)가 처음 제안한 문구인 '신념 있는 시민성'이 오늘날 기독교인들에게 필요하다고 주장하였다. 한쪽으로 치우친 기독교인들이 너무 많다. 한편으로 그들은 자신의 신념을 강하게 표현하면서 타인을 예의와 존중으로 대하지 못한다. 다른 쪽으로 치우친 사람들은 너무 공손하지만 그들이 가지고 있는 의미 있는 가치를 잘 표현하지 못한다. 마우는 두 가지를 모두 갖춘 기독교인들이 필요하다고 지적하였다.

'신념 있는 시민성'의 역량을 보여 주는 데 있어서 어떤 주제도 성과 성행위라는 주제 이상으로 기독교 공동체를 긴장시킬 수는 없을 것이다. 더 넓은 문화 전쟁으로 진입하고 있는 맥락에서 사람들은 성 관련 도덕성 문제에 대한 기독교적 사고의 명료성(예를 들어, 신념)을 더욱 필요로 한다. 신념은 타인에게 전달되는데, 더욱 다원화되는 문화 속에서 예의 있는 태도(예를 들어, 시민성)로 도덕적 이방인들과 인식론적 이방인들에게 신념을 전달해야 한다.

당신은 '신념 있는 시민성'을 어떻게 생각하는가? 만약 당신이 이 문구를 성 관련 도덕성 문제와 관련하여 타인을 대하기에 유용한 방식으로 채택한다면 당신은 스스로 어디쯤에 있다고 평가할 수 있겠는가? 어떤 영역에서 당신은 신념을 가지고 있는가? 당신의 신념은 어떻게 형성된 것인가? 당신에게 해결된 영역이 있는가? 확고한 신념을 갖기 어려운 주제에는 어떤 것이 있는가?

시민성 영역에서 당신의 신념을 나누어 본 경험이 얼마나 있는가? 문화 전쟁으로 치닫고 있는 사회적 환경 속에서 시민성을 유지하려고 할 때 당신은 어떤 도전을 마주하게 되는가?

성치료의 연구와 실제에 대한 동기

기독교는 성과 성적 표현에 대해 고상한 관점을 가지고 있기 때문에 기독교적 세계관은 성치료의 연구와 실제에 동기를 부여한다. 기독교인들은 성관계에 대해 점잔을 빼서는 안 된다. 오히려 성관계가 창조의 선한 측면이며, 우리에게 의도된 신체성(physicality)의 일부이자, 인간다움이 의미하는 바의 일부라는 것을 인식해야 한다.

우리는 이 책의 전반을 통해 성을 성별의 성, 성애적 성, 생식기적 성을 포함하여 넓게 이해하는 것이 최상이라고 주장했다(Jones, 1999). 성에 대한 기독교 관점에 대한 논의는 인간의 많은 경험을 다루는 해박하고 광범위한 논의로 빠르게 가지치기하며 뻗어 나갈 수 있다.

기독교인들이 성치료를 할 때, 그들은 일종의 결핍(예를 들어, 성기능 부전) 또는 왜곡(예를 들어, 변태성욕)과 관련된 임상 영역을 향상시킬 수 있는 기회를 갖게 된다. 성 영역에서의 성장과 치유를 촉진하는 것은 본질적으로 구원과 관련된 선한 사역을 하는 것이다.

구원 사역의 건설적 틀은 맡은 자의 언어에서 발견할 수도 있다. 우리는 이러한 개념을 제1장에서 소개하였다. 그것은 자신의 삶에서 성의 문제를 정리하고자 하는 기독교인에게 유용한 성경적 개념이다(예를 들어, 마태복음 25:21; 고린도전서 6:19-20; 누가복음 16:1-13). 우리의 성과 충동을 고려할 때, 기독교인들은 자신의 몸을 맡은 자로서 잘 관리하는 것이 무엇을 의미하는지를 생각해 볼 수 있다. 충동이 본능적으로 나타나거나 본능처럼 느껴진다고 해서 그것이 반드시 하나님께로부터 온 것은 아닐 것이다. 사람들은 모든 창조물이 타락했다고 인식하면서 욕망과 충동의 겉면을 보고 어떻게 살지를 결정하기도 하는데, 이것이 C. S. 루이스의 고전 작품인 『**인간폐지**』의 요지다. 청지기의 개념은 독신과 기혼자 모두에게 해당하며, 이성에게 매력을 느끼는 사람과 동성에게 매력을 느끼는 사람 모두에게도 해당한다. 성을 사용하는 원리로서 청지기의 개념은 기독교인 사이에 존재하는 차이점의 영역을 고르게 만들며, 우리가 성과 성적 표현을 통해 하나님을 영화롭게 하는 방법을 찾을 수 있다고 제안한다.

임상과 훈련

응용 및 임상 통합 문헌에서 외현적 통합과 내현적 통합을 구별하였는데, 이에 대해서는 제4장에서 소개한 바 있다. **외현적 통합**은 다음과 같다.

> 외현적 통합은 치료에서 영적 문제나 종교적 문제를 직접적이고 체계적으로 다루며, 기도, 성경, 종교적인 글, 상담사의 교회나 종교적 집단에서의 활동 및 종교적 실천과 같이 영적인 자원을 보다 명시적으로 활용하는 접근을 의미한다.

탄(Tan, 1996)에 따르면, 외현적 통합에서는 상담사와 내담자의 종교적이고 영적인 관심에 따라 심리학적 이론과 종교적 또는 영적 지도를 임상에 실질적으로 활용한다.

내현적 통합은 상담사가 자신의 종교적 신앙을 임상에 통합하지만 공공연하지 않게 하는 것을 의미한다. 탄(1996)은, 내현적 통합을 다음과 같이 설명한다.

> 내현적 통합은 종교적 · 영적 문제에 대한 논의를 먼저 시작하지 않으며, 기도와 성경 또는 종교적인 글과 같은 영적인 자원을 치료에서 공개적이거나 직접적이거나 체계적으로 활용하지 않는 보다 은밀한 접근을 의미한다.

이것은 내담자를 위해 조용히 기도하지만 내담자와 함께 소리 내서 기도하지는 않는 식이다(Tan, 1996). 임상가가 지닌 가치에 부합하도록 여러 치료 전략 중에서 특정 전략을 선택할 수도 있다. 예를 들어, 많은 기독교인 임상가는 일반 전문가 사이에서 사용되고 있는 내담자-중심, 내담자-긍정 치료 방식(예를 들어, APA, 2009)의 성정체성 치료(Throckmorton & Yarhouse, 2006; Yarhouse, 2008)를 사용한다. 이러한 접근은 종교적인 임상가 또는 종교적인 내담자의 가치 갈등을 고려할 때 게이-긍정 모델에 대한 효과적인 대안이 된다.

우리는 이 분야의 어려움 중 하나가 성과 성치료 분야의 훈련과 교육에 대한 기금 마련이라고 언급했다. 기독교적 세계관에서의 훈련 기회를 고려할 때 이 부분은 특히 문제가 된다. 성치료 훈련을 제공하는 주요 세속 기관으로는 미국 성교육자 · 상담사 · 치료사 협회와 성치료 연구협회가 있다. 이런 기관들의 대안이 되는 기독교 기관이 온전한 성협회(Institute for Sexual Wholeness: ISW)다. ISW는 성교육자 기독협회(Christian Association of Sex Educators: CASE)를 통해 정신건강 전문가들에게 성치료 자격 과정을 제공하고, 목회자에게도 교육자 자격 과정을 밟을 기회를 준다.

기독교 정신건강 전문가들은 외상 및 성중독 서비스 관련 훈련 과정도 개발해 왔다. 국제 성중독 자격 전문가 협회(International Association of Certified Sex Addiction Specialists: IACSAS)[2)]와 미국 기독교인 상담사 협회(American Association of Christian Counselors: AACC)[3)]는 수요가 있는 중요한 영역에 훈련을 제공한다. 또한 많은 개인 치료사와 동료 네트워크도 그 일을 감당하고 있다. 외상 서비스에 있어서는 휘턴 대학의 인도주의 재난 연구소[4)]와 리젠트 대학교의 외상 연구 센터[5)] 그리고 아동 외상 연구소[6)]가 좋은 표본이 된다. 이러한 기관들은 발전해 왔으며, 우리는 이러한 곳에서 고유한 연구를 수행하고, 바람직한 훈련 모델이 되며, 신뢰할 만한 서비스를 꾸준히 제공할 수 있기를 기대한다.

우리가 소속된 기관 중 하나인 성정체성 연구소(Institute for the Study of Sexual Identity: ISSI)[7)]는 성정체성 치료에 대한 전문적 훈련을 제공한다. ISSI는 성정체성 및 관련 문제에 대한 자문도 제공한다. 이들 기관들은 앞으로도 발전할 것으로 기대된다.

이러한 기관들보다 상대적으로 규모가 작은 기관들도 많이 있다. 소규모의 기관들도 임상가와 교육가의 유능성을 훈련하는 데 있어서 널리 인정 받는 기관, 혹은 영향력 있는 기관으로 자리매김하며 이런 저런 성공을 거두고 있다.

교육 프로그램과 실습 센터를 개발할 때 우리는 신앙이 전문적 유능성을 대체할 수는 없다는 것을 기억해야 한다. 유능성은 교육, 훈련, 슈퍼비전을 동반한 임상 경험에 의해 결정된다. 기독교적 세계관이라는 가치 부가적 요인을 가진 학문적 지식의 훈련과 연구는 오늘날 이 분야의 서비스에 대단한 진보를 가져올 수는 있지만 지름길은 없다. 그것은 유능한 치료, 정확한 교육 정보, 잘 설계되고 수행된 연구를 위해 기초를 닦는 작업을 필요로 한다.

2) IACSAS에 대한 추가 정보는 www.sexaddictioncertification.org에서 확인할 수 있다.

3) AACC는 국제 기독 성중독 전문 상담사 위원회를 통해 다양한 수준(평신도 상담사, 목회 상담사, 전문 상담사, 슈퍼바이저, 트레이너)의 자격을 제공한다. 심리학적 연구를 위한 기독 연합(www.cpas.net)은 전국적인 학술대회와 지방 학술대회를 개최하여 성과 성치료 분야에 지속적인 교육과 훈련도 제공한다.

4) www.wheaton.edu/HDI

5) www.regent.edu/acad/schcou/trauma/index.htm

6) www.regent.edu/acad/schcou/home.cfm

7) www.sexualidentityinstitute.org

역할 통합

이 분야의 가치 갈등을 고려할 때, 역할 통합의 잠재적인 혜택을 알게 된다(Hathaway, 2010). 해서웨이(Hathaway, 2010)에 의하면, **역할 통합**의 개념은 기독교인들이 수행하는 역할 속에서 자신의 신앙과 정신건강의 통합을 다루는 하나의 방식이라고 할 수 있다. 예를 들어, 기독교인 심리학자는 미국심리학회의 주요 집행기구인 의회의 한 분과를 대표할 수 있다. 마찬가지로 면허가 있는 기독교인 상담사는 자신이 상담을 하는 주에서 주 정부 상담 위원회에 참여할 수 있다. 해서웨이는 다음과 같이 말했다.

> 이러한 결단의 결과로 통합은 단지 신학적이거나 기술적인 문제가 아니라, 사회정치적 문제가 되었다. 통합은 서비스직에서 일할 때 기독교인들이 수행해야 할 적절한 역할에 대한 고전적 주제를 떠올리게 한다(p. 227).

기독교인으로 다양한 역할을 감당하다 보면 독특한 고민이 생긴다. 공익을 위한 서비스를 제공하면서 더 큰 정신건강 전문가 단체와 일반인들에게 유익을 미치는 결정을 하는 역할을 맡기도 한다. 이럴 때 발생하는 문제는 광범위하고, 기독교인들의 고민에만 국한되는 것은 아니지만 기독교인들의 고민과 중첩되기도 한다.

역할 통합은 정신건강 분야에서 일하는 기독교인들만의 주제는 아니다. 사실 정신건강 전문가 면허를 취득한 기독교인들은 주 정부에서 면허를 받은 만큼 역할 통합 관련 문제를 마주하게 된다. 면허는 그들을 공신력 있는 위치에 있게 한다(Hathaway, 2010). 상담사는 자신의 전문적 역할에 대한 결단과 대중이 정신건강 전문가를 만날 때(또는 그들이 심리학자의 워크숍을 듣거나 연구나 평가의 결과를 알게될 때) 기대하는 바를 존중할 의무가 있다.

공적인 역할을 통합적으로 수행하는 것이 무엇을 의미하는지에 대해 지속적인 고민과 논의가 필요하다. 사람들은 그리스도에 대한 결단을 우선시하면서도 자신의 역할을 통합적으로 수행하고 공익에 이바지하는 정신건강 전문가를 모델링하고자 하며 그들에게 지속적인 조언을 얻고자 한다. 면허가 있는 정신건강 전문가 및 정신건강 관리와 정책 개발의 행정가들을 고민하게 하는 역할 통합의 잠재적인 갈등 요소에 대해서는 이 장 초반에 언급하였다.

맺음말

이 책을 마무리하는데 우리는 이 분야에서 이루어지고 있는 현재의 발달들이 어떤 영향을 미칠지 앞으로 다가올 수년 간은 알 수 없을지도 모른다. 20세기 피임법이 더욱 신뢰할 만하고 효과적인 방식으로 발전했던 것에 비추어 볼 때, 우리는 역사적으로 중요한 사건과 과학적 발견이 어떤 식으로 융합하여 놀라운 변화를 일으킬지 모른다. 21세기에 우리는 성과 출산을 분리하는 것 이상으로 멀리 와 있다. 우리는 현재 매우 다양한 형태로 성적 자기실현을 논의하고 탐색하는 자유와 언어를 가지고 살아가는 사회문화적 맥락에 있다. 인터넷을 통해 모든 성행위와 성정체성의 정보가 선택지처럼 사람들 앞에 놓여 있다. 이것이 문화와 교회가 우리 사회에서 마주하는 지평이다. 어떤 사람들에게는 지금이 탐색과 발견으로 흥분되는 시간이다. 다른 사람에게는 지금이 커다란 불안과 걱정의 시간이다. 우리는 점점 도덕적으로 낯선 문화 속에서 살아간다. 즉, 우리는 서로의 근본적인 신념, 가치, 세계관을 충분히 이해하지 못하고(또는 다른 사람에게 이해 받지 못하고) 살아간다. 넓게는 그리스도의 몸에게, 좁게는 기독교 정신건강 전문가들에게 주어진 도덕적 이방인의 지위에는 커다란 긴장감이 도는 것이 사실이다. 인간의 성과 성치료 분야에서 훈련 받은 기독교인에게 지금은 그리스도와 문화의 통합을 알고 실천해야 하는 특별한 시간이다. 또한 지금은 교회와 더 넓은 문화에 영향을 미쳐야 되는 시간이며, 성과 성적 표현의 본질과 목적에 대한 지속적인 대화를 통해 문화에 참여하는 언어와 범주를 발견해 가야 하는 시간이다.

참고문헌

Defalco, B. (2012, April 10). "Web faves XXX-posed." *New York Post*. Retriered from www.nypost.com/p/news/local/web_faves_xxx_posed_iSIpORYEU12051XanYoz7M

Garland, D. (1999). *Family ministry: A comprehensive guide*. Downers Grove, IL: InterVarsity Press.

Hathaway, W. L. (2010). Faithful skepticism/curious faith. In G. Moriarty (Ed.), *Integrating faith and psychology* (pp. 209-229). Downers Grove, IL: InterVarsity

Press.

Herdt, G. (1996). Developmental discontinuities and sexual orientation across cultures. In D. P. McWhirter, S. A. Sanders & J. M. Reinisch (Eds.), *Homosexuality/heterosexuality: Concepts of sexual orientation* (pp. 208-236). New York: Oxford University Press.

Jones, S. L. (1999). Sexuality. In D. G. Benner & P. C. Hill (Eds.), *Baker encyclopedia of psychology & counseling*. Grand Rapids: Baker.

Mouw, R. (1992). *Uncommon decency: Christian civility in an uncivil world*. Downers Grove, IL: InterVarsity Press.

Smedes, L. (1994). *Sex for Christians* (Rev. ed.). Grand Rapids: Eerdmans.

Tan, S. Y. (1996). Religion in clinical practice: Implicit and explicit integration. In E. P. Shafranske (Ed.), *Religion and the clinical practice of psychology* (pp. 365-387). Washington, DC: American Psychological Association.

찾아보기

인명

내용

저자 소개

Mark A. Yarhouse

마크 야하우스(휘튼 대학교 임상심리학 박사)는 현재 일리노이주 시카고 근처에 있는 휘튼 대학교의 임상심리학 대학원 교수 및 '성과 성별정체성 연구소' 소장이며 미국 공인 임상심리학자이다. 그의 다른 책들 중에는 스탠톤 존스(Stanton L. Jones)와 함께 저술한 『Ex-Gays?: A Longitudinal Study of Religiously Mediated Change in Sexual Orientation』(2007)과 『Homosexuality: The Use of Scientific Research in the Church's Moral Debate』(2000), 리처드 버트만(Richard E. Butman)과 바렛 맥레이(Barrett W. McRay)와 저술한 『Modern Psychopathologies: A Comprehensive Christian Appraisal』(2005), 에리카 탄과 저술한 『Sexual Identity Synthesis: Attributions, Meaning-Making, and the Search for Congruence』가 있다.

Erica S. N. Tan

에리카 탄은 리젠트 대학교에서 임상심리학으로 박사학위를 받았으며 오르곤 포틀랜드에 거주 중인 공인 임상심리학자이다. 그녀는 소외된 계층들, 특히 청소년과 성소수자들을 위해 일하고 있다. 현재 포틀랜드 DBT(변증법적 행동치료)팀의 일원으로서 자해와 자살 등의 행동을 하는 위기 청소년들을 돕고 있다. 그녀는 또한 성소수자 개인과 그 가족들을 돕는 전문가이다.

역자 소개

김혜정(Hyejeong Kim)

한동대학교 상담심리사회복지학부 상담심리전공 교수로 재직 중이다. 미국 바이올라 대학교 로즈미드 심리대학원에서 임상심리학으로 박사학위를 받았고, 미국 공인 심리학자(인디애나주), 미국 공인 부모-아동 상호작용 치료사, 임상심리전문가, 정신건강 전문요원, 상담학회와 상담심리학회의 수련감독 자격을 가지고 있다. 현재 문화와 자아발달, 영성심리학, 부모-아동 상호작용 치료(PCIT), 청소년 · 부부 · 가족 치료에 관심이 있으며 관련 논문들을 발표하였다.

심은정(Eunjung Shim)

숭실대학교 베어드교양대학 상담 및 임상심리 전공 교수, 숭실대학교 상담센터 상담교수로 재직 중이다. 미국 바이올라 대학교 로즈미드 심리대학원에서 임상심리학으로 박사학위를 받았고, 미국 공인 심리학자, 임상심리전문가, 상담심리사 1급, 정신건강 전문요원 자격을 가지고 있다.

성과 성치료
통합적인 기독교적 접근
Sexuality and Sex Therapy
A Comprehensive Christian Appraisal

2021년 6월 15일 1판 1쇄 인쇄
2021년 6월 20일 1판 1쇄 발행

지은이 • Mark A. Yarhouse · Erica S. N. Tan
옮긴이 • 김혜정 · 심은정
펴낸이 • 김진환
펴낸곳 • (주) 학지사
04031 서울특별시 마포구 양화로 15길 20 마인드윌드빌딩
대표전화 • 02)330-5114 팩스 • 02)324-2345
등록번호 • 제313-2006-000265호

홈페이지 • http://www.hakjisa.co.kr
페이스북 • https://www.facebook.com/hakjisabook

ISBN 978-89-997-2429-9 93180

정가 20,000원